MISSEL DES DIMANCHES

1996

MISSEL DES DIMANCHES

1996

Année liturgique
du 3 décembre 1995
au 24 novembre 1996

Lectures de l'année A

Édition collective des Éditeurs de liturgie

Auteurs
Jean-Marie Auwers
Philippe Béguerie
Marc Degraeve
Henri Delhougne
Dieudonné Dufrasne
Élisabeth Gueneley
René Mouret
Isabelle Renaud-Chamska
Claude Rozier

Illustrations et couverture de Vincent Bioulès

Nihil obstat
Autun, le 25 mars 1995
Jean Morin

Imprimatur
Chambéry, le 31 mai 1995
+ Claude Feidt
archevêque de Chambéry,
président de la Commission internationale francophone pour les traductions et la liturgie

Autorisation de tous les éditeurs concernés

Dépôt légal : 3e trimestre 1995

ISBN 2-7041-0695-9

A la rencontre des religions

On peut dire que l'ère du dialogue interreligieux a été inaugurée à Assise, le 26 octobre 1986, quand Jean-Paul II s'est retrouvé avec plus de 130 responsables de toutes les religions, pour un temps de prière commune.
Le Missel des Dimanches a voulu, cette année, vous permettre d'en mieux saisir les enjeux et d'en comprendre l'esprit. Mgr Claverie, évêque d'Oran en Algérie, a accepté d'écrire la préface de ce missel, et nous l'en remercions.

La foi est un dialogue

Quoi de plus nécessaire et de plus urgent aujourd'hui que de créer des lieux où l'on apprend à se regarder, à s'accueillir, à collaborer, à mettre en commun les héritages culturels qui font la grandeur de chacun. Le pluralisme est un défi majeur de notre temps.

Chacun porte, il est vrai, un message, une vérité, une conviction qu'il cherche à faire partager. Chacun est pétri par une culture qui le constitue dans son humanité particulière et c'est à travers elle qu'il entre en communication avec les autres. Nous sommes bien des étrangers les uns pour les autres. Il serait illusoire de penser que nous pourrions atteindre immédiatement l'humanité commune, dépouillée de ses marques historiques, charnelles, concrètes.

Et cependant nous pressentons bien que ces marques ne doivent pas nous enfermer dans nos particularismes. S'agissant de Dieu, nous savons qu'il est infiniment au-delà de tout ce que nous pouvons en concevoir et que nous n'avons jamais fini de le découvrir. S'agissant de l'homme, nous savons un peu mieux maintenant que le miroir brisé de nos identités doit être reconstitué pour refléter l'homme parfait.

Dès lors, l'étranger (l'autre) revêt une importance vitale pour chacun. Sans idéalisme et avec persévérance, notre foi en un Dieu qui est entré dans l'humanité nous pousse à y créer les conditions de la rencontre et de la fraternité universelle non pas au-delà de nos différences mais avec elles. Jésus me révèle l'infinie valeur de chaque être humain, précieux aux yeux de Dieu. Il me donne de reconnaître dans l'autre l'appel à sortir de mes limites et de mon arrogance dominatrice pour découvrir en lui ce qui me manque encore pour être pleinement, authentiquement, généreusement humain.

Le maître mot de ma foi aujourd'hui est donc le dialogue. Non par tactique ou opportunisme mais parce que le dialogue est constitutif de la relation de Dieu à l'humanité et des hommes entre eux. J'apprends avec Jésus que Dieu même, pour se faire connaître et manifester sa volonté, a emprunté à l'humanité ses mots et jusqu'à sa chair. Je constate que toute l'histoire sainte se déroule sous le signe de la communication rompue et retrouvée dans un dialogue dont Dieu prend l'initiative. La fécondité de cette histoire lui vient de cet échange d'amour dialogal qui s'inscrit contre la rupture diabolique de l'origine.

Jésus a donné sa vie pour manifester cet amour. Et il l'a fait en plaçant sa vie et son œuvre sur les lignes de fracture de l'humanité blessée : fracture de l'homme désorienté parce qu'il a perdu le sens de sa vie, fractures entre les humains qui s'excluent ou s'exploitent et s'écrasent les uns les autres, fractures entre les croyants qui se mettent à la place de Dieu et se jugent et se condamnent à l'enfer. Il a ouvert les bras pour étendre entre les ennemis le pont de la réconciliation. Le signe de la croix, qui paraît tellement blasphématoire à tant de croyants, est pour nous le trait d'union entre Dieu et l'humanité et entre les humains. Cette croix porte un homme écartelé qui donne sa vie plutôt que de la prendre aux autres pour réaliser le projet de Dieu.

Que l'autre, que tous les autres, soient la passion et la blessure par lesquelles Dieu pourra faire irruption dans les forteresses de notre suffisance pour y faire naître une humanité nouvelle et fraternelle. Il y va de l'avenir de la foi dans notre histoire.

+ Pierre CLAVERIE, évêque d'Oran

Pour découvrir l'esprit et les enjeux du dialogue interreligieux, nous vous invitons à lire :

Le temps de l'Avent, p. 67
Temps de Noël - Épiphanie, p. 97
L'évangile de Matthieu et les religions, p. 139
Initiation et rites de passages, p. 197
La Pâque du Fils de l'homme, p. 223
Prêtre, pour quoi faire ?, p. 333
La rencontre des religions dans l'Espagne médiévale, p. 377
Des livres saints, p. 398
Les religions en France, p. 421
Des ministres de Dieu, p. 464
La rencontre d'Assise, p. 516
Les quatre niveaux du dialogue interreligieux, p. 543

Indications pratiques

Les textes qui reviennent à chaque messe figurent dans les soixante premières pages : ***La liturgie de la messe***.

Les textes propres à chaque dimanche ou fête sont placés à leur date.

Chaque formulaire de messe comprend :

– une ***introduction générale*** à chaque dimanche, préparant à l'accueil des lectures bibliques ;

– des ***propositions*** pour les animateurs liturgiques et pour les responsables des chants : elles sont placées dans un encadré ;

– les ***textes officiels*** des prières et des lectures bibliques, en plus gros caractères. Les titres et introductions ajoutés par les auteurs sont en italiques ;

– le ***calendrier*** liturgique de la semaine, les fêtes à souhaiter, des anniversaires, des citations, etc.

Le signe • indique qu'il y a plusieurs formules au choix.
Les textes en caractères gras sont dits par l'assemblée.

Pour tous les psaumes, il existe des psalmodies et des musiques pour les refrains dans le *Psautier des dimanches A* (Association Saint-Ambroise, 03000 Moulins) ou dans le *Missel noté de l'Assemblée* (MNA, Brepols). Le deuxième refrain fait plus explicitement le lien avec la lecture qui vient d'être entendue.

Outre les célébrations des dimanches et fêtes, le missel propose un *thème de réflexion* choisi en fonction de l'actualité de la vie de l'Église. Cette année, c'est le thème de la rencontre des religions. La préface y introduit et des textes en pleine page rythment la réflexion au cours de l'année (leur liste figure à la page précédente).

Pour correspondre avec les auteurs de ce Missel, écrivez à :

Claude Rozier
c/o Éditions Desclée de Brouwer
76 *bis*, rue des Saints-Pères, 75007 Paris

Pour joindre les éditeurs, écrire à cette même adresse.

Liturgie de la messe

QUE VENONS-NOUS FAIRE À LA MESSE ?

Ce qu'il faut savoir pour y trouver son chemin :
Après une OUVERTURE DE LA CÉLÉBRATION, deux grandes parties :

1. Nous écoutons la Parole de Dieu

– La Parole de Dieu, exprimée dans l'*Ancienne Alliance*
– et dans les *Écrits des Apôtres*,
– culmine dans la *Bonne Nouvelle* de Jésus.
– C'est *aujourd'hui* que Dieu nous parle.
– Nous lui répondons par l'affirmation de notre *foi*
– et par notre *prière* pour tous les hommes.

2. Nous partageons le repas du Seigneur

Peu avant de mourir par amour et de revivre en Dieu, Jésus a pris avec les siens son dernier repas sur la terre. Pour participer à cette mort et à cette résurrection qui nous sauvent, nous faisons aujourd'hui les gestes que fit Jésus. Car il nous a dit de le faire en mémoire de lui, jusqu'à ce qu'il vienne.
– JÉSUS PRIT DU PAIN.
– JÉSUS RENDIT GRÂCE.
– JÉSUS ROMPIT LE PAIN ET LE DONNA AUX SIENS.

DÉROULEMENT DE LA MESSE

■ = se reporter aux pages du jour que l'on célèbre.

➤ = se reporter aux pages qui suivent (Liturgie de la messe)

↗ = voir

OUVERTURE DE LA CÉLÉBRATION
(↗ p. suivante)

1. Liturgie de la Parole

■ PREMIÈRE LECTURE (Ancien Testament, sauf au Temps pascal où on lit les Actes des Apôtres)

■ LE PSAUME, en réponse à la 1re lecture

■ DEUXIÈME LECTURE (Lettres des Apôtres ou Apocalypse)

■ ACCLAMATION

■ ÉVANGILE
HOMÉLIE

➤ PROFESSION DE FOI (↗ p. 17)

■ PRIÈRE UNIVERSELLE

2. Liturgie eucharistique

➤ ■ PRÉPARATION DE L'AUTEL ET PRÉSENTATION DES DONS (↗ p. 22)

➤ GRANDE PRIÈRE D'ACTION DE GRÂCE (↗ p. 30)

➤ ■ FRACTION DU PAIN ET COMMUNION (↗ p. 64)

➤ CONCLUSION ET ENVOI (↗ p. 66)

OUVERTURE DE LA CÉLÉBRATION

Le chant d'entrée achevé, tous, debout, se signent tandis que le prêtre dit :

Au nom du Père, et du Fils et du Saint-Esprit.
Amen.

Salutation du prêtre

- La grâce de Jésus notre Seigneur, l'amour de Dieu le Père et la communion de l'Esprit Saint soient toujours avec vous.
  Et avec votre esprit.
- Le Seigneur soit avec vous.
  Et avec votre esprit.
- Que Dieu notre Père et Jésus Christ notre Seigneur vous donnent la grâce et la paix.
  Béni soit Dieu, maintenant et toujours !

Le prêtre (ou un autre membre de l'assemblée) peut exprimer par une brève monition un aspect propre à la célébration du jour : la communauté rassemblée, les lectures, la tonalité du dimanche ou de la fête.

Préparation pénitentielle

Il y a plusieurs manières d'exprimer cette démarche collective, où le peuple rencontre le Dieu saint qui le sauve :

- **Je confesse à Dieu tout-puissant,**
  je reconnais devant mes frères,
  que j'ai péché en pensée, en parole,
  par action et par omission ;
  oui, j'ai vraiment péché.

  C'est pourquoi je supplie la Vierge Marie,
  les anges et tous les saints,
  et vous aussi, mes frères,
  de prier pour moi le Seigneur notre Dieu.
- Seigneur, accorde-nous ton pardon.
  Nous avons péché contre toi.

Montre-nous ta miséricorde.
Et nous serons sauvés.

• Seigneur Jésus, envoyé par le Père
pour guérir et sauver les hommes,
prends pitié de nous. **Prends pitié de nous.**

Ô Christ, venu dans le monde
appeler tous les pécheurs,
prends pitié de nous. **Prends pitié de nous.**

Seigneur, élevé dans la gloire du Père,
où tu intercèdes pour nous,
prends pitié de nous. **Prends pitié de nous.**

Le prêtre conclut ainsi la préparation pénitentielle :

Que Dieu tout-puissant nous fasse miséricorde, qu'il nous pardonne nos péchés et nous conduise à la vie éternelle. **Amen.**

• *ou bien le rite de l'eau bénite :*

Demandons au Seigneur de bénir cette eau ; nous allons en être aspergés en souvenir de notre baptême : que Dieu nous garde fidèles à l'Esprit que nous avons reçu.

Le prêtre dit une prière puis va asperger l'assemblée.

Pendant l'aspersion on chante un psaume ou un chant approprié.

Que Dieu tout-puissant nous purifie de nos péchés, et, par la célébration de cette eucharistie, nous rende dignes de participer un jour au festin de son Royaume. **Amen.**

Kyrie

Le Kyrie, litanie traditionnelle adressée au Christ, vient à la suite de la préparation pénitentielle, sauf si celle-ci a déjà employé cette formule.

Seigneur, prends pitié.	Kyrie eleison.
Seigneur, prends pitié.	**Kyrie eleison.**
Ô Christ, prends pitié.	Christe eleison.
Ô Christ, prends pitié.	**Christe eleison.**

Seigneur, prends pitié. Kyrie eleison.
Seigneur, prends pitié. Kyrie eleison.

Gloria

Le Gloria est omis pendant l'Avent et le Carême.

• Gloire à Dieu au plus haut des cieux,
et paix sur la terre aux hommes qu'il aime.
Nous te louons, nous te bénissons, nous t'adorons,
nous te glorifions, nous te rendons grâce,
pour ton immense gloire,
Seigneur Dieu, Roi du ciel,
Dieu le Père tout-puissant.

Seigneur, Fils unique, Jésus Christ,
Seigneur Dieu, Agneau de Dieu,
le Fils du Père ;
Toi qui enlèves le péché du monde,
prends pitié de nous ;
Toi qui enlèves le péché du monde,
reçois notre prière ;
Toi qui es assis à la droite du Père,
prends pitié de nous.

Car toi seul es saint,
Toi seul es Seigneur,
Toi seul es le Très-Haut : Jésus Christ,
avec le Saint-Esprit
Dans la gloire de Dieu le Père. Amen.

• Gloria in excelsis Deo,
Et in terra pax hominibus bonae voluntatis.
Laudamus te, benedicimus te, adoramus te,
Glorificamus te, gratias agimus tibi
propter magnam gloriam tuam.
Domine Deus, rex cœlestis, Deus Pater omnipotens.
Domine Fili unigenite, Jesu Christe.
Domine Deus, Agnus Dei, Filius Patris.

Qui tollis peccata mundi, miserere nobis.
Qui tollis peccata mundi, suscipe deprecationem nostram.
Qui sedes ad dexteram Patris, miserere nobis.
Quoniam tu solus sanctus, tu solus Dominus,
Tu solus Altissimus, Jesu Christe.
Cum Sancto Spiritu in gloria Dei Patris. **Amen.**

- **Gloire à Dieu, paix aux hommes,**
joie du ciel sur la terre ! F 156 ou AL 179

Pour tes merveilles, Seigneur Dieu,
ton peuple te rend grâce ;
Ami des hommes, sois béni
pour ton règne qui vient !
A toi les chants de fête,
Par ton Fils bien-aimé, dans l'Esprit.

Sauveur des hommes, Jésus Christ,
écoute nos prières ;
Agneau de Dieu, vainqueur du mal,
sauve-nous du péché !
Dieu saint, splendeur du Père,
Dieu vivant, le Très-Haut, le Seigneur !

Prière d'ouverture

Voir à la messe du jour. Elle se termine le plus souvent par :

… Par Jésus Christ, ton Fils, notre Seigneur et notre Dieu, qui règne avec toi et le Saint-Esprit, maintenant et pour les siècles des siècles. **Amen.**

LITURGIE DE LA PAROLE

Après avoir mis notre cœur en état d'accueil, nous écoutons et méditons la parolc de Dieu.

■ **PREMIÈRE LECTURE** (➚ messe du jour)
On proclame *un passage de l'Ancien Testament* : pendant le Temps ordinaire, ce passage est en relation avec l'évangile du jour. Pendant le Temps pascal, on lit les Actes des Apôtres, qui racontent ce qui s'est passé après Pâques. Il est bon de faire un temps de silence après la lecture.

■ **PSAUME** (➚ messe du jour)
En réponse à cette lecture, un psaume ou un cantique biblique est proclamé ou chanté. Cette prière en forme de poésie biblique permet de méditer ce qui est dit dans la lecture.

■ **DEUXIÈME LECTURE** (➚ messe du jour)
On proclame *un passage d'une lettre des Apôtres* (souvent Paul, mais aussi Pierre, Jacques et Jean). Au Temps pascal de l'année A, on lit la 1re lettre de Pierre. Pendant le Temps ordinaire, la lettre est lue, de manière semi-continue, d'un dimanche à l'autre.

■ **ÉVANGILE** (➚ messe du jour)
• *Acclamation de l'évangile* : Alléluia, qui signifie « Louez Dieu » (durant le Carême, on prend une autre acclamation).
• *Proclamation d'un passage de l'évangile*. En cette année A, on lit saint Matthieu. Dans cc passage évangélique se trouvent la clé et le sommet de la liturgie de la Parole.

HOMÉLIE
Le mot grec signifie « conversation ». C'est un commentaire en style familier, portant surtout sur l'évangile.

■ **PROFESSION DE FOI** (➚ p. 17-19)
En réponse à la parole de Dieu, l'assemblée proclame sa foi par le « Je crois en Dieu » (le Credo).

■ **PRIÈRE UNIVERSELLE** (➚ messe du jour)
Comme le demande saint Paul (1 Tm 2, 1-8), l'assemblée fait monter vers Dieu des supplications pour tous les hommes.

Profession de foi

• *Symbole de Nicée-Constantinople :*

Je crois en un seul Dieu, le Père tout-puissant,
créateur du ciel et de la terre,
de l'univers visible et invisible.

Je crois en un seul Seigneur, Jésus Christ,
le Fils unique de Dieu,
né du Père avant tous les siècles :

Il est Dieu, né de Dieu, lumière, née de la lumière,
vrai Dieu, né du vrai Dieu,

Engendré, non pas créé, de même nature que le Père ;
et par lui tout a été fait.

Pour nous les hommes, et pour notre salut,
il descendit du ciel ;

Par l'Esprit Saint, il a pris chair de la Vierge Marie,
et s'est fait homme.

Crucifié pour nous sous Ponce Pilate,
il souffrit sa passion et fut mis au tombeau.

Il ressuscita le troisième jour,
conformément aux Écritures,
et il monta au ciel ; il est assis à la droite du Père.

Il reviendra dans la gloire,
pour juger les vivants et les morts ;
et son règne n'aura pas de fin.

Je crois en l'Esprit Saint,
qui est Seigneur et qui donne la vie ;
il procède du Père et du Fils ;

Avec le Père et le Fils,
il reçoit même adoration et même gloire ;
il a parlé par les prophètes.

Je crois en l'Église,
une, sainte, catholique et apostolique.

Je reconnais un seul baptême
pour le pardon des péchés.

J'attends la résurrection des morts,
et la vie du monde à venir. Amen.

• Credo in unum Deum, Patrem omnipotentem,
factorem cœli et terrae, visibilium et invisibilium.

Et in unum Dominum Iesum Christum,
Filium Dei unigenitum,

Et ex Patre natum ante omnia sæcula :
Deum de Deo, lumen de lumine,
Deum verum de Deo vero.

Genitum, non factum, consubstantialem Patri ;
per quem omnia facta sunt.

Qui propter nos homines, et propter nostram salutem,
descendit de cœlis ;

Et incarnatus est de Spiritu Sancto ex Maria Virgine,
et homo factus est,

Crucifixus etiam pro nobis sub Pontio Pilato,
passus et sepultus est.

Et resurrexit tertia die, secundum Scripturas,
Et ascendit in cœlum ; sedet ad dexteram Patris.
Et iterum venturus est cum gloria judicare vivos et mortuos ;
cuius regni non erit finis.

Et in Spiritum Sanctum, Dominum et vivificantem ;
qui ex Patre Filioque procedit ;

Qui cum Patre et Filio simul adoratur et conglorificatur :
qui locutus est per prophetas.

Et unam, sanctam, catholicam et apostolicam Ecclesiam.
Confiteor unum baptisma in remissionem peccatorum.
Et exspecto resurrectionem mortuorum,
Et vitam venturi sæculi. Amen.

• *Symbole des Apôtres :*

**Je crois en Dieu, le Père tout-puissant,
créateur du ciel et de la terre.
Et en Jésus Christ, son Fils unique,
notre Seigneur,
qui a été conçu du Saint-Esprit,
est né de la Vierge Marie,
a souffert sous Ponce Pilate,
a été crucifié, est mort et a été enseveli,
est descendu aux enfers,
le troisième jour est ressuscité des morts,
est monté aux cieux,
est assis à la droite de Dieu
le Père tout-puissant,
d'où il viendra juger les vivants et les morts.**

**Je crois en l'Esprit Saint,
à la sainte Église catholique,
à la communion des saints,
à la rémission des péchés,
à la résurrection de la chair,
à la vie éternelle.
Amen.**

• *Dans certains cas, un autre formulaire est prévu, par exemple pour la confirmation, ou la profession de foi du baptême au cours de la nuit de Pâques, p. 299.*

Prière universelle

Nous exprimons devant Dieu, par de courtes intentions et un refrain, la prière des hommes de ce temps à travers l'univers.

Il est bon que les formulations tiennent compte des besoins de l'Église et de ses responsables, des peuples et de leurs dirigeants, de ceux qui souffrent ou sont dans l'épreuve, et de la communauté réunie en ce lieu.

Quelques intentions sont suggérées dans les formulaires de ce missel. Plusieurs recueils existent, pour nous aider à formuler les nôtres.

LITURGIE EUCHARISTIQUE

L'eucharistie est l'action de grâce rendue à Dieu pour Jésus Christ : il s'est offert par amour pour nous, afin de rétablir la communion entre Dieu et les hommes. Le sacrifice de sa mort, acceptée et vécue dans l'amour du Père et des hommes, est devenu un passage vers la vraie vie.

Jésus Christ nous appelle désormais à partager cette vie nouvelle. Le baptême nous y donne accès ; l'eucharistie nous procure l'aliment qui la nourrit. Cet aliment est Jésus lui-même qui nous présente son corps mort et ressuscité.

Ce corps transformé par le Saint-Esprit est rendu présent lorsque l'Église refait les gestes que fit Jésus la veille de sa mort :

1. Il prit du pain.
2. Il dit la prière d'action de grâce.
3. Il rompit le pain et le donna aux siens.

De là proviennent les grandes parties de la liturgie eucharistique.

1. PRÉPARATION DE L'AUTEL ET PRÉSENTATION DES DONS

Comme Jésus prit du pain et une coupe de vin lors de son dernier repas,

➤ on apporte du pain et du vin sur l'autel, et on les présente à Dieu (↗ p. 22) ;

■ **PRIÈRE SUR LES OFFRANDES** (↗ messe du jour)

2. GRANDE PRIÈRE D'ACTION DE GRÂCE

Comme Jésus, le prêtre dit au nom de tous une grande prière d'action de grâce à Dieu le Père.

➤ **DIALOGUE D'INTRODUCTION** (↗ p. 23)

➤ ■ **PRÉFACE :** le prêtre chante la louange de Dieu en évoquant le mystère célébré.

➤ **SANCTUS** (↗ p. 30)
L'assemblée acclame le Dieu très saint.

➤ **PRIÈRE EUCHARISTIQUE** (↗ p. 30)
Déjà commencée par la Préface et le Sanctus, cette grande prière se déploie selon une certaine variété, mais comporte normalement les éléments suivants :

- Une invocation à Dieu pour qu'il envoie l'Esprit Saint *(épiclèse)* sur le pain et sur le vin.
- Le récit du dernier repas de Jésus où il a institué l'eucharistie *(récit de l'institution)*. Le pain et le vin deviennent le corps et le sang, c'est-à-dire la personne, du Christ mort et ressuscité qui nous sauve *(consécration)*.
- Une acclamation de l'assemblée qui chante ce salut.
- Une prière du prêtre qui en fait mémoire *(anamnèse)*.
- Une invocation à l'Esprit Saint pour qu'il unisse l'assemblée *(seconde épiclèse)*.
- Des intercessions pour l'Église et pour le monde, pour les vivants et les défunts, en union avec les responsables de l'Église, dans la communion des saints.
- Une conclusion en forme d'action de grâce à la Sainte Trinité *(doxologie)*.

3. FRACTION DU PAIN ET COMMUNION

Comme Jésus, le prêtre partage le pain. Avant de recevoir celui-ci, l'assemblée dit la prière des enfants de Dieu et accueille la paix que Dieu lui offre.

➤ **NOTRE PÈRE** (↗ p. 64)

➤ **PRIÈRE ET RITE DE LA PAIX** (↗ p. 65)

➤ **FRACTION DU PAIN**, pendant qu'on chante « Agneau de Dieu »

➤ **COMMUNION**

■ **CHANT DE COMMUNION** (↗ messe du jour)

■ **PRIÈRE** (↗ messe du jour)

CONCLUSION ET ENVOI

Le dernier repas de Jésus ne s'est pas clos sur lui-même : il a été suivi par le don total de Jésus sur la croix, qui a entraîné sa résurrection, le don de l'Esprit, et, finalement, l'envoi en mission.

➤ **RITE DE CONCLUSION** (↗ p. 66)

PRÉSENTATION DES DONS

Préparation de l'autel

Les ministres préparent l'autel. Le pain et le vin peuvent être portés en procession par des membres de l'assemblée.

Quête

Elle permet aux fidèles de s'associer à la présentation des dons, en mettant en commun leurs offrandes, destinées à la vie de la communauté, aux activités d'Église et au partage avec les plus démunis.

Présentation des dons

Pour présenter les dons, le prêtre dit à voix basse (il peut le dire à haute voix s'il n'y a pas de chant ou de musique d'orgue) :

Tu es béni, Dieu de l'univers, toi qui nous donnes ce pain, fruit de la terre et du travail des hommes ; nous te le présentons : il deviendra le pain de la vie.

(Béni soit Dieu, maintenant et toujours !)

En mettant l'eau dans le calice, le prêtre dit à voix basse :

Comme cette eau se mêle au vin pour le sacrement de l'Alliance, puissions-nous être unis à la divinité de Celui qui a pris notre humanité.

Tu es béni, Dieu de l'univers, toi qui nous donnes ce vin, fruit de la vigne et du travail des hommes ; nous te le présentons : il deviendra le vin du Royaume éternel.

(Béni soit Dieu, maintenant et toujours !)

En s'inclinant au milieu de l'autel, le prêtre dit à voix basse :

Humbles et pauvres, nous te supplions, Seigneur, accueille-nous : que notre sacrifice, en ce jour, trouve grâce devant toi.

En se lavant les mains :

Lave-moi de mes fautes, Seigneur, purifie-moi de mon péché.

Invitation à la prière

Prions ensemble,
au moment d'offrir le sacrifice de toute l'Église.

Pour la gloire de Dieu et le salut du monde.

Prière sur les offrandes *(Voir à la messe du jour)*

PRIÈRE EUCHARISTIQUE

Le Seigneur soit avec vous.
Et avec votre esprit.
Élevons notre cœur.
Nous le tournons vers le Seigneur.
Rendons grâce au Seigneur notre Dieu.
Cela est juste et bon.

Préface

Certaines préfaces se trouvent dans les formulaires des messes.

Noël 1

Vraiment, il est juste et bon de te rendre gloire, de t'offrir notre action de grâce, toujours et en tout lieu, à toi, Père très saint, Dieu éternel et tout-puissant.
Car la révélation de ta gloire s'est éclairée pour nous d'une lumière nouvelle dans le mystère du Verbe incarné ; maintenant, nous connaissons en lui Dieu qui s'est rendu visible à nos yeux, et nous sommes entraînés par lui à aimer ce qui demeure invisible.

• C'est pourquoi, avec les anges et les archanges, avec les puissances d'en haut et tous les esprits bienheureux, nous chantons l'hymne de ta gloire et sans fin nous proclamons : **Saint !...** (↗ p. 30)

• C'est pourquoi, avec les anges et tous les saints, nous proclamons ta gloire, en chantant (disant) d'une seule voix : **Saint !...** (↗ p. 30)

Noël 2

Vraiment, il est juste et bon de te rendre gloire, de t'offrir notre action de grâce, toujours et en tout lieu, à toi, Père très saint, Dieu éternel et tout-puissant.
Dans le mystère de la Nativité, celui qui par nature est invisible se rend visible à nos yeux ; engendré avant le temps, il entre dans le cours du temps.

Faisant renaître en lui la création déchue, il RESTAURE TOUTE CHOSE et remet l'homme égaré sur le chemin de ton Royaume.
C'est pourquoi, avec les anges qui proclamaient ta gloire dans le ciel, nous voulons te bénir en chantant (disant) : **Saint !...** (↗ p. 30)

Noël 3

Vraiment, il est juste et bon de te rendre gloire, de t'offrir notre action de grâce, toujours et en tout lieu, à toi, Père très saint, Dieu éternel et tout-puissant, par le Christ, notre Seigneur.
Par lui s'accomplit en ce jour l'échange merveilleux où nous sommes régénérés : lorsque ton Fils prend la condition de l'homme, la nature humaine en reçoit une incomparable noblesse ; il devient tellement l'un de nous que NOUS DEVENONS ÉTERNELS.
C'est pourquoi, avec les anges qui proclamaient ta gloire dans les cieux, pleins de joie, nous chantons (disons) : **Saint !...** (↗ p. 30)

Carême 1

Vraiment, il est juste et bon de te rendre gloire, de t'offrir notre action de grâce, toujours et en tout lieu, à toi, Père très saint, Dieu éternel et tout-puissant, par le Christ, notre Seigneur.
Car chaque année, tu accordes aux chrétiens de se préparer aux fêtes pascales dans la joie d'un CŒUR PURIFIÉ ; de sorte qu'en se donnant davantage à la prière, en témoignant plus d'amour pour le prochain, fidèles aux sacrements qui les ont fait renaître, ils soient comblés de la grâce que tu réserves à tes fils.

• C'est pourquoi, avec les anges et les archanges, avec les puissances d'en haut et tous les esprits bienheureux, nous chantons l'hymne de ta gloire et sans fin nous proclamons : **Saint !...** (↗ p. 30)

• C'est pourquoi, avec les anges et tous les saints, nous proclamons ta gloire, en chantant (disant) d'un seule voix : **Saint !...** (↗ p. 30)

Carême 2

Vraiment, il est juste et bon de te rendre gloire, de t'offrir notre action de grâce, toujours et en tout lieu, à toi, Père très saint, Dieu éternel et tout-puissant.
Tu offres à tes enfants ce TEMPS DE GRÂCE pour qu'ils retrouvent la pureté du cœur. Tu veux qu'ils se libèrent de leurs égoïsmes, afin qu'en travaillant à ce monde qui passe, ils s'attachent surtout aux choses qui ne passent pas.
C'est pourquoi, avec les anges et tous les saints, nous chantons et proclamons : **Saint !...** (↗ p. 30)

Carême 3

Vraiment, il est juste et bon de te rendre gloire, de t'offrir notre action de grâce, toujours et en tout lieu, à toi, Père très saint, Dieu éternel et tout-puissant.
Tu accueilles nos pénitences comme une offrande à ta gloire ; car nos privations, tout en abaissant notre orgueil, nous invitent à IMITER TA MISÉRICORDE et à partager avec ceux qui ont faim.
C'est pourquoi *(↗ Carême 1, p. 24).*

Temps pascal 1 *(semaine pascale)*

Vraiment, il est juste et il est bon de te glorifier, Seigneur, en tout temps, mais plus encore en cette nuit (aujourd'hui) (en ces jours) où le Christ, notre Pâque, a été immolé : car il est l'Agneau véritable qui a enlevé le péché du monde ; en mourant, il a détruit notre mort ; en ressuscitant, il nous a RENDU LA VIE.
C'est pourquoi le peuple des baptisés, rayonnant de la joie pascale, exulte par toute la terre, tandis que les anges, dans le ciel, chantent sans fin l'hymne de ta gloire : **Saint !...**

Temps pascal 2

Vraiment, il est juste et il est bon de te glorifier, Seigneur, en tout temps, mais plus encore en ces jours où le Christ, notre Pâque, a été immolé. Grâce à lui, se lèvent des enfants de lumière pour une vie éternelle, et les portes du Royaume des cieux s'ouvrent pour accueillir les croyants. Oui, nous te rendons gloire, car sa mort nous AFFRANCHIT DE LA MORT, et dans le mystère de la résurrection chacun de nous est déjà ressuscité.
C'est pourquoi le peuple des baptisés... (↗ Temps pascal 1, p. 25)

Temps pascal 3

Vraiment, il est juste et il est bon de te glorifier, Seigneur, en tout temps, mais plus encore en ces jours où le Christ, notre Pâque, a été immolé, lui qui ne cesse pas de s'offrir pour nous, et qui reste éternellement notre défenseur auprès de toi ; immolé, il a vaincu la mort ; mis à mort, il est TOUJOURS VIVANT.
C'est pourquoi le peuple des baptisés... (↗ Temps pascal 1, p. 25)

Temps pascal 4

Vraiment, il est juste et il est bon de te glorifier, Seigneur, en tout temps, mais plus encore en ces jours où le Christ, notre Pâque, a été immolé. En détruisant un monde déchu, il fait UNE CRÉATION NOUVELLE ; et c'est de lui que nous tenons désormais la vie qu'il possède en plénitude.
C'est pourquoi le peuple des baptisés... (↗ Temps pascal 1, p. 25)

Temps pascal 5

Vraiment, il est juste et il est bon de te glorifier, Seigneur, en tout temps, mais plus encore en ces jours où le Christ, notre Pâque, a été immolé. Quand il livre son corps sur la croix, tous les sacrifices de l'Ancienne Alliance parviennent à leur achèvement ; et quand il s'offre pour notre salut, il est à lui seul L'AUTEL, LE PRÊTRE ET LA VICTIME.
C'est pourquoi le peuple des baptisés... (↗ Temps pascal 1, p. 25)

Dimanches du temps ordinaire 1

Vraiment, il est juste et bon de te rendre gloire, de t'offrir notre action de grâce, toujours et en tout lieu, à toi, Père très saint, Dieu éternel et tout-puissant, par le Christ, notre Seigneur.
Dans le mystère de sa Pâque, il a fait une œuvre merveilleuse : car nous étions esclaves de la mort et du péché, et nous sommes appelés à partager sa gloire ; nous portons désormais ces noms glorieux : nation sainte, peuple racheté, race choisie, sacerdoce royal ; nous pouvons ANNONCER AU MONDE LES MERVEILLES que tu as accomplies, toi qui nous fais passer des ténèbres à ton admirable lumière.

• C'est pourquoi, avec les anges et les archanges, avec les puissances d'en haut et tous les esprits bienheureux, nous chantons l'hymne de ta gloire et sans fin nous proclamons :
Saint !... (↗ p. 30)

• C'est pourquoi, avec les anges et tous les saints, nous proclamons ta gloire, en chantant (disant) d'une seule voix :
Saint !... (↗ p. 30)

Dimanches du temps ordinaire 2

Vraiment, il est juste et bon de te rendre gloire, de t'offrir notre action de grâce, toujours et en tout lieu, à toi, Père très saint, Dieu éternel et tout-puissant, par le Christ, notre Seigneur.
Dans sa pitié pour notre misère, il a voulu naître d'une femme, la Vierge Marie. Par sa passion et sa croix, il nous a délivrés de la mort éternelle ; par sa résurrection d'entre les morts, il nous a DONNÉ LA VIE qui n'aura pas de fin.

• C'est pourquoi *(↗ préface précédente)*

Dimanches du temps ordinaire 3

Vraiment, il est juste et bon de te rendre gloire, de t'offrir notre action de grâce, toujours et en tout lieu, à toi, Père très saint, Dieu éternel et tout-puissant.

Oui, nous le reconnaissons : afin de secourir tous les hommes, tu mets en œuvre ta puissance ; et tu te sers de notre condition mortelle pour nous AFFRANCHIR DE LA MORT : ainsi notre existence périssable devient un passage vers le salut, par le Christ, notre Seigneur.
C'est par lui que les anges, assemblés devant toi, adorent ta gloire ; à leur hymne de louange, laisse-nous joindre nos voix pour chanter et proclamer : **Saint !...** (↗ p. 30)

Dimanches du temps ordinaire 4

Vraiment, il est juste et bon de te rendre gloire, de t'offrir notre action de grâce, toujours et en tout lieu, à toi, Père très saint, Dieu éternel et tout-puissant, par le Christ notre Seigneur.
En naissant parmi les hommes, il les APPELLE À RENAÎTRE ; en souffrant sa passion, il a supprimé nos fautes ; par sa résurrection d'entre les morts, il donne accès à la vie éternelle, et par son ascension auprès de toi, notre Père, il nous ouvre le ciel.
C'est pourquoi, avec tous les anges et tous les saints, nous chantons l'hymne de ta gloire et sans fin nous proclamons : **Saint !...** (↗ p. 30)

Dimanches du temps ordinaire 5

Vraiment, il est juste et bon de te rendre gloire, de t'offrir notre action de grâce, toujours et en tout lieu, à toi, Père très saint, Dieu éternel et tout-puissant, à toi, Créateur de tous les éléments du monde, Maître des temps et de l'histoire.
C'est toi qui as formé l'homme à ton image et lui as soumis l'univers et ses merveilles ; tu lui as confié ta création pour qu'en ADMIRANT TON ŒUVRE il ne cesse de te rendre grâce par le Christ, notre Seigneur.
C'est toi que la terre et le ciel, avec les anges et les archanges, ne cessent d'acclamer en chantant : **Saint !...** (↗ p. 30)

Dimanches du temps ordinaire 6

Vraiment, il est juste et bon de te rendre gloire, Père très saint, Dieu éternel et tout-puissant de qui nous tenons la vie, la croissance et l'être.
Dans cette existence de chaque jour que nous recevons de ta grâce, la vie éternelle est déjà commencée : nous avons reçu les premiers dons de l'Esprit par qui tu as ressuscité Jésus d'entre les morts, et NOUS VIVONS DANS L'ESPÉRANCE que s'accomplisse en nous le mystère de Pâques.
C'est pourquoi avec tous les anges du ciel, nous voulons te bénir et t'acclamer en chantant (disant) d'une seule voix : **Saint !...** (↗ p. 30)

Dimanches du temps ordinaire 7

Vraiment, il est juste et bon de te rendre gloire, de t'offrir notre action de grâce, toujours et en tout lieu, à toi, Père très saint, Dieu éternel et tout-puissant.
Ton amour pour le monde est si grand que tu nous as envoyé un Sauveur ; tu l'as voulu semblable aux hommes en toute chose à l'exception du péché, afin d'aimer en nous ce que tu aimais en lui : nous avions rompu TON ALLIANCE, NOUS LA RETROUVONS dans l'obéissance de ton Fils.
Voilà pourquoi, Seigneur, avec les anges et tous les saints, nous proclamons ta gloire en chantant (disant) : **Saint !...** (↗ p. 30)

Dimanches du temps ordinaire 8

Vraiment, il est juste et bon de te rendre gloire, de t'offrir notre action de grâce, toujours et en tout lieu, à toi, Père très saint, Dieu éternel et tout-puissant.
Par le sang que ton Fils a versé, par le souffle de ton Esprit créateur, tu as ramené vers toi tes enfants que le péché avait éloignés ; et ce peuple, unifié par la Trinité sainte, c'est l'ÉGLISE, gloire de ta Sagesse, Corps du Christ et Temple de l'Esprit.
Et nous qui sommes rassemblés pour te rendre grâce, avec les anges du ciel nous te chantons : **Saint !...** (↗ p. 30)

Sanctus

• **Saint ! Saint ! Saint, le Seigneur, Dieu de l'univers !**
Le ciel et la terre sont remplis de ta gloire.
Hosanna au plus haut des cieux.
Béni soit celui qui vient au nom du Seigneur.
Hosanna au plus haut des cieux.

• Sanctus, Sanctus, Sanctus,
Dominus Deus Sabaoth !
Pleni sunt cœli et terra gloria tua.
Hosanna in excelsis !
Benedictus qui venit in nomine Domini.
Hosanna in excelsis !

Suite de la prière eucharistique

Père infiniment bon...
Prière eucharistique 1, ↗ p. 31
Toi qui es vraiment saint...
Prière eucharistique 2, ↗ p. 36
Tu es vraiment saint, Dieu de l'univers...
Prière eucharistique 3, ↗ p. 40
Père très saint, nous proclamons...
Prière eucharistique 4, ↗ p. 45
Toi qui fais depuis les origines ce qui est bon...
Pour la réconciliation 1, ↗ p. 48
Dieu de l'univers, nous te rendons grâce...
Pour la réconciliation 2, ↗ p. 50
Dieu notre Père, tu nous as réunis...
Pour assemblées avec enfants 1, ↗ p. 52
Oui, béni soit Jésus, ton envoyé...
Pour assemblées avec enfants 2, ↗ p. 54
Oui, Dieu, tu es saint, tu es bon pour nous...
Pour assemblées avec enfants 3, ↗ p. 57
Nous te glorifions, Père très saint...
Pour grands rassemblements d'Église, ↗ p. 60

PRIÈRE EUCHARISTIQUE 1

Dialogue d'introduction et préface, p. 23. Sanctus, p. 30.

Père infiniment bon, toi vers qui montent nos louanges, nous te supplions par Jésus Christ, ton Fils, notre Seigneur, d'accepter et de bénir ces offrandes saintes.
Nous te les présentons avant tout pour ta sainte Église catholique : accorde-lui la paix et protège-la, daigne la rassembler dans l'unité et la gouverner par toute la terre ; nous les présentons en même temps pour ton serviteur le Pape N., pour notre évêque N. et tous ceux qui veillent fidèlement sur la foi catholique reçue des Apôtres.

Souviens-toi, Seigneur, de tes serviteurs (N. et N.), et de tous ceux qui sont ici réunis, dont tu connais la foi et l'attachement. Nous t'offrons pour eux, ou ils t'offrent pour eux-mêmes et tous les leurs ce sacrifice de louange, pour leur propre rédemption, pour le salut qu'ils espèrent ; et ils te rendent cet hommage, à toi Dieu éternel, vivant et vrai.

Dans la communion de toute l'Église, en ce premier jour de la semaine, nous célébrons le jour où le Christ est ressuscité d'entre les morts ; et nous voulons nommer en premier lieu la bienheureuse Marie toujours Vierge, Mère de notre Dieu et Seigneur, Jésus Christ ; saint Joseph, son époux, les saints Apôtres et Martyrs Pierre et Paul, André,

(Apôtres) [Jacques et Jean, Thomas, Jacques et Philippe, Barthélemy et Matthieu, Simon et Jude,

(papes) Lin, Clet, Clément, Sixte, Corneille et Cyprien,

(martyrs) Laurent, Chrysogone, Jean et Paul, Côme et Damien,]

et tous les saints.

Accorde-nous, par leur prière et leurs mérites, d'être, toujours et partout, forts de ton secours et de ta protection. (Par le Christ, notre Seigneur. Amen.)

Aux grandes fêtes :

Dans la communion de toute l'Église, nous célébrons le jour (très saint) (la nuit très sainte)

Noël ... où Marie, dans la gloire de sa virginité, enfanta le Sauveur du monde ; et nous voulons nommer...

Épiphanie ... où ton Fils unique qui partage éternellement ta propre gloire s'est manifesté à nos yeux dans un vrai corps pris de notre chair ; et nous voulons nommer...

Jeudi saint ... où notre Seigneur Jésus Christ fut livré pour nous ; et nous voulons nommer...

Pâques ... où ressuscita selon la chair notre Seigneur Jésus Christ ; et nous voulons nommer...

Ascension ... où notre Seigneur, ton Fils unique, ayant pris notre nature avec sa faiblesse, la fit entrer dans ta gloire, à ta droite ; et nous voulons nommer...

Pentecôte ... de la Pentecôte, où l'Esprit Saint s'est manifesté aux Apôtres par d'innombrables langues de feu ; et nous voulons nommer...

Assomption ... où la Vierge Marie a été élevée dans la gloire du ciel, et nous voulons nommer en premier lieu cette Vierge bienheureuse...

Toussaint ... consacré à la mémoire de tous les saints : ils ont imité le Christ pendant leur vie et, à leur mort, ils ont reçu de lui la couronne de gloire : et nous voulons nommer...

Voici l'offrande que nous présentons devant toi, nous, tes serviteurs, et ta famille entière : dans ta bienveillance, accepte-la. Assure toi-même la paix de notre vie, arrache-nous à la damnation et reçois-nous parmi tes élus. (Par le Christ, notre Seigneur. Amen.)

Aux grandes fêtes :

Voici l'offrande que nous présentons devant toi, nous, tes serviteurs,

Jeudi saint	... et ta famille entière, le jour même où notre Seigneur Jésus Christ a livré à ses disciples, pour qu'ils les célèbrent, les mystères de son corps et de son sang. Nous t'en prions, Seigneur, accepte cette offrande. Assure toi-même...
De Pâques au dimanche suivant	... et ta famille entière, spécialement pour ceux que tu as fait renaître de l'eau et de l'Esprit Saint en pardonnant tous leurs péchés. Nous t'en prions, Seigneur, accepte cette offrande. Assure toi-même...

Sanctifie pleinement cette offrande par la puissance de ta bénédiction, rends-la parfaite et digne de toi : qu'elle devienne pour nous le corps et le sang de ton Fils bien-aimé, Jésus Christ, notre Seigneur.

La veille de sa passion,

Jeudi saint	La veille du jour où il devait souffrir pour notre salut et celui de tous les hommes, c'est-à-dire aujourd'hui...

il prit le pain dans ses mains très saintes et, les yeux levés au ciel, vers toi, Dieu, son Père tout-puissant, en te rendant grâce il le bénit, le rompit, et le donna à ses disciples, en disant :

« Prenez, et mangez-en tous :
ceci est mon corps livré pour vous. »

De même, à la fin du repas, il prit dans ses mains cette coupe incomparable ; et te rendant grâce à nouveau, il la bénit, et la donna à ses disciples, en disant :

« Prenez, et buvez-en tous,
car ceci est la coupe de mon sang,
le sang de l'Alliance nouvelle et éternelle,
qui sera versé pour vous
et pour la multitude,
en rémission des péchés.
Vous ferez cela, en mémoire de moi. »

• Il est grand, le mystère de la foi :
Nous proclamons ta mort, Seigneur Jésus,
nous célébrons ta résurrection,
nous attendons ta venue dans la gloire.

• Quand nous mangeons ce pain et buvons à cette coupe, nous célébrons le mystère de la foi :
Nous rappelons ta mort,
Seigneur ressuscité,
et nous attendons que tu viennes.

• Proclamons le mystère de la foi :
Gloire à toi qui étais mort,
gloire à toi qui es vivant,
notre Sauveur et notre Dieu :
Viens, Seigneur Jésus !

C'est pourquoi nous aussi, tes serviteurs, et ton peuple saint avec nous, faisant mémoire de la passion bienheureuse de ton Fils, Jésus Christ, notre Seigneur, de sa résurrection du séjour des morts et de sa glorieuse ascension dans le ciel, nous te présentons, Dieu de gloire et de majesté, cette offrande prélevée sur les biens que tu nous donnes, le sacrifice pur et saint, le sacrifice parfait, pain de la vie éternelle et coupe du salut.
Et comme il t'a plu d'accucillir les présents d'Abel le Juste, le sacrifice de notre père Abraham, et celui que t'offrit Melkisédek, ton grand prêtre, en signe du sacrifice parfait, regarde cette offrande avec amour et, dans ta bienveillance, accepte-la.
Nous t'en supplions, Dieu tout-puissant : qu'elle soit portée par ton ange en présence de ta gloire, sur ton autel céleste, afin qu'en recevant ici, par notre communion à l'autel, le corps et le sang de ton Fils, nous soyons comblés de ta grâce et de tes bénédictions. (Par le Christ, notre Seigneur. Amen.)

Souviens-toi de tes serviteurs (N. et N.), qui nous ont précédés, marqués du signe de la foi, et qui dorment dans la paix...

Pour eux et pour tous ceux qui reposent dans le Christ, nous implorons ta bonté : qu'ils entrent dans la joie, la paix et la lumière. (Par le Christ, notre Seigneur. Amen.)

Et nous, pécheurs, qui mettons notre espérance en ta miséricorde inépuisable, admets-nous dans la communauté des bienheureux Apôtres et Martyrs, de Jean Baptiste, Étienne, Matthias et Barnabé (Ignace, Alexandre, Marcellin et Pierre, Félicité et Perpétue, Agathe, Lucie, Agnès, Cécile, Anastasie) et de tous les saints. Accueille-nous dans leur compagnie, sans nous juger sur le mérite mais en accordant ton pardon, par Jésus Christ, notre Seigneur.

C'est par lui que tu ne cesses de créer tous ces biens, que tu les bénis, leur donnes la vie, les sanctifies et nous en fais le don.

Par lui, avec lui et en lui,
à toi, Dieu le Père tout-puissant,
dans l'unité du Saint-Esprit,
tout honneur et toute gloire,
pour les siècles des siècles.
Amen.

Suite de la célébration : Notre Père, p. 64.

PRIÈRE EUCHARISTIQUE 2

Dialogue d'introduction, p. 23.

Vraiment, Père très saint, il est juste et bon de te rendre grâce, toujours et en tout lieu, par ton Fils bien-aimé, Jésus Christ : car il est ta Parole vivante, par qui tu as créé toutes choses.
C'est lui que tu nous as envoyé comme Rédempteur et Sauveur, Dieu fait homme, conçu de l'Esprit Saint, né de la Vierge Marie ; pour accomplir jusqu'au bout ta volonté et rassembler du milieu des hommes un peuple saint qui t'appartienne, il étendit les mains à l'heure de sa passion, afin que soit brisée la mort, et que la résurrection soit manifestée. C'est pourquoi, avec les anges et tous les saints, nous proclamons ta gloire, en chantant (disant) d'une seule voix :

Saint ! Saint ! Saint, le Seigneur, Dieu de l'univers !
Le ciel et la terre sont remplis de ta gloire.
Hosanna au plus haut des cieux.
Béni soit celui qui vient au nom du Seigneur.
Hosanna au plus haut des cieux.

Toi qui es vraiment saint, toi qui es la source de toutc sainteté, nous voici rassemblés devant toi, et, dans la communion de toute l'Église, en ce premier jour de la semaine nous célébrons le jour où le Christ est ressuscité d'entre les morts. Par lui que tu as élevé à ta droite, Dieu notre Père, nous te prions :

Toi qui es vraiment saint, toi qui es la source de toute sainteté,

En semaine :
Seigneur, nous te prions : Sanctifie...

Aux jours de fête :
nous voici rassemblés devant toi, et, dans la communion de toute l'Église...

Noël ... nous célébrons (la nuit très sainte) le jour très saint où Marie, dans la gloire de sa virginité, enfanta le Sauveur du monde. Par lui, notre Rédempteur et notre Seigneur, Dieu notre Père, nous te prions : **S**anctifie...

Épiphanie ... nous célébrons le jour très saint où ton Fils unique qui partage éternellement ta propre gloire s'est manifesté à nos yeux dans un vrai corps pris de notre chair. Par lui, notre Rédempteur et notre Sauveur, Dieu notre Père, nous te prions : **S**anctifie...

Jeudi saint ... nous célébrons le jour très saint où notre Seigneur Jésus Christ fut livré pour nous. Par lui, notre Rédempteur et Sauveur, que tu as glorifié, Dieu notre Père, nous te prions : **S**anctifie...

Pâques ... nous célébrons (la nuit très sainte) le jour très saint où ressuscita selon la chair notre Seigneur Jésus Christ. Par lui, que tu as élevé à ta droite, Dieu notre Père, nous te prions : **S**anctifie...

Ascension ... nous célébrons le jour très saint où notre Seigneur, ton Fils unique, ayant pris notre nature avec sa faiblesse, la fit entrer dans la gloire, près de toi. Par lui, qui siège désormais à ta droite, Dieu notre Père, nous te prions : **S**anctifie...

Pentecôte ... nous célébrons le jour très saint de la Pentecôte, où l'Esprit Saint s'est manifesté aux Apôtres par d'innombrables langues de feu, et nous te prions, Seigneur : **S**anctifie...

Assomption ... nous célébrons le jour où la Vierge, Mère de Dieu, a été élevée au ciel, dans la gloire de son Fils, Jésus Christ, notre Seigneur. Par lui, qui est à l'origine de notre foi et qui la mène à sa perfection, Dieu notre Père, nous te prions : **S**anctifie...

Toussaint ... nous célébrons le jour consacré à la mémoire de tous les saints : ils ont suivi le Christ pendant leur vie et, à leur mort, ils ont reçu de lui la couronne de gloire : par lui, qui est à l'origine de notre foi et qui la mène à sa perfection, Dieu notre Père, nous te prions : **S**anctifie...

Sanctifie ces offrandes en répandant sur elles ton Esprit ; qu'elles deviennent pour nous le corps et le sang de Jésus, le Christ, notre Seigneur.

Au moment d'être livré et d'entrer librement dans sa passion (*le Jeudi saint* : c'est-à-dire aujourd'hui), il prit le pain, il rendit grâce, il le rompit et le donna à ses disciples, en disant :

> « Prenez, et mangez-en tous :
> ceci est mon corps livré pour vous. »

De même, à la fin du repas, il prit la coupe ; de nouveau il rendit grâce et la donna à ses disciples, en disant :

> « Prenez, et buvez-en tous,
> car ceci est la coupe de mon sang,
> le sang de l'Alliance nouvelle et éternelle,
> qui sera versé pour vous
> et pour la multitude,
> en rémission des péchés.
> Vous ferez cela, en mémoire de moi. »

• Il est grand, le mystère de la foi :
Nous proclamons ta mort, Seigneur Jésus,
nous célébrons ta résurrection,
nous attendons ta venue dans la gloire.

• Quand nous mangeons ce pain et buvons à cette coupe, nous célébrons le mystère de la foi :
Nous rappelons ta mort,
Seigneur rcssuscité,
et nous attendons que tu viennes.

• Proclamons le mystère de la foi :
Gloire à toi qui étais mort,
gloire à toi qui es vivant,
notre Sauveur et notre Dieu :
Viens, Seigneur Jésus !

Faisant ici mémoire de la mort et de la résurrection de ton Fils, nous t'offrons, Seigneur, le pain de la vie et la coupe du salut, et nous te rendons grâce, car tu nous as choisis pour servir en ta présence.

Humblement, nous te demandons qu'en ayant part au corps et au sang du Christ, nous soyons rassemblés par l'Esprit Saint en un seul corps.

Souviens-toi, Seigneur, de ton Église répandue à travers le monde : fais-la grandir dans ta charité avec le Pape N., notre évêque N., et tous ceux qui ont la charge de ton peuple.

Souviens-toi aussi de nos frères qui se sont endormis dans l'espérance de la résurrection, *(On peut nommer ici les défunts de la communauté)* et de tous les hommes qui ont quitté cette vie : reçois-les dans ta lumière, auprès de toi.

Sur nous tous enfin, nous implorons ta bonté : permets qu'avec la Vierge Marie, la bienheureuse Mère de Dieu, avec les Apôtres et les saints de tous les temps qui ont vécu dans ton amitié, nous ayons part à la vie éternelle, et que nous chantions ta louange, par Jésus Christ, ton Fils bien-aimé.

Par lui, avec lui et en lui,
à toi, Dieu le Père tout-puissant,
dans l'unité du Saint-Esprit,
tout honneur et toute gloire,
pour les siècles des siècles.
Amen.

Suite de la célébration : Notre Père, p. 64.

PRIÈRE EUCHARISTIQUE 3

Dialogue d'introduction et préface, p. 23. Sanctus, p. 30.

Tu es vraiment saint, Dieu de l'univers, et toute la création proclame ta louange, car c'est toi qui donnes la vie, c'est toi qui sanctifies toutes choses, par ton Fils, Jésus Christ, notre Seigneur, avec la puissance de l'Esprit Saint ; et tu ne cesses de rassembler ton peuple, afin qu'il te présente partout dans le monde une offrande pure.

C'est pourquoi nous voici rassemblés devant toi et, dans la communion de toute l'Église, en ce premier jour de la semaine nous célébrons le jour où le Christ est ressuscité d'entre les morts. Par lui, que tu as élevé à ta droite, Dieu tout-puissant, nous te supplions de consacrer toi-même les offrandes que nous apportons. Sanctifie-les par ton Esprit pour qu'elles deviennent le corps et le sang de ton Fils, Jésus Christ, notre Seigneur, qui nous a dit de célébrer ce mystère.

En semaine :
C'est pourquoi nous te supplions...

Aux grandes fêtes :
C'est pourquoi nous voici rassemblés devant toi et, dans la communion de toute l'Église...

Noël ... nous célébrons (la nuit très sainte) le jour très saint où Marie, dans la gloire de sa virginité, enfanta le Sauveur du monde. Par lui, notre Rédempteur et notre Seigneur, Dieu tout-puissant, nous te supplions...

Épiphanie ... nous célébrons le jour très saint où ton Fils unique qui partage éternellement ta propre gloire s'est manifesté à nos yeux dans un vrai corps pris de notre chair. Par lui, notre Rédempteur et notre Sauveur, Dieu tout-puissant, nous te supplions...

Jeudi saint ... nous célébrons le jour très saint où notre Seigneur Jésus Christ fut livré pour nous. Par lui, notre Rédempteur et Sauveur, que tu as glorifié, Dieu notre Père, nous te supplions...

Pâques ... nous célébrons (la nuit très sainte) le jour très saint où ressuscita selon la chair notre Seigneur Jésus Christ. Par lui, que tu as élevé à ta droite, Dieu tout-puissant, nous te supplions...

Ascension ... nous célébrons le jour très saint où notre Seigneur, ton Fils unique, ayant pris notre nature avec sa faiblesse, la fit entrer dans la gloire, près de toi. Par lui, qui siège désormais à ta droite, Dieu notre Père, nous te supplions...

Pentecôte ... nous célébrons le jour très saint de la Pentecôte, où l'Esprit Saint s'est manifesté aux Apôtres par d'innombrables langues de feu. Dieu tout-puissant, nous te supplions...

Assomption ... nous célébrons le jour où la Vierge, Mère de Dieu, a été élevée au ciel, dans la gloire de son fils, Jésus Christ, notre Seigneur. Par lui, qui est à l'origine de notre foi et qui la mène à sa perfection, Dieu notre Père, nous te supplions...

Toussaint ... nous célébrons le jour consacré à la mémoire de tous les saints : ils ont suivi le Christ pendant leur vie et, à leur mort, ils ont reçu de lui la couronne de gloire. Par lui, qui est à l'origine de notre foi et qui la mène à sa perfection, Dieu notre Père, nous te supplions...

La nuit même où il fut livré, (*le Jeudi saint* : c'est-à-dire aujourd'hui) il prit le pain, en te rendant grâce il le bénit, il le rompit et le donna à ses disciples, en disant :

« Prenez, et mangez-en tous :
ceci est mon corps livré pour vous. »

De même, à la fin du repas, il prit la coupe, en te rendant grâce il la bénit, et la donna à ses disciples, en disant :

« Prenez, et buvez-en tous,
car ceci est la coupe de mon sang,
le sang de l'Alliance nouvelle et éternelle,
qui sera versé pour vous
et pour la multitude
en rémission des péchés.
Vous ferez cela, en mémoire de moi. »

• Il est grand, le mystère de la foi :
Nous proclamons ta mort, Seigneur Jésus,
nous célébrons ta résurrection,
nous attendons ta venue dans la gloire.

• Quand nous mangeons ce pain
et buvons à cette coupe,
nous célébrons le mystère de la foi :
Nous rappelons ta mort,
Seigneur ressuscité,
et nous attendons que tu viennes.

• Proclamons le mystère de la foi :
Gloire à toi qui étais mort,
gloire à toi qui es vivant,
notre Sauveur et notre Dieu :
Viens, Seigneur Jésus.

En faisant mémoire de ton Fils, de sa passion qui nous sauve, de sa glorieuse résurrection et de son ascension dans le ciel, alors que nous attendons son dernier avènement, nous présentons cette offrande vivante et sainte pour te rendre grâce.

Regarde, Seigneur, le sacrifice de ton Église, et daigne y reconnaître celui de ton Fils qui nous a rétablis dans ton Alliance ; quand nous serons nourris de son corps et de son sang et remplis de l'Esprit Saint, accorde-nous d'être un seul corps et un seul esprit dans le Christ.

Que l'Esprit Saint fasse de nous une éternelle offrande à ta gloire, pour que nous obtenions un jour les biens du monde à venir, auprès de la Vierge Marie, la bienheureuse Mère de Dieu, avec les Apôtres, les martyrs (saint N.) et tous les saints, qui ne cessent d'intercéder pour nous.

Et maintenant, nous te supplions, Seigneur : par le sacrifice qui nous réconcilie avec toi, étends au monde entier le salut et la paix. Affermis la foi et la charité de ton Église au long de son chemin sur la terre : veille sur ton serviteur le Pape N. et notre évêque N., l'ensemble des évêques, les prêtres, les diacres, et tout le peuple des rachetés.

Pâques Souviens-toi de ceux que tu as fait renaître, en cette fête de Pâques, de l'eau et de l'Esprit Saint, pour une vie nouvelle dans le Christ.

Baptême Souviens-toi, Seigneur, de N. et N. qui sont entrés aujourd'hui dans ta famille par le baptême.

Écoute les prières de ta famille assemblée devant toi, et ramène à toi, Père très aimant, tous tes enfants dispersés.

Aux messes des défunts Souviens-toi de N., celui (celle) que tu as appelé(e) auprès de toi (aujourd'hui). Puisqu'il(elle) a été baptisé(e) dans la mort de ton Fils, accorde-lui de participer à sa résurrection, le jour où le Christ, ressuscitant les morts, rendra nos pauvres corps pareils à son corps glorieux. Souviens-toi aussi de nos frères défunts, souviens-toi des hommes qui ont quitté ce monde...

Pour nos frères défunts, pour les hommes qui ont quitté ce monde et dont tu connais la droiture, nous te prions :

On peut nommer ici les défunts de la communauté.

Reçois-les dans ton Royaume, où nous espérons être comblés de ta gloire, tous ensemble et pour l'éternité,

---

Aux messes des défunts quand tu essuieras toute larme de nos yeux ; en te voyant, toi notre Dieu, tel que tu es, nous te serons semblables éternellement, et sans fin, nous chanterons ta louange.

---

par le Christ, notre Seigneur, par qui tu donnes au monde toute grâce et tout bien.

Par lui, avec lui et en lui,
à toi, Dieu le Père tout-puissant,
dans l'unité du Saint-Esprit,
tout honneur et toute gloire,
pour les siècles des siècles.
Amen.

Suite de la célébration : Notre Père, p. 64.

PRIÈRE EUCHARISTIQUE 4

Dialogue d'introduction, p. 23.

Vraiment, il est bon de te rendre grâce, il est juste et bon de te glorifier, Père très saint, car tu es le seul Dieu, le Dieu vivant et vrai : tu étais avant tous les siècles, tu demeures éternellement, lumière au-delà de toute lumière.

Toi, le Dieu de bonté, la source de la vie, tu as fait le monde pour que toute créature soit comblée de tes bénédictions, et que beaucoup se réjouissent de ta lumière.

Ainsi, les anges innombrables qui te servent jour et nuit se tiennent devant toi et, contemplant la splendeur de ta face, n'interrompent jamais leur louange. Unis à leur hymne d'allégresse, avec la création tout entière qui t'acclame par nos voix, Dieu, nous te chantons :

Saint ! Saint ! Saint !... *(p. 30)*

Père très saint, nous proclamons que tu es grand et que tu as créé toutes choses avec sagesse et par amour : tu as fait l'homme à ton image, et tu lui as confié l'univers, afin qu'en te servant, toi son Créateur, il règne sur la création.

Comme il avait perdu ton amitié en se détournant de toi, tu ne l'as pas abandonné au pouvoir de la mort. Dans ta miséricorde, tu es venu en aide à tous les hommes pour qu'ils te cherchent et puissent te trouver. Tu as multiplié les alliances avec eux, et tu les as formés, par les prophètes, dans l'espérance du salut.

Tu as tellement aimé le monde, Père très saint, que tu nous as envoyé ton propre Fils, lorsque les temps furent accomplis, pour qu'il soit notre Sauveur. Conçu de l'Esprit Saint, né de la Vierge Marie, il a vécu notre condition d'homme en toute chose, excepté le péché, annonçant aux pauvres la bonne nouvelle du salut ; aux captifs, la délivrance ; aux affligés, la joie.

Pour accomplir le dessein de ton amour, il s'est livré lui-même à la mort, et, par sa résurrection, il a détruit la mort et renouvelé la vie. Afin que notre vie ne soit plus à nous-mêmes, mais à lui qui est mort et ressuscité pour nous, il a envoyé d'auprès de toi, comme premier don fait aux croyants, l'Esprit qui poursuit son œuvre dans le monde et achève toute sanctification.

Que ce même Esprit Saint, nous t'en prions, Seigneur, sanctifie ces offrandes : qu'elles deviennent ainsi le corps et le sang de ton Fils dans la célébration de ce grand mystère, que lui-même nous a laissé en signe de l'Alliance éternelle.

Quand l'heure fut venue où tu allais le glorifier, comme il avait aimé les siens qui étaient dans le monde, il les aima jusqu'au bout : pendant le repas qu'il partageait avec eux, il prit le pain, il le bénit, le rompit et le donna à ses disciples, en disant :

> « Prenez, et mangez-en tous :
> ceci est mon corps livré pour vous. »

De même, il prit la coupe remplie de vin, il rendit grâce, et la donna à ses disciples, en disant :

> « Prenez, et buvez-en tous,
> car ceci est la coupe de mon sang,
> le sang de l'Alliance nouvelle et éternelle,
> qui sera versé pour vous et pour la multitude
> en rémission des péchés.
> Vous ferez cela, en mémoire de moi. »

Acclamations, p. 42.

Voilà pourquoi, Seigneur, nous célébrons aujourd'hui le mémorial de notre rédemption : en rappelant la mort de Jésus Christ et sa descente au séjour des morts, en proclamant sa résurrection et son ascension à ta droite dans le ciel, en attendant aussi qu'il vienne dans la gloire, nous t'offrons son corps et son sang, le sacrifice qui est digne de toi et qui sauve le monde.

Regarde, Seigneur, cette offrande que tu as donnée toi-même à ton Église ; accorde à tous ceux qui vont partager ce pain et boire à cette coupe d'être rassemblés par l'Esprit Saint en un seul corps, pour qu'ils soient eux-mêmes dans le Christ une vivante offrande à la louange de ta gloire.

Et maintenant, Seigneur, rappelle-toi tous ceux pour qui nous offrons le sacrifice : le Pape N., notre évêque N. et tous les évêques, les prêtres et ceux qui les assistent, les fidèles qui présentent cette offrande, les membres de notre assemblée,

---

Baptême N. et N. (ceux) que tu as fait renaître (aujourd'hui) de l'eau et de l'Esprit Saint,

---

le peuple qui t'appartient et tous les hommes qui te cherchent avec droiture.

Souviens-toi aussi de nos frères qui sont morts dans la paix du Christ, et de tous les morts dont toi seul connais la foi.

On peut rappeler ici les défunts de la communauté.

A nous qui sommes tes enfants, accorde, Père très bon, l'héritage de la vie éternelle auprès de la Vierge Marie, la bienheureuse Mère de Dieu, auprès des Apôtres et de tous les saints, dans ton Royaume, où nous pourrons, avec la création tout entière enfin libérée du péché et de la mort, te glorifier par le Christ, notre Seigneur, par qui tu donnes au monde toute grâce et tout bien.

Par lui, avec lui et en lui,
à toi, Dieu le Père tout-puissant,
dans l'unité du Saint-Esprit,
tout honneur et toute gloire,
pour les siècles des siècles.
Amen.

Suite de la célébration : Notre Père, p. 64.

PREMIÈRE PRIÈRE EUCHARISTIQUE POUR LA RÉCONCILIATION

Vraiment, il est juste et bon de te rendre grâce, Dieu très saint, car tu ne cesses de nous appeler à une vie plus belle : Toi, Dieu de tendresse et de pitié, sans te lasser tu offres ton pardon et tu invites l'homme pécheur à s'en remettre à ta seule bonté.

Bien loin de te résigner à nos ruptures d'Alliance, tu as noué entre l'humanité et toi, par ton Fils, Jésus, notre Seigneur, un lien nouveau, si fort que rien ne pourra le défaire. Et maintenant que ton peuple connaît un temps de grâce et de réconciliation, tu lui donnes dans le Christ de reprendre souffle en se tournant vers toi, et d'être au service de tout homme en se livrant davantage à l'Esprit Saint.

Pleins d'admiration et de reconnaissance, nous voulons joindre nos voix aux voix innombrables du ciel, pour clamer la puissance de ton amour et la joie de ton salut dans le Christ : **Saint !...** *(p. 30)*

Toi qui fais depuis les origines ce qui est bon pour l'homme afin de le rendre saint comme toi-même es saint, regarde ton peuple ici rassemblé, et mets à l'œuvre la puissance de ton Esprit : que ces offrandes deviennent pour nous le corps et le sang de ton Fils bien-aimé, Jésus, le Christ, en qui nous sommes tes fils.

Nous, qui étions perdus, incapables de nous rapprocher de toi, tu nous as aimés du plus grand amour : ton Fils, le seul Juste, s'est livré entre nos mains, et fut cloué sur une croix. Mais avant que ses bras étendus dessinent entre ciel et terre le signe indélébile de ton Alliance, il voulut célébrer la Pâque au milieu de ses disciples.

Comme il était à table, il prit le pain, il prononça la bénédiction pour te rendre grâce, puis il le rompit et le donna aux siens en leur disant :

« Prenez, et mangez-en tous :
ceci est mon corps livré pour vous. »

À la fin de ce dernier repas, sachant qu'il allait tout réconcilier en lui par le sang de sa croix, il prit la coupe remplie de vin, il te rendit grâce encore, et la fit passer à ses amis, en leur disant :

« Prenez, et buvez-en tous,
car ceci est la coupe de mon sang,
le sang de l'Alliance nouvelle et éternelle,
qui sera versé pour vous et pour la multitude
en rémission des péchés.
Vous ferez cela, en mémoire de moi. »

Acclamations, p. 34.

En faisant mémoire du Christ, notre Pâque et notre paix définitive, en célébrant sa mort et sa résurrection, en appelant le jour béni de sa venue et de notre joie, nous te présentons, Dieu fidèle et sûr, l'offrande qui remet l'humanité dans ta grâce.

Regarde avec amour, Père très bon, ceux que tu attires vers toi, leur donnant de communier à l'unique sacrifice du Christ : qu'ils deviennent ensemble, par la force de l'Esprit, le corps de ton Fils ressuscité en qui sont abolies toutes les divisions.

Tiens-nous les uns et les autres en communion d'esprit et de cœur avec le Pape N. et notre évêque N. Aide-nous tous à préparer la venue de ton règne jusqu'à l'heure où nous serons devant toi, saints parmi les saints du ciel, aux côtés de la Vierge Marie et des Apôtres, avec nos frères qui sont morts, et que nous confions à ta miséricorde. Alors, au cœur de la création nouvelle, enfin libérée de la corruption, nous pourrons chanter vraiment l'action de grâce du Christ à jamais vivant.

Par lui, avec lui et en lui, à toi, Dieu le Père tout-puissant, dans l'unité du Saint-Esprit, tout honneur et toute gloire, pour les siècles des siècles. **Amen.**

Suite de la célébration : Notre Père, p. 64.

DEUXIÈME PRIÈRE EUCHARISTIQUE POUR LA RÉCONCILIATION

Dieu, notre Père, nous te rendons grâce et nous te bénisons par Jésus, Christ et Seigneur, pour ton œuvre d'amour en ce monde. Au sein de notre humanité encore désunie et déchirée, nous savons et nous proclamons que tu ne cesses d'agir et que tu es à l'origine de tout effort vers la paix. Ton Esprit travaille au cœur des hommes : et les ennemis enfin se parlent, les adversaires se tendent la main, des peuples qui s'opposaient acceptent de faire ensemble une partie du chemin.

Oui, c'est à toi, Seigneur, que nous le devons, si le désir de s'entendre l'emporte sur la guerre, si la soif de vengeance fait place au pardon, et si l'amour triomphe de la haine. C'est pourquoi nous devons toujours te rendre grâce et te bénir, en unissant nos voix à celles qui te chantent, unanimes, dans les cieux : **Saint !...***(p. 30)*

Dieu de l'univers, nous te rendons grâce, pour Jésus, ton Fils, venu dans notre monde en ton nom. Il est la parole qui sauve les hommes. Il est la main que tu tends aux pécheurs. Il est le chemin par où nous arrive la véritable paix. Alors que nous étions loin de toi, Dieu, notre Père, c'est par lui que tu nous as fait revenir. C'est lui, ton propre Fils, qui a été livré au pouvoir des hommes afin que nous soyons, par sa mort, en paix avec toi et entre nous. Aussi pouvons-nous maintenant célébrer en reconnaissance le mystère de cette réconciliation qu'il nous a lui-même obtenue.

Nous t'en prions, Père, sanctifie ces offrandes par la puissance de ton Esprit, alors que nous accomplissons ce que Jésus nous a dit de faire.

Au cours du repas qu'il partageait avec ses disciples, avant de s'offrir à toi pour notre libération, il prit le pain en te rendant grâce ; il le rompit de ses propres mains, et le donna aux disciples, en leur disant :

> « Prenez, et mangez-en tous :
> ceci est mon corps livré pour vous. »

De la même façon, ce soir-là, tenant entre ses mains la coupe de bénédiction, il te rendit grâce pour ta miséricorde ; puis il donna la coupe à ses disciples, en leur disant :

« Prenez, et buvez-en tous,
car ceci est la coupe de mon sang,
le sang de l'Alliance nouvelle et éternelle,
qui sera versé pour vous et pour la multitude
en rémission des péchés.
Vous ferez cela, en mémoire de moi. »

Acclamations, p. 34.

Père très bon, ton Fils a laissé à ton Église ce mémorial de son amour ; en rappelant ici sa mort et sa résurrection, nous te présentons cette offrande qui vient de toi, le sacrifice qui nous rétablit dans ta grâce ; accepte-nous aussi, avec ton Fils bien-aimé.

Donne-nous dans ce repas ton Esprit Saint : qu'il fasse disparaître les causes de nos divisions ; qu'il nous établisse dans une charité plus grande, en communion avec le Pape N., notre évêque N., le collège épiscopal, et ton peuple tout entier. Fais de ton Église en ce monde le signe visible de l'unité, et la servante de la paix.

Et comme tu nous rassembles ici, dans la communion de la bienheureuse Mère de Dieu, la Vierge Marie, et de tous les saints du ciel, autour de la table de ton Christ, daigne rassembler un jour les hommes de tout pays et de toute langue, de toute race et de toute culture, au banquet de ton Royaume ; alors nous pourrons célébrer l'unité enfin accomplie et la paix définitivement acquise, par Jésus, le Christ, notre Seigneur.

Par lui, avec lui et en lui, à toi, Dieu le Père tout-puissant, dans l'unité du Saint-Esprit, tout honneur et toute gloire, pour les siècles des siècles. **Amen.**

Suite de la célébration : Notre Père, p. 64.

PREMIÈRE PRIÈRE EUCHARISTIQUE POUR LES ASSEMBLÉES AVEC ENFANTS

Dieu notre Père, tu nous as réunis, et nous sommes devant toi pour te fêter, pour t'acclamer et te dire l'émerveillement de nos cœurs. Sois loué pour ce qui est beau dans le monde et pour la joie que tu mets en nous. Sois loué pour la lumière du jour et pour ta parole qui nous éclaire. Sois loué pour la terre et les hommes qui l'habitent, sois loué pour la vie qui nous vient de toi. Oui, tu es très bon, tu nous aimes et tu fais pour nous des merveilles. Alors, tous ensemble, nous chantons :

Le ciel et la terre sont remplis de ta gloire.
Hosanna au plus haut des cieux. CL 5-3

Toi, tu penses toujours aux hommes. Tu ne veux pas être loin d'eux, tu as envoyé parmi nous Jésus, ton Fils bien-aimé. Il est venu nous sauver : il a guéri les malades, il a pardonné aux pécheurs. À tous, il a montré ton amour ; il a accueilli et béni les enfants. Pleins de reconnaissance, nous acclamons :

Béni soit celui qui vient au nom du Seigneur.
Hosanna au plus haut des cieux.

Nous ne sommes pas seuls pour te fêter, Seigneur. Partout sur la terre, ton peuple te rend gloire. Nous te prions avec l'Église entière, avec le Pape N. et notre évêque N. Dans le ciel, la Vierge Marie, les Apôtres et tous les saints te bénissent. Avec eux, avec les anges, nous t'adorons en chantant :

Saint ! Saint ! Saint,
le Seigneur, Dieu de l'univers !
Hosanna au plus haut des cieux.

Père très saint, nous voudrions te montrer notre reconnaissance. Nous avons apporté ce pain et ce vin : qu'ils deviennent pour nous le corps et le sang de Jésus ressuscité. Alors nous pourrons t'offrir ce qui vient de toi.

Un soir, en effet, juste avant sa mort, Jésus mangeait avec ses apôtres. Il a pris du pain sur la table. Dans sa prière, il t'a béni. Puis il a partagé le pain, en disant à ses amis : « Prenez, et mangez-en tous : ceci est mon corps livré pour vous. »
À la fin du repas, il a pris une coupe de vin. Il dit encore une action de grâce. Puis il donna la coupe à ses amis en leur disant : « Prenez, et buvez-en tous, car ceci est la coupe de mon sang, le sang de l'Alliance nouvelle et éternelle, qui sera versé pour vous et pour la multitude en rémission des péchés. » Il leur dit aussi : « Vous ferez cela, en mémoire de moi. »

Ce que Jésus nous a dit de faire, nous le faisons dans cette eucharistie : en proclamant sa mort et sa résurrection, nous te présentons le pain de la vie et la coupe du salut. Il nous conduit vers toi, notre Père : nous t'en prions, accueille-nous avec lui :

Christ est mort pour nous !
Christ est ressuscité !
Nous t'attendons, Seigneur Jésus !

Père, toi qui nous aimes tant, laisse-nous venir à cette table, unis dans la joie de l'Esprit Saint, pour recevoir le corps et le sang de ton Fils. Toi qui n'oublies jamais personne, nous te prions pour ceux que nous aimons, N. et N., et pour ceux qui sont partis vers toi. Souviens-toi de ceux qui souffrent et qui ont de la peine, de la grande famille des chrétiens et de tous les hommes dans le monde entier. Nous te prions aussi pour nous, et nous prions les uns pour les autres. Devant ce que tu fais par ton Fils, Dieu notre Père, nous sommes émerveillés, et nous chantons encore :

Par lui, avec lui et en lui, à toi, Dieu le Père tout-puissant, dans l'unité du Saint-Esprit, tout honneur et toute gloire, pour les siècles des siècles. **Amen.**

Suite de la célébration : Notre Père, p. 64.

DEUXIÈME PRIÈRE EUCHARISTIQUE POUR LES ASSEMBLÉES AVEC ENFANTS

On peut choisir d'autres acclamations que celles qui sont proposées.

Oui, Père très bon, c'est une fête pour nous ; notre cœur est plein de reconnaissance : avec Jésus, nous te chantons notre joie.

Gloire à toi : tu nous aimes ! CL 6

Tu nous aimes tellement que tu inventes pour nous ce monde immense et beau.

[Gloire à toi : tu nous aimes !]

[Tu nous aimes tellement que] tu nous donnes ton Fils, Jésus, pour nous conduire à toi.

[Gloire à toi : tu nous aimes !]

[Tu nous aimes tellement que] tu nous rassembles en lui, comme les enfants d'une même famille.

Gloire à toi : tu nous aimes !

Pour tant d'amour, nous voulons te rendre grâce et chanter notre merci avec les anges et les saints qui t'adorent dans les cieux :

- **Saint ! Saint ! Saint, le Seigneur...** *(p. 30)*
- **Louange et gloire à notre Dieu !**
  Saint est le Seigneur, le Dieu de l'univers.
  Louange et gloire à notre Dieu !
  Le ciel et la terre nous disent ta splendeur.
  Louange et gloire à notre Dieu !
  Qu'il soit béni, celui qui vient d'auprès de toi.
  Louange et gloire à notre Dieu ! CL 6

Oui, béni soit Jésus, ton envoyé, l'ami des petits et des pauvres. Il est venu nous montrer comment nous pouvons t'aimer et nous aimer les uns les autres. Il est venu arracher du cœur des hommes le mal qui empêche l'amitié, la haine qui empêche d'être heureux.

Il a promis que l'Esprit Saint serait avec nous chaque jour, pour que nous vivions de ta vie.

- **Béni soit celui qui vient au nom du Seigneur. Hosanna au plus haut des cieux.**

- **Qu'il soit béni, celui qui vient d'auprès de toi. Louange et gloire à notre Dieu !**

Dieu, notre Père, nous te prions d'envoyer ton Esprit, pour que ce pain et ce vin deviennent le corps et le sang de Jésus, notre Seigneur.

La veille de sa mort, il nous a prouvé ton amour : il était à table avec ses disciples ; il prit un morceau de pain, il dit une prière pour te bénir et te rendre grâce ; il partagea le pain et le donna aux disciples, en leur disant :

> « Prenez, et mangez-en tous :
> ceci est mon corps livré pour vous. »
>
> **Jésus Christ, livré pour nous !**

Il prit ensuite une coupe remplie de vin ; il dit encore une prière pour te rendre grâce ; il fit passer la coupe à chacun en leur disant :

> « Prenez, et buvez-en tous, car ceci est la coupe de mon sang, le sang de l'Alliance nouvelle et éternelle, qui sera versé pour vous et pour la multitude en rémission des péchés. »
>
> **Jésus Christ, livré pour nous !**

Et puis il leur dit : « Vous ferez cela, en mémoire de moi. »

Nous rappelons ici, Père très bon, la mort et la résurrection de Jésus, le Sauveur du monde. Il s'est donné lui-même entre nos mains pour être maintenant notre offrande et nous attirer vers toi.

- **Louange et gloire à notre Dieu !**
- **À toi nos cœurs, à toi nos chants, nos actions de grâce !**

Exauce-nous, Seigneur notre Dieu : donne ton Esprit d'amour à ceux qui partagent ce repas ; qu'ils soient de plus en plus unis dans ton Église, avec le Pape N., l'évêque N., les autres évêques, et tous ceux qui travaillent pour ton peuple.

Un seul corps pour ta gloire !

N'oublie pas ceux que nous aimons (...), et ceux que nous n'aimons pas assez. Souviens-toi de ceux qui sont morts (...) ; accueille-les avec amour dans ta maison.

Un seul corps pour ta gloire !

Rassemble-nous un jour près de toi, avec la Vierge Marie, la Mère du Christ et notre mère, pour la grande fête du ciel dans ton Royaume. Alors, tous les amis de Jésus, le Christ, notre Seigneur, pourront te chanter sans fin.

Un seul corps pour ta gloire !

• Par lui, avec lui et en lui,
à toi, Dieu le Père tout-puissant,
dans l'unité du Saint-Esprit,
tout honneur et toute gloire,
pour les siècles des siècles.
Amen.

• **Avec lui nous te chantons,**
Avec lui nous te bénissons,
Gloire à toi, ô notre Père,
Maintenant et pour toujours !
Amen, Amen, Amen, Amen ! CL 6-1

Suite de la célébration : Notre Père, p. 64.

TROISIÈME PRIÈRE EUCHARISTIQUE POUR LES ASSEMBLÉES AVEC ENFANTS

Père, nous te disons merci, nous te rendons grâce. C'est toi qui nous as créés ; et tu nous appelles à vivre pour toi, à nous aimer les uns les autres. Nous pouvons nous rencontrer, parler ensemble. Grâce à toi, nous pouvons partager nos difficultés et nos joies.

Pour le temps pascal

Père, nous te disons merci, nous te rendons grâce avec Jésus ton Fils : car tu aimes la vie, tu nous as appelés à la vie, tu veux notre bonheur pour toujours. Jésus est le premier que tu as ressuscité des morts. Tu lui as donné la vie nouvelle. Cette vie est en nous aussi depuis notre baptême ; et nous savons que nous ressusciterons comme lui près de toi. Alors, il n'y aura plus de mort : nous n'aurons plus à souffrir.

À cause de tout cela, Dieu, notre Père, nous sommes heureux de te rendre grâce tous ensemble. Avec ceux qui croient en toi, avec les saints et les anges, nous te louons en chantant : **Saint ! Saint ! Saint !...** *(p. 30)*

Oui, Dieu, tu es saint, tu es bon pour nous, tu es bon pour tous les hommes. Nous te disons merci, et nous voulons surtout te rendre grâce à cause de Jésus, ton Fils.

Il est venu chez les hommes qui se détournent de toi et n'arrivent pas à s'entendre. Par l'Esprit Saint, il ouvre nos yeux et nos oreilles, il change notre cœur : alors nous arrivons à nous aimer, et nous reconnaissons que tu es notre Père et que nous sommes tes enfants.

Pour le temps pascal

Il est venu nous apporter la bonne nouvelle : nous sommes faits pour vivre, pour être dans la gloire du ciel avec toi. Il nous a montré le chemin qui mène à cette vie : c'est l'amour des autres. Il a pris ce chemin avant nous.

C'est lui, Jésus, le Christ, qui nous rassemble maintenant autour de cette table où nous apportons notre offrande.

Sanctifie, Père très bon, ce pain et ce vin : ils deviendront pour nous le corps et le sang de Jésus, ton Fils, qui nous dit de faire à notre tour ce qu'il a fait lui-même la veille de sa passion.

Au cours du dernier repas qu'il partageait avec ses disciples, Jésus prit le pain. Il te rendit grâce. Il partagea le pain et le donna à ses amis, en leur disant :

« Prenez, et mangez-en tous :
ceci est mon corps, livré pour vous. »

Il prit aussi la coupe de vin. Il te rendit grâce. Il donna la coupe à ses amis en leur disant :

« Prenez, et buvez-en tous,
car ceci est là coupe de mon sang,
le sang de l'Alliance nouvelle et éternelle,
qui sera versé pour vous et pour la multitude
en rémission des péchés. »

Il leur dit aussi :

« Vous ferez cela, en mémoire de moi. »

Voilà pourquoi nous sommes ici, rassemblés devant toi, Père. Et tout remplis de joie, nous rappelons ce que Jésus a fait pour nous sauver : dans cette offrande qu'il a confiée à l'Église, nous célébrons sa mort et sa résurrection ; Père du ciel, accueille-nous avec ton Fils bien-aimé.

Pour nous, Jésus a voulu donner sa vie. Toi, tu l'as ressuscité. Nous t'acclamons : MNA 26.35

Dieu, tu es bon ! Loué sois-tu ! Gloire à toi !

Il vit maintenant près de toi. Il est avec nous toujours et partout.

Dieu, tu es bon ! Loué sois-tu ! Gloire à toi !

Un jour, il viendra dans la gloire du Royaume. Il n'y aura plus de gens tristes, malades ou malheureux.

Dieu, tu es bon ! Loué sois-tu ! Gloire à toi !

Père, nous allons recevoir à cette table, dans la joie de l'Esprit Saint, le corps et le sang du Christ : que cette communion nous rende capables de vivre comme Jésus, entièrement donnés à toi et aux autres. Viens en aide, Seigneur, à notre Pape N., à notre évêque N., et à tous les évêques.

Accorde-nous, et à tous les disciples de Jésus Christ, d'être de ceux qui font la paix et le bonheur autour d'eux.

Pour le temps pascal Mets au cœur des chrétiens la vraie joie de Pâques ; et qu'ils pensent à communiquer cette joie à ceux qui ne savent pas encore que Jésus est ressuscité.

Et puis, donne-nous un jour d'être près de toi, avec la Vierge Marie, la Mère de Dieu, et avec les saints du ciel, tous ensemble, dans le Christ.

Par lui, avec lui et en lui,
à toi, Dieu le Père tout-puissant,
dans l'unité du Saint-Esprit,
tout honneur et toute gloire,
pour les siècles des siècles.
Amen.

Suite de la célébration : Notre Père, p. 64.

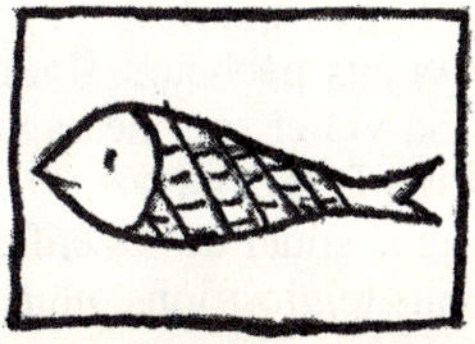

PRIÈRE EUCHARISTIQUE POUR DES RASSEMBLEMENTS

Dialogue d'introduction, p. 23.
On choisit l'une des quatre préfaces suivantes :

A

• Nous te rendons grâce, Dieu notre Père, de nous avoir appelés à la vie. Tu ne nous laisses jamais seuls, tu nous manifestes sans cesse ta présence. Dans les temps anciens, tu as guidé Israël, ton peuple, à travers l'immense désert. Aujourd'hui, TU ACCOMPAGNES L'ÉGLISE en lui donnant la force de ton Esprit. Ton Fils nous ouvre le chemin qui nous conduira de cette vie à la joie de la vie éternelle. C'est pourquoi, avec les anges et tous les saints, nous chantons l'hymne de ta gloire : **Saint !...** *(p. 30)*

B

• Nous te rendons grâce, Dieu saint et fort, car TU DIRIGES LE DESTIN DU MONDE et tu prends soin de tout homme. Tu nous invites à écouter ta Parole qui nous rassemble en un seul corps, et à nous attacher dans la foi à suivre ton Fils. Il est, lui, le chemin, qui nous conduit vers toi ; Il est la vérité qui nous rend libres ; Il est la vie qui nous remplit de joie. C'est pourquoi nous te rendons grâce, Père, pour ton amour, par Jésus, ton Fils bien-aimé. Nous unissons nos voix à celles des anges, pour chanter et proclamer ta gloire : **Saint !...** *(p. 30)*

C

• Nous te rendons grâce, Père fidèle et plein de tendresse, de nous avoir donné Jésus ton Fils, notre Seigneur et notre frère. Son amour s'est manifesté aux pauvres et aux malades, aux petits et aux pécheurs. Il n'est resté indifférent à aucune détresse. Sa vie et son message sont pour nous la preuve que TU ES UN DIEU QUI PREND SOIN DES HOMMES, comme un père porte le souci de ses enfants. C'est pourquoi nous te louons et nous te glorifions, nous célébrons ta bonté et ta fidélité, et avec les anges et tous les saints, nous proclamons l'hymne de ta gloire : **Saint !...** *(p. 30)*

D

• Nous te rendons gloire, Père très bon, car grâce à la Bonne Nouvelle proclamée par ton Fils, tu as réuni des hommes de toutes races et de toutes cultures en un seul corps, l'Église. Cette Église vit de la force de ton ESPRIT et RASSEMBLE LES HOMMES DANS L'UNITÉ. Elle rend témoignage de ton amour et ouvre à chacun les portes de l'espérance. C'est ainsi qu'elle devient un signe de la fidélité que tu nous as promise pour toujours. C'est pourquoi le ciel et la terre te célèbrent, et avec l'Église tout entière, nous proclamons l'hymne de ta gloire : **Saint !...** *(p. 30)*

Nous te glorifions, Père très saint : tu es toujours avec nous sur la route, et plus spécialement encore lorsque ton Fils Jésus nous rassemble pour le repas de l'Amour. Comme jadis pour les disciples d'Emmaüs, il explique pour nous l'Écriture et nous partage le pain.

C'est pourquoi nous te prions, Père tout-puissant : envoie ton Esprit sur ce pain et ce vin, afin que le Christ Jésus réalise au milieu de nous la présence de son corps et de son sang.

La veille de sa passion, pendant le repas, il prit le pain, il rendit grâce, il le rompit et le donna à ses disciples, en disant :

> « Prenez, et mangez-en tous :
> ceci est mon corps livré pour vous. »

De même, il prit la coupe remplie de vin, il rendit grâce et la donna à ses disciples, en disant :

> « Prenez, et buvez-en tous,
> car ceci est la coupe de mon sang,
> le sang de l'Alliance nouvelle et éternelle,
> qui sera versé pour vous et pour la multitude

en rémission des péchés.
Vous ferez cela en mémoire de moi. »

Acclamations, p. 34.

Père très bon, nous célébrons le mémorial de notre réconciliation et nous annonçons l'œuvre de ton amour : en passant par la souffrance et la mort, ton Fils est ressuscité à la vie nouvelle et a été glorifié. Regarde cette offrande : c'est Jésus qui se donne avec son corps et son sang, et qui, par ce sacrifice, nous ouvre le chemin vers toi, notre Père.
Dieu, Père plein de tendresse, donne-nous l'Esprit d'amour, l'Esprit de ton Fils.

On choisit l'une des quatre prières d'intercession suivantes :

A

• Nous qui participons à ce repas, fortifie-nous, afin que nous tous, peuple de Dieu, avec nos prêtres, notre Pape N. et notre évêque N. nous puissions garder joie et confiance et CHEMINER DANS LA FOI ET L'ESPÉRANCE.

B

• Nous qui allons recevoir son corps et son sang, fortifie-nous et fais que nous soyons un dans la foi et l'amour, unis à notre Pape N. et à notre évêque N. Ouvre nos yeux à toute détresse. Inspire-nous à tout moment la parole qui convient, quand nous nous trouvons en face de frères seuls et désemparés. Donne-nous LE COURAGE DU GESTE FRATERNEL, quand nos frères sont démunis ou opprimés. Fais de ton Église un lieu de vérité et de liberté, de justice et de paix, afin que tout homme puisse y trouver une raison d'espérer encore.

C

• Nous qui allons recevoir son corps et son sang, fortifie-nous et renouvelle-nous à son image. Fais descendre ta bénédiction sur notre Pape N. et notre évêque N. Donne à tous les membres de l'Église (et à tous ceux qui travaillent au Synode) de SAVOIR LIRE LES SIGNES DES TEMPS et de grandir dans la fidélité à l'Évangile. Rends-nous attentifs à tous les hommes afin que nous partagions dans la charité leurs tristesses et leurs angoisses, leurs espérances et leurs joies, et que nous leur montrions le chemin du salut.

D

• Afin qu'en notre pays, l'Église trouve (par le Synode) un élan nouveau pour sa vie, RENFORCE LES LIENS D'UNITÉ entre laïcs et prêtres, entre les prêtres et notre évêque N., entre tous les évêques et notre Pape N. Donne à ton Église de devenir, au milieu d'un monde divisé, un instrument au service de l'unité.

Père, prends pitié de nos frères qui sont morts dans la paix du Christ et de tous les morts dont toi seul connais la foi, et conduis-les à la résurrection. Et lorsque prendra fin notre pèlerinage sur la terre, accueille-nous dans ton Royaume, où nous espérons être comblés de ta gloire tous ensemble et pour l'éternité.

En union avec la Vierge Marie, la bienheureuse Mère de Dieu, avec les Apôtres, les martyrs (saint N.) et tous les saints, nous te prions et nous te glorifions par Jésus, le Christ, notre Seigneur.

Par lui, avec lui et en lui,
à toi, Dieu le Père tout-puissant,
dans l'unité du Saint-Esprit,
tout honneur et toute gloire,
pour les siècles des siècles.
Amen.

COMMUNION

Prière du Seigneur

• Comme nous l'avons appris du Sauveur, et selon son commandement, nous osons dire :

• Unis dans le même Esprit, nous pouvons dire avec confiance la prière que nous avons reçue du Sauveur :

• *ou une autre introduction.*

Notre Père qui es aux cieux,
que ton nom soit sanctifié,
que ton règne vienne,
que ta volonté soit faite
sur la terre comme au ciel.

Donne-nous aujourd'hui
notre pain de ce jour.
Pardonne-nous nos offenses,
comme nous pardonnons aussi
à ceux qui nous ont offensés.
Et ne nous soumets pas à la tentation,
mais délivre-nous du Mal.

Pater noster, qui es in cœlis : sanctificetur nomen tuum; adveniat regnum tuum; fiat voluntas tua, sicut in cœlo, et in terra. Panem nostrum cotidianum da nobis hodie ; et dimitte nobis debita nostra, sicut et nos dimittimus debitoribus nostris; et ne nos inducas in tentationem ; sed libera nos a malo.

Délivre-nous de tout mal, Seigneur, et donne la paix à notre temps ; par ta miséricorde, libère-nous du péché, rassure-nous devant les épreuves, en cette vie où nous espérons le bonheur que tu promets et l'avènement de Jésus Christ, notre Sauveur.

• **Car c'est à toi qu'appartiennent**
le règne, la puissance et la gloire,
pour les siècles des siècles !

- **A toi, le règne,**
  à toi, la puissance et la gloire,
  pour les siècles des siècles !

Rite de la paix

Seigneur Jésus Christ, tu as dit à tes Apôtres : « Je vous laisse la paix, je vous donne ma paix » ; ne regarde pas nos péchés mais la foi de ton Église ; pour que ta volonté s'accomplisse, donne-lui toujours cette paix, et conduis-la vers l'unité parfaite, toi qui règnes pour les siècles des siècles. **Amen.**

Que la paix du Seigneur soit toujours avec vous.
Et avec votre esprit.

Dans la charité du Christ, donnez-vous la paix.

Partage du pain consacré

Pendant que le prêtre partage le pain consacré pour la communion, l'assemblée chante :

Agneau de Dieu, qui enlèves le péché du monde, prends pitié de nous.

On peut chanter ce refrain plusieurs fois. On termine par :

Agneau de Dieu, qui enlèves le péché du monde, donne-nous la paix.

Agnus Dei qui tollis peccata mundi,
miserere nobis (dona nobis pacem.)

En mettant un fragment de l'hostie dans le calice, le prêtre dit à voix basse :

Que le corps et le sang de Jésus Christ, réunis dans cette coupe, nourrissent en nous la vie éternelle.

Les fidèles qui vont donner la communion et ceux qui vont porter la communion aux malades s'approchent de l'autel pour communier.

Communion

Avant de communier, le prêtre dit à voix basse :

• Seigneur Jésus Christ, Fils du Dieu vivant, selon la volonté du Père et avec la puissance du Saint-Esprit, tu as donné, par ta mort, la vie au monde ; que ton corps et ton sang me délivrent de mes péchés et de tout mal ; fais que je demeure fidèle à tes commandements et que jamais je ne sois séparé de toi.

• Seigneur Jésus Christ, que cette communion à ton corps et à ton sang n'entraîne pour moi ni jugement ni condamnation, mais qu'elle soutienne mon esprit et mon corps et me donne la guérison.

Que le corps du Christ me garde pour la vie éternelle.
Que le sang du Christ me garde pour la vie éternelle.

Heureux les invités au repas du Seigneur !
Voici l'Agneau de Dieu
qui enlève le péché du monde.

Seigneur, je ne suis pas digne de te recevoir ;
mais dis seulement une parole
et je serai guéri.

Le corps du Christ. **Amen.**
Le sang du Christ. **Amen.**

Prière après la communion *(Voir à la messe du jour)*

CONCLUSION ET ENVOI

Les avis pour la semaine sont donnés ici.

Le Seigneur soit avec vous.
Et avec votre esprit.

La bénédiction peut être précédée d'une prière sur le peuple ou être développée sous une forme solennelle.

Que Dieu tout-puissant vous bénisse,
le Père, le Fils et le Saint-Esprit.
Amen.

Allez, dans la paix du Christ.
Nous rendons grâce à Dieu.

Le temps de l'Avent

Temps de l'Avent, mémoire d'une longue attente. Celle de l'homme, de tout homme, dans sa quête de salut. Aujourd'hui, comme à l'époque de la naissance de Jésus, notre monde erre à la recherche de son équilibre. Il y met toute la puissance de ses techniques et la finesse de ses moyens d'analyse. Mais il n'y a pas que les savants et les techniciens qui se mobilisent pour créer un monde nouveau. Les petits, les humbles, tous ceux qui veulent donner à tout être humain sa grandeur et sa vérité, tous ceux-là sont de vrais constructeurs du monde. L'homme ne vit pas seulement de pain, il a besoin d'une nourriture plus substantielle.

Dans ce temps de « l'attente » nous communions à leur espérance avec tous les croyants nos frères. Ces grandes traditions religieuses que nous côtoyons de nos jours dans nos cités sont comme autant de témoignages de l'éternelle quête de Dieu. Ne veulent-elles pas être des chemins pour guider l'homme en recherche de spirituel ?

Et même ces mouvements religieux, parfois débridés, qui naissent à notre époque, sont aussi le signe d'une attente qui ne sait sur quel objet se fixer.

A Rome, au plafond de la chapelle Sixtine, Michel-Ange a inscrit la longue attente de l'homme dans l'espérance d'un salut. Il n'a pas craint de mettre côte à côte les prophètes de l'Ancienne Alliance et les sibylles de l'Antiquité, celles de Perse, d'Érythrée, de Libye et du monde grec. N'est-ce pas une manière de convoquer tous les peuples de la terre pour participer à la préparation lointaine de la venue du Christ ?

Chaque dimanche de cet Avent nous permet de communier à l'espérance du monde et nous donne à voir certains signes privilégiés de l'avènement du Royaume. Ce sont : la recherche de la paix *(premier dimanche)*, la justice et la fidélité *(deuxième dimanche)*, l'attention aux plus démunis *(troisième dimanche)*, l'engagement de Dieu à nos côtés *(quatrième dimanche)*.

Temps de l'Avent, temps des lentes préparations, où l'Esprit travaille, et l'homme de bonne volonté trace son chemin dans sa recherche de droiture.

Ph. B.

3 décembre 1995

Premier dimanche de l'Avent

Vers la paix Réunis le 13 septembre 1994 à Assise, deux cents chefs religieux, toutes confessions confondues, ont signé cet appel : *« Au nom de Dieu, nous déclarons à tous, croyants ou non : il n'y a pas de guerre sainte. Seule la paix est sainte. »*

La prophétie d'Isaïe est une merveilleuse introduction à ce temps de l'Avent. Il n'y a pas dans notre monde que des bruits de guerre. Partout des gens simples ou des dirigeants travaillent à transformer nos armes de combat en « socs de charrue » ou en « faucilles ». Notre prière rejoint celle de tous les vrais croyants. Avec eux nous voulons œuvrer pour que toute recherche spirituelle soit un facteur de paix et de respect de l'homme. C'est le moment de sortir de notre sommeil *(deuxième lecture)* et d'accueillir la venue du Fils de l'homme ; ne croyons pas que « son heure » concerne un autre temps que le nôtre.

Chanter

On peut aimer prendre les mêmes chants, tout au long de l'Avent, afin de bien marquer l'unité de cette période liturgique. Le tropaire MNA 31.41 Le Seigneur vient *servirait bien de chant d'entrée. L'Alléluia* U 30 Viens Seigneur, ne tarde plus *peut précéder la proclamation de l'Évangile. Le refrain de la prière universelle pourra être l'un de ceux proposés par* MNA 31.31 à 31.35*, et l'Agneau de Dieu* D 261.

T 150 Vienne la paix sur notre terre *reprend les images de la première lecture de ce dimanche. Il convient aussi bien comme chant d'ouverture ou de communion.*

T 50 Dieu est à l'œuvre en cet âge *et* E 150 Aube nouvelle *sont en général bien connus.*

Prier

POUR LA PRÉPARATION PÉNITENTIELLE

- Viens renaître en nous, Source de la vie
  Viens nous libérer, Prince de la Paix… *(E 183)*
  suffit à lui seul comme rite pénitentiel

- Seigneur Jésus, Prince de la Paix,
  viens et prends pitié de nous.

  O Christ, Lumière dans notre nuit,
  viens et prends pitié de nous.

  Seigneur, Source de notre espérance,
  viens et prends pitié de nous.

POUR CE DIMANCHE

En ce monde assoupi dans l'injustice, Seigneur notre Dieu, ne laisse pas le sommeil nous gagner. Dirige nos regards vers celui qui vient faire fleurir la paix. Ainsi, nous veillerons dans la fidélité et nous préparerons les chemins de ton Royaume.

POUR LA PRIÈRE UNIVERSELLE

– Rejoignons dans la prière tous ceux qui travaillent à établir la paix : les chefs d'État et les négociateurs qui ont en charge le règlement des nombreux conflits.

– Pensons aussi à ceux qui se font « artisans de paix » dans les situations toutes simples de la vie quotidienne.

– Prions avec tous les vrais croyants qui découvrent, dans le silence et la contemplation, la seule véritable source de paix : Dieu lui-même.

POUR LA PRIÈRE EUCHARISTIQUE

On peut prendre la troisième prière eucharistique pour assemblées avec enfants : Un jour il viendra dans la gloire du Royaume… *(p. 57)*.

Célébrer

Si nous voulons que ce temps de l'Avent nous fasse vivre en communion avec tous les croyants, pourquoi ne pas mettre en valeur des photos ou des symboles représentant toutes les grandes confessions religieuses ? Cela permettrait aux chrétiens de mieux comprendre la parenté qui les unit à tant d'hommes et de femmes de notre monde.

Messe du 1er dimanche de l'Avent

PRIÈRE D'OUVERTURE

Donne à tes fidèles, Dieu tout-puissant, d'aller avec courage sur les chemins de la justice à la rencontre du Seigneur, pour qu'ils soient appelés, lors du jugement, à entrer en possession du Royaume des cieux. Par Jésus Christ, ton Fils, notre Seigneur et notre Dieu, qui règne avec toi et le Saint-Esprit, maintenant et pour les siècles des siècles. **Amen**.

PREMIÈRE LECTURE Is 2, 1-5

La marche vers la paix *Paul VI disait : « Plus jamais la guerre ! » Nous savons qu'il faut temps et patience pour que l'homme transforme ses armes de combat en instruments de développement de l'homme, de tout l'homme.*

Lecture du livre d'Isaïe

Le prophète Isaïe a reçu cette révélation au sujet de Juda et de Jérusalem.
Il arrivera dans l'avenir que la montagne du temple du Seigneur sera placée à la tête des montagnes et dominera les collines. Toutes les nations afflueront vers elle, des peuples nombreux se mettront en marche, et ils diront : « Venez, montons à la montagne du Seigneur, au temple du Dieu de Jacob. Il nous enseignera ses chemins et nous suivrons ses sentiers. Car c'est de Sion que vient la Loi, de Jérusalem la parole du Seigneur. »
Il sera le juge des nations, l'arbitre de la multitude des peuples. De leurs épées ils forgeront des socs de charrue, et de leurs lances, des faucilles. On ne lèvera plus l'épée nation contre nation, on ne s'entraînera plus pour la guerre.
Venez, famille de Jacob, marchons à la lumière du Seigneur.

PSAUME Ps 121

• **Allons dans la joie à la rencontre du Seigneur.**

• **Allons vers la montagne,**
vers la montagne du Seigneur.

Quelle joie quand on m'a dit :
« Nous irons à la maison du Seigneur ! »
Maintenant notre marche prend fin
devant tes portes, Jérusalem !

Jérusalem, te voici dans tes murs :
ville où tout ensemble ne fait qu'un.
C'est là que montent les tribus,
les tribus du Seigneur.

C'est là qu'Israël doit rendre grâce
au nom du Seigneur.
C'est là le siège du droit,
le siège de la maison de David.

Appelez le bonheur sur Jérusalem :
« Paix à ceux qui t'aiment !

Que la paix règne dans tes murs,
le bonheur dans tes palais ! »

A cause de mes frères et de mes proches,
je dirais : « Paix sur toi ! »
A cause de la maison du Seigneur notre Dieu,
je désire ton bien.

DEUXIÈME LECTURE Rm 13, 11-14

La fin de la nuit *Chacun de nous, en se réveillant de son sommeil, a la possibilité de faire venir la lumière pour tous ceux qui l'entourent.*

Lecture de la lettre de saint Paul Apôtre aux Romains

Frères, vous le savez : c'est le moment, l'heure est venue de sortir de votre sommeil. Car le salut est plus près de nous maintenant qu'à l'époque où nous sommes devenus croyants. La nuit est bientôt finie, le jour est tout proche. Rejetons les activités des ténèbres, revêtons-nous pour le combat de la lumière. Conduisons-nous honnêtement, comme on le fait en plein jour, sans ripailles ni beuveries, sans orgies ni débauches, sans dispute ni jalousie, mais revêtez le Seigneur Jésus Christ.

ÉVANGILE Mt 24, 37-44

Des veilleurs *Les occupations multiples de nos journées, la monotonie des jours ne devraient pas empêcher chacun de nous de prier sans cesse : « Seigneur, viens ! » Aujourd'hui peut vraiment être le temps de l'Avènement de notre sauveur.*

Alléluia. Alléluia. Montre-nous, Seigneur, ta miséricorde : fais-nous voir le jour de ton salut. **Alléluia.**

Évangile de Jésus Christ selon saint Matthieu

Jésus parlait à ses disciples de sa venue : « L'avènement du Fils de l'homme ressemblera à ce qui s'est passé à l'époque de Noé. A cette époque, avant le déluge, on mangeait, on buvait, on se mariait, jusqu'au jour où Noé entra dans l'arche. Les gens ne se sont doutés de rien, jusqu'au déluge qui les a tous engloutis : tel sera aussi l'avènement du Fils de l'homme. Deux hommes seront aux champs : l'un est pris, l'autre laissé. Deux femmes seront au moulin : l'une est prise, l'autre laissée. Veillez donc, car vous ne connaissez pas le jour où votre Seigneur viendra. Vous le savez bien : si le maître de maison avait su à quelle heure de la nuit le voleur viendrait, il aurait veillé et n'aurait pas laissé percer le mur de sa maison. Tenez-vous donc prêts, vous aussi : c'est à l'heure où vous n'y penserez pas, que le Fils de l'homme viendra. »

PRIÈRE SUR LES OFFRANDES

Seigneur, nous ne pourrons jamais t'offrir que les biens venus de toi : accepte ceux que nous t'apportons ; et puisque c'est toi qui nous donnes maintenant de célébrer l'eucharistie, fais qu'elle soit pour nous le gage du salut éternel. Par Jésus, le Christ, notre Seigneur. **Amen**.

PRÉFACE

Vraiment, il est juste et bon de te rendre gloire, de t'offrir notre action de grâce, toujours et en tout lieu, à toi, Père très saint, Dieu éternel et tout-puissant, par le Christ, notre Seigneur.

Car il est déjà venu, en prenant la condition des hommes, pour accomplir l'éternel dessein de ton amour et nous ouvrir le chemin du salut ; il viendra de nouveau, revêtu de sa gloire, afin que nous possédions dans la pleine lumière les biens que tu nous as promis, et que nous attendons en veillant dans la foi.

C'est pourquoi, avec les anges et tous les saints, nous proclamons ta gloire en chantant (disant) d'une seule voix : **Saint !...**

PRIÈRE APRÈS LA COMMUNION

Fais fructifier en nous, Seigneur, l'eucharistie qui nous a rassemblés : c'est par elle que tu formes, dès maintenant, à travers la vie de ce monde, l'amour dont nous t'aimerons éternellement. Par Jésus, le Christ, notre Seigneur. **Amen.**

Di 3 **Premier dimanche de l'Avent.**
Liturgie des heures : Psautier semaine I.
[St François Xavier, jésuite missionnaire, †1552 en Chine.]

Lu 4 St Jean de Damas, prêtre, docteur de l'Église, † v. 749.

Me 6 St Nicolas, évêque de Myre (Asie Mineure), † v. 350.

Je 7 St Ambroise, évêque de Milan, docteur de l'Église, † 397.

Ve 8 **IMMACULÉE CONCEPTION DE LA VIERGE MARIE**, p. 75.

Bonne fête !

Le 3, Xavier ; le 4, Barbara, Barbe ; le 5, Gérard, Géraldine ; le 6, Nicolas, Colas, Nils ; le 7, Ambroise ; le 8, Sabine, Edith ; le 9, Valérie.

Il y a 25 ans

Du 26 novembre au 5 décembre 1970, le pape Paul VI accomplissait un voyage pastoral au Pakistan, aux Philippines, aux îles Samoa, en Australie, en Indonésie, à Hong Kong et au Sri Lanka. C'était la première fois qu'un pape se rendait en Extrême-Orient.

La paix

« La paix est aussi importante que l'existence même de l'univers. »

Midrash Sifré sur Nb 7, 26.

Vendredi 8 décembre 1995

Immaculée Conception de la Vierge Marie

Pleine de grâce *La fête de la conception de Marie avait déjà une longue histoire lorsque le pape Pie IX, le 8 décembre 1854, a défini solennellement l'Immaculée Conception de celle que l'évangile appelle « pleine de grâce ».*

PRIÈRE D'OUVERTURE Seigneur, tu as préparé à ton Fils une demeure digne de lui par la conception immaculée de la Vierge ; puisque tu l'as préservée de tout péché par une grâce venant déjà de la mort de ton Fils, accorde-nous, à l'intercession de cette Mère très pure, de parvenir jusqu'à toi, purifiés, nous aussi, de tout mal. Par Jésus Christ.

LECTURES

Gn 3, 9…20	La descendance d'Ève.
Ps 97	Le Seigneur a fait pour toi des merveilles.
Ep 1, 3-12	Le choix de Dieu.
Lc 1, 26-38	La visite de l'ange Gabriel.

PRÉFACE Vraiment, il est juste et bon de te rendre gloire, de t'offrir notre action de grâce, toujours et en tout lieu, à toi, Père très saint, Dieu éternel et tout-puissant.
Car tu as préservé la Vierge Marie de toutes les séquelles du premier péché, et tu l'as comblée de grâce pour préparer à ton Fils une mère vraiment digne de lui ; en elle, tu préfigurais l'Église, la fiancée sans ride, sans tache, resplendissante de beauté. Cette vierge pure devait nous donner le Sauveur, l'Agneau immaculé qui enlève nos fautes. Choisie entre toutes les femmes, elle intervient en faveur de ton peuple et demeure pour lui l'idéal de la sainteté. C'est pourquoi, avec tous les anges du ciel, pleins de joie, nous (disons) chantons : **Saint!**

PRIÈRE APRÈS LA COMMUNION Que cette communion, Seigneur notre Dieu, guérisse en nous les blessures de la faute originelle dont tu as préservé la Vierge Marie, grâce au privilège de sa conception immaculée. Par Jésus.

10 décembre 1995

Deuxième dimanche de l'Avent

Justice et fidélité Justice et fidélité cristallisent les attentes de l'homme ; de tout homme et pas seulement des chrétiens. Les voici magnifiquement chantées dans le poème d'Isaïe. Ne croyons pas qu'elles nous renvoient à un monde de rêve dont la réalisation est pure utopie. Nous les voyons à l'œuvre dans la vie de Jésus de Nazareth, lui qui est le « rejeton » de la lignée de David. Mais les paroles du prophète nous font aussi penser à tant d'autres hommes de bonne volonté qui inscrivent dans leur existence les valeurs de droiture.

S'accueillir les uns les autres, travailler avec courage à se mettre d'accord, comme le recommande l'apôtre Paul *(deuxième lecture)*, c'est la manière la plus simple de préparer le chemin du Seigneur et d'aplanir sa route *(évangile)*. Dans la miséricorde de Dieu, toutes les nations, les hommes et les femmes de toutes races, sont appelés à participer aux mêmes promesses.

Si, comme le dit Jean-Paul II, le même Esprit est à l'œuvre dans tous les vrais croyants, malgré la différence des religions, nous devons croire que cet Esprit comble de ses dons ceux qui l'accueillent. La marque de l'Esprit est donnée à tout chrétien lors de son baptême et à sa confirmation.

Chanter

Les chants choisis lors du premier dimanche de l'Avent peuvent être repris aujourd'hui pour maintenir l'unité de ce temps liturgique. En particulier MNA 31.41 Le Seigneur vient, *ainsi que l'acclamation de l'Alléluia, le refrain de la prière universelle et l'Agneau de Dieu.*

T 150 Vienne la paix *reprend dans sa deuxième strophe les paroles de l'oracle d'Isaïe qui sert de première lecture aujourd'hui. Il peut trouver place comme chant de commu-*

nion. T 50 Dieu est à l'œuvre en cet âge *reflète bien l'espérance des textes de ce jour.*
E 242 Une voix crie *a été composé pour être chanté après cet évangile.*

Prier

POUR LA PRÉPARATION PÉNITENTIELLE

Seigneur Jésus, tu juges le monde avec droiture,
prends pitié de nous.

O Christ, tu as placé ta vie sous le signe de la fidélité,
prends pitié de nous.

Seigneur, tu nous fais vivre de l'Esprit,
prends pitié de nous.

POUR CE DIMANCHE

Ton amour et ta grâce, Seigneur notre Dieu, tu les donnes à ceux qui te prient. Ta promesse fait surgir un monde nouveau, et tu instaures un temps de paix. Convertis-nous par ton Esprit ; avec lui nous préparerons l'avènement de Jésus notre Seigneur.

POUR LA PRIÈRE UNIVERSELLE

Prions avec tous ceux qui doivent rendre la justice, avec tous ceux qui respectent les petits et les pauvres ;

– avec ceux qui s'ouvrent à l'action de l'Esprit et produisent des fruits de justice et de paix ;

– avec toutes les communautés chrétiennes qui cherchent à vivre un accueil mutuel.

POUR LA PRIÈRE EUCHARISTIQUE

On peut prendre la deuxième prière eucharistique pour la réconciliation : Que l'Esprit fasse disparaître les causes de nos divisions (p. 50).

Célébrer

Dans les messes où l'on prend à part les enfants pendant la liturgie de la Parole, la parabole d'Isaïe sur les animaux qui vivent en paix peut facilement servir de thème à de beaux dessins.

Messe du 2e dimanche de l'Avent

PRIÈRE D'OUVERTURE

Seigneur tout-puissant et miséricordieux, ne laisse pas le souci de nos tâches présentes entraver notre marche à la rencontre de ton Fils ; mais éveille en nous cette intelligence du cœur qui nous prépare à l'accueillir et nous fait entrer dans sa propre vie. Lui qui règne avec toi et le Saint-Esprit, maintenant et pour les siècles des siècles. **Amen.**

PREMIÈRE LECTURE Is 11, 1-10

L'esprit du Seigneur *L'énumération des « dons du Saint-Esprit », telle que nous la trouvons dans ce texte d'Isaïe, est reprise par l'Église lors de la confirmation. Ce sont les dons nécessaires à tout homme qui se veut au service de la justice.*

Lecture du livre d'Isaïe

Parole du Seigneur Dieu. Un rameau sortira de la souche de Jessé, père de David, un rejeton jaillira de ses racines. Sur lui reposera l'esprit du Seigneur : esprit de sagesse et de discernement, esprit de conseil et de force, esprit de connaissance et de crainte du Seigneur qui lui inspirera la crainte du Seigneur. Il ne jugera pas d'après les apparences, il ne tranchera pas d'après ce qu'il entend dire. Il jugera les petits avec justice, il tranchera avec droiture en faveur des pauvres du pays. Comme un bâton, sa parole frappera le pays, le souffle de ses lèvres fera mourir le méchant. Justice est la ceinture de ses hanches ; fidélité, le baudrier de ses reins.

Le loup habitera avec l'agneau, le léopard se couchera près du chevreau, le veau et le lionceau seront nourris ensemble, un petit garçon les conduira. La vache et l'ourse auront même pâturage, leurs petits auront même gîte. Le lion, comme le bœuf, mangera du fourrage. Le nourrisson s'amusera sur le nid du cobra, sur le trou de la vipère l'enfant étendra la main. Il ne se fera plus rien de mauvais ni de

corrompu sur ma montagne sainte ; car la connaissance du Seigneur remplira le pays comme les eaux recouvrent le fond de la mer.
Ce jour-là, la racine de Jessé, père de David, sera dressée comme un étendard pour les peuples, les nations la chercheront, et la gloire sera sa demeure.

PSAUME Ps 71

• **Voici venir un jour sans fin**
de justice et de paix.

• **Quand son temps sera venu,**
la justice fleurira et la paix sera sans fin.

Dieu, donne au roi tes pouvoirs,
à ce fils de roi ta justice :
qu'il gouverne ton peuple avec justice,
qu'il fasse droit aux malheureux !

En ces jours-là, fleurira la justice,
grande paix jusqu'à la fin des lunes !
Qu'il domine de la mer à la mer,
et du Fleuve jusqu'au bout de la terre !

Il délivrera le pauvre qui appelle
et le malheureux sans recours.
Il aura souci du faible et du pauvre,
du pauvre dont il sauve la vie.

Que son nom dure toujours ;
sous le soleil, que subsiste son nom !
En lui que soient bénies
toutes les familles de la terre ;
que tous les pays le disent bienheureux !

DEUXIÈME LECTURE Rm 15, 4-9

Le Christ nous accueille *S'accueillir les uns les autres : Dieu lui-même nous rassemble pour que de toutes les nations vienne la louange à son nom.*

Lecture de la lettre de saint Paul Apôtre aux Romains

Frères, tout ce que les livres saints ont dit avant nous est écrit pour nous instruire, afin que nous possédions l'espérance grâce à la persévérance et au courage que donne l'Écriture. Que le Dieu de la persévérance et du courage vous donne d'être d'accord entre vous selon l'esprit du Christ Jésus. Ainsi, d'un même cœur, d'une même voix, vous rendrez gloire à Dieu, le Père de notre Seigneur Jésus Christ.
Accueillez-vous donc les uns les autres comme le Christ vous a accueillis pour la gloire de Dieu, vous qui étiez païens. Si le Christ s'est fait le serviteur des Juifs, c'est en raison de la fidélité de Dieu, pour garantir les promesses faites à nos pères ; mais, je vous le déclare, c'est en raison de la miséricorde de Dieu que les nations païennes peuvent lui rendre gloire, comme le dit l'Écriture : Je te louerai parmi les nations, je chanterai ton nom.

ÉVANGILE — Mt 3, 1-12

Le Royaume est proche *Nous en avons tous l'expérience : la construction d'un monde de justice et de paix demande une conversion qui nous situe aux antipodes des mœurs les plus courantes dans notre monde.*

Alléluia. Alléluia. Préparez le chemin du Seigneur, aplanissez la route : tout homme verra le salut de Dieu. **Alléluia.**

Évangile de Jésus Christ selon saint Matthieu

En ces jours-là, paraît Jean le Baptiste, qui proclame dans le désert de Judée : « Convertissez-vous, car le Royaume des cieux est tout proche ! » Jean est celui que désignait la parole transmise par le prophète Isaïe : A travers le désert, une voix crie : Préparez le chemin du Seigneur, aplanissez sa route.
Jean portait un vêtement de poils de chameau, et une ceinture de cuir autour des reins ; il se nourrissait de sauterelles et de miel sauvage. Alors Jérusalem, toute la Judée et toute

la région du Jourdain venaient à lui, et ils se faisaient baptiser par lui dans le Jourdain en reconnaissant leurs péchés. Voyant des pharisiens et des sadducéens venir en grand nombre à ce baptême, il leur dit : « Engeance de vipères ! Qui vous a appris à fuir la colère qui vient ? Produisez donc un fruit qui exprime votre conversion, et n'allez pas dire en vous-mêmes : "Nous avons Abraham pour père"; car, je vous le dis : avec les pierres que voici, Dieu peut faire surgir des enfants à Abraham. Déjà la cognée se trouve à la racine des arbres : tout arbre qui ne produit pas de bons fruits va être coupé et jeté au feu.
Moi, je vous baptise dans l'eau, pour vous amener à la conversion. Mais celui qui vient derrière moi est plus fort que moi, et je ne suis pas digne de lui retirer ses sandales. Lui vous baptisera dans l'Esprit Saint et dans le feu ; il tient la pelle à vanner dans sa main, il va nettoyer son aire à battre le blé, et il amassera le grain dans son grenier. Quant à la paille, il la brûlera dans un feu qui ne s'éteint pas. »

PRIÈRE SUR LES OFFRANDES

Laisse-toi fléchir, Seigneur, par nos prières et nos pauvres offrandes ; nous ne pouvons pas invoquer nos mérites, viens par ta grâce à notre secours. Par Jésus.

Préface de l'Avent, p. 73.

PRIÈRE APRÈS LA COMMUNION

Pleins de reconnaissance pour cette eucharistie, nous te prions encore, Seigneur : apprends-nous, dans la communion à ce mystère, le vrai sens des choses de ce monde et l'amour des biens éternels. Par Jésus.

Di 10 **Deuxième dimanche de l'Avent.**
Liturgie des heures : Psautier semaine II.

Lu 11 St Damase Ier, pape † 384.

Ma 12 Ste Jeanne-Françoise de Chantal, mère de famille puis religieuse, fondatrice de la Visitation à Annecy, † 1641.

Me 13 Ste Lucie, vierge, martyre, Syracuse, † 303 (?).

Je 14 St Jean de la Croix, carme espagnol, docteur de l'Église, † 1591.

Bonne fête !

Le 10, Romaric, Eulalie ; le 11, Damase, Daniel, Dany ; le 12, Chantal, Jeanne, Corentin ; le 13, Lucie, Aurore, Jocelyne ; le 14, Odile ; le 15, Christine, Ninon ; le 16, Adélaïde, Alice.

17 décembre 1995

Troisième dimanche de l'Avent

La Bonne Nouvelle est annoncée aux pauvres Les « exclus », c'est le mot nouveau forgé par notre civilisation, consciente que le monde se bâtit chaque jour en laissant bien souvent certains de nos frères sur le bord de la route. On les regarde comme des quantités négligeables face aux immenses intérêts économiques qui règlent le déroulement de notre histoire. Aveugles, boiteux, sourds, captifs, habitants des pays de la soif sont tout près de nous sur les trottoirs de nos grandes villes. Nous pouvons lire dans leurs yeux l'attente de notre monde.

Le monde nous interpelle, comme le faisait Jean Baptiste de sa prison. Et nous posons les signes du Royaume chaque fois que la solidarité devient notre manière d'agir. Alors le vrai visage de Jésus peut transparaître en son Église et tous les chercheurs de Dieu verront qu'il est bien « Celui qui doit venir ».

Chanter

T 150 *reste le chant qui reprend tous les thèmes de cet Avent. Les couplets 3 et 5 conviennent particulièrement pour ce troisième dimanche. N'oublions pas que* MNA 31.41 Le Seigneur vient *peut aussi être repris s'il a été chanté les dimanches précédents.*

M 27 Peuples criez de joie et bondissez d'allégresse *rappelle la première lecture. Il peut servir de chant de communion.*

E 134 Préparez les chemins du Seigneur *fait aussi allusion aux aveugles et aux boiteux ainsi qu'aux sources qui jaillissent dans nos déserts.*

Prier

POUR LA PRÉPARATION PÉNITENTIELLE

Seigneur Jésus, viens faire refleurir nos déserts,
prends pitié de nous.

O Christ, toi qui ouvres les yeux des aveugles,
prends pitié de nous.

Seigneur, tu fortifies les mains défaillantes,
prends pitié de nous.

POUR CE DIMANCHE

Seigneur, Dieu de l'univers, la terre déjà chante sa joie, ta Parole est promesse de renouveau. Nous t'en prions : que l'annonce de notre délivrance nous parvienne, qu'elle nous tienne dans la patience et l'espérance : et nos voix acclameront la venue de ton Envoyé. Béni soit celui qui vient en ton nom, béni soit-il pour les siècles des siècles.

POUR LA PRIÈRE UNIVERSELLE

Souviens-toi, Seigneur, de tous les aveugles, les boiteux et les exclus de nos sociétés ;

– de tous ceux qui donnent leur temps et leurs ressources dans tous les mouvements de solidarité ;

– des messagers de la Bonne Nouvelle : donne-leur courage et persévérance.

Donne aux serviteurs de l'Évangile patience et endurance pour tenir ferme dans l'espérance.

Célébrer

Pour célébrer la journée Pax Christi *(troisième dimanche de l'Avent) une brochure est éditée tous les ans par le secrétariat de Pax Christi, 58, avenue de Breteuil, 75007 Paris. Tél. (1) 44 49 06 36. Fax : (1) 44 49 02 15.*
CCP Paris 8122 18 B.

Messe du 3e dimanche de l'Avent

PRIÈRE D'OUVERTURE

Tu le vois, Seigneur, ton peuple se prépare à célébrer la naissance de ton Fils ; dirige notre joie vers la joie d'un si grand mystère : pour que nous fêtions notre salut avec un cœur vraiment nouveau. Par Jésus Christ.

PREMIÈRE LECTURE Is 35, 1...10

Une clameur de joie *Cette joie qui illumine les visages lorsque le Seigneur vient délivrer son peuple, c'est à nous de la faire naître en étant les disciples de celui qui annonçait la Bonne Nouvelle aux pauvres.*

Lecture du livre d'Isaïe

Le désert et la terre de la soif, qu'ils se réjouissent! Le pays aride, qu'il exulte et fleurisse, qu'il se couvre de fleurs des champs, qu'il exulte et crie de joie! La gloire du Liban lui est donnée, la splendeur du Carmel et de Sarône. On verra la gloire du Seigneur, la splendeur de notre Dieu. Fortifiez les mains défaillantes, affermissez les genoux qui fléchissent, dites aux gens qui s'affolent : « Prenez courage, ne craignez pas. Voici votre Dieu : c'est la vengeance qui vient, la revanche de Dieu. Il vient lui-même et va vous sauver. » Alors s'ouvriront les yeux des aveugles et les oreilles des sourds. Alors le boiteux bondira comme un cerf et la bouche du muet criera de joie.

Ils reviendront, les captifs rachetés par le Seigneur, ils arriveront à Jérusalem dans une clameur de joie, un bonheur sans fin illuminera leur visage; allégresse et joie les rejoindront, douleur et plainte s'enfuiront.

PSAUME Ps 145

- **Viens, Seigneur, et sauve-nous !**

- **Voici la Gloire du Seigneur**
  et la splendeur de notre Dieu.

Le Seigneur fait justice aux opprimés,
aux affamés, il donne le pain,
le Seigneur délie les enchaînés.

Le Seigneur ouvre les yeux des aveugles,
le Seigneur redresse les accablés,
le Seigneur aime les justes.

Le Seigneur protège l'étranger,
il soutient la veuve et l'orphelin.
D'âge en âge, le Seigneur régnera.

DEUXIÈME LECTURE Jc 5, 7-10

La patience dans l'attente de la récolte *Dans le secret de la terre, la graine est enfouie. Lente germination qui requiert patience et endurance de la part de ceux qui veulent semer l'Évangile.*

Lecture de la lettre de saint Jacques

Frères, en attendant la venue du Seigneur, ayez de la patience. Voyez le cultivateur : il attend les produits précieux de la terre avec patience, jusqu'à ce qu'il ait fait la première et la dernière récoltes. Ayez de la patience vous aussi, et soyez fermes, car la venue du Seigneur est proche. Frères, ne gémissez pas les uns contre les autres, ainsi vous ne serez pas jugés. Voyez : le Juge est à notre porte. Frères, prenez pour modèles d'endurance et de patience les prophètes qui ont parlé au nom du Seigneur.

ÉVANGILE Mt 11, 2-11

Celui qui doit venir *Les signes du Royaume sont remis entre nos mains pour que le monde découvre le vrai visage de l'envoyé du Père.*

Alléluia. Alléluia. Prophète du Très-Haut, Jean est venu préparer la route devant le Seigneur et rendre témoignage à la Lumière. **Alléluia.**

Évangile de Jésus Christ selon saint Matthieu

Jean le Baptiste, dans sa prison, avait appris ce que faisait le Christ. Il lui envoya demander par ses disciples : « Es-tu celui qui doit venir, ou devons-nous en attendre un autre ? » Jésus leur répondit : « Allez rapporter à Jean ce que vous entendez et voyez : Les aveugles voient, les boiteux marchent, les lépreux sont purifiés, les sourds entendent, les morts ressuscitent, et la Bonne Nouvelle est annoncée aux pauvres. Heureux celui qui ne tombera pas à cause de moi ! »

Tandis que les envoyés de Jean se retiraient, Jésus se mit à dire aux foules à propos de Jean : « Qu'êtes-vous allés voir au désert ? un roseau agité par le vent ? … Alors, qu'êtes-vous donc allés voir ? un homme aux vêtements luxueux ? Mais ceux qui portent de tels vêtements vivent dans les palais des rois. Qu'êtes-vous donc allés voir ? un prophète ? Oui, je vous le dis, et bien plus qu'un prophète. C'est de lui qu'il est écrit : “Voici que j'envoie mon messager en avant de toi, pour qu'il prépare le chemin devant toi.” Amen, je vous le dis : Parmi les hommes, il n'en a pas existé de plus grand que Jean Baptiste ; et cependant le plus petit dans le Royaume des cieux est plus grand que lui. »

PRIÈRE SUR LES OFFRANDES

Permets, Seigneur, que le sacrifice de nos eucharisties te soit toujours offert dans ton Église, pour accomplir le sacrement que tu nous as donné et pour réaliser la merveille de notre salut. Par Jésus.

Préface de l'Avent, p. 73.

PRIÈRE APRÈS LA COMMUNION

Seigneur notre Dieu, nous attendons de ta miséricorde que cette nourriture prise à ton autel nous empêche de céder à nos penchants mauvais et nous prépare aux fêtes qui approchent. Par Jésus.

Di 17 **Troisième dimanche de l'Avent.**
Liturgie des heures : Psautier semaine III.
Journée Pax Christi.

Je 21 St Pierre Canisius, jésuite, docteur de l'Église, † 1597 à Fribourg (Suisse).

Sa 23 St Jean de Kenty, prêtre, † 1473 à Cracovie.

Du 18 au 25, fête juive de Hanoucca, « inauguration », au temple de Jérusalem, du nouvel autel reconstruit, après sa profanation, en 164 avant notre ère. C'est une fête familiale de la lumière en souvenir de la lampe du temple prévue pour brûler une journée, et qui avait duré huit jours.

Bonne fête !

Le 17, Gaël, Tessa ; le 18, Gratien ; le 19, Urbain ; le 20, Abraham, Isaac, Jacob, Théophile, Zéphirin ; le 22, Xavière ; le 23, Armand.

Le Seigneur sera là

« Encore un peu de temps,
Le Seigneur sera là...
Pour annoncer la paix
Aux hommes qu'il aime.
Si nous avons dressé
Entre nous des barrières
Quand il fallait ouvrir
Sa porte à l'étranger,
Pourrons-nous contempler
La face de Dieu ? »

Commission francophone cistercienne, PLH 168.

24 décembre 1995

Quatrième dimanche de l'Avent

Emmanuel, « Dieu-avec-nous » Marie nous guide aujourd'hui pour répondre à l'attente du monde et déceler les signes du Royaume. Une femme et son enfant, rien de plus simple ! Une femme de notre terre, une mère d'un de nos villages. Mais sa fécondité lui vient de sa foi. C'est la foi qui transfigure notre existence quotidienne pour en faire le lieu du Royaume.

La foi de Marie se manifeste d'abord par l'accueil de l'Esprit qui la rend attentive à la parole de Dieu ; alors la Vierge va donner au monde le fils du Très-Haut. Dieu se fait proche, il devient l'Emmanuel, « Dieu-avec-nous ».

A nos côtés les croyants de toutes les religions sont à la recherche de la divinité. Notre mission de chrétiens est de leur dévoiler que Dieu est tout proche, qu'il entre en notre histoire et que sa Parole est dans notre cœur et dans notre bouche pour que nous la mettions en pratique. Tous ceux qui vivent de l'Esprit deviennent signes du Royaume.

Chanter

Dans le chant T 150 Vienne la paix sur notre terre*, le couplet 6 correspond à ce dimanche.*
Si l'on veut mettre spécialement en valeur le rôle de la Vierge Marie, on peut prendre E 177 Les temps se renouvellent… la Vierge attend son heure. *On peut aussi préférer un chant très simple :* V 24 Béni sois-tu, Seigneur, en l'honneur de la Vierge Marie.
On est à la veille de Noël : E 34 Viens pour notre attente *peut clôturer ce temps de l'Avent, en particulier les couplets 1, 5 et 6.*

Prier

POUR LA PRÉPARATION PÉNITENTIELLE

Seigneur Jésus, né de la Vierge Marie,
prends pitié de nous.

O Christ, tu es l'aîné d'une multitude de frères,
prends pitié de nous.

Seigneur, tu nous donnes mission d'annoncer l'Évangile,
prends pitié de nous.

POUR CE DIMANCHE

Ton alliance, Seigneur notre Dieu, prend corps dans la Vierge Marie : en elle ton Esprit réalise la promesse. Donne aujourd'hui à ton Église de dire au milieu des hommes le nom de l'enfant qui vient, et que tout s'accomplisse pour nous comme tu veux. Béni sois-tu, Dieu vivant, pour les siècles des siècles.

POUR LA PRIÈRE UNIVERSELLE

Prions avec tous ceux et toutes celles qui accueillent avec simplicité l'Esprit de Dieu :

– pour ceux qui ont reçu grâce et mission d'apôtres pour annoncer l'Évangile aux nations ;

– pour tous ceux qui sont fidèles à l'appel de Dieu ;

– pour tous ceux qui accueillent la paix qui vient de Dieu.

Célébrer

Une belle représentation de la Vierge Marie ou la photo d'une femme portant son nouveau-né peut nous introduire au mystère de ce jour.

Messe du 4e dimanche de l'Avent

PRIÈRE D'OUVERTURE

Que ta grâce, Seigneur notre Père, se répande en nos cœurs : par le message de l'ange, tu nous as fait connaître l'incarnation de ton Fils bien-aimé, conduis-nous par sa passion et par sa croix jusqu'à la gloire de la résurrection. Par Jésus Christ.

PREMIÈRE LECTURE Is 7, 10-16

Un signe donné par Dieu *Voici un enfant qui sera le signe de la présence de Dieu dans l'histoire de son peuple, le signe de la fidélité du Seigneur.*

Lecture du livre d'Isaïe

Le Seigneur envoya le prophète Isaïe dire au roi Acaz : « Demande pour toi un signe venant du Seigneur ton Dieu, demande-le au fond des vallées ou bien en haut sur les sommets. » Acaz répondit : « Non, je n'en demanderai pas, je ne mettrai pas le Seigneur à l'épreuve. » Isaïe dit alors : « Écoutez, maison de David ! Il ne vous suffit donc pas de fatiguer les hommes : il faut encore que vous fatiguiez mon Dieu ! Eh bien ! Le Seigneur lui-même vous donnera un signe : Voici que la jeune femme est enceinte, elle enfantera un fils, et on l'appellera Emmanuel (c'est-à-dire : Dieu-avec-nous). De crème et de miel il se nourrira, et il saura rejeter le mal et choisir le bien. Avant même que cet enfant sache rejeter le mal et choisir le bien, elle sera abandonnée, la terre dont les deux rois te font trembler. »

PSAUME Ps 23

• **Qu'il vienne, le Seigneur :**
c'est lui, le roi de gloire !

• **Vienne le Seigneur, le roi de la gloire,**
Vienne le Seigneur Emmanuel !

Au Seigneur, le monde et sa richesse,
la terre et tous ses habitants !
C'est lui qui l'a fondée sur les mers
et la garde inébranlable sur les flots.

Qui peut gravir la montagne du Seigneur
et se tenir dans le lieu saint ?
L'homme au cœur pur, aux mains innocentes,
qui ne livre pas son âme aux idoles.

Il obtient, du Seigneur, la bénédiction,
et de Dieu son Sauveur, la justice.
Voici le peuple de ceux qui le cherchent,
qui recherchent la face de Dieu !

DEUXIÈME LECTURE Rm 1, 1-7

La Bonne Nouvelle *Comme l'apôtre Paul, nous avons reçu « grâce et mission » de dévoiler la présence de Dieu dans l'histoire de toutes les nations.*

Commencement de la lettre de saint Paul Apôtre
aux Romains

Moi Paul, serviteur de Jésus Christ, appelé par Dieu pour être Apôtre, mis à part pour annoncer la Bonne Nouvelle que Dieu avait déjà promise par ses prophètes dans les saintes Écritures, je m'adresse à vous, bien-aimés de Dieu qui êtes à Rome.
Cette Bonne Nouvelle concerne son Fils : selon la chair, il est né de la race de David; selon l'Esprit qui sanctifie, il a été établi dans sa puissance de Fils de Dieu par sa résurrection d'entre les morts, lui, Jésus Christ, notre Seigneur.

Pour que son nom soit honoré, nous avons reçu par lui grâce et mission d'Apôtre afin d'amener à l'obéissance de la foi toutes les nations païennes dont vous faites partie, vous aussi que Jésus Christ a appelés.
Vous les fidèles qui êtes, par appel de Dieu, le peuple saint, que la grâce et la paix soient avec vous tous, de la part de Dieu notre Père et de Jésus Christ le Seigneur.

ÉVANGILE Mt 1, 18-24

Dieu est avec nous *Nous rejoignons Joseph pour contempler dans la foi et pour accueillir l'Enfant qui nous est donné. C'est lui notre sauveur.*

Alléluia. Alléluia. Voici que la Vierge concevra : elle enfantera un fils, on l'appellera Emmanuel, « Dieu-avec-nous ». **Alléluia.**

Évangile de Jésus Christ selon saint Matthieu

Voici quelle fut l'origine de Jésus Christ.
Marie, la mère de Jésus, avait été accordée en mariage à Joseph; or, avant qu'ils aient habité ensemble, elle fut enceinte par l'action de l'Esprit Saint. Joseph, son époux, qui était un homme juste, ne voulait pas la dénoncer publiquement; il décida de la répudier en secret. Il avait formé ce projet, lorsque l'Ange du Seigneur lui apparut en songe et lui dit : « Joseph, fils de David, ne crains pas de prendre chez toi Marie, ton épouse : l'enfant qui est engendré en elle vient de l'Esprit Saint; elle mettra au monde un fils, auquel tu donneras le nom de Jésus (c'est-à-dire : "le Seigneur sauve"), car c'est lui qui sauvera son peuple de ses péchés. »
Tout cela arriva pour que s'accomplît la parole du Seigneur prononcée par le prophète : Voici que la Vierge concevra et elle mettra au monde un fils, auquel on donnera le nom d'Emmanuel, qui se traduit : « Dieu-avec-nous ».
Quand Joseph se réveilla, il fit ce que l'Ange du Seigneur lui avait prescrit : il prit chez lui son épouse.

PRIÈRE SUR LES OFFRANDES

Que ton Esprit, Seigneur notre Dieu, dont la puissance a fécondé le sein de la Vierge Marie, consacre les offrandes posées sur cet autel. Par Jésus.

PRÉFACE

Vraiment il est juste et bon de te rendre gloire, de t'offrir notre action de grâce, toujours et en tout lieu, à toi, Père très saint, Dieu éternel et tout-puissant, par le Christ, notre Seigneur.

Il est celui que tous les prophètes avaient chanté, celui que la Vierge attendait avec amour, celui dont Jean Baptiste a proclamé la venue et révélé la présence au milieu des hommes. C'est lui qui nous donne la joie d'entrer déjà dans le mystère de Noël, pour qu'il nous trouve, quand il viendra, vigilants dans la prière et remplis d'allégresse.

C'est pourquoi, avec les anges et tous les saints, nous proclamons ta gloire en chantant (disant) d'une seule voix : **Saint !...**

PRIÈRE APRÈS LA COMMUNION

Nous avons reçu dans ton sacrement, Seigneur, le gage de la rédemption éternelle ; accorde-nous une ferveur qui grandisse à l'approche de Noël, pour bien fêter la naissance de ton Fils. Lui qui règne.

Di 24	**Quatrième dimanche de l'Avent.** *Liturgie des heures : Psautier semaine IV.*
Lu 25	**NATIVITÉ DU SEIGNEUR** *Liturgie des heures : Psautier propre.*
Ma 26	St ÉTIENNE, premier martyr. Ac 6,8-10 ; 7,54-60 ; Mt 10,17-22.
Me 27	St JEAN, APÔTRE ET ÉVANGÉLISTE. 1 Jn 1,1-4 ; Jn 20,2-8.

Je 28	LES SAINTS INNOCENTS, MARTYRS. 1 Jn 1,5-2,2 ; Mt 2,13-18.
Ve 29	St Thomas Becket, évêque de Cantorbéry, martyr, † 1170.

Bonne fête !

Le 24, Adèle, Eugénie ; le 25, Noël, Emmanuel, Nelly ; le 26, Étienne, Stéphane, Stéphanie, Fanny ; le 27, Jean, Yvan, Fabiola ; le 28, Innocent, Gaspard ; le 29, David ; le 30, Roger.

Un brin de foi

« Regardez : la Vierge a un enfant,
Un homme est né de Dieu,
Le ciel est parmi nous,
Le peuple n'est plus seul !

Il ne faudrait qu'un brin de foi,
Et vous verriez les arbres dans la mer :
Les mendiants qui sont rois,
Les puissants renversés,
Les trésors qu'on partage ! »

D. Rimaud, *F 207.*

Il y a 100 ans

Le 28 décembre 1895, les frères Auguste et Louis Lumière donnaient au Grand Café, à Paris, la première séance de cinématographe.

Temps de Noël – Épiphanie

Amour et vérité se rencontrent,
justice et paix s'embrassent.
La vérité germera de la terre
et du ciel se penchera la justice.
Le Seigneur donnera ses bienfaits
et notre terre donnera son fruit.

Le psaume 84 chante ainsi le mystère de Noël : la rencontre du ciel et de la terre ! C'est la fécondité de notre monde qui se manifeste, quand Dieu donne ses bienfaits. Notre terre, cette terre si souvent plongée dans les ténèbres et les difficultés, va donner son fruit. Un fruit merveilleux, beau et succulent pourrait-on dire, puisque c'est Dieu lui-même ! Quel est donc ce mystère ? Notre terre devient capable d'enfanter Dieu en notre monde, quand elle accepte de faire se rencontrer l'amour et la vérité, quand elle laisse la justice et la paix s'embrasser. C'est le mystère d'une jeune fille de notre race, la Vierge Marie, recueillant la parole de Dieu. Mais c'est aussi le mystère d'une lente préparation, celle de tout un peuple qui voulut vivre l'Alliance en son histoire.

Vatican II, reprenant une expression des « Pères de l'Église » des premiers siècles, affirme qu'il y a dans toutes les religions du monde des « Semences du Verbe ». Ainsi Jésus Christ, Verbe de Dieu, Parole faite chair, est déjà semé par Dieu dans tous ces grands mouvements religieux qui manifestent le désir, la soif, l'attente de l'homme, de tout homme en quête de vérité et de droiture. Peuple de l'Alliance, chrétiens de notre monde, nous avons à dévoiler ce mystère, c'est là notre mission.

Noël, c'est le commencement de la Mission, puisque Dieu envoie son Fils. Mais une mission humble et discrète : « Un enfant nous est né, un fils nous est donné. » Au cœur de la nuit, il ne profère pas de grandes paroles, il ne crie pas sur les chemins et dans les villes. Caché dans une étable, il est pourtant une parole bien vivante. Il vient pour établir comme un nouveau dialogue entre Dieu et nous.

« Le peuple qui marchait dans les ténèbres a vu se lever une grande lumière. »

Ph. B.

25 décembre 1995

Naissance du Seigneur

Multiples approches du mystère de la Nativité

Les quatre messes de Noël nous offrent douze lectures bibliques. Plutôt que de disperser leurs introductions à l'intérieur des formulaires, nous les regroupons en une présentation globale des multiples harmoniques du Mystère de la Nativité. Ces douze lectures, en effet, constituent un « lot » de textes utilisables pour la confection des veillées et autres célébrations. Certes, chacune des quatre messes (la veille, la nuit, l'aurore, le jour) a son « atmosphère » propre, caractérisée par des prières et des textes particuliers. Mais les « thèmes » que nous avons privilégiés peuvent enrichir chacune des célébrations.

Les promesses sont réalisées

La PREMIÈRE LECTURE de chacune des quatre messes de Noël est empruntée au livre du prophète Isaïe. Selon la foi de l'Église, en effet, le Mystère de la Nativité du Seigneur Jésus réalise les promesses de Dieu faites jadis à son Peuple.

Isaïe 62,1-5 VEILLE : l'Église sera l'Épouse aimée de Dieu. Alliance nouvelle, source de joie, noces intimes et promises à l'éternité.

Isaïe 9,1-6 NUIT : au sein des ténèbres jaillit une lumière resplendissante. C'est Jésus : enfant royal, religieux comme Moïse, vaillant comme David, pacifique comme Salomon. L'amour de Dieu est fidèle.

Isaïe 62,11-12 AURORE : le Peuple autrefois exilé, délaissé, reçoit aujourd'hui son Sauveur. Racheté par la victoire de la Croix, il est à nouveau « désirable » aux yeux de son Dieu, et appelé à être saint comme Lui est saint.

Isaïe 52,7-10 JOUR : de Jérusalem relevée de ses ruines est parti l'Évangile du Sauveur du monde. Car la Bonne Nouvelle ne se laisse plus enfermer : le chant des anges de Bethléem annonce le salut à toutes les nations, à tous les hommes que Dieu aime.

Des événements qui en disent long

Grâce aux TEXTES ÉVANGÉLIQUES des quatre messes de Noël, la naissance de Jésus ne nous apparaît pas comme un simple fait journalistique : elle est un événement divin – un avènement de Dieu – dans l'histoire du monde, pour son salut.

Matthieu 1,1-25 VEILLE : l'arbre généalogique de Jésus le relie, par Joseph, à la royauté davidique. Venant au terme de la « chaîne des vivants », l'enfant de la crèche est le fruit de l'amour de Dieu, caché de toute éternité, révélé dans l'histoire.

Luc 2,1-14 NUIT : le recensement d'un empereur conquérant n'influencera pas vraiment le cours de l'histoire. En ce nouveau-né attendrissant, c'est la puissance du Très-Haut qui visite la terre. La paix qu'il nous propose est définitive.

Luc 2,15-20 AURORE : de rustres qu'ils étaient, accourus à la crèche en simples curieux, les bergers ne sont plus seulement des gardiens de troupeau. Ils sont devenus les premiers missionnaires de la Bonne Nouvelle, annonceurs improvisés du salut du monde !

Jean 1,1-18 JOUR : l'enfant né de Marie est le Fils de Dieu. Parole par laquelle Dieu recrée le monde, il est la promesse de notre renaissance divine. Le narrateur, ici, se fait contemplatif.

Il venait pour entrer dans sa Pâque

La DEUXIÈME LECTURE de chacune des quatre messes déploie, chacune à sa manière, le Mystère de l'Incarnation jusqu'aux dimensions du Mystère de la Résurrection.

Actes 13,16-25 VEILLE : naissance de Jésus, son baptême, sa prédication, sa mort, sa résurrection : ce long parcours est le nouvel Exode par lequel il nous a sauvés. Noël nous appelle à suivre le Christ, à nous convertir.

Tite 2,11-14 NUIT : le petit enfant fragile est notre grand Dieu et Sauveur. Si sa gloire doit se manifester pleinement au dernier jour, elle peut déjà, dès aujourd'hui, faire reculer les ténèbres dans le monde et en nous. Entrons dans la Pâque : soyons ardents à faire le bien.

Tite 3,4-7 AURORE : le Christ renaîtrait mille fois, à quoi cela servirait-il si nous n'acceptons pas de renaître par le baptême et la conversion ? « C'est pourquoi ce jour est moins celui de la naissance du Sauveur que celui de la naissance du salut » (attribué à Maxime de Turin).

Hébreux 1,1-6 JOUR : né de Marie à un moment de l'histoire, l'enfant de Bethléem est le Fils de Dieu engendré de toute éternité. Parce qu'il a pris notre condition pécheresse et nous a purifiés de nos fautes, il peut nous entraîner dans sa Pâque et nous introduire dans la vie éternelle du Père.

Chanter

Les types de célébration peuvent être tellement divers qu'il est difficile de faire des propositions systématiques.
Cependant, malgré la profusion de beaux chants et cantiques de Noël, nous encourageons les chorales à honorer le psaume qui répond à la première lecture. A part le Ps 88 *proposé à la Messe de la Veille, on a le choix entre trois psaumes,* 95 *(nuit),* 96 *(aurore),* 97 *(jour), tous trois psaumes de la « royauté ». Le refrain de l'assemblée pourrait être :* Un enfant nous est né (Y 8).
Le Missel noté de l'Assemblée (MNA) *fait des propositions pour une préparation pénitentielle chantée, p. 179 :* 32.11, 32.12, 32.13.
Si l'on chante un cantique après l'évangile ou après l'homélie, on peut privilégier F 49 Nuit de lumière *(dans la nuit), ou* Le Verbe s'est fait chair *(Messe du jour,* EqC 269*).*
Une anamnèse s'impose à Noël : C 72 Aujourd'hui.
Pour l'entrée et la communion, nous rappelons les chants devenus « classiques » : F 47 Aujourd'hui dans notre monde ; F 5 Peuple fidèle ; C 221 Au plus haut du ciel ; F 58 Tout le

ciel s'emplit; P 168 Voici, au profond de la nuit; F 169 Seigneur, tu fais merveille; F 180 A pleine voix, chantons.

Prier

POUR LA PRÉPARATION PÉNITENTIELLE

– Seigneur Jésus, né du Père avant tous les siècles, [tu n'as pas retenu le rang qui t'égalait à Dieu]. Tu es venu pour nous sauver :

Kyrie eleison.

– O Christ, né de Marie aux jours de Bethléem, [tu as pris pour nous la condition de serviteur]. Tu viens pour tout réconcilier :

Christe eleison.

– Seigneur, élevé dans la gloire du Père, [tu reçois le Nom qui est au-dessus de tout nom]. Tu intercèdes pour nous, pécheurs :

Kyrie eleison.

POUR LA PRIÈRE UNIVERSELLE

Nous prions :

– pour l'Église, appelée à manifester la proximité de Dieu aujourd'hui;

– pour les peuples victimes de guerres fratricides;

– pour les dirigeants des nations, responsables de la justice et de la paix;

– pour les humbles, à qui Dieu réserve la manifestation de sa gloire;

– pour les familles réunies dans la tendresse de Noël;

– pour les enfants, signes, au milieu de nous, du Royaume des cieux.

Une PRIÈRE SUR LES OFFRANDES à privilégier :

Accepte, Seigneur, notre sacrifice; et dans un prodigieux échange, nous deviendrons semblables à ton Fils en qui notre nature humaine est devenue unie à ta nature divine.

Soir du 24 décembre 1995

Messe de la veille de Noël

PRIÈRE D'OUVERTURE

Chaque année, Seigneur, tu ravives en nous la joyeuse espérance du salut ; nous accueillons dans l'allégresse ton Fils unique qui vient nous racheter ; quand il viendra nous juger, accorde-nous de le regarder sans crainte. Lui qui règne.

PREMIÈRE LECTURE Is 62, 1-5

Tu seras la joie de ton Dieu.

Lecture du livre d'Isaïe

Pour la cause de Jérusalem je ne me tairai pas, pour Sion je ne prendrai pas de repos, avant que sa justice ne se lève comme l'aurore et que son salut ne flamboie comme une torche. Les nations verront ta justice, tous les rois verront ta gloire. On t'appellera d'un nom nouveau, donné par le Seigneur lui-même. Tu seras une couronne resplendissante entre les doigts du Seigneur, un diadème royal dans la main de ton Dieu. On ne t'appellera plus : « La délaissée », on n'appellera plus ta contrée : « Terre déserte », mais on te nommera : « Ma préférée », on nommera ta contrée : « Mon épouse », car le Seigneur met en toi sa préférence, et ta contrée aura un époux. Comme un jeune homme épouse une jeune fille, celui qui t'a construite t'épousera. Comme la jeune mariée est la joie de son mari, ainsi tu seras la joie de ton Dieu.

PSAUME Ps 88

• **Sans fin, Seigneur, je chanterai ton amour.**

• **Dieu ! Tu as les paroles d'alliance éternelle.**

Autrefois, tu as parlé à tes amis,
dans une vision tu leur as dit :

« J'ai trouvé David, mon serviteur,
je l'ai sacré avec mon huile sainte.

« Il me dira : Tu es mon Père,
mon Dieu, mon roc et mon salut !
Et moi, j'en ferai mon fils aîné,
le plus grand des rois de la terre.

« Sans fin, je lui garderai mon amour,
et mon alliance lui sera fidèle ;
je fonderai sa dynastie pour toujours,
son trône aussi durable que les cieux. »

DEUXIÈME LECTURE Ac 13, 16...25

L'homme selon le cœur de Dieu.

Lecture du livre des Actes des Apôtres

Invité à prendre la parole dans la synagogue d'Antioche de Pisidie, Paul se leva, fit un signe de la main et dit : « Hommes d'Israël, et vous aussi qui adorez notre Dieu, écoutez : Le Dieu d'Israël a choisi nos pères ; il a fait grandir son peuple pendant le séjour en Égypte et, par la vigueur de son bras, il l'en a fait sortir. Plus tard il a suscité David pour le faire roi, et il lui a rendu ce témoignage : J'ai trouvé David, fils de Jessé, c'est un homme selon mon cœur ; il accomplira toutes mes volontés. Et, comme il l'avait promis, Dieu a fait sortir de sa descendance un sauveur pour Israël : c'est Jésus, dont Jean Baptiste a préparé la venue en proclamant avant lui un baptême de conversion pour tout le peuple d'Israël. Au moment d'achever sa route, Jean disait : "Celui auquel vous pensez, ce n'est pas moi. Mais le voici qui vient après moi, et je ne suis pas digne de lui défaire ses sandales". »

ÉVANGILE Mt 1, 1-25

Il nous sauve de nos péchés.

Alléluia. Alléluia. Demain sera détruit le péché de la terre et sur nous régnera le Sauveur du monde. **Alléluia.**

La lecture des textes entre crochets est facultative.

Commencement de l'Évangile de Jésus Christ
selon saint Matthieu

[Voici la table des origines de Jésus Christ, fils de David, fils d'Abraham :
Abraham engendra Isaac, Isaac engendra Jacob, Jacob engendra Juda et ses frères, Juda, de son union avec Thamar, engendra Pharès et Zara, Pharès engendra Esrom, Esrom engendra Aram, Aram engendra Aminadab, Aminadab engendra Naassone, Naassone engendra Salmone, Salmone, de son union avec Rahab, engendra Booz, Booz, de son union avec Ruth, engendra Jobed, Jobed engendra Jessé, Jessé engendra le roi David.
David, de son union avec la femme d'Ourias, engendra Salomon, Salomon engendra Roboam, Roboam engendra Abia, Abia engendra Asa, Asa engendra Josaphat, Josaphat engendra Joram, Joram engendra Ozias, Ozias engendra Joatham, Joatham engendra Acaz, Acaz engendra Ézékias, Ézékias engendra Manassé, Manassé engendra Amone, Amone engendra Josias, Josias engendra Jékonias et ses frères à l'époque de l'exil à Babylone.
Après l'exil à Babylone, Jékonias engendra Salathiel, Salathiel engendra Zorobabel, Zorobabel engendra Abioud, Abioud engendra Éliakim, Éliakim engendra Azor, Azor engendra Sadok, Sadok engendra Akim, Akim engendra Élioud, Élioud engendra Éléazar, Éléazar engendra Mattane, Mattane engendra Jacob, Jacob engendra Joseph, l'époux de Marie, de laquelle fut engendré Jésus, que l'on appelle Christ (ou Messie). Le nombre total des générations est donc : quatorze d'Abraham jusqu'à David, quatorze de David jusqu'à l'exil à Babylone, quatorze de l'exil à Babylone jusqu'au Christ.]

Voici quelle fut l'origine de Jésus Christ.

Marie, la mère de Jésus, avait été accordée en mariage à Joseph ; or, avant qu'ils aient habité ensemble, elle fut enceinte par l'action de l'Esprit Saint. Joseph, son époux,

qui était un homme juste, ne voulait pas la dénoncer publiquement ; il décida de la répudier en secret. Il avait formé ce projet, lorsque l'Ange du Seigneur lui apparut en songe et lui dit : « Joseph, fils de David, ne crains pas de prendre chez toi Marie, ton épouse : l'enfant qui est engendré en elle vient de l'Esprit Saint ; elle mettra au monde un fils, auquel tu donneras le nom de Jésus (c'est-à-dire : "le Seigneur sauve"), car c'est lui qui sauvera son peuple de ses péchés. »
Tout cela arriva pour que s'accomplît la parole du Seigneur prononcée par le prophète : Voici que la Vierge concevra et mettra au monde un fils, auquel on donnera le nom d'Emmanuel, qui se traduit : « Dieu-avec-nous ».
Quand Joseph se réveilla, il fit ce que l'Ange du Seigneur lui avait prescrit ; il prit chez lui son épouse, mais il n'eut pas de rapports avec elle ; elle enfanta un fils, auquel il donna le nom de Jésus.

PRIÈRE SUR LES OFFRANDES

Donne-nous, Seigneur, de célébrer déjà la fête de Noël avec une ferveur d'autant plus grande que tu nous fais voir dans ce mystère le commencement de notre salut. Par Jésus.

Préface de Noël au choix, p. 23.

PRIÈRE APRÈS LA COMMUNION

Fais-nous reprendre vie, Seigneur, alors que nous rappelons la naissance de ton Fils et que déjà tu apaises notre soif et notre faim à la table de ton Royaume. Par Jésus.

Nuit du 24 au 25 décembre 1995

Messe de la nuit

PRIÈRE D'OUVERTURE

Seigneur, tu as fait resplendir cette nuit très sainte des clartés de la vraie lumière : de grâce, accorde-nous qu'illuminés dès ici-bas par la révélation de ce mystère, nous goûtions dans le ciel la plénitude de sa joie. Par Jésus Christ.

Aux messes de Noël, on peut utiliser les lectures prévues pour une autre messe du même jour.

PREMIÈRE LECTURE Is 9, 1-6

Une grande lumière se lève sur nous.

Lecture du livre d'Isaïe

Le peuple qui marchait dans les ténèbres a vu se lever une grande lumière ; sur ceux qui habitaient le pays de l'ombre une lumière a resplendi. Tu as prodigué l'allégresse, tu as fait grandir la joie : ils se réjouissent devant toi comme on se réjouit en faisant la moisson, comme on exulte en partageant les dépouilles des vaincus. Car le joug qui pesait sur eux, le bâton qui meurtrissait leurs épaules, le fouet du chef de corvée, tu les as brisés comme au jour de la victoire sur Madiane. Toutes les chaussures des soldats qui piétinaient bruyamment le sol, tous leurs manteaux couverts de sang, les voilà brûlés : le feu les a dévorés.
Oui, un enfant nous est né, un fils nous a été donné ; l'insigne du pouvoir est sur son épaule ; on proclame son nom : « Merveilleux-Conseiller, Dieu-Fort, Père-à-jamais, Prince-de-la-Paix ». Ainsi le pouvoir s'étendra, la paix sera sans fin pour David et pour son royaume. Il sera solidement établi sur le droit et la justice dès maintenant et pour toujours. Voilà ce que fait l'amour invincible du Seigneur de l'univers.

PSAUME Ps 95

• **Aujourd'hui, un Sauveur nous est né :**
c'est le Christ, le Seigneur.

• **Un enfant nous est né, un Fils nous est donné,**
éternelle est sa puissance.

Chantez au Seigneur un chant nouveau,
chantez au Seigneur, terre entière,
chantez au Seigneur et bénissez son nom !

De jour en jour, proclamez son salut,
racontez à tous les peuples sa gloire,
à toutes les nations ses merveilles !

Joie au ciel ! Exulte la terre !
Les masses de la mer mugissent,
la campagne tout entière est en fête.

Les arbres des forêts dansent de joie
devant la face du Seigneur, car il vient,
pour gouverner le monde avec justice.

DEUXIÈME LECTURE Tt 2, 11-14

La tendresse de Dieu s'est manifestée.

Lecture de la lettre de saint Paul Apôtre à Tite

La grâce de Dieu s'est manifestée pour le salut de tous les hommes. C'est elle qui nous apprend à rejeter le péché et les passions d'ici-bas, pour vivre dans le monde présent en hommes raisonnables, justes et religieux, et pour attendre le bonheur que nous espérons avoir quand se manifestera la gloire de Jésus Christ, notre grand Dieu et notre Sauveur. Car il s'est donné pour nous afin de nous racheter de toutes nos fautes et de nous purifier pour faire de nous son peuple, un peuple ardent à faire le bien.

ÉVANGILE Lc 2, 1-14

Joie et paix : Bonne Nouvelle !

Alléluia. Alléluia. Je vous annonce une grande joie :

Aujourd'hui nous est né un Sauveur, c'est le Messie, le Seigneur ! **Alléluia.**

Évangile de Jésus Christ selon saint Luc

En ces jours-là, parut un édit de l'empereur Auguste ordonnant de recenser toute la terre. – Ce premier recensement eut lieu lorsque Quirinius était gouverneur de Syrie. – Et chacun allait se faire inscrire dans sa ville d'origine. Joseph, lui aussi, quitta la ville de Nazareth en Galilée, pour monter en Judée, à la ville de David appelée Bethléem, car il était de la maison et de la descendance de David. Il venait se faire inscrire avec Marie, son épouse, qui était enceinte. Or, pendant qu'ils étaient là, arrivèrent les jours où elle devait enfanter. Et elle mit au monde son fils premier-né ; elle l'emmaillota et le coucha dans une mangeoire, car il n'y avait pas de place pour eux dans la salle commune.
Dans les environs se trouvaient des bergers qui passaient la nuit dans les champs pour garder leurs troupeaux. L'Ange du Seigneur s'approcha, et la gloire du Seigneur les enveloppa de sa lumière. Ils furent saisis d'une grande crainte, mais l'Ange leur dit : « Ne craignez pas, car voici que je viens vous annoncer une bonne nouvelle, une grande joie pour tout le peuple : aujourd'hui vous est né un Sauveur, dans la ville de David. Il est le Messie, le Seigneur. Et voilà le signe qui vous est donné : vous trouverez un nouveau-né emmailloté et couché dans une mangeoire. »
Et soudain, il y eut avec l'Ange une troupe céleste innombrable qui louait Dieu en disant : « Gloire à Dieu au plus haut des cieux, et paix sur la terre aux hommes qu'il aime. »

PRIÈRE SUR LES OFFRANDES

Accepte, Seigneur, notre sacrifice en cette nuit de Noël ; et dans un prodigieux échange, nous deviendrons semblables à ton Fils en qui notre nature est unie à la tienne. Lui qui règne.

Préface de Noël au choix, p. 23.

Dans les prières eucharistiques il y a des textes propres à la fête de Noël.

PRIÈRE APRÈS LA COMMUNION

Joyeux de célébrer dans ces mystères la naissance de notre Rédempteur, nous t'en prions, Seigneur notre Dieu : donne-nous de parvenir, après une vie toujours plus fidèle, jusqu'à la communion glorieuse avec ton Fils bien-aimé. Lui qui règne.

Lundi 25 décembre 1995

Messe de l'aurore

PRIÈRE D'OUVERTURE

Dieu tout-puissant, en ton Verbe fait chair une lumière nouvelle nous envahit : puisqu'elle éclaire déjà nos cœurs par la foi, fais qu'elle resplendisse dans toute notre vie. Par Jésus Christ.

Aux messes de Noël, on peut utiliser les lectures prévues pour une autre messe du même jour.

PREMIÈRE LECTURE Is 62, 11-12

Nous ne sommes plus délaissés.

Lecture du livre d'Isaïe

Voici la Parole que le Seigneur fait retentir jusqu'aux extrémités de la terre : « Dites à la fille de Sion : Voici ton Sauveur qui vient, le fruit de sa victoire l'accompagne et ses trophées le précèdent. On vous appellera : "Peuple saint", "Rachetés-par-le-Seigneur", et toi, on t'appellera : "La Désirée", "La-Ville-qui-n'est-plus-délaissée". »

PSAUME Ps 96

La lumière aujourd'hui a resplendi sur nous :
un Sauveur nous est né !

Le Seigneur est roi ! Exulte la terre !
Joie pour les îles sans nombre !
Les cieux ont proclamé sa justice,
et tous les peuples ont vu sa gloire.

Une lumière est semée pour le juste
et pour le cœur simple, une joie.
Que le Seigneur soit votre joie, hommes justes ;
rendez grâce en rappelant son nom très saint.

DEUXIÈME LECTURE Tt 3, 4-7

Nous sommes renouvelés dans l'Esprit.

Lecture de la lettre de saint Paul Apôtre à Tite

Dieu, notre Sauveur, a manifesté sa bonté et sa tendresse pour les hommes ; il nous a sauvés. Il l'a fait dans sa miséricorde, et non pas à cause d'actes méritoires que nous aurions accomplis par nous-mêmes. Par le bain du baptême, il nous a fait renaître et nous a renouvelés dans l'Esprit Saint.

Cet Esprit, Dieu l'a répandu sur nous avec abondance, par Jésus Christ notre Sauveur ; ainsi, par sa grâce, nous sommes devenus des justes, et nous possédons dans l'espérance l'héritage de la vie éternelle.

ÉVANGILE Lc 2, 15-20

Ce que nous avons vu, nous l'annonçons.

Alléluia. Alléluia. Gloire à Dieu au plus haut des cieux, et paix sur la terre aux hommes qu'il aime ! **Alléluia.**

Évangile de Jésus Christ selon saint Luc

Lorsque les anges eurent quitté les bergers pour le ciel, ceux-ci se disaient entre eux : « Allons jusqu'à Bethléem pour voir ce qui est arrivé, et que le Seigneur nous a fait connaître. » Ils se hâtèrent d'y aller, et ils découvrirent Marie et Joseph, avec le nouveau-né couché dans une mangeoire. Après l'avoir vu, ils racontèrent ce qui leur avait été annoncé au sujet de cet enfant. Et tout le monde s'étonnait de ce que racontaient les bergers. Marie, cependant, retenait tous ces événements et les méditait dans son cœur. Les bergers repartirent ; ils glorifiaient et louaient Dieu pour tout ce qu'ils avaient entendu et vu, selon ce qui leur avait été annoncé.

PRIÈRE SUR LES OFFRANDES

Puissent nos offrandes, Seigneur, s'accorder pleinement au mystère de nativité que nous célébrons en ce jour : un homme, un petit enfant, s'est manifesté comme Dieu ; fais maintenant que ces fruits de la terre nous communiquent tes dons divins. Par Jésus.

Préface de Noël, p. 23.

PRIÈRE APRÈS LA COMMUNION

Seigneur, nous célébrons de tout notre cœur la naissance de ton Fils ; accorde-nous la grâce d'approfondir notre foi en ce mystère et d'y trouver la force d'un meilleur amour. Par Jésus.

Messe du jour de Noël

PRIÈRE D'OUVERTURE

Père, toi qui as merveilleusement créé l'homme et plus merveilleusement encore rétabli sa dignité, fais-nous participer à la dignité de ton Fils, puisqu'il a voulu prendre notre humanité. Lui qui règne.

Aux messes de Noël, on peut utiliser les lectures prévues pour une autre messe du même jour.

PREMIÈRE LECTURE — Is 52, 7-10

Le Seigneur a consolé son Peuple.

Lecture du livre d'Isaïe

Comme il est beau de voir courir sur les montagnes le messager qui annonce la paix, le messager de la bonne nouvelle, qui annonce le salut, celui qui vient dire à la cité sainte : Il est roi, ton Dieu ! Écoutez la voix des guetteurs, leur appel retentit, c'est un seul cri de joie : ils voient de leurs yeux le Seigneur qui revient à Sion. Éclatez en cris de joie, ruines de Jérusalem, car le Seigneur a consolé son peuple, il rachète Jérusalem ! Le Seigneur a montré la force divine de son bras aux yeux de toutes les nations. Et, d'un bout à l'autre de la terre, elles verront le salut de notre Dieu.

PSAUME Ps 97

• **La terre entière a vu**
le Sauveur que Dieu nous donne.

• **Chantons Noël, alléluia :**
gloire à l'Emmanuel, alléluia.

Chantez au Seigneur un chant nouveau,
car il a fait des merveilles ;
par son bras très saint, par sa main puissante,
il s'est assuré la victoire.

Le Seigneur a fait connaître sa victoire
et révélé sa justice aux nations ;
il s'est rappelé sa fidélité, son amour,
en faveur de la maison d'Israël.

La terre tout entière a vu
la victoire de notre Dieu.
Acclamez le Seigneur, terre entière,
sonnez, chantez, jouez !

Jouez pour le Seigneur sur la cithare,
sur la cithare et tous les instruments ;
au son de la trompette et du cor,
acclamez votre roi, le Seigneur !

DEUXIÈME LECTURE He 1, 1-6

Jésus, Fils de Dieu.

Commencement de la lettre aux Hébreux

Souvent, dans le passé, Dieu a parlé à nos pères par les prophètes sous des formes fragmentaires et variées ; mais, dans les derniers temps, dans ces jours où nous sommes, il nous a parlé par ce Fils qu'il a établi héritier de toutes choses et par qui il a créé les mondes. Reflet resplendissant de la gloire du Père, expression parfaite de son être, ce Fils qui porte toutes choses par sa parole puissante, après avoir accompli la purification des péchés, s'est assis à la droite de la Majesté divine au plus haut des cieux ; et il est placé bien au-dessus des anges, car il possède par héritage un nom bien plus grand que les leurs. En effet, Dieu n'a jamais dit à un ange : « Tu es mon Fils, aujourd'hui je t'ai engendré. » Ou bien encore : « Je serai pour lui un père, il sera pour moi un fils. » Au contraire, au moment d'introduire le Premier-né dans le monde à venir, il dit : « Que tous les anges de Dieu se prosternent devant lui. »

ÉVANGILE — Jn 1, 1-18

Nous sommes nés de Dieu.

Alléluia. Alléluia. Aujourd'hui la lumière a brillé sur la terre. Peuples de l'univers, entrez dans la clarté de Dieu : venez tous adorer le Seigneur. **Alléluia.**

La lecture des textes entre crochets est facultative.

Commencement de l'Évangile de Jésus Christ
selon saint Jean

Au commencement était le Verbe, la Parole de Dieu, et le Verbe était auprès de Dieu, et le Verbe était Dieu. Il était au commencement auprès de Dieu. Par lui, tout s'est fait, et rien de ce qui s'est fait ne s'est fait sans lui. En lui était la vie, et la vie était la lumière des hommes ; la lumière brille dans les ténèbres, et les ténèbres ne l'ont pas arrêtée.
[Il y eut un homme envoyé par Dieu. Son nom était Jean. Il était venu comme témoin, pour rendre témoignage à la Lumière, afin que tous croient par lui. Cet homme n'était pas la Lumière, mais il était là pour lui rendre témoignage.]
Le Verbe était la vraie Lumière, qui éclaire tout homme en venant dans ce monde. Il était dans le monde, lui par qui le monde s'était fait, mais le monde ne l'a pas reconnu. Il est venu chez les siens, et les siens ne l'ont pas reçu. Mais tous ceux qui l'ont reçu, ceux qui croient en son nom, il leur a donné de pouvoir devenir enfants de Dieu. Ils ne sont pas nés de la chair et du sang, ni d'une volonté charnelle, ni

d'une volonté d'homme : ils sont nés de Dieu. Et le Verbe s'est fait chair, il a habité parmi nous, et nous avons vu sa gloire, la gloire qu'il tient de son Père comme Fils unique, plein de grâce et de vérité.
[Jean Baptiste lui rend témoignage en proclamant : « Voici celui dont j'ai dit : Lui qui vient derrière moi, il a pris place devant moi car avant moi il était. » Tous nous avons eu part à sa plénitude, nous avons reçu grâce après grâce : après la Loi communiquée par Moïse, la grâce et la vérité sont venues par Jésus Christ. Dieu, personne ne l'a jamais vu ; le Fils unique, qui est dans le sein du Père, c'est lui qui a conduit à le connaître.]

PRIÈRE SUR LES OFFRANDES
Accepte, Seigneur, l'offrande que nous te présentons en ce jour de fête : car elle est le sacrifice qui nous rétablit dans ton Alliance et fait monter vers toi la parfaite louange. Par Jésus.

Préface de Noël, au choix, p. 23.

Dans les prières eucharistiques, il y a des textes propres à la fête de Noël.

PRIÈRE APRÈS LA COMMUNION
Nous t'en prions, Dieu notre Père, puisque le Sauveur du monde, en naissant aujourd'hui, nous a fait naître à la vie divine, qu'il nous donne aussi l'immortalité. Lui qui règne.

Dieu a dit son dernier mot

« Par son Verbe fait chair, Dieu a dit son dernier mot, le plus profond et le plus beau de tous. Et ce mot n'est autre que celui-ci : "Ô monde, je t'aime ! Ô homme, je t'aime !" Il n'y a donc plus qu'à s'abandonner silencieusement à cet amour divin. »

K. Rahner,
L'homme au miroir de l'année.

31 décembre 1995

La Sainte Famille

La paix de la famille L'harmonie familiale ne va pas de soi. Beaucoup de nos familles sont déchirées par des tensions et des conflits, ou disloquées par le divorce. Aujourd'hui nous est proposé l'exemple de la Sainte Famille. Famille extraordinaire, il est vrai. Mais le respect et l'affection qui y régnaient ne sont pas hors de la portée des familles ordinaires. Avec la force de l'évangile, nous pouvons faire de la famille comme une sorte d'Église en miniature, là où l'on est heureux de s'aimer et d'aimer Dieu.

Chanter

Comme chant d'ouverture, F 180 A pleine voix, chantons pour Dieu *(strophes 1, 3, 4), ou encore* C 127 Dieu Très-Haut qui fais merveille.
Après la Parole, O 52 Si tu ne viens t'asseoir. *Ce chant (qui s'adresse à Dieu) est un chant de mariage mais on peut en prendre les strophes 3, 4, 5, 6.*
Refrain de la prière universelle, par exemple : D 86 Seigneur, rassemble-nous.
A la procession de communion, D 116 Dieu est amour *ou, après la communion,* F 168 Puisque Dieu nous a aimés *ou* M 27 Peuples, criez de joie.

Prier

POUR LA PRÉPARATION PÉNITENTIELLE

Seigneur Jésus, Fils de Dieu devenu petit enfant, pardonne notre orgueil.
Prends pitié de nous.

Ô Christ, soumis à Joseph et à Marie ta mère, pardonne nos désobéissances.
Prends pitié de nous.

Seigneur, membre d'une famille humaine, pardonne nos manques d'amour.
Prends pitié de nous.

POUR CE DIMANCHE
Dieu notre Père, tu as confié à Marie et à Joseph la grâce de veiller sur les premières années de Jésus. Fais de ton Église la communauté où les hommes apprennent à veiller les uns sur les autres, et se découvrent membres d'une même famille, en Jésus, le Christ notre Seigneur, qui vit avec toi et l'Esprit Saint pour les siècles des siècles.

POUR LA PRIÈRE UNIVERSELLE
Confions à l'amour de Dieu :

– les familles exilées ou disloquées par les circonstances politiques ;

– les familles déchirées par la mésentente des époux ;

– les enfants qui souffrent du divorce de leurs parents.

Célébrer

En cette fête de la Sainte Famille, on pourrait faire intervenir les enfants dans la célébration. Par exemple, en leur confiant un chant (ou les strophes d'un chant à un enfant soliste). Ou en leur confiant la prière universelle : ils pourraient y demander à Dieu ce qu'ils souhaitent trouver dans leur famille. Leurs souhaits risquent d'interpeller les adultes !

Messe de la Sainte Famille

PRIÈRE D'OUVERTURE
Tu as voulu, Seigneur, que la Sainte Famille nous soit donnée en exemple ; accorde-nous la grâce de pratiquer, comme elle, les vertus familiales et d'être unis par les liens de ton amour, avant de nous retrouver pour l'éternité dans la joie de ta maison. Par Jésus Christ.

PREMIÈRE LECTURE Si 3, 2…14

Honorer les parents *Le Sage médite sur le respect dû aux parents en des versets balancés qui renforcent le poids de son exhortation.*

Lecture du livre de Ben Sirac le Sage

Le Seigneur glorifie le père dans ses enfants, il renforce l'autorité de la mère sur ses fils. Celui qui honore son père obtient le pardon de ses fautes, celui qui glorifie sa mère est comme celui qui amasse un trésor. Celui qui honore son père aura de la joie dans ses enfants, au jour de sa prière il sera exaucé. Celui qui glorifie son père verra de longs jours, celui qui obéit au Seigneur donne du réconfort à sa mère.
Mon fils, soutiens ton père dans sa vieillesse, ne le chagrine pas pendant sa vie. Même si son esprit l'abandonne, sois indulgent, ne le méprise pas, toi qui es en pleine force. Car ta miséricorde envers ton père ne sera pas oubliée, et elle relèvera ta maison si elle est ruinée par le péché.

PSAUME Ps 127

• **Heureux les habitants de ta maison, Seigneur.**

• **Dans la maison de Dieu, le bonheur et la paix.**

Heureux qui craint le Seigneur
et marche selon ses voies !
Tu te nourriras du travail de tes mains :
Heureux es-tu ! A toi, le bonheur !

Ta femme sera dans ta maison
comme une vigne généreuse,
et tes fils, autour de la table,
comme des plants d'olivier.

Voilà comment sera béni
l'homme qui craint le Seigneur.
Tu verras le bonheur de Jérusalem
tous les jours de ta vie.

DEUXIÈME LECTURE Col 3, 12-21

Le climat familial *Tendresse, bonté, humilité, douceur, pardon, obéissance mutuelle, bref l'amour : voilà ce qui marque ou devrait marquer les relations entre les membres d'une famille. Un tel idéal n'est pas utopique.*

Lecture de la lettre de saint Paul Apôtre aux Colossiens

Frères, puisque vous avez été choisis par Dieu, que vous êtes ses fidèles et ses bien-aimés, revêtez votre cœur de tendresse et de bonté, d'humilité, de douceur, de patience. Supportez-vous mutuellement et pardonnez, si vous avez des reproches à vous faire. Agissez comme le Seigneur : il vous a pardonné, faites de même. Par-dessus tout cela, qu'il y ait l'amour : c'est lui qui fait l'unité dans la perfection. Et que, dans vos cœurs, règne la paix du Christ à laquelle vous avez été appelés pour former en lui un seul corps.
Vivez dans l'action de grâce. Que la parole du Christ habite en vous dans toute sa richesse : instruisez-vous et reprenez-vous les uns les autres avec une vraie sagesse ; par des psaumes, des hymnes et de libres louanges, chantez à Dieu, dans vos cœurs, votre reconnaissance. Et tout ce que vous dites, tout ce que vous faites, que ce soit toujours au nom du Seigneur Jésus Christ, en offrant par lui votre action de grâce à Dieu le Père.
Vous les femmes, soyez soumises à votre mari ; dans le Seigneur, c'est ce qui convient. Et vous les hommes, aimez votre femme, ne soyez pas désagréables avec elle. Vous les enfants, en toutes choses écoutez vos parents ; dans le Seigneur, c'est cela qui est beau. Et vous les parents, n'exaspérez pas vos enfants ; vous risqueriez de les décourager.

ÉVANGILE Mt 2, 13…23

La famille du Fils de Dieu *La Sainte Famille n'a pas été épargnée par les épreuves résultant des circonstances politiques de son époque. Dès son enfance, le Fils de Dieu* *s'est rendu solidaire de ceux qui souffrent, en particulier des exilés.*

Alléluia. Alléluia. Vraiment, tu es un Dieu caché, Dieu parmi les hommes, Jésus, Sauveur. **Alléluia.**

Évangile de Jésus Christ selon saint Matthieu

Après le départ des Mages, l'Ange du Seigneur apparaît en songe à Joseph et lui dit : « Lève-toi ; prends l'enfant et sa mère, et fuis en Égypte. Reste là-bas jusqu'à ce que je t'avertisse, car Hérode va rechercher l'enfant, pour le faire périr. » Joseph se leva ; dans la nuit, il prit l'enfant et sa mère, et se retira en Égypte, où il resta jusqu'à la mort d'Hérode. Ainsi s'accomplit ce que le Seigneur avait dit par le prophète : « D'Égypte, j'ai appelé mon fils. »
Après la mort d'Hérode, l'Ange du Seigneur apparaît en songe à Joseph en Égypte et lui dit : « Lève-toi : prends l'enfant et sa mère, et reviens au pays d'Israël, car ils sont morts, ceux qui en voulaient à la vie de l'enfant. » Joseph se leva, prit l'enfant et sa mère, et rentra au pays d'Israël. Mais, apprenant qu'Arkélaüs régnait sur la Judée à la place de son père Hérode, il eut peur de s'y rendre. Averti en songe, il se retira dans la région de Galilée et vint habiter dans une ville appelée Nazareth. Ainsi s'accomplit ce que le Seigneur avait dit par les prophètes : « Il sera appelé Nazaréen. »

PRIÈRE SUR LES OFFRANDES

En t'offrant, Seigneur, le sacrifice qui nous réconcilie avec toi, nous te supplions humblement : à la prière de la Vierge Marie, Mère de Dieu, et à la prière de saint Joseph, affermis nos familles dans ta grâce et la paix. Par Jésus.

Préface de Noël, p. 23.

Dans les prières eucharistiques, on prend les textes propres à la fête de Noël.

PRIÈRE APRÈS LA COMMUNION

Toi qui nous as fortifiés par cette communion, accorde à nos familles, Père très aimant, la grâce d'imiter la famille de ton Fils, et de goûter avec elle, après les difficultés de cette vie, le bonheur sans fin. Par Jésus.

Di 31	SAINTE FAMILLE [St Sylvestre Ier, pape, † 335.] *Liturgie des heures : Psautier propre.*
Lu 1	**Ste MARIE, MÈRE DE DIEU**, p. 122. Journée mondiale de la paix. *Liturgie des heures : Psautier semaine I.*
Ma 2	St Basile le Grand, évêque de Césarée, † 379 et St Grégoire de Nazianze, évêque de Constantinople, † v. 389-390, docteurs de l'Église.
Me 3	En France, Ste Geneviève, vierge, † v. 500 à Paris. Au Luxembourg, Ste Irmine, religieuse, † v. 710 à Wissembourg.

Bonne fête !

Le 31, Sylvestre, Colombe ; le 1er janvier, Fulgence ; le 2, Basile, Vassili ; le 3, Geneviève, Ginette ; le 4, Odilon ; le 5, Édouard, Teddy, Émilienne ; le 6, Mélaine, Tiphaine.

Il y a 1200 ans

En 796, Charlemagne faisait construire la cathédrale d'Aix-la-Chapelle.

L'Église et l'amour humain

« Les gens n'entendent malheureusement que les non de l'Église, mais la réponse de Dieu à l'amour est un *oui enthousiaste*. [...] Les non que l'Église dit clairement sont simplement la contrepartie de ce oui enthousiaste, le refus des contrefaçons de l'amour. Car plus l'amour est grand, plus ses contrefaçons sont redoutables. »

Jean-Paul II, aux évêques français du Sud-Ouest.
Documentation catholique, 15 mars 1987, p. 285.

Lundi 1er janvier 1996

Sainte Marie, Mère de Dieu

Bonne année ! Ce souhait que nous échangeons aujourd'hui, nous le confions à la Vierge Marie, Mère de Dieu, que la liturgie célèbre en ce jour octave de Noël. Que l'intercession de la Mère nous obtienne du Fils la grâce de vivre dans la paix en cette année qui commence !

Messe de Sainte Marie, Mère de Dieu

En cette journée mondiale de la paix, le chant qui souhaite la « paix aux hommes » mérite d'être particulièrement mis en valeur.

PRIÈRE D'OUVERTURE

Dieu tout-puissant, par la maternité virginale de la bienheureuse Marie, tu as offert au genre humain les trésors du salut éternel ; accorde-nous de sentir qu'intervient en notre faveur celle qui nous permit d'accueillir l'auteur de la vie, Jésus Christ, ton Fils, notre Seigneur. Lui qui règne.

PREMIÈRE LECTURE — Nb 6, 22-27

Le plus beau des souhaits *Nous pouvons faire nôtre la triple bénédiction prononcée jadis sur le peuple d'Israël : Que Dieu nous apporte la paix !*

Lecture du livre des Nombres

Le Seigneur dit à Moïse : « Voici comment Aaron et ses descendants béniront les fils d'Israël : "Que le Seigneur te bénisse et te garde ! Que le Seigneur fasse briller sur toi son visage, qu'il se penche vers toi ! Que le Seigneur tourne vers toi son visage, qu'il t'apporte la paix !" C'est ainsi que mon nom sera prononcé sur les fils d'Israël, et moi, je les bénirai. »

PSAUME Ps 66

**• Que Dieu nous prenne en grâce
et qu'il nous bénisse !**

**• La Vierge Marie nous a donné
celui qui apporte la paix.**

Que ton visage s'illumine pour nous,
et ton chemin sera connu sur la terre,
ton salut, parmi toutes les nations.

Que les nations chantent leur joie,
car tu gouvernes le monde avec justice ;
sur la terre, tu conduis les nations.

La terre a donné son fruit ;
Dieu, notre Dieu, nous bénit.
Que la terre tout entière l'adore !

DEUXIÈME LECTURE Ga 4, 4-7

Mère de Dieu *La seule fois où saint Paul mentionne la Vierge Marie, il décrit son rôle essentiel : elle est la mère du Fils de Dieu. Et nous, qui sommes des enfants de la terre, nous sommes appelés à vivre comme des fils adoptifs de Dieu.*

Lecture de la lettre de saint Paul Apôtre aux Galates

Frères, lorsque les temps furent accomplis, Dieu a envoyé son Fils ; il est né d'une femme, il a été sujet de la Loi de Moïse pour racheter ceux qui étaient sujets de la Loi et pour faire de nous des fils. Et voici la preuve que vous êtes des fils : envoyé de Dieu, l'Esprit de son Fils est dans nos cœurs, et il crie vers le Père en l'appelant « Abba ! ». Ainsi tu n'es plus esclave, mais fils, et comme fils, tu es héritier par la grâce de Dieu.

ÉVANGILE Lc 2, 16-21

Jésus, fils de Marie *Marie est mère du Fils de Dieu et, dans sa prière, elle témoigne avec émerveillement de ce mystère. Avec les bergers, rendons grâce à Dieu.*

Alléluia. Alléluia. Jadis, par les prophètes, Dieu parlait à nos pères : aujourd'hui sa parole vient à nous en son Fils. **Alléluia.**

Évangile de Jésus Christ selon saint Luc

Quand les bergers arrivèrent à Bethléem, ils découvrirent Marie et Joseph, avec le nouveau-né couché dans une mangeoire. Après l'avoir vu, ils racontèrent ce qui leur avait été annoncé au sujet de cet enfant. Et tout le monde s'étonnait de ce que racontaient les bergers. Marie, cependant, retenait tous ces événements et les méditait dans son cœur. Les bergers repartirent ; ils glorifiaient et louaient Dieu pour tout ce qu'ils avaient entendu et vu selon ce qui leur avait été annoncé.
Quand fut arrivé le huitième jour, celui de la circoncision, l'enfant reçut le nom de Jésus, le nom que l'Ange lui avait donné avant sa conception.

PRIÈRE SUR LES OFFRANDES

Tu es l'origine de tous les biens, Seigneur, et tu les mènes à leur plein développement ; puisque cette fête de Marie, Mère de Dieu, nous fait célébrer notre salut dans son germe, donne-nous la joie d'en recueillir tous les fruits. Par Jésus.

PRÉFACE

Vraiment, il est juste et bon de te rendre gloire, de t'offrir notre action de grâce, toujours et en tout lieu, à toi, Père très saint, Dieu éternel et tout-puissant.
En ce jour où nous célébrons la maternité de la bienheureuse Vierge Marie, nous voulons te chanter, te bénir et te glorifier. Car elle a conçu ton Fils unique lorsque le Saint-Esprit la couvrit de son ombre, et, gardant pour toujours la gloire de sa virginité, elle a donné au monde la lumière éternelle, Jésus Christ, notre Seigneur.
Par lui, avec les anges et tous les saints, nous chantons l'hymne de ta gloire et sans fin nous proclamons : **Saint !...**

Dans les prières eucharistiques, on prend les textes propres à la fête de Noël.

PRIÈRE APRÈS LA COMMUNION

Nous avons communié à ton sacrement, Seigneur, en ce jour où nous saluons avec fierté dans la bienheureuse Vierge Marie la Mère de ton Fils, et la Mère de l'Église ; que cette communion fasse grandir en nous la vie éternelle. Par Jésus.

BÉNÉDICTION SOLENNELLE

Que le Seigneur vous bénisse et vous garde. **Amen.**
Que le Seigneur fasse resplendir sur vous son visage et vous accorde sa grâce. **Amen.**
Que le Seigneur tourne vers vous son visage et vous apporte la paix. **Amen.**
Et que le Dieu tout-puissant vous bénisse…

7 janvier 1996

Épiphanie du Seigneur

Des païens à la recherche du Roi-Messie Nous nous souvenons aujourd'hui avec joie de l'invitation lancée par Dieu à tous les peuples et à toutes les religions du monde. Les trois « mages venus d'Orient » *(évangile)* n'étaient pas des rois, mais des personnages tenant du prêtre, de l'astronome et de l'astrologue. L'évangile de Matthieu, qui pourtant s'adresse à des Juifs, montre ces mages plus ouverts que ces derniers à l'accueil du messie. Un comble : des prêtres païens viennent vénérer le roi d'Israël méconnu par les siens !

Chanter

Ouverture : A 40 Debout, peuple de Dieu, *ou* M 27 Peuples, criez de joie, *ou Missel noté de l'Assemblée* 32.43 Un enfant nous est né, *ou* F 296 Vers l'enfant nouveau-né.
Après la Parole : F 231 Qui es-tu, roi d'humilité, *ou* F 289 L'épiphanie du roi de gloire, *ou encore* MNA 32.51 A l'Orient l'étoile a paru.
Communion : F 64 Dieu, nous avons vu ta gloire, *ou* F 157 Il est venu marcher, *ou* K 202 Dans l'Église en fête.

Prier

POUR LA PRÉPARATION PÉNITENTIELLE

Seigneur Jésus, enfant-roi, méconnu par les tiens,
prends pitié de nous.

O Christ, espérance des peuples et de tous les croyants,
prends pitié de nous.

Seigneur, qui viendras dans la gloire rassembler toutes les nations,
prends pitié de nous.

POUR CE DIMANCHE

Seigneur notre Dieu, soleil qui brille pour toutes les nations, accorde aux peuples de la terre de vivre en paix, et fais lever en nos cœurs l'admirable lumière qui a guidé les mages vers ton Fils.

POUR LA PRIÈRE UNIVERSELLE

Prions :

– pour les croyants de toutes religions : qu'ils aient la grâce de marcher vers la plénitude de la révélation divine ;

– pour que le dialogue de l'Église avec les religions non chrétiennes porte des fruits de paix et de réconciliation entre les hommes ;

– pour les astronomes et tous les hommes de science qui scrutent les merveilles de la nature : qu'ils y découvrent la trace du Créateur.

Célébrer

On pourrait faire lire par diverses personnes quelques textes des Pères de l'Église (par exemple saint Justin) sur la présence du Verbe de Dieu dans les religions non chrétiennes, sous forme de germes déposés dans les hommes créés à l'image de Dieu. Ou des textes de Vatican II (Décret sur l'activité missionnaire de l'Église, *n°s 11 et 15).*

Messe de l'Épiphanie du Seigneur

PRIÈRE D'OUVERTURE

Aujourd'hui, Seigneur, tu as révélé ton Fils unique aux nations, grâce à l'étoile qui les guidait ; daigne nous accorder, à nous qui te connaissons déjà par la foi, d'être conduits jusqu'à la claire vision de ta splendeur. Par Jésus Christ.

PREMIÈRE LECTURE Is 60, 1-6

Le cortège des nations *Le prophète décrit avec lyrisme les Israélites rentrant d'exil. Mais son regard se fait plus large : il annonce la venue de toutes les nations à*

Jérusalem. L'Apocalypse y fera écho quand elle décrira la Jérusalem céleste, rassemblée dans la louange auprès de Dieu.

Lecture du livre d'Isaïe

Debout, Jérusalem ! Resplendis : elle est venue, ta lumière, et la gloire du Seigneur s'est levée sur toi. Regarde : l'obscurité recouvre la terre, les ténèbres couvrent les peuples ; mais sur toi se lève le Seigneur, et sa gloire brille sur toi. Les nations marcheront vers ta lumière, et les rois, vers la clarté de ton aurore. Lève les yeux, regarde autour de toi : tous, ils se rassemblent, ils arrivent ; tes fils reviennent de loin, et tes filles sont portées sur les bras.
Alors tu verras, tu seras radieuse ; ton cœur frémira et se dilatera. Les trésors d'au-delà des mers afflueront vers toi avec les richesses des nations. Des foules de chameaux t'envahiront, des dromadaires de Madiane et d'Épha. Tous les gens de Saba viendront, apportant l'or et l'encens et proclamant les louanges du Seigneur.

PSAUME Ps 71

• **Parmi toutes les nations, Seigneur,**
on connaîtra ton salut.

• **Aujourd'hui, nous avons vu ta gloire.**

Dieu, donne au roi tes pouvoirs,
à ce fils de roi ta justice.
Qu'il gouverne ton peuple avec justice,
qu'il fasse droit aux malheureux !

En ces jours-là fleurira la justice,
grande paix jusqu'à la fin des lunes !
Qu'il domine de la mer à la mer,
et du Fleuve jusqu'au bout de la terre !

Les rois de Tarsis et des Iles
apporteront des présents,
les rois de Saba et de Seba feront leur offrande.

Tous les rois se prosterneront devant lui,
tous les pays le serviront.

Il délivrera le pauvre qui appelle
et le malheureux sans recours.
Il aura souci du faible et du pauvre,
du pauvre dont il sauve la vie.

DEUXIÈME LECTURE Ep 3, 2…6

Le salut pour toutes les nations *Saint Paul a découvert avec enthousiasme que le salut n'est pas limité à une race, à une religion, mais que Dieu appelle tous les païens à l'Évangile du Christ. C'est ce qu'il appelle « le mystère », le secret de l'amour de Dieu pour tous les hommes.*

Lecture de la lettre de saint Paul Apôtre aux Éphésiens

Frères, vous avez appris en quoi consiste la grâce que Dieu m'a donnée pour vous : par révélation, il m'a fait connaître le mystère du Christ. Ce mystère, il ne l'avait pas fait connaître aux hommes des générations passées, comme il l'a révélé maintenant par l'Esprit à ses saints apôtres et à ses prophètes. Ce mystère, c'est que les païens sont associés au même héritage, au même corps, au partage de la même promesse, dans le Christ Jésus, par l'annonce de l'Évangile.

ÉVANGILE Mt 2, 1-12

Les mages et l'enfant-roi *Des païens viennent se prosterner devant l'Enfant Jésus. L'Évangile témoigne de la grandeur du dessein de Dieu qui appelle tous les hommes à rejoindre le Christ, quelle que soit leur religion.*

Alléluia. Alléluia. Nous avons vu se lever son étoile, et nous sommes venus adorer le Seigneur. **Alléluia.**

Évangile de Jésus Christ selon saint Matthieu

Jésus était né à Bethléem en Judée, au temps du roi Hérode le Grand. Or, voici que des mages venus d'Orient arrivèrent

à Jérusalem et demandèrent : « Où est le roi des Juifs qui vient de naître ? Nous avons vu se lever son étoile et nous sommes venus nous prosterner devant lui. » En apprenant cela, le roi Hérode fut pris d'inquiétude, et tout Jérusalem avec lui. Il réunit tous les chefs des prêtres et tous les scribes d'Israël, pour leur demander en quel lieu devait naître le Messie. Ils lui répondirent : « A Bethléem en Judée, car voici ce qui est écrit par le prophète : Et toi, Bethléem en Judée, tu n'es certes pas le dernier parmi les chefs-lieux de Judée ; car de toi sortira un chef, qui sera le berger d'Israël mon peuple. » Alors Hérode convoqua les mages en secret pour leur faire préciser à quelle date l'étoile était apparue ; puis il les envoya à Bethléem, en leur disant : « Allez vous renseigner avec précision sur l'enfant. Et quand vous l'aurez trouvé, avertissez-moi pour que j'aille, moi aussi, me prosterner devant lui. » Sur ces paroles du roi, ils partirent.
Et voilà que l'étoile qu'ils avaient vue se lever les précédait ; elle vint s'arrêter au-dessus du lieu où se trouvait l'enfant. Quand ils virent l'étoile, ils éprouvèrent une très grande joie. En entrant dans la maison, ils virent l'enfant avec Marie sa mère ; et, tombant à genoux, ils se prosternèrent devant lui. Ils ouvrirent leurs coffrets, et lui offrirent leurs présents : de l'or, de l'encens et de la myrrhe.
Mais ensuite, avertis en songe de ne pas retourner chez Hérode, ils regagnèrent leur pays par un autre chemin.

PRIÈRE SUR LES OFFRANDES

Regarde avec bonté, Seigneur, les dons de ton Église qui ne t'offre plus ni l'or ni l'encens ni la myrrhe, mais celui que ces présents révélaient, qui s'immole et se donne en nourriture : Jésus, le Christ, notre Seigneur. Lui qui règne.

PRÉFACE

Vraiment, il est juste et bon de te rendre gloire, de t'offrir notre action de grâce, toujours et en tout lieu, à toi, Père très saint, Dieu éternel et tout-puissant.
Aujourd'hui, tu as dévoilé dans le Christ le mystère de notre

salut pour que tous les peuples en soient illuminés ; et quand le Christ s'est manifesté dans notre nature mortelle, tu nous as recréés par la lumière éternelle de sa divinité.
C'est pourquoi, avec les anges et tous les saints, nous proclamons ta gloire, en chantant (disant) d'une seule voix : **Saint !...**

Dans les prières eucharistiques il y a des textes propres à la fête de l'Épiphanie.

PRIÈRE APRÈS LA COMMUNION

Que la clarté d'en haut, Seigneur, nous dirige en tous temps et en tous lieux, et puisque tu nous fais communier à ce mystère, puissions-nous désormais le pénétrer d'un regard pur et l'accueillir dans un cœur plus aimant. Par Jésus.

Di 7	**ÉPIPHANIE DU SEIGNEUR.** *Liturgie des heures : Psautier semaine II.* [St Raymond de Penyafort, dominicain, † 1275 à Barcelone.]
Lu 8	BAPTÊME DU SEIGNEUR, p. 132.
Ve 12	Au Canada, Ste Marguerite Bourgeoys, vierge, fondatrice, † 1700 à Montréal.
Sa 13	St Hilaire, évêque de Poitiers, docteur de l'Église, † 367.

Bonne fête !

Le 7, Cédric, Raymond, Raymonde, Virginie ; le 8, Lucien, Lucienne, Gudule, Peggy ; le 9, Alix, Alexia ; le 10, Guillaume, Guillemette, William, Willy ; le 11, Paulin ; le 12, Césarine, Tatiana, Tania ; le 13, Hilaire, Yvette.

Il y a 100 ans

Le 8 janvier 1896, mourait à Paris le poète Paul Verlaine.

« Vous connaissez tout cela, tout cela,
Et que je suis plus pauvre que personne,
Vous connaissez tout cela, tout cela,
Mais ce que j'ai, mon Dieu, je vous le donne. »

Paul Verlaine, *Sagesse*.

Lundi 8 janvier 1996

Baptême du Seigneur

« Bienheureux es-tu, Jourdain, petite rivière, car celui qui est la mer immense est descendu et a été baptisé dans tes eaux, qui ne sauraient être comparées à une seule de ses gouttelettes. Dans un déluge de vie, il a effacé les péchés... » (Hymne de l'Église syrienne.)

PRIÈRE D'OUVERTURE Dieu éternel et tout-puissant, quand le Christ fut baptisé dans le Jourdain, et que l'Esprit Saint reposa sur lui, tu l'as désigné comme ton Fils bien-aimé ; accorde à tes fils adoptifs, nés de l'eau et de l'Esprit, de se garder toujours dans ta sainte volonté. Par Jésus Christ.

LECTURES

Is 42,1…7	Sur lui repose l'Esprit.
Ps 28	
Ac 10,34-38	Dieu l'a consacré par l'Esprit Saint.
Mt 3,13-17	Celui-ci est mon Fils bien-aimé.

PRIÈRE SUR LES OFFRANDES Seigneur, accepte les offrandes que nous te présentons en ce jour où ton Fils nous est révélé : qu'elles deviennent ainsi le sacrifice de celui qui a enlevé le péché du monde. Lui qui règne.

PRÉFACE Vraiment, il est juste et bon de te rendre gloire, de t'offrir notre action de grâce, toujours et en tout lieu, à toi, Père très saint, Dieu éternel et tout-puissant.
Aujourd'hui, sur les eaux du Jourdain, tu veux inaugurer le baptême nouveau : une voix descend du ciel pour attester que ta Parole habite chez les hommes, et l'Esprit, manifesté sous l'aspect d'une colombe, consacre ton Serviteur Jésus, pour qu'il aille annoncer aux pauvres la Bonne Nouvelle.
C'est pourquoi, avec les anges dans le ciel, nous pouvons te bénir sur la terre et t'adorer en chantant (disant) : **Saint !...**

PRIÈRE APRÈS LA COMMUNION Nourris de ton eucharistie et sûrs de ta bonté, nous te prions, Seigneur : accorde à ceux qui sauront écouter ton Fils unique de mériter le nom de fils de Dieu, et de l'être vraiment. Par Jésus.

14 janvier 1996

Deuxième dimanche

La lumière des nations Les religions du monde forment comme un arc-en-ciel où les diversités sont autant de richesses. Mais en définitive elles reçoivent leur lumière de celui-là seul qui est la lumière des nations *(première lecture),* Jésus, l'Agneau de Dieu, qui enlève le péché du monde *(évangile)*. Cette lumière ne s'impose pas de manière aveuglante mais dans la douceur du témoignage rendu par ses témoins, depuis Jean le Baptiste et l'Apôtre Paul *(deuxième lecture)*, jusqu'au plus humble des missionnaires. Tous sont au service de celui qui, tout en étant Fils de Dieu, a voulu être par excellence le Serviteur de Dieu auprès des hommes ses frères.

Chanter

Pour l'ouverture, K 64 Peuple choisi *(couplets 1 à 4). Ou encore, bien que l'évangile ne fasse qu'évoquer le baptême de Jésus, un chant baptismal tel que* I 100 Sauvés des mêmes eaux.
Après l'évangile, on voit bien K 35 L'Esprit de Dieu repose sur moi *(ce qui permet de rappeler que ce chant s'applique d'abord au Christ !). Ou bien le prendre en finale, comme envoi en mission.*
Pour faire écho à l'évangile, il convient de mettre aujourd'hui en valeur l'Agneau de Dieu. Prendre par exemple AL 200 (MNA 28.20)*, avec les versets commençant par* « Voici l'Agneau de Dieu ».

Prier

POUR LA PRÉPARATION PÉNITENTIELLE
Seigneur Jésus, homme sur qui repose l'Esprit Saint, **prends pitié de nous**.

Ô Christ, Agneau de Dieu qui enlèves le péché du monde, **prends pitié de nous.**

Seigneur, lumière des nations, espérance des extrémités de la terre, **prends pitié de nous.**

POUR CE DIMANCHE
Seigneur Dieu, approfondis en nous le goût de la vérité. Nous saurons alors découvrir la nouveauté toujours jaillissante de la Bonne Nouvelle, Jésus, ton Envoyé. En lui l'Esprit repose en plénitude ; par lui, tu nous es présent, maintenant et pour les siècles des siècles.

POUR LA PRIÈRE UNIVERSELLE
Nous pouvons prier :
– pour les peuples du monde qui n'ont pas encore accueilli l'annonce de l'Évangile ;

– pour les fidèles des diverses religions qui cherchent Dieu avec droiture ;

– pour le peuple saint que forment tous les chrétiens : qu'il marche vers l'unité voulue par le Christ.

PRÉFACE

On pourrait prendre la préface n° 8 des dimanches du temps ordinaire (p. 29), où l'Église est appelée Temple de l'Esprit.

Célébrer

Il convient de mettre aujourd'hui en valeur le chant de l'« Agneau de Dieu » : la fraction du pain pourrait être plus ample que d'ordinaire (par exemple en fractionnant plusieurs grandes hosties).

Messe du 2e dimanche

PRIÈRE D'OUVERTURE

Dieu éternel et tout-puissant, qui régis l'univers du ciel et de la terre : exauce, en ta bonté, les prières de ton peuple et fais à notre temps la grâce de la paix. Par Jésus Christ.

PREMIÈRE LECTURE Is 49, 3…6

Serviteur de Dieu pour les hommes *La deuxième partie du livre d'Isaïe parle d'un mystérieux serviteur. Formé par Dieu dès le sein maternel, il est appelé à être le berger d'Israël et la lumière des nations. Dès le début de l'Église, les chrétiens y ont décelé l'annonce de ce que Jésus accomplit en plénitude.*

Lecture du livre d'Isaïe

Parole du Serviteur de Dieu. Le Seigneur m'a dit : « Tu es mon serviteur, Israël, en toi je me glorifierai. » Maintenant le Seigneur parle, lui qui m'a formé dès le sein de ma mère pour que je sois son serviteur, que je lui ramène Jacob et que je lui rassemble Israël. Oui, j'ai du prix aux yeux du Seigneur, c'est mon Dieu qui est ma force. Il parle ainsi : « C'est trop peu que tu sois mon serviteur pour relever les tribus de Jacob et ramener les rescapés d'Israël : je vais faire de toi la lumière des nations, pour que mon salut parvienne jusqu'aux extrémités de la terre. »

PSAUME Ps 39

• **Me voici, Seigneur, je viens faire ta volonté.**

• **Aujourd'hui, nous avons vu ta gloire.**

D'un grand espoir, j'espérais le Seigneur :
il s'est penché vers moi.
Dans ma bouche il a mis un chant nouveau,
une louange à notre Dieu.

Tu ne voulais ni offrande ni sacrifice,
tu as ouvert mes oreilles ;
tu ne demandais ni holocauste ni victime,
alors j'ai dit : « Voici, je viens. »

Dans le Livre est écrit pour moi
ce que tu veux que je fasse.
Mon Dieu, voilà ce que j'aime :
ta loi me tient aux entrailles.

Vois, je ne retiens pas mes lèvres,
Seigneur, tu le sais.
J'ai dit ton amour et ta vérité
à la grande assemblée.

DEUXIÈME LECTURE 1 Co 1, 1-3

Le peuple saint *Commence aujourd'hui la lecture de la première lettre aux Corinthiens écrite sans doute à Éphèse en 55-56. Des extraits en seront lus jusqu'au début du Carême. Elle s'ouvre par une adresse où Paul mentionne son identité et celle de ses correspondants : lui est Apôtre du Christ, et eux sont le peuple saint. Il convenait de leur rappeler la dignité de leur vocation, avant de les inviter à s'amender.*

Commencement de la première lettre de saint Paul Apôtre aux Corinthiens

Moi, Paul, appelé par la volonté de Dieu pour être Apôtre du Christ Jésus : avec Sosthène notre frère, je m'adresse à vous qui êtes, à Corinthe, l'Église de Dieu, vous qui avez été

sanctifiés dans le Christ Jésus, vous les fidèles qui êtes, par appel de Dieu, le peuple saint, avec tous ceux qui, en tout lieu, invoquent le nom de notre Seigneur Jésus Christ, leur Seigneur et le nôtre.
Que la grâce et la paix soient avec vous, de la part de Dieu notre Père et de Jésus Christ le Seigneur.

ÉVANGILE Jn 1, 29-34

Avant moi il était *Jean le Baptiste rend témoignage à son cousin Jésus. Il vient de faire une découverte : cet homme discret est en réalité la demeure de l'Esprit Saint, il est Fils de Dieu et a pour mission d'enlever le péché du monde. Écoutons ce témoignage.*

Alléluia. Alléluia. Le Verbe s'est fait chair, il a demeuré parmi nous. Par lui, deviendront fils de Dieu tous ceux qui le reçoivent. **Alléluia.**

Évangile de Jésus Christ selon saint Jean

Comme Jean Baptiste voyait Jésus venir vers lui, il dit : « Voici l'Agneau de Dieu, qui enlève le péché du monde ; c'est de lui que j'ai dit : Derrière moi vient un homme qui a sa place devant moi, car avant moi il était. Je ne le connaissais pas ; mais, si je suis venu baptiser dans l'eau, c'est pour qu'il soit manifesté au peuple d'Israël. » Alors Jean rendit ce témoignage : « J'ai vu l'Esprit descendre du ciel comme une colombe et demeurer sur lui. Je ne le connaissais pas, mais celui qui m'a envoyé baptiser dans l'eau m'a dit : "L'homme sur qui tu verras l'Esprit descendre et demeurer, c'est celui-là qui baptise dans l'Esprit Saint." Oui, j'ai vu, et je rends ce témoignage : c'est lui le Fils de Dieu. »

PRIÈRE SUR LES OFFRANDES

Seigneur, accorde-nous la grâce de vraiment participer à cette eucharistie ; car chaque fois qu'est célébré ce sacrifice en mémorial, c'est l'œuvre de notre rédemption qui s'accomplit. Par Jésus.

PRIÈRE APRÈS LA COMMUNION

Pénètre-nous, Seigneur, de ton esprit de charité, afin que soient unis par ton amour ceux que tu as nourris d'un même pain. Par Jésus.

Di 14	**Deuxième dimanche du temps ordinaire.** *Liturgie des heures : Psautier semaine II.*
Lu 15	En France, St Remi, évêque de Reims, † v. 530.
Me 17	St Antoine, ermite en Égypte, † 356. Du 18 au 25, Semaine de prière pour l'unité des chrétiens.
Sa 20	St Fabien, pape et martyr, † 250. St Sébastien, soldat, martyr à Rome, début du IVe siècle.

Le 17 janvier, en Italie, a été choisi par la Commission épiscopale italienne comme journée « pour l'approfondissement et le développement du dialogue religieux entre juifs et chrétiens ».

Bonne fête !

Le 14, Nina ; le 15, Remi ; le 16, Marcel, Priscille, Honoré ; le 17, Antoine, Antony, Toinon, Toinette ; le 18, Prisca ; le 19, Marius ; le 20, Fabien, Fabienne, Sébastien, Bastien.

Il y a 1500 ans

Le jour de Noël 496 (ou quelques années plus tard) saint Remi, évêque de Reims, baptise le roi des Francs, Clovis, et tout son peuple avec lui.

L'évangile de Matthieu et les religions

Le premier évangile (que nous lisons en cette année A) fut sans doute composé à l'adresse de chrétiens issus du judaïsme. Pourtant, son message ne s'enferme pas dans les limites de celui-ci. Dans l'évangile de Matthieu, Jésus rencontre souvent les adeptes des autres religions. Et son attitude est loin d'être un rejet pur et simple.

A l'occasion de sa rencontre avec le centurion romain dont la foi l'émerveille, Jésus s'exclame : « Beaucoup viendront de l'orient et de l'occident et prendront place avec Abraham, Isaac et Jacob au festin du Royaume des cieux » (8,11). C'est donc clair : d'autres que les Juifs seront élus. Les paraboles des ouvriers de la onzième heure (20), des vignerons homicides (21) le laissent entendre aussi.

Et ce sera plus clair encore lors du Jugement. Là, des membres d'autres religions seront dans une position relativement bonne : les habitants de Ninive (12,41), la reine de Saba (12,42), sans parler de Sodome et Gomorrhe (10,15 ; 11,23-24).

D'ailleurs le jugement des nations ne se fera pas sur l'appartenance religieuse mais sur la bonté : « J'avais faim, et vous m'avez donné à manger… Venez, les bénis de mon Père » (25).

A plusieurs reprises, les adeptes des religions païennes ont, de l'identité de Jésus, une perception plus juste que ceux qui auraient dû être prêts à l'accueillir : ainsi les mages (2) le reconnaissent, à l'inverse d'Hérode ; la femme de Pilate également, qui a eu un songe (27,19), à l'inverse des accusateurs juifs, et surtout au calvaire « le centurion et ceux qui, avec lui, gardaient Jésus furent saisis d'une grande crainte et dirent : "Vraiment, celui-ci était le Fils de Dieu" » (27,54).

Jésus aime aussi les païens. Même s'il recommande de ne pas prier comme eux en accumulant les paroles (6,7), il exauce la prière du centurion et celle de la Cananéenne (15,21-28). Finalement, malgré une mission initialement limitée à Israël (10,6), c'est à toutes les nations qu'il envoie ses apôtres (28,19), qui doivent être le sel de la terre et la lumière du monde (5,13-15).

H.D.

21 janvier 1996

Troisième dimanche

Une lumière s'est levée L'évangile d'aujourd'hui nous montre les débuts de l'activité missionnaire de Jésus. Après de longs siècles de préparation et d'annonce prophétique, voici le temps de l'accomplissement : Dieu se rapproche des hommes pour établir parmi eux son Royaume. Il s'adresse d'abord aux gens que méprisent ceux qui se croient justes : la première prédication de Jésus n'a pas lieu en Judée mais dans la Galilée, où se mêlaient Juifs et païens. Sur eux tous la lumière se lève.

Chanter

Pour l'ouverture : le tropaire A 222 Sur les chemins de Palestine *a été composé en relation avec l'évangile de ce dimanche et des dimanches suivants (on suggère de répartir les strophes sur plusieurs dimanches). Un chant identique permettrait d'unifier cette fraction du temps ordinaire coincée entre le temps de Noël et le Carême. A défaut,* F 157 Il est venu marcher sur nos routes, *ou* A 52 Que les peuples de la terre.
A la communion, C 105 Nous formons un même corps *(allusion à l'unité de l'Église) ou* MNA 36.62 Tu es la vraie lumière *(qui rappelle l'évangile).*

Prier

POUR LA PRÉPARATION PÉNITENTIELLE

Seigneur Jésus, lumière qui se lève dans nos ténèbres,
prends pitié de nous.

Ô Christ, venu dans le monde apporter le pardon,
prends pitié de nous.

Seigneur, qui reviendras dans la gloire où tu nous appelles à te suivre,
prends pitié de nous.

POUR CE DIMANCHE

Tu nous as faits à ton image, Dieu d'amour, et tu nous appelles à vivre à ta ressemblance. Ouvre notre esprit à la lumière du Christ, et mets en nous le désir de le suivre ; c'est vers toi qu'il dirige nos regards, maintenant et pour les siècles des siècles.

POUR LA PRIÈRE UNIVERSELLE

Nous pouvons prier :

– pour les chrétiens désunis depuis des siècles, et pour ceux qui ont quitté récemment la communion de l'Église ;

– pour les paroisses et les communautés religieuses, qu'elles soient des lieux de pardon et de réconciliation ;

– pour tous les hommes qui cherchent la vérité à tâtons : que la lumière du Christ resplendisse un jour sur leur chemin.

PRÉFACE

La préface n° 1 des dimanches du temps ordinaire (p. 27) chante le Dieu qui nous fait passer des ténèbres à son admirable lumière. On pourrait aussi prendre la préface de la messe pour l'unité des chrétiens.

Célébrer

En cette semaine de prière pour l'unité de l'Église, on pourrait employer les oraisons de la messe pour l'unité. On pourrait aussi inviter un ou plusieurs représentants d'autres Églises à donner un témoignage.

Messe du 3e dimanche

PRIÈRE D'OUVERTURE

• Dieu éternel et tout-puissant, dirige notre vie selon ton amour, afin qu'au nom de ton Fils bien-aimé, nous portions des fruits en abondance. Par Jésus Christ.

• *ou pour l'unité des chrétiens :*

Seigneur, ravive ton Église au souffle de l'Esprit : qu'elle avance dans l'amour de la vérité, et travaille d'un cœur généreux à l'unité de tous les chrétiens. Par Jésus Christ.

PREMIÈRE LECTURE Is 8, 23–9, 3

La lumière au pays de l'ombre *Huit siècles avant le Christ, le prophète annonçait la libération aux Galiléens exilés en Assyrie. L'évangile de Matthieu reprendra cette prophétie et l'appliquera à Jésus qui inaugure en Galilée la proclamation du Royaume.*

Lecture du livre d'Isaïe

Dans les temps anciens, le Seigneur a couvert de honte le pays de Zabulon et le pays de Nephtali ; mais ensuite, il a couvert de gloire la route de la mer, le pays au-delà du Jourdain, et la Galilée, carrefour des païens. Le peuple qui marchait dans les ténèbres a vu se lever une grande lumière ; sur ceux qui habitaient le pays de l'ombre une lumière a resplendi. Tu as prodigué l'allégresse, tu as fait grandir la joie : ils se réjouissent devant toi comme on se réjouit en faisant la moisson, comme on exulte en partageant les dépouilles des vaincus. Car le joug qui pesait sur eux, le bâton qui meurtrissait leurs épaules, le fouet du chef de corvée, tu les as brisés comme au jour de la victoire sur Madiane.

PSAUME Ps 26

- **Le Seigneur est ma lumière et mon salut.**
- **La Lumière s'est levée, car j'ai vu le Seigneur.**

Le Seigneur est ma lumière et mon salut,
de qui aurais-je crainte ?
Le Seigneur est le rempart de ma vie,
devant qui tremblerais-je ?

J'ai demandé une chose au Seigneur,
la seule que je cherche :
habiter la maison du Seigneur
tous les jours de ma vie.

J'en suis sûr, je verrai les bontés du Seigneur,
sur la terre des vivants.

« Espère le Seigneur, sois fort et prends courage ;
espère le Seigneur. »

DEUXIÈME LECTURE 1 Co 1, 10...17

Pour l'unité de l'Église *« Le Christ est-il divisé ? » Paul lance aux Corinthiens cet appel pathétique pour les inviter à mettre un terme à leurs divisions. Cet appel doit trouver un écho tout particulier en cette semaine où nous prions pour l'unité de tous les chrétiens.*

Lecture de la première lettre de saint Paul Apôtre aux Corinthiens

Frères, je vous exhorte au nom de notre Seigneur Jésus Christ à être tous vraiment d'accord ; qu'il n'y ait pas de division entre vous, soyez en parfaite harmonie de pensées et de sentiments. J'ai entendu parler de vous, mes frères, par les gens de chez Cloé : on dit qu'il y a des disputes entre vous. Je m'explique. Chacun de vous prend parti en disant : « Moi, j'appartiens à Paul », ou bien : « J'appartiens à Apollos », ou bien : « J'appartiens à Pierre », ou bien : « J'appartiens au Christ ». Le Christ est-il donc divisé ? Est-ce donc Paul qui a été crucifié pour vous ? Est-ce au nom de Paul que vous avez été baptisés ? D'ailleurs, le Christ ne m'a pas envoyé pour baptiser, mais pour annoncer l'Évangile, et sans avoir recours à la sagesse du langage humain, ce qui viderait de son sens la croix du Christ.

ÉVANGILE Mt 4, 12-23

Le Royaume est tout proche *« Convertissez-vous. » Tels sont les premiers mots que Jésus prononce quand il se met à proclamer la proximité du Royaume de Dieu. Les mœurs divines sont différentes des nôtres ; il nous faut donc changer notre manière d'être, si nous voulons rencontrer Dieu.*

Alléluia. Alléluia. Béni soit le Seigneur notre Dieu : sur ceux qui habitent les ténèbres, il a fait resplendir sa lumière. **Alléluia.**

La lecture du texte entre crochets est facultative.

Évangile de Jésus Christ selon saint Matthieu

Quand Jésus apprit l'arrestation de Jean Baptiste, il se retira en Galilée. Il quitta Nazareth et vint habiter à Capharnaüm, ville située au bord du lac, dans les territoires de Zabulon et de Nephtali. Ainsi s'accomplit ce que le Seigneur avait dit par le prophète Isaïe : « Pays de Zabulon et pays de Nephtali, route de la mer et pays au-delà du Jourdain, Galilée, toi le carrefour des païens : le peuple qui habitait dans les ténèbres a vu se lever une grande lumière. Sur ceux qui habitaient dans le pays de l'ombre et de la mort, une lumière s'est levée. » A partir de ce moment, Jésus se mit à proclamer : « Convertissez-vous, car le Royaume des cieux est tout proche. »
[Comme il marchait au bord du lac de Galilée, il vit deux frères, Simon, appelé Pierre, et son frère André, qui jetaient leurs filets dans le lac : c'étaient des pêcheurs. Jésus leur dit : « Venez derrière moi, et je vous ferai pêcheurs d'hommes. » Aussitôt, laissant leurs filets, ils le suivirent. Plus loin, il vit deux autres frères, Jacques, fils de Zébédée et son frère Jean, qui étaient dans leur barque avec leur père, en train de préparer leurs filets. Il les appela. Aussitôt, laissant leur barque et leur père, ils le suivirent.
Jésus, parcourant toute la Galilée, enseignait dans leurs synagogues, proclamait la Bonne Nouvelle du Royaume, guérissait toute maladie et toute infirmité dans le peuple.]

PRIÈRE SUR LES OFFRANDES

• Dans ta bonté, Seigneur, accepte notre offrande : qu'elle soit sanctifiée et serve ainsi à notre salut. Par Jésus.

• *ou pour l'unité des chrétiens :*

Dans le sacrifice que nous t'offrons, Seigneur, consume le péché qui divise les chrétiens : puisqu'ils sont d'un même corps par le baptême, qu'ils puissent communier un jour à la même table. Par Jésus.

PRIÈRE APRÈS LA COMMUNION

Permets, nous t'en prions, Dieu tout-puissant, qu'ayant reçu de toi la grâce d'une nouvelle vie, nous puissions nous en émerveiller toujours. Par Jésus.

• *ou pour l'unité des chrétiens :*

Après avoir communié au sacrifice du Christ, nous te demandons, Seigneur, d'envoyer sur le corps tout entier de l'Église ton Esprit de sainteté, afin qu'il entraîne ceux qui portent le nom de chrétiens à te servir dans l'unité de la foi. Par Jésus.

Di 21	**Troisième dimanche.** Dimanche dans la Semaine de l'unité des chrétiens. *Liturgie des heures : Psautier semaine III.* [Ste Agnès, vierge, martyre, † 305 à Rome.]
Lu 22	St Vincent, diacre, martyr à Valence (Espagne), † 304.
Me 24	St François de Sales, évêque de Genève, docteur de l'Église, † 1622 à Lyon.
Je 25	CONVERSION DE St PAUL, APÔTRE : Ac 22,3-16 ou Ac 9,1-22 ; Mc 16,15-18.
Ve 26	Sts Timothée et Tite, compagnons de St Paul. Lecture propre : 2 Tm 1,1-8 ou Ti 1,1-5.
Sa 27	Ste Angèle Merici, fondatrice des Ursulines, † 1540 à Brescia.

Du 22 janvier au 21 février, à un jour près, les musulmans sont tenus d'observer le Ramadan, jeûne absolu depuis l'aube jusqu'à la nuit.

Bonne fête !

Le 21, Agnès, Inès ; le 22, Vincent ; le 23, Barnard ; le 24, François, Francis, Franck ; le 25, Priest ; le 26, Timothée, Paule, Pauline, Mélanie ; le 27, Angèle, Angélique, Julien.

Pour la semaine de l'unité

L'an dernier, l'Église catholique a renoué le dialogue avec l'Église assyrienne du Proche-Orient – appelée parfois « nestorienne » – qui s'était détachée des autres Églises depuis le ve siècle (après le concile d'Éphèse, 431).

Il y a dix ans, le 12 mai 1986, création du « Conseil des Églises chrétiennes en France », dans lequel se rencontrent non seulement catholiques, orthodoxes et protestants, mais aussi anglicans et arméniens.

Il y a vingt-cinq ans, dans le prolongement du voyage du pape Paul VI en Terre sainte, s'ouvrait à Tantur, entre Jérusalem et Bethléem, l'Institut œcuménique pour les Études théologiques.

« Ô Dieu, nous te louons pour les multitudes de femmes, d'hommes, de jeunes, d'enfants qui à travers la Terre cherchent à être témoins de paix, de confiance et de réconciliation. A la suite des saints témoins du Christ de tous les temps, depuis Marie et les Apôtres, donne-nous de nous disposer jour après jour à faire confiance au mystère de la foi de ton Église, par Jésus Christ, ton Fils, notre Seigneur. Amen. »

Prière de Jean-Paul II devant le tabernacle
de la crypte de l'église de Taizé,
le 5 octobre 1986.
Documentation Catholique, 1986, p. 948.

28 janvier 1996

Quatrième dimanche

Quel bonheur ! A nous tous qui sommes en quête de bonheur, l'évangile apporte une réponse surprenante : les béatitudes. Celles-ci promettent le bonheur à tous ceux qui, selon les critères habituels de la réussite humaine, ne peuvent éprouver que la peine ou la morosité. Les béatitudes sont une invitation à ne pas rechercher un plaisir fugace qui laisse un goût de cendre, mais à miser à plus long terme sur la promesse de Dieu, dans la fidélité à sa volonté.

Chanter

A l'ouverture, il vaut mieux éviter de prendre un chant qui proclame déjà les Béatitudes, afin de ne pas court-circuiter l'évangile : le message des béatitudes n'est pas perceptible d'emblée. Prendre par exemple MNA 42.14 Le jour s'est levé *ou* A 238 Au cœur de ce monde.
Après la Parole ou après la communion, les béatitudes dans MNA 10.23, *ou* Y 14 *avec le refrain* Joie pour les cœurs qui cherchent Dieu.
Le chant W 61 Bienheureux le pauvre, *qui pousse loin les paradoxes, semble devoir être réservé à un public averti !*

Prier

POUR LA PRÉPARATION PÉNITENTIELLE

Seigneur Jésus, tu te rends proche des pauvres de cœur,
prends pitié de nous.

Ô Christ, tu fais miséricorde aux miséricordieux,
prends pitié de nous.

Seigneur, tu donneras l'allégresse à tous ceux qui peinent en ton nom,
prends pitié de nous.

POUR CE DIMANCHE

Dieu de patience et de fidélité, tu connais nos limites et notre indigence, et tu nous offres la vraie richesse : ta vie en plénitude. Fais-nous découvrir le bonheur dans notre pauvreté, puisque ton Fils veut nous combler de sa présence et de son Esprit, maintenant déjà, et pour les siècles des siècles.

POUR LA PRIÈRE UNIVERSELLE

Nous pouvons prier :

– pour ceux qui pleurent : que le Christ soit leur réconfort ;

– pour les chrétiens persécutés en raison de leur foi : que le Christ soit leur soutien ;

– pour les hommes qui n'ont pas encore trouvé le chemin du vrai bonheur : que le Christ soit leur joie.

PRÉFACE ET PRIÈRE EUCHARISTIQUE

On pourrait prendre la prière eucharistique pour les rassemblements (p. 60), avec les textes B où le Christ est désigné comme « la vie qui nous remplit de joie ».

Célébrer

Pour célébrer la journée mondiale des lépreux (dernier dimanche de janvier) un dossier d'information est édité par l'association Raoul-Follereau - 31, rue de Dantzig - 75015 Paris. Tél. (1) 48 28 72 42. Fax : (1) 48 56 22 22. CCP Paris 29 29 P.

Messe du 4e dimanche

PRIÈRE D'OUVERTURE

Accorde-nous, Seigneur, de pouvoir t'adorer sans partage, et d'avoir pour tout homme une vraie charité. Par Jésus Christ.

PREMIÈRE LECTURE So 2, 3…3, 13

La joie de chercher Dieu *Le peuple écrasé par l'oppression assyrienne est exhorté par le prophète à chercher*

Dieu et à pratiquer la justice. Ce programme sera mis en œuvre par un petit reste, qui y trouvera son bonheur.

Lecture du livre de Sophonie

Cherchez le Seigneur, vous tous, les humbles du pays qui faites sa volonté. Cherchez la justice, cherchez l'humilité : peut-être serez-vous à l'abri au jour de la colère du Seigneur. Israël, je ne laisserai subsister au milieu de toi qu'un peuple petit et pauvre, qui aura pour refuge le nom du Seigneur. Ce Reste d'Israël ne commettra plus l'iniquité. Il renoncera au mensonge, on ne trouvera plus de tromperie dans sa bouche. Il pourra paître et se reposer sans que personne puisse l'effrayer.

PSAUME Ps 145

• **Heureux le pauvre de cœur :**
à lui, le Royaume des cieux !

• **Heureux le peuple qui attend tout de son Dieu.**

Le Seigneur fait justice aux opprimés,
aux affamés il donne le pain,
le Seigneur délie les enchaînés.

Le Seigneur ouvre les yeux des aveugles,
le Seigneur redresse les accablés,
le Seigneur aime les justes.

Le Seigneur protège l'étranger,
il soutient la veuve et l'orphelin.
Le Seigneur est ton Dieu pour toujours.

DEUXIÈME LECTURE 1 Co 1, 26-31

Dieu appelle les humbles *La première communauté chrétienne de Corinthe était loin d'être une académie de beaux esprits comme on s'y attendrait dans cette grande métropole grecque. En fait, ce sont les petites gens qui y ont accueilli l'Évangile. Comme souvent.*

Lecture de la première lettre de saint Paul Apôtre aux Corinthiens

Frères, vous qui avez été appelés par Dieu, regardez bien : parmi vous, il n'y a pas beaucoup de sages aux yeux des hommes, ni de gens puissants ou de haute naissance. Au contraire, ce qu'il y a de fou dans le monde, voilà ce que Dieu a choisi pour couvrir de confusion les sages, ce qu'il y a de faible dans le monde, voilà ce que Dieu a choisi pour couvrir de confusion ce qui est fort ; ce qui est d'origine modeste, méprisé dans le monde, ce qui n'est rien, voilà ce que Dieu a choisi pour détruire ce qui est quelque chose, afin que personne ne puisse s'enorgueillir devant Dieu. C'est grâce à Dieu, en effet, que vous êtes dans le Christ Jésus, qui a été envoyé par lui pour être notre sagesse, pour être notre justice, notre sanctification, notre rédemption. Ainsi, comme il est écrit : « Celui qui veut s'enorgueillir, qu'il mette son orgueil dans le Seigneur. »

ÉVANGILE Mt 5, 1-12

Un étrange bonheur *Le premier grand discours que Jésus adresse à la foule dans l'évangile de Matthieu s'ouvre par une promesse de bonheur. Mais un bonheur déconcertant. Les pauvres – Matthieu le précise – sont les pauvres de cœur (ou en esprit) : ceux-là accueillent Jésus et trouvent déjà la joie. Mais la plupart des promesses de bonheur ici formulées le sont au futur : Dieu donnera la joie à tous ceux à qui le monde la refuse.*

Alléluia. Alléluia. Réjouissez-vous, soyez dans l'allégresse, car votre récompense est grande dans les cieux ! **Alléluia.**

Évangile de Jésus Christ selon saint Matthieu

Quand Jésus vit la foule qui le suivait, il gravit la montagne. Il s'assit, et ses disciples s'approchèrent. Alors, ouvrant la bouche, il se mit à les instruire. Il disait :
« Heureux les pauvres de cœur : le Royaume des cieux est à eux ! Heureux les doux : ils obtiendront la terre promise !

Heureux ceux qui pleurent : ils seront consolés ! Heureux ceux qui ont faim et soif de la justice : ils seront rassasiés ! Heureux les miséricordieux : ils obtiendront miséricorde ! Heureux les cœurs purs : ils verront Dieu ! Heureux les artisans de paix : ils seront appelés fils de Dieu ! Heureux ceux qui sont persécutés pour la justice : le Royaume des cieux est à eux ! Heureux serez-vous si l'on vous insulte, si l'on vous persécute et si l'on dit faussement toute sorte de mal contre vous, à cause de moi. Réjouissez-vous, soyez dans l'allégresse, car votre récompense sera grande dans les cieux ! »

PRIÈRE SUR LES OFFRANDES

Pour te servir, Seigneur, nous déposons nos offrandes sur ton autel : accueille-les avec indulgence, pour qu'elles deviennent le sacrement de notre salut. Par Jésus.

PRIÈRE APRÈS LA COMMUNION

Nous avons été fortifiés, Seigneur, par le sacrement de notre Rédemption ; permets que cet aliment de salut éternel nous fasse progresser dans la vraie foi. Par Jésus.

Di 28 **Quatrième dimanche.**
Liturgie des heures : Psautier semaine IV.
Journée mondiale des lépreux (dernier dimanche de janvier) fondée en 1954 par Raoul Follereau († 1977).
[St Thomas d'Aquin, dominicain, docteur de l'Église, † 1274.]

Ma 30 En Belgique, St Mutien-Marie, frère des écoles chrétiennes, † 1917.

Me 31 St Jean Bosco, fondateur des Salésiens, † 1888 à Turin.

Ve 2 PRÉSENTATION DU SEIGNEUR : Ml 3,1-4 ou He 2,14-18 ; Lc 2,22-40.

Sa 3 St Blaise, évêque de Sébaste (Asie mineure), martyr, † v. 316.
St Anschaire, évêque de Hambourg, † 865.

Bonne fête !

Le 28, Thomas ; le 29, Gildas ; le 30, Bathilde, Jacinthe, Martine ; le 31, Marcelle, Alban ; le 1er, Ella, Viridiana ; le 2, Théophane ; le 3, Blaise, Anatole, Oscar.

Il y a 10 ans

Le 1er février 1986, le pape Jean-Paul II arrivait à New Delhi pour un voyage de dix jours en Inde. Lors d'une fête multireligieuse rassemblant chrétiens, musulmans, hindous et sikhs, il lançait un appel aux différentes religions pour qu'elles « collaborent à la cause de l'humanité ».

« Dans le monde d'aujourd'hui, il est nécessaire que toutes les religions collaborent à la cause de l'humanité, et il est nécessaire qu'elles le fassent du point de vue de la nature spirituelle de l'homme. Aujourd'hui, comme hindouistes, musulmans, sikhs, bouddhistes, jaïnistes, parsis et chrétiens, nous nous rassemblons dans l'amour fraternel pour affirmer cela par notre présence même [...]. La religion est la source principale de l'engagement pour la justice, et la collaboration entre les religions doit le réaffirmer dans la pratique. »

Jean-Paul II, Allocution à Delhi,
le 2 février 1986.
Documentation Catholique, 1986, p. 290-291.

« N'oublions pas que la Foi n'est pas un système ni une idéologie, mais une personne. »

André Frossard († 2 février 1995.)

« Les lépreux, qu'est-ce que cela peut leur faire qu'on leur donne quelque chose, si on ne leur donne pas la main ? »

Raoul Follereau.

2 février 1996

Présentation du Seigneur

Les anciens parmi nous se souviennent que cette fête s'appelait la « Purification de la Vierge ». Ce n'est qu'en 1969 que notre calendrier romain a adopté, à nouveau, l'appellation « Présentation du Seigneur ». On n'a fait que renouer avec une ancienne tradition bien établie.
Au IVe siècle à Jérusalem, on commémore « avec la plus haute solennité » la Présentation de Jésus au Temple d'après Luc 2,21-29. Égérie en témoigne dans son *Journal de Voyage*.
Au VIe siècle, la fête est célébrée en Syrie et à Constantinople. Elle s'appelle alors « Rencontre » *(Hypapante)* : « rencontre de notre grand Dieu et Sauveur Jésus Christ, lorsque le juste Syméon le reçut dans ses bras ».
Ainsi est-elle célébrée à Rome dès le VIIe siècle, sous la même appellation. Mais au Xe siècle, les pays francs ont imposé un autre nom : « Purification de sainte Marie » et, dès lors, une autre signification de la fête : « Malgré sa qualité de Mère de Dieu, Marie se mêla à la foule des mères des hommes et alla au Temple, selon la Loi, recouvrer par un sacrifice la pureté rituelle perdue par son accouchement. Et Jésus, pourtant Fils de Dieu, accepta humblement d'être racheté comme le dernier des enfants d'Israël » (Dom Guéranger).
Enfin, de la liturgie romaine du VIIe siècle nous était venue l'appellation de la « Chandeleur », car en écho au Cantique de Syméon, « Lumière des nations et Gloire d'Israël », la messe du 2 février était précédée par une procession des fidèles dans la ville, tenant en main des cierges.
L'actuelle Préface eucharistique de cette fête évoque les diverses harmoniques du Mystère :

« ... Aujourd'hui, ton Fils éternel est *présenté* dans le Temple, et l'Esprit Saint, par la bouche de Syméon, le désigne comme la gloire de ton peuple et la *lumière* des nations.
Joyeux nous aussi d'aller à la *Rencontre* du Sauveur… »

4 février 1996

Cinquième dimanche

Que brille votre lumière Le Christ est la vraie lumière qui triomphe des ténèbres *(deuxième et troisième dimanches)*. Mais il demande aussi à ses disciples de transmettre sa lumière *(évangile)*. Et cela, malgré leur faiblesse *(deuxième lecture)*. En quoi consistera leur rayonnement ? A faire le bien *(évangile)*, à pratiquer la bonté et la justice *(première lecture)*. L'évangile se transmet non seulement par une parole vraie mais aussi, et peut-être surtout, par la bonté.

Chanter

A l'ouverture, A 188 Voici que jaillit une lumière. *Le chant* G 212 Ta nuit sera lumière de midi *est celui qui exprime le mieux le thème de cette messe. On pourra le prendre après l'homélie ou après la communion. À défaut, on peut chanter à la communion* D 86 Gloire à toi, Jésus Christ.

Prier

POUR LA PRÉPARATION PÉNITENTIELLE

Seigneur Jésus, tu fais luire ta clarté dans nos ténèbres, **prends pitié de nous.**

Ô Christ, tu nous appelles à refléter ta lumière auprès de tous nos frères, **prends pitié de nous.**

Seigneur, tu manifestes la puissance de ton amour quand tu pardonnes nos péchés, **prends pitié de nous.**

POUR CE DIMANCHE

Quelle merveille pour tes serviteurs, Dieu d'amour, de voir à quel point ils comptent pour toi, et comment tu les appelles sans te lasser. Dans la liberté de l'Esprit Saint, donne à notre vie d'attester la lumière et la saveur qu'elle trouve en Jésus Christ, maintenant et pour les siècles des siècles.

POUR LA PRIÈRE UNIVERSELLE

Nous pouvons prier :

– pour les hommes qui cherchent la lumière et le sens de leur vie : qu'ils rencontrent des témoins de celui qui est la lumière du monde ;

– pour les missionnaires de l'Évangile, prêtres, religieuses, laïcs : que les échecs apparents ne les découragent pas ;

– pour les chrétiens qui sont tous appelés par le Christ à transmettre sa lumière.

Célébrer

Pour célébrer la journée chrétienne de la communication (en France, premier dimanche de février) une documentation est éditée tous les ans par Chrétiens Média - 11, rue Portefoin - 75003 Paris. Tél. (1) 44 59 27 10. Fax (1) 44 59 27 11.

Messe du 5e dimanche

PRIÈRE D'OUVERTURE

Dans ton amour inlassable, Seigneur, veille sur ta famille ; et puisque ta grâce est notre unique espoir, garde-nous sous ta constante protection. Par Jésus Christ.

PREMIÈRE LECTURE Is 58, 7-10

La splendeur de la bonté *Le prophète propose un programme de partage et de justice sociale. À celui qui le met en pratique il promet la faveur de Dieu et le rayonnement auprès des hommes.*

Lecture du livre d'Isaïe

Partage ton pain avec celui qui a faim, recueille chez toi le malheureux sans abri, couvre celui que tu verras sans vêtement, ne te dérobe pas à ton semblable. Alors ta lumière jaillira comme l'aurore, et tes forces reviendront rapidement. Ta justice marchera devant toi, et la gloire du Seigneur t'accompagnera. Alors, si tu appelles, le Seigneur répondra ; si tu cries, il dira : « Me voici. » Si tu fais disparaître de ton pays le joug, le geste de menace, la parole malfaisante, si tu donnes de bon cœur à celui qui a faim, et si tu combles les désirs du malheureux, ta lumière se lèvera dans les ténèbres et ton obscurité sera comme la lumière de midi.

PSAUME Ps 111

- **Dans la nuit de ce monde,
brille la lumière du juste.**

- **Sa lumière jaillira comme l'aurore.**

Heureux qui craint le Seigneur !
Lumière des cœurs droits,
il s'est levé dans les ténèbres,
homme de justice, de tendresse et de pitié.

L'homme de bien a pitié, il partage ;
cet homme jamais ne tombera ;
toujours on fera mémoire du juste.

Il ne craint pas l'annonce d'un malheur :
le cœur ferme, il s'appuie sur le Seigneur.
Son cœur est confiant, il ne craint pas.

A pleines mains, il donne au pauvre ;
à jamais se maintiendra sa justice,
sa puissance grandira, et sa gloire !

DEUXIÈME LECTURE 1 Co 2, 1-5

Faiblesse du messager, puissance du message *Proclamer l'Évangile ne consiste pas à s'emparer des esprits par les artifices de la sagesse humaine. Même s'il convient de mettre au service du message tous les talents humains, c'est à Dieu lui-même qu'il revient de se manifester à travers son témoin.*

Lecture de la première lettre de saint Paul Apôtre
aux Corinthiens

Frères, quand je suis venu chez vous, je ne suis pas venu vous annoncer le mystère de Dieu avec le prestige du langage humain ou de la sagesse. Parmi vous, je n'ai rien voulu connaître d'autre que Jésus Christ, ce Messie crucifié. Et c'est dans la faiblesse, craintif et tout tremblant, que je suis arrivé chez vous. Mon langage, ma proclamation de l'Évangile, n'avaient rien à voir avec le langage d'une sagesse qui veut convaincre ; mais c'est l'Esprit et sa puissance qui se manifestaient, pour que votre foi ne repose pas sur la sagesse des hommes, mais sur la puissance de Dieu.

ÉVANGILE Mt 5, 13-16

Sel et lumière *On sale les aliments pour les conserver. Être sel, pour les disciples, c'est travailler à maintenir l'alliance entre Dieu et les hommes. Être lumière, c'est refléter à la face des hommes celui qui est la vraie lumière du monde.*

Alléluia. Alléluia. Lumière du monde, Jésus Christ, celui qui marche à ta suite aura la lumière de la vie. **Alléluia.**

Évangile de Jésus Christ selon saint Matthieu

Comme les disciples s'étaient rassemblés autour de Jésus, sur la montagne, il leur disait : « Vous êtes le sel de la terre. Si le sel se dénature, comment redeviendra-t-il du sel ? Il n'est plus bon à rien : on le jette dehors et les gens le piétinent.

« Vous êtes la lumière du monde. Une ville située sur une montagne ne peut être cachée. Et l'on n'allume pas une lampe pour la mettre sous le boisseau ; on la met sur le lampadaire, et elle brille pour tous ceux qui sont dans la maison. De même, que votre lumière brille devant les hommes ; alors, en voyant ce que vous faites de bien, ils rendront gloire à votre Père qui est aux cieux. »

PRIÈRE SUR LES OFFRANDES

Seigneur notre Dieu, tu as voulu choisir dans ta création le pain et le vin qui refont chaque jour nos forces : fais qu'ils deviennent aussi pour nous le sacrement de la vie éternelle. Par Jésus.

PRIÈRE APRÈS LA COMMUNION

Tu as voulu, Seigneur, que nous partagions un même pain et que nous buvions à la même coupe : accorde-nous de vivre tellement unis dans le Christ que nous portions du fruit pour le salut du monde. Par Jésus.

Di 4	**Cinquième dimanche.** *Liturgie des heures : Psautier semaine I.* En France, journée chrétienne de la communication.
Lu 5	Ste Agathe, vierge, martyre, † 251 à Catane.
Ma 6	St Paul Miki et ses compagnons, martyrs, † 1597 à Nagasaki. En Belgique, St Amand, évêque de Maastricht, † v. 680.
Je 8	St Jérôme Émilien, fondateur, † 1537 près de Bergame.
Sa 10	Ste Scholastique, moniale, sœur de St Benoît, † v. 543 au Mont-Cassin.

Bonne fête !

Le 4, Gilbert, Véronique, Bérénice, Vanessa ; le 5, Agathe ; le 6, Amand, Gaston, Dorothée, Doris ; le 7, Eugénie ; le 8, Jacqueline, Jackie ; le 9, Apolline ; le 10, Scholastique, Arnaud.

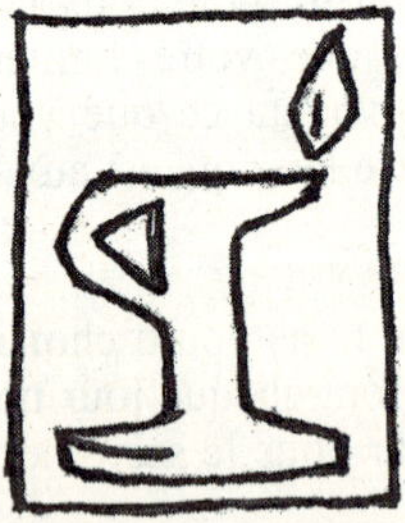

11 février 1996

Sixième dimanche

La vraie sagesse Insatisfaits par les modèles de la société de consommation, beaucoup de nos contemporains redécouvrent la nécessité d'une sagesse, d'un art de vivre plus respectueux de ce qu'est l'homme. Certains se tournent vers les sagesses orientales. Les lectures de ce jour nous montrent comment, pour sa part, la Bible veut répondre à cette quête de sagesse *(première lecture)*. Elle le fait en proposant la sagesse qui vient de Dieu *(deuxième lecture)* et le dépassement moral demandé par le Maître de toute sagesse *(évangile)*.

Chanter

A l'ouverture, A 187 Tu es notre Dieu, *ou* K 64 Peuple choisi. *Ce chant pourrait être repris au cours de la célébration avec des strophes différentes.*
Après la Parole, G 297 Pour que l'homme soit un fils.
A la communion, G 80 T'approcher, Seigneur *ou* D 86 Gloire à toi, Jésus Christ.

Prier

POUR LA PRÉPARATION PÉNITENTIELLE

Seigneur Jésus, ta sagesse est grande et tu connais nos actions, **prends pitié de nous.**

Ô Christ, tes regards sont tournés vers ceux qui te cherchent, **prends pitié de nous.**

Seigneur, ta miséricorde nous enveloppe, **prends pitié de nous.**

POUR CE DIMANCHE

Béni sois-tu, Père du ciel, de nous donner l'Évangile pour que ses exigences libèrent notre vie. Nous t'en prions : attire notre regard vers ta justice et ton amour, car Jésus, ton Fils, les a déployés parmi nous, et ton Esprit veut les répandre dans notre cœur. A toi la louange, ô notre Père, maintenant et pour les siècles des siècles.

POUR LA PRIÈRE UNIVERSELLE

Nous pouvons prier :

– pour tous ceux qui sont en quête d'une sagesse, d'un art de vivre : qu'ils découvrent l'Évangile ;

– pour ceux qui se fourvoient dans des sectes ou de fausses sagesses : qu'ils rencontrent le Christ ;

– pour nous-mêmes que l'Évangile ne cesse d'interpeller : que nous menions une vie plus chrétienne.

Célébrer

Si l'on fait la lecture longue de l'évangile où se trouve le verset : « Lorsque tu vas présenter ton offrande, va d'abord te réconcilier avec ton frère », on pourrait aujourd'hui placer avant la procession des offrandes l'échange du signe de paix, comme on le fait dans les liturgies orientales.

Messe du 6e dimanche

PRIÈRE D'OUVERTURE

Dieu qui veux habiter les cœurs droits et sincères, donne-nous de vivre selon ta grâce, alors tu pourras venir en nous pour y faire ta demeure. Par Jésus Christ.

PREMIÈRE LECTURE Si 15, 15-20

Choisir ce qui est sage *Voici quelques sentences énoncées par le Sage de l'Ancien Testament, celui dont le livre a été appelé par saint Cyprien († 258) « Ecclésiastique », sans doute parce qu'il était reçu dans l'Église et non dans la Synagogue. Le fidèle est mis en face de ses responsabilités ; c'est à lui qu'il revient de choisir ce qui est bon.*

Lecture du livre de Ben Sirac le Sage

Si tu le veux, tu peux observer les commandements, il dépend de ton choix de rester fidèle. Le Seigneur a mis devant toi l'eau et le feu : étends la main vers ce que tu préfères. La vie et la mort sont proposées aux hommes, l'une ou l'autre leur est donnée selon leur choix. Car la sagesse du Seigneur est grande, il est tout-puissant et il voit tout. Ses regards sont tournés vers ceux qui le craignent, il connaît toutes les actions des hommes. Il n'a commandé à personne d'être impie, il n'a permis à personne de pécher.

PSAUME Ps 118

- **Heureux qui règle ses pas sur la parole de Dieu.**

- **Ouvre mes yeux à tes merveilles,**
  aux splendeurs de ta loi.

Heureux les hommes intègres dans leurs voies
qui marchent suivant la loi du Seigneur !
Heureux ceux qui gardent ses exigences,
ils le cherchent de tout cœur.

Toi, tu promulgues des préceptes
à observer entièrement.
Puissent mes voies s'affermir
à observer tes commandements !

Sois bon pour ton serviteur, et je vivrai,
j'observerai ta parole.
Ouvre mes yeux,
que je contemple les merveilles de ta loi.

Enseigne-moi, Seigneur, le chemin de tes ordres ;
à les garder, j'aurai ma récompense.
Montre-moi comment garder ta loi,
que je l'observe de tout cœur.

DEUXIÈME LECTURE 1 Co 2, 6-10

La sagesse selon Dieu *Face aux fausses sagesses du monde, l'Apôtre annonce la sagesse qui vient de Dieu et qui* *rejoint l'homme au plus profond, même si d'abord elle déconcerte.*

Lecture de la première lettre de saint Paul Apôtre aux Corinthiens

Frères, c'est bien une sagesse que nous proclamons devant ceux qui sont adultes dans la foi, mais ce n'est pas la sagesse de ce monde, la sagesse de ceux qui dominent le monde et qui déjà se détruisent. Au contraire, nous proclamons la sagesse du mystère de Dieu, sagesse tenue cachée, prévue par lui dès avant les siècles, pour nous donner la gloire. Aucun de ceux qui dominent ce monde ne l'a connue, car, s'ils l'avaient connue, ils n'auraient jamais crucifié le Seigneur de gloire. Mais ce que nous proclamons, c'est, comme dit l'Écriture, ce que personne n'avait vu de ses yeux ni entendu de ses oreilles, ce que le cœur de l'homme n'avait pas imaginé, ce qui avait été préparé pour ceux qui aiment Dieu. Et c'est à nous que Dieu, par l'Esprit, a révélé cette sagesse. Car l'Esprit voit le fond de toutes choses, et même les profondeurs de Dieu.

ÉVANGILE — Mt 5, 17-37

Les exigences de la Loi nouvelle *Dans trois domaines, Jésus montre combien ses exigences dépassent celles de la loi ancienne. Il exclut non seulement le meurtre, l'adultère et le faux serment, mais aussi la colère, la convoitise et la duplicité. Vivre selon la sagesse de l'Évangile, c'est changer non seulement des comportements extérieurs mais le fond même du cœur humain.*

Alléluia. Alléluia. La loi du Seigneur est joie pour le cœur, lumière pour les yeux. **Alléluia.**

La lecture des textes entre crochets est facultative.

Évangile de Jésus Christ selon saint Matthieu

Comme les disciples s'étaient rassemblés autour de Jésus, sur la montagne, il leur disait : [« Ne pensez pas que je suis venu abolir la Loi ou les Prophètes : je ne suis pas venu abolir, mais accomplir. Amen, je vous le dis : Avant que le ciel et la terre disparaissent, pas une lettre, pas un seul petit trait ne disparaîtra de la Loi jusqu'à ce que tout se réalise. Donc, celui qui rejettera un seul de ces plus petits commandements, et qui enseignera aux hommes à faire ainsi, sera déclaré le plus petit dans le Royaume des cieux. Mais celui qui les observera et les enseignera sera déclaré grand dans le Royaume des cieux. Je vous le dis en effet :] Si votre justice ne surpasse pas celle des scribes et des pharisiens, vous n'entrerez pas dans le Royaume des cieux.

Vous avez appris qu'il a été dit aux anciens : "Tu ne commettras pas de meurtre, et si quelqu'un commet un meurtre, il en répondra au tribunal." Eh bien moi, je vous dis : Tout homme qui se met en colère contre son frère, en répondra au tribunal.

[Si quelqu'un insulte son frère, il en répondra au grand conseil. Si quelqu'un maudit son frère, il sera passible de la géhenne de feu. Donc, lorsque tu vas présenter ton offrande sur l'autel, si là tu te souviens que ton frère a quelque chose contre toi, laisse ton offrande là, devant l'autel, va d'abord te réconcilier avec ton frère et ensuite viens présenter ton offrande. Accorde-toi vite avec ton adversaire pendant que tu es en chemin avec lui, pour éviter que ton adversaire ne te livre au juge, le juge au garde, et qu'on ne te jette en prison. Amen, je te le dis : tu n'en sortiras pas avant d'avoir payé jusqu'au dernier sou.]

Vous avez appris qu'il a été dit : "Tu ne commettras pas d'adultère." Eh bien moi, je vous dis : Tout homme qui regarde une femme et la désire, a déjà commis l'adultère avec elle dans son cœur. [Si ton œil droit entraîne ta chute, arrache-le et jette-le loin de toi : car c'est ton intérêt de perdre un de tes membres et que ton corps tout entier ne soit pas jeté dans la géhenne. Et si ta main droite entraîne ta chute, coupe-la et jette-la loin de toi : car c'est ton intérêt de perdre un de tes membres, et que ton corps tout entier ne s'en aille pas dans la géhenne.

Il a été dit encore : “Si quelqu’un renvoie sa femme, qu’il lui donne un acte de répudiation.” Eh bien moi, je vous dis : Tout homme qui renvoie sa femme, sauf en cas d’union illégitime, la pousse à l’adultère ; et si quelqu’un épouse une femme renvoyée, il est adultère.]
Vous avez encore appris qu’il a été dit aux anciens : “Tu ne feras pas de faux serments, mais tu t’acquitteras de tes serments envers le Seigneur.” Eh bien moi, je vous dis de ne faire aucun serment [ni par le ciel, car c’est le trône de Dieu, ni par la terre, car elle est son marchepied, ni par Jérusalem, car elle est la Cité du grand Roi. Et tu ne jureras pas non plus sur ta tête, parce que tu ne peux pas rendre un seul de tes cheveux blanc ou noir]. Quand vous dites “oui”, que ce soit un “oui”, quand vous dites “non”, que ce soit un “non”. Tout ce qui est en plus vient du Mauvais. »

PRIÈRE SUR LES OFFRANDES

Que cette eucharistie, Seigneur notre Dieu, nous purifie et nous renouvelle : qu’elle donne à ceux qui font ta volonté le bonheur que tu leur as promis. Par Jésus.

PRIÈRE APRÈS LA COMMUNION

Tu nous as donné, Seigneur, de goûter aux joies du ciel : fais que nous ayons toujours soif des sources de la vraie vie. Par Jésus.

Di 11	**Sixième dimanche.** *Liturgie des heures : Psautier semaine II.* [Notre-Dame de Lourdes.]
Me 14	St CYRILLE, moine, † 869 à Rome, et son frère St MÉTHODE, évêque de Moravie, † 885, patrons de l’Europe : 1 Co 4,1…7 ; Lc 10,1-9.
Sa 17	Sept Sts fondateurs des Servites, à Florence, XIVe siècle.

Bonne fête !

Le 12, Félix ; le 13, Béatrice, Jourdain ; le 14, Cyrille, Méthode, Valentin, Tino ; le 15, Faustin, Georgina, Claude ; le 16, Juliette, Paméla ; le 17, Alexis.

Il y a 10 ans

Du 16 au 18 février 1986, le premier sommet de la francophonie réunissait à Versailles et à Paris les représentants des 42 États ou communautés francophones, qui comptent 125 millions de personnes.

Il y a 1200 ans

En 796, Charlemagne faisait construire la cathédrale d'Aix-la-Chapelle.

Il est venu accomplir

« Le Christ n'est pas venu "pour abolir mais pour accomplir". Quand tu écoutes, dans le silence de ton cœur, tu saisis que, loin d'humilier la créature humaine, il vient transfigurer même le plus inquiétant en toi.
La découverte de toi-même provoquerait-elle comme un malaise intérieur ? Mais qui te condamnerait quand pour toi Jésus prie ? Si tu en venais à t'accuser de tout ce qui t'habite, tes nuits et tes jours y suffiraients-ils ?
Quand surviennent des épreuves intérieures ou des incompréhensions du dehors, ne l'oublie pas, dans la blessure où s'engouffrent les affres d'inquiétude s'élaborent aussi des forces créatrices. Et s'ouvre un passage qui va du doute à la confiance, de l'aridité à une création. »

Frère Roger Schutz, de Taizé.

18 février 1996

Septième dimanche

Appelés à la sainteté Créé à l'image de Dieu, le chrétien est appelé à manifester, par toute sa vie, qui est le Dieu de Jésus Christ : un Dieu « de tendresse et de pitié » *(psaume)*, qui nous demande d'aimer non seulement « le prochain comme nous-mêmes » *(première lecture)*, mais jusqu'à l'ennemi *(évangile)*. Dieu demande-t-il l'impossible ? Ou nous ouvre-t-il chaque jour un possible toujours nouveau dans la force de l'Esprit qui habite en nous ? *(deuxième lecture)*.

Chanter

Le chant A 187 Tu es notre Dieu *exprime à sa manière le thème du* « Soyez saints, car je suis saint » *de la première lecture et conviendra bien à l'ouverture. Sinon* L 211 Chantons à Dieu ce chant nouveau, *à cause des mots* « Je suis l'amour ! Aimez-vous en frères » *(couplet 2).*
*Deux chants doivent être mis en valeur aujourd'hui : celui de l'*Alléluia, *que nous ne chanterons plus avant Pâques ; et celui du* Sanctus, *parce que ce dimanche toute la liturgie de la Parole est construite autour du thème de la sainteté de Dieu (un* Sanctus *comme* AL 139 *conviendrait bien).*
Après l'évangile (ou l'homélie), on prendra un chant qui permette d'intérioriser l'appel évangélique à la perfection. Par exemple, H 124 Dieu, au-delà de tout créé, *ou* En accueillant l'amour (MNA 29.15), *qui fera le lien avec la liturgie eucharistique.*
Après la communion : par exemple D 140 Celui qui a mangé de ce pain, *ou* D 304 En mémoire du Seigneur, *ou encore* D 65 Seigneur, foyer d'amour.

Prier

POUR LA PRÉPARATION PÉNITENTIELLE

Seigneur Jésus, tu nous révèles la tendresse de Dieu,
prends pitié de nous.

Ô Christ, tu nous révèles la sainteté du Très-Haut,
prends pitié de nous.

Seigneur, tu nous révèles le visage d'amour du Père,
prends pitié de nous.

POUR CE DIMANCHE

Tu nous aimes d'un amour infatigable, Dieu notre Père, et ton Christ a aimé les hommes, supportant la contradiction sans jamais céder à la vengeance. Apprends-nous à recevoir sa parole et son témoignage, et à vivre en enfants de lumière, Toi que nous bénissons avec ton Fils et le Saint-Esprit, maintenant et pour les siècles des siècles.

POUR LA PRIÈRE UNIVERSELLE

Nous prierons :

– pour les hommes qui se rendent étrangers l'un à l'autre et pour ceux qui font œuvre de réconciliation ;

Dieu de tendresse, souviens-toi de nous ! (MNA 33.33)

– pour ceux qui oublient facilement le mal qu'ils ont fait et ceux qui n'arrivent pas à oublier le mal qui leur a été fait ;

– pour nous-mêmes, appelés à vivre une sainteté et un amour sans frontières.

Célébrer

Les lectures de ce dimanche forment un ensemble, dont il serait bon de faire sentir la cohérence et la progression, de manière à ce que le « Soyez parfaits comme votre Père céleste est parfait » en apparaisse comme le sommet (voir les introductions aux lectures proposées ci-dessous).

L'appel évangélique à la perfection peut engendrer l'arrogance ou, au contraire, le découragement et un sentiment de profonde culpabilité. Si l'on veut montrer comment éviter ces deux écueils, on pourra rappeler, à la suite de la deuxième lecture, que la sainteté est avant tout un don gratuit de l'Esprit de Jésus Christ. Enfin, la prière de saint François, toute remplie de la sève de l'évangile de ce jour, pourrait être lue au moment le plus approprié pour alimenter la méditation, par exemple après la communion.

Messe du 7e dimanche

PRIÈRE D'OUVERTURE

Accorde-nous, Dieu tout-puissant, de conformer à ta volonté nos paroles et nos actes dans une inlassable recherche des biens spirituels. Par Jésus Christ.

PREMIÈRE LECTURE Lv 19, 1…18

Loi de sainteté *Les exigences de l'Ancienne Alliance se trouvent résumées dans ces quelques lignes du Lévitique. Le Dieu saint s'est consacré un peuple dont l'existence doit refléter sa sainteté. Dans la communauté de l'Alliance, le frère doit aimer son frère comme lui-même pour manifester l'amour de celui qui « est tendresse et pitié » (Ps 102).*

Lecture du livre des Lévites

Le Seigneur adressa la parole à Moïse : « Parle à toute l'assemblée des fils d'Israël ; tu leur diras : Soyez saints, car moi, le Seigneur votre Dieu, je suis saint.
Tu n'auras aucune pensée de haine contre ton frère. Mais tu n'hésiteras pas à réprimander ton compagnon, et ainsi tu ne partageras pas son péché. Tu ne te vengeras pas. Tu ne garderas pas de rancune contre les fils de ton peuple. Tu aimeras ton prochain comme toi-même. Je suis le Seigneur ! »

PSAUME Ps 102

- **Le Seigneur est tendresse et pitié.**
- **Dieu saint, que ton amour éveille notre amour !**

Bénis le Seigneur, ô mon âme,
bénis son nom très saint, tout mon être !
Bénis le Seigneur, ô mon âme,
n'oublie aucun de ses bienfaits !

Car il pardonne toutes tes offenses
et te guérit de toute maladie ;
il réclame ta vie à la tombe
et te couronne d'amour et de tendresse.

Le Seigneur est tendresse et pitié,
lent à la colère et plein d'amour ;
il n'agit pas envers nous selon nos fautes,
ne nous rend pas selon nos offenses.

Aussi loin qu'est l'orient de l'occident,
il met loin de nous nos péchés ;
comme la tendresse du père pour ses fils,
la tendresse du Seigneur pour qui le craint !

DEUXIÈME LECTURE 1 Co 3, 16-23

Vous êtes le temple de Dieu *Voici la source de l'amour qu'il nous est demandé de vivre : c'est l'Esprit qui habite en nous et fait de nous le temple de Dieu. S'il nous est possible d'aimer, c'est parce que Dieu nous a aimés le premier et qu'il nous fait vivre de son Esprit.*

Lecture de la première lettre de saint Paul Apôtre
aux Corinthiens

Frères, n'oubliez pas que vous êtes le temple de Dieu et que l'Esprit de Dieu habite en vous. Si quelqu'un détruit le temple de Dieu, Dieu le détruira ; car le temple de Dieu est sacré, et ce temple, c'est vous. Que personne ne s'y trompe : si quelqu'un parmi vous pense être un sage à la manière d'ici-bas, qu'il devienne fou pour devenir sage. Car la sagesse de ce monde est folie devant Dieu. L'Écriture le dit : « C'est lui qui prend les sages au piège de leur propre habileté. » Elle dit encore : « Le Seigneur connaît les raisonnements des sages : ce n'est que du vent ! » Ainsi, il ne faut pas mettre son orgueil en des hommes dont on se réclame.

Car tout vous appartient, Paul et Apollos et Pierre, le monde et la vie et la mort, le présent et l'avenir : tout est à vous, mais vous, vous êtes au Christ, et le Christ est à Dieu.

ÉVANGILE Mt 5, 38-48

« Soyez parfaits » *L'amour que le Lévitique recommandait pour le prochain, Jésus l'étend même à l'ennemi. La mesure de l'amour, c'est d'aimer sans mesure.*

Alléluia. Alléluia. Celui qui garde la parole du Christ connaît l'amour de Dieu dans sa perfection. **Alléluia.**

Évangile de Jésus Christ selon saint Matthieu

Comme les disciples s'étaient rassemblés autour de Jésus, sur la montagne, il leur disait : « Vous avez appris qu'il a été dit : "Œil pour œil, dent pour dent." Eh bien moi, je vous dis de ne pas riposter au méchant ; mais si quelqu'un te gifle sur la joue droite, tends-lui encore l'autre.
Et si quelqu'un veut te faire un procès et prendre ta tunique, laisse-lui encore ton manteau. Et si quelqu'un te réquisitionne pour faire mille pas, fais-en deux mille avec lui. Donne à qui te demande ; ne te détourne pas de celui qui veut t'emprunter.
Vous avez appris qu'il a été dit : "Tu aimeras ton prochain et tu haïras ton ennemi." Eh bien moi, je vous dis : aimez vos ennemis, et priez pour ceux qui vous persécutent, afin d'être vraiment les fils de votre Père qui est dans les cieux ; car il fait lever son soleil sur les méchants et sur les bons, et tomber la pluie sur les justes et sur les injustes. Si vous aimez ceux qui vous aiment, quelle récompense aurez-vous ? Les publicains eux-mêmes n'en font-ils pas autant ? Et si vous ne saluez que vos frères, que faites-vous d'extraordinaire ? Les païens eux-mêmes n'en font-ils pas autant ? Vous donc, soyez parfaits comme votre Père céleste est parfait. »

PRIÈRE SUR LES OFFRANDES

En célébrant avec respect tes mystères, Seigneur, nous te supplions humblement : que les dons offerts pour te glorifier servent à notre salut. Par Jésus.

PRIÈRE APRÈS LA COMMUNION

Nous t'en prions, Dieu tout-puissant, donne-nous de recueillir tous les fruits de salut dont ces mystères sont déjà la promesse et le gage. Par Jésus.

Di 18 — **Septième dimanche.**
Liturgie des heures : Psautier semaine III.
[En France, Ste Bernadette Soubirous (Lourdes), religieuse, † 1879 à Nevers.]

Me 21 — **Mercredi des Cendres**, jour de jeûne et d'abstinence, p. 174.
St Pierre Damien, cardinal-évêque d'Ostie, docteur de l'Église, † 1072.

Je 22 — CHAIRE DE ST PIERRE, APÔTRE : 1 P 5,1-4 ; Mt 16,13-19.

Ve 23 — St Polycarpe, évêque de Smyrne et martyr, † 155.

Bonne fête !

Le 18, Bernadette, Siméon, Nadine, Flavien ; le 19, Gabin, Boniface ; le 20, Aimée ; le 21, Damien ; le 22, Isabelle ; le 23, Lazare, Polycarpe ; le 24, Modeste, Robert.

Devenir différents

« Nous ne pouvons revêtir l'image de l'homme céleste que si nous manifestons notre ressemblance au Christ à travers l'existence dans laquelle nous venons d'entrer maintenant. Ce qui équivaut, en vérité, à devenir différents de ce que nous étions, et à commencer d'être ce que nous n'étions pas. Ainsi, notre divine naissance brillera en nous, notre conduite digne de Dieu nous rendra semblables à Dieu le Père, notre vie entourée d'honneur et de louange fera resplendir Dieu en l'homme. »

St Cyprien.

Montons à Jérusalem

Suggestions liturgiques pour les célébrations du Carême de l'année A

Le but du Carême est de nous faire monter vers Pâques et de nous préparer à célébrer tout le mystère pascal. Plus que celui des années B et C, le lectionnaire de l'année A souligne cette « orientation pascale » du Carême. Dès le troisième dimanche, en effet, il nous fait lire les évangiles des grandes liturgies qui précèdent traditionnellement le baptême. Les évangiles lus au cours de ce Carême sont donc de nature à renouveler notre vie de baptisés.
Quant à la première lecture de chaque dimanche, elle répond à un cycle propre, qui récapitule une large section de l'histoire du salut. Sont évoqués successivement : les origines *(1er dimanche)*, les promesses faites à Abraham *(2e dimanche)*, l'Exode *(3e dimanche)*, l'élection de David comme roi d'Israël *(4e dimanche)* et le retour d'Exil *(5e dimanche)*. Il est ainsi possible de mettre en avant, au moins au cours des quatre premiers dimanches, quatre grandes figures de l'Ancien Testament : Adam, Abraham, Moïse et David.
Le choix des chants peut certainement lui aussi aider à construire une célébration cohérente du Carême. *G 184 En quels pays de solitude* mérite une place privilégiée : les cinq strophes de ce chant répondent aux cinq évangiles des dimanches de l'année A. Il convient aussi bien à l'ouverture qu'après la Parole. On en chantera le premier couplet le premier dimanche, puis on ajoutera une strophe supplémentaire dimanche après dimanche. On pourrait faire de même avec la litanie pénitentielle proposée dans *MNA 33.11* (texte ci-dessous, pp. 191 et 198).
On sera attentif au fait que, cette année 1996, la fin du Ramadan coïncide, à un jour près, avec le mercredi des Cendres. Il serait bon, dans la prédication, de souligner la spécificité du carême chrétien, qui est avant tout montée vers Pâques avec le Christ.

J.-M. A.

21 février 1996

Mercredi des Cendres

Voici maintenant le jour du salut L'Église nous invite à vivre le temps du Carême dans l'authenticité : avec un cœur mis à nu (« déchiré », dit *la première lecture*), et en évitant d'agir devant les hommes pour s'en faire remarquer *(évangile)*. L'enjeu n'est rien de moins que l'objectif fondamental de toute existence chrétienne : une vie plus en communion avec le Christ, humblement confiante dans l'inépuisable amour reçu du Père *(deuxième lecture)*.

Chanter

Le choix est vaste. On peut recommander de prendre à l'ouverture le tropaire G 109 Tu connais ton œuvre *qui fera prendre conscience à l'assemblée qu'elle entre dans un nouveau temps liturgique. Sinon :* A 187 Tu es notre Dieu, G 244 Peuple de l'Alliance, *ou* G 128 Lumière des hommes.
Le chant G 248 Pitié Seigneur *est une adaptation du* psaume 50 *et peut être utilisé entre les deux lectures.*
Après l'homélie, on pourra chanter E 61 Lumière pour l'homme *ou* G 185 Nous sommes les fils de la terre. *Une pièce de musique instrumentale, méditative, sera alors la bienvenue pendant l'imposition des cendres.*
A la communion, par exemple : D 203 Pain des merveilles, *qui évoque « la vie qui renaît de nos cendres », ou* Partageons le pain du Seigneur (MNA 85.18) *à cause de son couplet 14.*
Comme chant final d'envoi, on pourrait penser à E 109 Voici le temps favorable.
Nous attendrons la nuit pascale pour retrouver le chant du Gloria *et de l'*Alléluia.

Prier

POUR LA PRÉPARATION PÉNITENTIELLE

Aujourd'hui, c'est l'imposition des Cendres qui constitue le geste pénitentiel qui, de ce fait, n'a pas lieu au début de la messe.

POUR CETTE ENTRÉE EN CARÊME

Tu es la source de toute bonté, Seigneur, et toute miséricorde vient de toi. Tu nous as dit comment guérir du péché par le jeûne, la prière et le partage ; écoute l'aveu de notre faiblesse. Nous avons conscience de nos fautes : patiemment, relève-nous avec amour.

POUR LA PRIÈRE UNIVERSELLE

Nous prierons :

– pour l'Église de Jésus Christ : qu'elle soit chaque jour davantage soucieuse de ceux qui ont faim dans le monde :

Regarde notre misère, éclaire nos chemins ! (MNA 33.36)

– pour les chrétiens des différentes confessions : que l'Esprit de Dieu les rapproche chaque jour davantage ;

– pour les hommes et les femmes qui se préparent au baptême et à la confirmation : qu'ils proclament leur foi d'un cœur sincère et par le témoignage de toute leur vie ;

– pour que chaque jour de ce Carême nous apprenne à mieux connaître Jésus Christ afin de vivre davantage de son Esprit.

Célébrer

Il faut empêcher la célébration de sombrer dans le moralisme, car nous ne sommes pas que cendres ! La liturgie d'aujourd'hui ouvre un temps qui doit nous conduire à la joie de la résurrection, et le feu qui couve sous les cendres du Carême est déjà celui de Pâques.

Au moment de l'imposition des cendres, il serait bon de remettre à chacun un souvenir tangible de la célébration qui l'accompagnera sur son chemin de conversion (par exemple le texte d'une prière ou une petite croix).

Messe du Mercredi des Cendres

PRIÈRE D'OUVERTURE

Accorde-nous, Seigneur, de savoir commencer saintement, par une journée de jeûne, notre entraînement au combat spirituel : que nos privations nous rendent plus forts pour lutter contre l'esprit du mal. Par Jésus Christ.

PREMIÈRE LECTURE Jl 2, 12-18

« Sonnez de la trompette ! » *Le jeûne est la manifestation d'une volonté de revenir au Seigneur pour entrer plus avant dans sa tendresse et sa miséricorde.*

Lecture du livre de Joël

Parole du Seigneur : Revenez à moi de tout votre cœur, dans le jeûne, les larmes et le deuil ! Déchirez vos cœurs et non pas vos vêtements, et revenez au Seigneur votre Dieu, car il est tendre et miséricordieux, lent à la colère et plein d'amour, renonçant au châtiment. Qui sait ? Il pourrait revenir, il pourrait renoncer au châtiment, et vous combler de ses bienfaits : ainsi vous pourrez offrir un sacrifice au Seigneur votre Dieu. Sonnez de la trompette dans Jérusalem ; prescrivez un jeûne sacré, annoncez une solennité, réunissez le peuple, tenez une assemblée sainte, rassemblez les anciens, réunissez petits enfants et nourrissons ! Que le jeune époux sorte de sa maison, que la jeune mariée quitte sa chambre ! Entre le portail et l'autel, les prêtres, ministres du Seigneur, iront pleurer et diront : « Pitié, Seigneur, pour ton peuple, n'expose pas ceux qui t'appartiennent à l'insulte et aux moqueries des païens ! Faudra-t-il qu'on dise :"Où donc est leur Dieu ?"»
Et le Seigneur s'est ému en faveur de son pays, il a eu pitié de son peuple.

PSAUME Ps 50

• Pitié, Seigneur, car nous avons péché.

• **Donne-nous, Seigneur, un cœur nouveau ;
mets en nous, Seigneur, un esprit nouveau.**

Pitié pour moi, mon Dieu, dans ton amour,
selon ta grande miséricorde, efface mon péché.
Lave-moi tout entier de ma faute,
purifie-moi de mon offense.

Oui, je connais mon péché,
ma faute est toujours devant moi.
Contre toi, et toi seul, j'ai péché,
ce qui est mal à tes yeux, je l'ai fait.

Crée en moi un cœur pur, ô mon Dieu,
renouvelle et raffermis au fond de moi mon esprit.
Ne me chasse pas loin de ta face,
ne me reprends pas ton esprit saint.

Rends-moi la joie d'être sauvé ;
que l'esprit généreux me soutienne.
Seigneur, ouvre mes lèvres,
et ma bouche annoncera ta louange.

DEUXIÈME LECTURE 2 Co 5, 20-6, 2

« Laissez-vous réconcilier » *A nous tous qui entrons en Carême, l'Église n'adresse pas un autre appel que celui de Paul aux chrétiens de Corinthe : voici le moment favorable pour saisir la main que Dieu nous tend et accueillir la réconciliation qu'il nous propose.*

Lecture de la seconde lettre de saint Paul Apôtre
aux Corinthiens

Frères, nous sommes les ambassadeurs du Christ et par nous c'est Dieu lui-même qui, en fait, vous adresse un appel. Au nom du Christ, nous vous le demandons, laissez-vous réconcilier avec Dieu. Celui qui n'a pas connu le péché, Dieu l'a pour nous identifié au péché des hommes, afin que, grâce à lui, nous soyons identifiés à la justice de Dieu. Et puisque nous travaillons avec lui, nous vous invitons encore à ne pas laisser sans effet la grâce reçue de Dieu. Car il dit dans l'Écriture : Au moment favorable, je t'ai exaucé, au jour du salut, je suis venu à ton secours. Or, c'est maintenant le moment favorable, c'est maintenant le jour du salut.

ÉVANGILE Mt 6, 1...18

Le Carême qui plaît au Seigneur *L'enfer, dit-on, est pavé de bonnes intentions. Il y a une manière de donner, de prier et de jeûner qui est uniquement recherche de l'estime des hommes – ou de soi-même. Ainsi pratiquée, la pénitence éloignerait de Dieu au lieu de nous tourner vers lui.*

Ta Parole, Seigneur, est vérité, et ta loi, délivrance. Convertissez-vous, dit le Seigneur, car le Royaume des cieux est proche. **Ta Parole, Seigneur, est vérité, et ta loi, délivrance.**

Évangile de Jésus Christ selon saint Matthieu

Comme les disciples s'étaient rassemblés autour de Jésus, sur la montagne, il leur disait : « Si vous voulez vivre comme des justes, évitez d'agir devant les hommes pour vous faire remarquer. Autrement, il n'y a pas de récompense pour vous auprès de votre Père qui est aux cieux. Ainsi, quand tu fais l'aumône, ne fais pas sonner de la trompette devant toi, comme ceux qui se donnent en spectacle dans les synagogues et dans les rues, pour obtenir la gloire qui vient des hommes. Amen, je vous le déclare : ceux-là ont touché leur récompense. Mais toi, quand tu fais l'aumône, que ta main gauche ignore ce que donne ta main droite, afin que ton aumône reste dans le secret ; ton Père voit ce que tu fais en secret : il te le revaudra.

Et quand vous priez, ne soyez pas comme ceux qui se donnent en spectacle : quand ils font leurs prières, ils aiment à se tenir debout dans les synagogues et les carrefours pour bien se montrer aux hommes. Amen, je vous le déclare : ceux-là ont touché leur récompense. Mais toi, quand tu pries, retire-toi au fond de ta maison, ferme la porte, et prie

ton Père qui est présent dans le secret ; ton Père voit ce que tu fais dans le secret : il te le revaudra.
Et quand vous jeûnez, ne prenez pas un air abattu, comme ceux qui se donnent en spectacle : ils se composent une mine défaite pour bien montrer aux hommes qu'ils jeûnent. Amen, je vous le déclare : ceux-là ont touché leur récompense. Mais toi, quand tu jeûnes, parfume-toi la tête et lave-toi le visage ; ainsi, ton jeûne ne sera pas connu des hommes mais seulement de ton Père qui est présent dans le secret ; ton Père voit ce que tu fais en secret : il te le revaudra. »

Liturgie des Cendres

Après l'homélie, qui a fait le lien entre la parole de Dieu et le rite des Cendres, le prêtre prie pour l'assemblée.

• Seigneur notre Dieu, toi qui aimes pardonner à ceux qui s'humilient et veulent réparer leurs torts, prête l'oreille à nos prières ; en ta bonté, répands sur tes serviteurs qui vont recevoir les cendres la grâce de ta bénédiction : par leur fidélité à ce temps de pénitence, qu'ils parviennent avec une âme purifiée à la célébration de la Pâque de ton Fils. Lui qui règne.

• Seigneur notre Dieu, toi qui ne veux pas la mort du pécheur mais sa conversion, dans ta bonté, exauce notre prière ; bénis les cendres dont nous serons marqués, nous qui venons de la terre et devons retourner à la terre. En nous appliquant à observer le Carême, puissions-nous obtenir le pardon de nos péchés et vivre de la vie nouvelle à l'image de ton Fils ressuscité. Lui qui règne.

Ensuite le prêtre impose les cendres à ceux qui le désirent en disant :

• Convertissez-vous et croyez à l'Évangile.

• Souviens-toi que tu es poussière,
et que tu retourneras en poussière.

PRIÈRE SUR LES OFFRANDES

En t'offrant, au début du Carême, cette eucharistie, nous te supplions, Seigneur : inspire-nous des actes de pénitence et de charité qui nous détournent de nous-mêmes, afin que, purifiés de nos fautes, nous puissions mieux nous unir à la passion de ton Fils. Lui qui règne.

PRÉFACE

Vraiment, il est juste et bon de te rendre gloire, de t'offrir notre action de grâce, toujours et en tout lieu, à toi, Père très saint, Dieu éternel et tout-puissant.
Car tu veux, par notre jeûne et nos privations, réprimer nos penchants mauvais, élever nos esprits, nous donner la force et enfin la récompense, par le Christ, notre Seigneur.
Par lui, avec les anges et tous les saints, nous chantons l'hymne de ta gloire et sans fin nous proclamons : **Saint !...**

PRIÈRE APRÈS LA COMMUNION

Que cette communion, Seigneur, nous ouvre à la justice et à la charité, pour que nous observions le seul jeûne que tu aimes et qui mène à notre guérison. Par Jésus.

« Dieu de miséricorde et de pitié, nous le comprenons en regardant la croix où ton Fils s'est fait péché pour nous, tu n'aimes que pardonner, tu ne veux que sauver. Vois nos esprits brisés, nos cœurs broyés de repentir ; purifie-nous tout entiers de nos fautes ; renouvelle-nous dans la joie de l'Esprit Saint : nous pourrons alors acclamer ta justice et parler de ton amour à nos frères. »

Oraison sur le psaume 50.

25 février 1996

Premier dimanche de Carême

La grâce surpasse la faute Alors qu'Adam et Ève ont essayé d'échapper à leur condition de créatures *(première lecture)*, Jésus sera fidèle à la mission qu'il a reçue du Père *(évangile)*. A ce titre, Jésus seul est sauveur alors que tous, Juifs ou païens, croyants ou non-croyants, nous sommes pécheurs *(deuxième lecture)*. C'est de lui que nous recevons notre justice, comme un don qui vient de Dieu.

Chanter

Si on ne prend pas G 184 En quels pays de solitude*, proposé pour tous les dimanches de Carême, on privilégiera, à l'ouverture et comme chant de méditation sur la Parole, des chants qui évoquent le désert comme lieu d'épreuve et de rencontre avec Dieu. Ainsi* G 229 Avec toi nous irons au désert, G 275 Quarante jours dans le désert, *ou* G 244 Peuple de l'Alliance *qui met bien en valeur, outre le thème de l'alliance, celui de « l'imitation » de Jésus.*
Comme préparation pénitentielle, on pourrait prendre A 220 *(ci-dessous), qui rappelle la liturgie des cendres ou encore* MNA 33.11 *(p. 191)*.
Après la communion G 297 Pour que l'homme soit un fils *(à cause de l'allusion à la Genèse) ou* G 7 En toi Seigneur mon espérance, *mieux connu.*

Prier

POUR LA PRÉPARATION PÉNITENTIELLE (A 220)
Tu sais de quoi nous sommes pétris, tu te souviens que poussière nous sommes,
Jésus, homme au milieu des hommes, prends pitié de tout homme pécheur.

POUR CE DIMANCHE

Dieu notre Père, en choisissant de faire de ton Fils un homme comme nous, soumis à l'épreuve, tu refuses d'imposer ton règne et ta puissance. Mets en nous une conviction plus forte que toutes les tentations, et nous ferons sans cesse le choix de ton Royaume. Nous t'en prions par Jésus, le Christ, en qui s'accomplit ta volonté pour les siècles des siècles.

POUR LA PRIÈRE UNIVERSELLE

En ce temps de partage et de conversion, nous prions :

– pour les démunis, les sans-abri, les sans-emploi, mais aussi pour tous ceux qu'aveugle la recherche de l'avoir et du pouvoir ;

– pour les peuples du Tiers Monde, mais aussi pour les nations riches qui se rendent sourdes aux appels des peuples pauvres ;

– pour les hommes qui vivent loin de Dieu et pour les croyants trop bien installés dans leur confort spirituel.

Célébrer

Il faut manifester clairement que ce dimanche est le premier d'un temps nouveau. Sa tonalité doit être différente de celle des dimanches précédents. Si l'on veut accentuer le caractère baptismal de ce Carême de l'année A, on pourrait faire l'aspersion au début de la messe. Avant de prendre la route du désert, ne convient-il pas de puiser en abondance à la source du baptême ?

Les évangiles des trois premiers dimanches du Carême évoquent successivement le désert, la montagne, le puits. La catéchèse gagnerait à mettre en avant la signification de ces « lieux », qui ne sont pas que géographiques (la montagne, par exemple, représente la proximité avec Dieu ; le puits est le lieu privilégié de la rencontre).

Messe du 1er dimanche de Carême

PRIÈRE D'OUVERTURE

Accorde-nous, Dieu tout-puissant, tout au long de ce Carême, de progresser dans la connaissance de Jésus Christ et de nous ouvrir à sa lumière par une vie de plus en plus fidèle. Lui qui règne.

PREMIÈRE LECTURE Gn 2, 7...3, 7

La défaite d'Adam *Dieu veut être notre partenaire, non pas notre rival. L'homme trouve son malheur quand il se détourne du libre engagement que Dieu lui propose pour s'affirmer en maître de la sagesse et en seul maître du monde.*

Lecture du livre de la Genèse

Au temps où le Seigneur Dieu fit le ciel et la terre, il modela l'homme avec la poussière tirée du sol ; il insuffla dans ses narines le souffle de vie, et l'homme devint un être vivant. Le Seigneur Dieu planta un jardin en Éden, à l'Orient, et y plaça l'homme qu'il avait modelé. Le Seigneur Dieu fit pousser du sol toute sorte d'arbres à l'aspect attirant et aux fruits savoureux ; il y avait aussi l'arbre de vie au milieu du jardin, et l'arbre de la connaissance du bien et du mal.

Or, le serpent était le plus rusé de tous les animaux des champs que le Seigneur Dieu avait faits. Il dit à la femme : « Alors, Dieu vous a dit : "Vous ne mangerez le fruit d'aucun arbre du jardin" ? » La femme répondit au serpent : « Nous mangeons les fruits des arbres du jardin. Mais, pour celui qui est au milieu du jardin, Dieu a dit : "Vous n'en mangerez pas, vous n'y toucherez pas, sinon vous mourrez". » Le serpent dit à la femme : « Pas du tout ! Vous ne mourrez pas ! Mais Dieu sait que, le jour où vous en mangerez, vos yeux s'ouvriront, et vous serez comme des dieux, connaissant le bien et le mal. » La femme s'aperçut que le fruit de l'arbre devait être savoureux, qu'il avait un aspect agréable et qu'il était désirable, puisqu'il donnait l'intelligence. Elle prit de ce fruit, et en mangea. Elle en donna aussi à son mari, et il en mangea. Alors leurs yeux à tous deux s'ouvrirent et ils connurent qu'ils étaient nus.

PSAUME Ps 50

• **Pitié, Seigneur, car nous avons péché.**

• **Détourne ta face de mes fautes,**
enlève tous mes péchés.

Pitié pour moi, mon Dieu, dans ton amour,
selon ta grande miséricorde, efface mon péché.
Lave-moi tout entier de ma faute,
purifie-moi de mon offense.

Oui, je connais mon péché,
ma faute est toujours devant moi.
Contre toi, et toi seul, j'ai péché,
ce qui est mal à tes yeux, je l'ai fait.

Crée en moi un cœur pur, ô mon Dieu,
renouvelle et raffermis au fond de moi mon esprit.
Ne me chasse pas loin de ta face,
ne me reprends pas ton esprit saint.

Rends-moi la joie d'être sauvé ;
que l'esprit généreux me soutienne.
Seigneur, ouvre mes lèvres,
et ma bouche annoncera ta louange.

DEUXIÈME LECTURE Rm 5, 12-19

La grâce surpasse la faute *« Pour une multitude de fautes le don gratuit de Dieu conduit à la justification. » Par le Christ, la grâce surabonde là où le péché a abondé. « Heureuse faute d'Adam qui nous vaut un tel rédempteur » (chant de la veillée pascale).*

La lecture du texte entre crochets est facultative.

Lecture de la lettre de saint Paul Apôtre aux Romains

Frères, par un seul homme, Adam, le péché est entré dans le

monde, et par le péché est venue la mort, et ainsi, la mort est passée en tous les hommes, du fait que tous ont péché.
[Avant la loi de Moïse, le péché était déjà dans le monde. Certes, on dit que le péché ne peut être sanctionné quand il n'y a pas de loi ; mais pourtant, depuis Adam jusqu'à Moïse, la mort a régné, même sur ceux qui n'avaient pas péché par désobéissance à la manière d'Adam. Or, Adam préfigurait celui qui devait venir. Mais le don gratuit de Dieu et la faute n'ont pas la même mesure. En effet, si la mort a frappé la multitude des hommes par la faute d'un seul, combien plus la grâce de Dieu a-t-elle comblé la multitude, cette grâce qui est donnée en un seul homme, Jésus Christ. Le don de Dieu et les conséquences du péché d'un seul n'ont pas la même mesure non plus : d'une part, en effet, pour la faute d'un seul, le jugement a conduit à la condamnation ; d'autre part, pour une multitude de fautes, le don gratuit de Dieu conduit à la justification.]
En effet, si, à cause d'un seul homme, par la faute d'un seul homme, la mort a régné, combien plus, à cause de Jésus Christ et de lui seul, régneront-ils dans la vie, ceux qui reçoivent en plénitude le don de la grâce qui les rend justes. Bref, de même que la faute commise par un seul a conduit tous les hommes à la condamnation, de même l'accomplissement de la justice par un seul a conduit tous les hommes à la justification qui donne la vie. En effet, de même que tous sont devenus pécheurs parce qu'un seul homme a désobéi, de même tous deviendront justes parce qu'un seul homme a obéi.

ÉVANGILE Mt 4, 1-11

Le triomphe du serviteur *Dans le combat qui l'oppose au mal, Jésus sort vainqueur par sa volonté de ne servir et de n'adorer que Dieu seul. Le drame de la tentation, Jésus le revivra avec intensité dans son agonie. Son combat est aussi le nôtre : « Nous sommes vainqueurs de ce que le Christ a vaincu. » (Saint Léon.)*

Ta Parole, Seigneur, est vérité, et ta loi, délivrance. L'homme ne vit pas seulement de pain, mais de toute parole venant de la bouche de Dieu. **Ta Parole, Seigneur, est vérité, et ta loi, délivrance.**

Évangile de Jésus Christ selon saint Matthieu

Jésus, après son baptême, fut conduit au désert par l'Esprit pour être tenté par le démon. Après avoir jeûné quarante jours et quarante nuits, il eut faim. Le tentateur s'approcha et lui dit : « Si tu es le Fils de Dieu, ordonne que ces pierres deviennent des pains. » Mais Jésus répondit : « Il est écrit : "Ce n'est pas seulement de pain que l'homme doit vivre, mais de toute parole qui sort de la bouche de Dieu". »
Alors le démon l'emmène à la ville sainte, à Jérusalem, le place au sommet du Temple et lui dit : « Si tu es le Fils de Dieu, jette-toi en bas ; car il est écrit : "Il donnera pour toi des ordres à ses anges", et : "Ils te porteront sur leurs mains, de peur que ton pied ne heurte une pierre". » Jésus lui déclara : « Il est encore écrit : "Tu ne mettras pas à l'épreuve le Seigneur ton Dieu". »
Le démon l'emmène encore sur une très haute montagne et lui fait voir tous les royaumes du monde avec leur gloire. Il lui dit : « Tout cela, je te le donnerai, si tu te prosternes pour m'adorer. » Alors, Jésus lui dit : « Arrière, Satan ! car il est écrit : C'est devant le Seigneur ton Dieu que tu te prosterneras, et c'est lui seul que tu adoreras. »
Alors le démon le quitte. Voici que des anges s'approchèrent de lui, et ils le servaient.

PRIÈRE SUR LES OFFRANDES

Avec cette eucharistie, Seigneur, nous commençons notre marche vers Pâques : fais que nos cœurs correspondent vraiment à nos offrandes. Par Jésus.

PRÉFACE

Vraiment, il est juste et bon de te rendre gloire, de t'offrir notre action de grâce, toujours et en tout lieu, à toi, Père très

saint, Dieu éternel et tout-puissant, par le Christ, notre Seigneur.
En jeûnant quarante jours au désert, il consacrait le temps du carême ; lorsqu'il déjouait les pièges du Tentateur, il nous apprenait à résister au péché, pour célébrer d'un cœur pur le mystère pascal, et parvenir enfin à la Pâque éternelle. C'est pourquoi, avec tous les anges et tous les saints, nous chantons l'hymne de ta gloire et nous proclamons : **Saint !...**

PRIÈRE APRÈS LA COMMUNION

Le pain que nous avons reçu de toi, Seigneur notre Dieu, a renouvelé nos cœurs : il nourrit la foi, fait grandir l'espérance et donne la force d'aimer ; apprends-nous à toujours avoir faim du Christ, seul pain vivant et vrai, et à vivre de toute parole qui sort de ta bouche. Par Jésus.

Di 25	**Premier dimanche de Carême.** *Liturgie des heures : Psautier semaine I.* *Les références aux lectures de cette semaine sont indiquées p. 189.*
Lu 26	Début du Carême dans les Églises orthodoxes.

Bonne fête !

Le 25, Roméo ; le 26, Nestor ; le 27, Honorine, Gabriel ; le 28, Romain ; le 29, Auguste ; le 1er mars, Aubin, Albin ; le 2, Charles.

Aux catéchumènes

« Frères, vous avez entendu les saints mystères de la Prière du Seigneur. Maintenant, en vous retirant, renouvelez-les en vos cœurs. Ceci, afin d'être parfaits dans le Christ et d'obtenir et de goûter la miséricorde de Dieu. Il est puissant, le Seigneur notre Dieu !
Qu'il vous conduise au bain de l'eau qui régénère, vous qui courez au don de la foi !

Qu'il fasse parvenir au Royaume céleste ceux qui viennent de redire le credo de l'Église catholique. Il est ce Seigneur, celui qui vit et règne avec Dieu son Père dans l'unité de l'Esprit, pour les siècles des siècles. Amen. »

Sacramentaire gélasien.

Célébration du sacrement de la pénitence et de la réconciliation

Au début du Carême

La rencontre personnelle avec un prêtre est la manière « normale », pour le pénitent, de recevoir le Sacrement du pardon. Les chrétiens s'approchent de ce sacrement, tout au long de l'année, à leur rythme, discrètement et individuellement.

Au temps du Carême, l'Église nous propose de faire cette démarche personnelle dans un contexte liturgique public et communautaire.

Durant la première semaine du Carême, selon les convenances (idéalement le mercredi des Cendres), la communauté chrétienne se rassemblera, un soir, pour une célébration préparatoire à la démarche sacramentelle de la pénitence et de la réconciliation.

Trois éléments constitutifs de cette célébration :

– une *Écoute* de la Parole de Dieu. Les textes bibliques de la première semaine de Carême sont aptes à inviter à la conversion :

Lu	Lv 19,1…18	Les commandements du Dieu saint
	Mt 25,31-46	C'est à moi que vous l'avez fait
Ma	Is 55,10-11	L'efficacité de la Parole de Dieu
	Mt 6,7-15	Comme nous pardonnons…
Me	Jon 3,1-10	Détournez-vous du mal
	Lc 11,29-32	Le signe de Jonas
Je	Est 14,1…14	La prière d'Esther
	Mt 7,7-12	Demandez et vous obtiendrez
Ve	Ez 18,21-28	Dieu ne veut pas la mort du pécheur
	Mt 5,20-26	Si ton frère a quelque chose contre toi…
Sa	Dt 26,16-19	Garder les commandements
	Mt 5,43-48	Aimer même les ennemis

– une *Exhortation*, par l'homélie. Le prêtre, à partir des textes proclamés, suggérera des démarches de conversion, dans la vie personnelle, et dans des domaines précis de la vie de la communauté. Il aura pu s'inspirer de suggestions faites, préalablement, par les laïcs qui partagent avec lui les tâches de son ministère.

– une *Intercession* au nom de tous nos frères de par le monde, afin que Dieu, qui fait lever son soleil sur les bons et sur les méchants, travaille de sa grâce, durant le Carême, le cœur de tous ses enfants.

En fin de Carême

Les lundi, mardi ou mercredi saints sont les jours indiqués pour célébrer la seconde partie du sacrement du pardon : celle de la confession de nos péchés et de l'action de grâce.
La confession des péchés est double : après la proclamation d'une seule lecture biblique (reprise parmi les lectures de la célébration du « début du Carême ») et une brève homélie (qui rappellera les suggestions de démarches de conversion personnelle et communautaire), l'assemblée, en un texte liturgique commun, confessera ses péchés et demandera le pardon de Dieu. Cette prière est normalement litanique, avec refrain.
En un second temps, une plage silencieuse est ouverte à trois démarches possibles :
– certains s'approcheront d'un prêtre, pour l'aveu personnel. Ils recevront l'absolution sacramentelle ;
– d'autres ne feront pas la démarche individuelle auprès du prêtre. Ils resteront dans la nef, en prière silencieuse ;
– d'autres aussi resteront dans la nef, ceux qui ont préféré s'approcher du sacrement durant le Carême.
Les confessions individuelles terminées, la communauté est de nouveau rassemblée, pour confesser la miséricorde du Seigneur et lui en rendre grâce, par des textes communs et des chants.

Ceci est l'esprit des démarches successives de la célébration communautaire du sacrement de la pénitence et de la réconciliation. A défaut d'une célébration communautaire, on rencontrera individuellement un prêtre, pour répondre à l'appel de l'Église qui nous demande de nous confesser avant Pâques.

3 mars 1996

Deuxième dimanche de Carême

La grâce de Dieu s'est rendue visible Après nous avoir donné comme modèle de croyant Abraham, notre père dans la foi *(première lecture)*, la liturgie nous rappelle aujourd'hui notre vocation, qui est d'annoncer l'Évangile de Jésus Christ *(deuxième lecture)*, lui qui révèle à ses disciples la grâce et la gloire qui sont les siennes *(évangile)*. Ainsi sommes-nous invités à poser sur lui, dans la foi, un long regard d'amour.

Chanter

Si on ne prend pas le chant G 184 En quels pays de solitude *(avec son deuxième couplet), on fera de préférence son choix entre* T 119 Aujourd'hui, montons sur la montagne, G 128 Lumière des hommes *ou* I 266 Dieu vivant, montre-nous.
Comme préparation pénitentielle : par exemple MNA 33.11 *(voir ci-dessous).*
Pour acclamer l'Évangile : Gloire au Christ, Parole éternelle (MNA 33.22)*, bien connu, ou, si l'on préfère une acclamation plus développée,* I 45 Souviens-toi de Jésus Christ.
Après la Parole, on pourrait prendre un des chants proposés pour l'ouverture ou encore H 124 Dieu au-delà de tout créé.
G 293 Nous avons quitté *paraît tout indiqué comme chant de communion ;* D 140 Celui qui a mangé de ce pain *convient également.*

Prier

POUR LA PRÉPARATION PÉNITENTIELLE (MNA 33.11)
Jésus, ami des hommes, assailli par la tentation, tu nous apprends l'obéissance dans l'amour,
Écoute-nous et sauve-nous.

Jésus, Fils de Dieu, transfiguré sur la montagne, tu nous révèles que la croix est le chemin de la vie.

POUR CE DIMANCHE

Dieu que nul n'a jamais vu, tu as manifesté ta gloire sur le visage de ton Fils et, par sa voix, c'est ta Parole que tu nous livres. Illumine nos yeux de la clarté de son regard et rends-nous attentifs à son Évangile : nous serons heureux d'être ses frères et tes enfants, car il est ton Fils bien-aimé, qui vit avec toi et le Saint-Esprit, pour les siècles des siècles.

POUR LA PRIÈRE UNIVERSELLE

Nous prions :

– pour que les chrétiens grandissent dans la confiance en Dieu qui les conduit au bonheur promis :

Dieu de tendresse, souviens-toi de nous ! (Y 55)

– pour que les hommes et les femmes qui cherchent un sens à la vie se laissent guider par la lumière du Transfiguré ;

– pour les missionnaires qui souffrent pour l'annonce de l'Évangile : que l'Esprit de Dieu soit leur secours.

Célébrer

La prédication gagnerait à souligner le lien qui, par mode de contraste, unit ce dimanche au précédent : la désobéissance d'Adam à l'obéissance d'Abraham dans la foi, la montagne de la tentation à celle de la transfiguration, la nuit du péché à la pleine lumière.

Messe du 2e dimanche de Carême

PRIÈRE D'OUVERTURE

Tu nous as dit, Seigneur, d'écouter ton Fils bien-aimé ; fais-nous trouver dans ta parole les vivres dont notre foi a besoin : et nous aurons le regard assez pur pour discerner ta gloire. Par Jésus Christ.

PREMIÈRE LECTURE Gn 12, 1-4

Abraham partit *Grâce à la foi, Abraham obéit à l'appel de Dieu. Il part vers un pays qui lui sera donné comme héritage. Et il part sans savoir où il va (cf. He 11,8).*

Lecture du livre de la Genèse

Abraham vivait alors en Chaldée. Le Seigneur lui dit : « Pars de ton pays, laisse ta famille et la maison de ton père, va dans le pays que je te montrerai. Je ferai de toi une grande nation, je te bénirai, je rendrai grand ton nom, et tu deviendras une bénédiction. Je bénirai ceux qui te béniront, je maudirai celui qui te méprisera. En toi seront bénies toutes les familles de la terre. »
Abraham partit, comme le Seigneur le lui avait dit, et Loth partit avec lui.

PSAUME Ps 32

• **Seigneur, ton amour soit sur nous,**
comme notre espoir est en toi !

• **Le Seigneur est fidèle en toutes ses œuvres.**

Oui, elle est droite, la parole du Seigneur ;
il est fidèle en tout ce qu'il fait.
Il aime le bon droit et la justice ;
la terre est remplie de son amour.

Dieu veille sur ceux qui le craignent,
qui mettent leur espoir en son amour,
pour les délivrer de la mort,
les garder en vie aux jours de famine.

Nous attendons notre vie du Seigneur :
il est pour nous un appui, un bouclier.
Que ton amour, Seigneur, soit sur nous,
comme notre espoir est en toi.

DEUXIÈME LECTURE 2 Tm 1, 8-10

La puissance de l'Esprit *L'Esprit que Dieu nous a donné n'est pas un esprit de peur, mais l'Esprit de force pour annoncer cette Bonne Nouvelle : Jésus Christ a détruit la mort.*

Lecture de la seconde lettre de saint Paul Apôtre à Timothée

Fils bien-aimé, avec la force de Dieu, prends ta part de souffrance pour l'annonce de l'Évangile. Car Dieu nous a sauvés, et il nous a donné une vocation sainte, non pas à cause de nos propres actes, mais à cause de son projet à lui et de sa grâce. Cette grâce nous avait été donnée dans le Christ Jésus avant tous les siècles, et maintenant elle est devenue visible à nos yeux. Car notre Sauveur, le Christ Jésus, s'est manifesté en détruisant la mort, et en faisant resplendir la vie et l'immortalité par l'annonce de l'Évangile.

ÉVANGILE Mt 17, 1-9

Une lumière sur la montagne *Telle une lumière qui nous viendrait d'au-delà de Pâques, la Transfiguration nous indique déjà quel est le terme de la marche du Carême : après l'épreuve et la Passion, la clarté de la Résurrection.*

Gloire au Christ, Parole éternelle du Dieu vivant. Gloire à toi, Seigneur. Du sein de la nuée resplendissante, la voix du Père a retenti : « Voici mon Fils, mon bien-aimé, écoutez-le ! » **Gloire au Christ, Parole éternelle du Dieu vivant. Gloire à toi, Seigneur.**

Évangile de Jésus Christ selon saint Matthieu

Jésus prend avec lui Pierre, Jacques et Jean son frère, et il les emmène à l'écart, sur une haute montagne. Il fut transfiguré devant eux ; son visage devint brillant comme le soleil, et ses vêtements, blancs comme la lumière. Voici que leur apparurent Moïse et Élie, qui s'entretenaient avec lui. Pierre alors prit la parole et dit à Jésus : « Seigneur, il est heureux que nous soyons ici ! Si tu le veux, je vais dresser ici trois tentes, une pour toi, une pour Moïse et une pour Élie. » Il parlait encore, lorsqu'une nuée lumineuse les couvrit de son ombre ; et, de la nuée, une voix disait : « Celui-ci est mon Fils bien-aimé, en qui j'ai mis tout mon amour ; écoutez-le ! » Entendant cela, les disciples tombèrent la face contre

terre et furent saisis d'une grande frayeur. Jésus s'approcha, les toucha et leur dit : « Relevez-vous et n'ayez pas peur ! » Levant les yeux, ils ne virent plus que lui, Jésus seul.
En descendant de la montagne, Jésus leur donna cet ordre : « Ne parlez de cette vision à personne, avant que le Fils de l'homme soit ressuscité d'entre les morts. »

PRIÈRE SUR LES OFFRANDES

Que cette offrande, Seigneur, nous purifie de nos péchés : qu'elle sanctifie le corps et l'esprit de tes fidèles, et les prépare à célébrer les fêtes pascales. Par Jésus.

PRÉFACE

Vraiment, il est juste et bon de te rendre gloire, de t'offrir notre action de grâce, toujours et en tout lieu, à toi, Père très saint, Dieu éternel et tout-puissant, par le Christ, notre Seigneur.
Après avoir prédit sa mort à ses disciples, il les mena sur la montagne sainte ; en présence de Moïse et du prophète Élie, il leur a manifesté sa splendeur : il nous révélait ainsi que sa passion le conduirait à la gloire de la résurrection.
C'est pourquoi, avec les anges dans le ciel, nous pouvons te bénir sur la terre et t'adorer en (disant) chantant : **Saint !...**

PRIÈRE APRÈS LA COMMUNION

Pour avoir communié, Seigneur, aux mystères de ta gloire, nous voulons te remercier, toi qui nous donnes déjà, en cette vie, d'avoir part aux biens de ton Royaume. Par Jésus.

Di 3	**Deuxième dimanche de Carême.** *Liturgie des heures : Psautier semaine II.*
Lu 4	St Casimir, prince de Lituanie, † 1484.
Je 7	Stes Perpétue et Félicité, martyres, † 203 à Carthage.
Ve 8	St Jean de Dieu, fondateur des Frères hospitaliers, † 1550 à Grenade.

Sa 9 Ste Françoise Romaine, mère de famille puis religieuse, † 1440 à Rome.

Les 5 et 6, fête juive de Pourim, rappelant le succès d'Esther, épouse juive du roi Assuérus. En déjouant le complot du grand vizir, elle évita le tirage au « sort » et l'exécution d'un grand nombre de Juifs de Perse (vers 480-470 avant notre ère).
Nous lisons la prière d'Esther le jeudi de la première semaine de Carême.

Bonne fête !

Le 3, Guénolé ; le 4, Casimir ; le 5, Olivia, Olive ; le 6, Colette ; le 7, Félicie ; le 9, Françoise, France, Francine.

Écoutez-le !

« Que personne ne craigne de souffrir pour la justice, ni ne mette en doute la récompense promise ; car c'est par le labeur qu'on parvient au repos, par la mort qu'on parvient à la vie. Puisque le Christ a accepté toute la faiblesse de notre pauvreté, si nous persévérons à le confesser et à l'aimer nous sommes vainqueurs de ce qu'il a vaincu et nous recevons ce qu'il a promis. Qu'il s'agisse de pratiquer les commandements ou de supporter l'adversité, la voix du Père que nous avons entendue tout à l'heure doit retentir sans cesse à nos oreilles : “Celui-ci est mon Fils bien-aimé, en qui j'ai mis tout mon amour ; écoutez-le !” (Mt 17,5). »

Saint Léon le Grand.
Les Pères de l'Église commentent l'Évangile, Brepols.

Initiation et rites de passage

Dans de nombreuses religions, il existe des rites d'initiation. Les grands actes de la vie, la naissance ou le mariage, par exemple, marquent des changements de statut dans la société et donc dans la société religieuse : la personne reçoit une nouvelle place, devient autre que celle qu'elle était. Ce changement est matérialisé par des rites appelés *rites de passage*.

Le christianisme pratique lui aussi de telles initiations et le dialogue interreligieux peut mieux nous faire prendre conscience des rites de passage qui jalonnent notre existence chrétienne, en particulier pour les sacrements de l'Initiation chrétienne. Celle-ci comporte la période du catéchuménat. Celui-ci rassemble ceux qui ont commencé à se convertir au Christ et les prépare à entrer dans le peuple chrétien par la célébration du Baptême, de la Confirmation et de l'Eucharistie. Ces rites de passage s'enracinent avant tout dans le grand passage vécu par le Christ lors de sa Pâque. Le chrétien est baptisé dans la mort et la résurrection du Seigneur.

Mais si le christianisme emprunte aux autres initiations, il s'en différencie sur des points essentiels. Le plus important est le statut même de la personne initiée. Dans les initiations traditionnelles, le statut de l'initié est un acquis, tandis que dans le christianisme il est un appel à être : le nouveau chrétien est appelé à devenir chrétien, comme saint Augustin l'exprimait au nouveau baptisé : *Deviens ce que tu es*. Celui qui initie est lui aussi changé dans sa vie de chrétien : des catéchistes témoignent avoir été transformés par les enfants qu'ils accompagnaient.

En fait, celui qui initie véritablement, c'est Dieu lui-même, et il est à l'origine de la liberté de ses enfants au lieu de les enfermer dans une série de codes. Ce que nous serons se révélera définitivement lors de la Pâque ultime où Dieu viendra *faire toute chose nouvelle* (Ap 21,5).

M.D.

10 mars 1996

Troisième dimanche de Carême

L'eau vive Du désert où Dieu donne à boire à son peuple *(première lecture)* jusqu'au puits de la Samaritaine à laquelle Jésus propose l'eau vive *(évangile)*, c'est le même amour de Dieu qui se manifeste, cet amour que l'Esprit Saint a répandu dans nos cœurs *(deuxième lecture)*. Comme il attendait la Samaritaine au bord du puits, ainsi Jésus nous attend en toute eucharistie pour nous faire don de son Esprit.

Chanter

G 177*bis* Source d'eau vive *est largement inspiré de l'évangile de ce jour et conviendrait bien à l'ouverture. Mais* G 184 En quels pays de solitude*, avec son troisième couplet, reste un chant privilégié (il pourrait être choisi comme chant de méditation sur la Parole).*
Pour la préparation pénitentielle : MNA 33.11 *(texte ci-dessous).*
A la communion L 47 Source nouvelle*, ou* E 83 Viens, Seigneur, étancher notre soif*, ou encore* D 308 Pour que nos cœurs*, à cause de l'évocation du puits de tendresse au deuxième couplet.*

Prier

POUR LA PRÉPARATION PÉNITENTIELLE (MNA 33.11)
Jésus, ami des hommes, assailli par la tentation, tu nous apprends l'obéissance dans l'amour, **Écoute-nous et sauve-nous.**

Jésus, Fils de Dieu, transfiguré sur la montagne, tu nous révèles que la croix est le chemin de la vie.

Jésus, don de Dieu, source vive, tu apaises notre soif de la vie véritable.

POUR CE DIMANCHE

Dieu qui donnes et pardonnes, en Jésus tu veux révéler à tout homme le don que tu fais à l'humanité ; ouvre nos cœurs à sa présence, et que notre soif de vie trouve en lui l'unique source capable de nous combler, dès maintenant et pour les siècles des siècles.

POUR LA PRIÈRE UNIVERSELLE

Nous prions :

– pour les exilés, les réfugiés et ceux dont la vie est un exode qui n'en finit pas ;

– pour ceux qui connaissent chaque jour l'épreuve de la faim ;

– pour ceux qui cherchent la source d'eau vive ;

– pour nous-mêmes en marche vers Pâques.

Célébrer

La forme la plus appropriée de préparation pénitentielle est sans doute aujourd'hui l'aspersion de l'assemblée ; pendant ce temps on pourrait chanter I 269 Par le baptême de renaissance.

Si, comme les dimanches précédents, on veut mettre en avant les lieux évoqués par les lectures, c'est sur le puits de la Samaritaine qu'il faut attirer l'attention. Dans la prédication le lien pourrait être fait avec le baptistère, qu'on mettrait en valeur à cette occasion, par exemple par un éclairage approprié.

Il serait bon que la lecture de l'évangile, qui évoque le don de l'eau vive, soit suivie d'un don concret fait aux enfants qui se préparent à la confirmation (on pourrait leur remettre un Nouveau Testament, livre de vie).

Messe du 3e dimanche de Carême

PRIÈRE D'OUVERTURE

Tu es la source de toute bonté, Seigneur, et toute miséricorde vient de toi ; tu nous as dit comment guérir du péché par le jeûne, la prière et le partage ; écoute l'aveu de notre faiblesse : nous avons conscience de nos fautes ; patiemment, relève-nous avec amour. Par Jésus Christ.

PREMIÈRE LECTURE Ex 17, 3-7

Le Seigneur est au milieu de nous *Dieu n'abandonne pas son peuple. Il lui assure ce dont il a besoin. Il a donné à boire aux Hébreux dans le désert ; aujourd'hui il donne l'Esprit à ceux qui le prient.*

Lecture du livre de l'Exode

Les fils d'Israël campaient dans le désert à Rephidim, et le peuple avait soif. Ils récriminèrent contre Moïse : « Pourquoi nous as-tu fait monter d'Égypte ? Était-ce pour nous faire mourir de soif avec nos fils et nos troupeaux ? » Moïse cria vers le Seigneur : « Que vais-je faire de ce peuple ? Encore un peu, et ils me lapideront ! » Le Seigneur dit à Moïse : « Passe devant eux, emmène avec toi plusieurs des anciens d'Israël, prends le bâton avec lequel tu as frappé le Nil, et va ! Moi, je serai là, devant toi, sur le rocher du mont Horeb. Tu frapperas le rocher, il en sortira de l'eau, et le peuple boira ! » Et Moïse fit ainsi sous les yeux des anciens d'Israël.

Il donna à ce lieu le nom de Massa (c'est-à-dire : « Défi ») et Mériba (c'est-à-dire : « Accusation »), parce que les fils d'Israël avaient accusé le Seigneur, et parce qu'ils l'avaient mis au défi, en disant : « Le Seigneur est-il vraiment au milieu de nous, ou bien n'y est-il pas ? »

PSAUME Ps 94

• **Aujourd'hui, ne fermons pas notre cœur,**
mais écoutons la voix du Seigneur !

• **Le Seigneur est vraiment au milieu de nous.**

Venez, crions de joie pour le Seigneur,
acclamons notre Rocher, notre salut !

Allons jusqu'à lui en rendant grâce,
par nos hymnes de fête, acclamons-le !

Entrez, inclinez-vous, prosternez-vous,
adorons le Seigneur qui nous a faits.
Oui, il est notre Dieu ;
nous sommes le peuple qu'il conduit.

Aujourd'hui écouterez-vous sa parole ?
« Ne fermez pas votre cœur comme au désert,
où vos pères m'ont tenté et provoqué,
et pourtant ils avaient vu mon exploit. »

DEUXIÈME LECTURE Rm 5, 1…8

L'amour répandu dans nos cœurs *Saint Paul nous ramène à la source de tout amour : au don de l'Esprit Saint qui illumine notre cœur.*

Lecture de la lettre de saint Paul Apôtre aux Romains

Frères, Dieu a fait de nous des justes par la foi ; nous sommes ainsi en paix avec Dieu par notre Seigneur Jésus Christ, qui nous a donné, par la foi, l'accès au monde de la grâce dans lequel nous sommes établis ; et notre orgueil à nous, c'est d'espérer avoir part à la gloire de Dieu. Et l'espérance ne trompe pas, puisque l'amour de Dieu a été répandu dans nos cœurs par l'Esprit Saint qui nous a été donné.
Alors que nous n'étions encore capables de rien, le Christ, au temps fixé par Dieu, est mort pour les coupables que nous étions. – Accepter de mourir pour un homme juste, c'est déjà difficile ; peut-être donnerait-on sa vie pour un homme de bien. – Or, la preuve que Dieu nous aime, c'est que le Christ est mort pour nous, alors que nous étions encore pécheurs.

ÉVANGILE Jn 4, 5-42

L'eau et l'Esprit *A la Samaritaine – et à nous tous – Jésus annonce ce qu'est le culte en esprit et vérité : le don* *de l'Esprit est fait à tous les croyants pour qu'ils glorifient Dieu et le servent.*

Gloire au Christ, Sagesse éternelle du Dieu vivant. Gloire à toi, Seigneur. Le Sauveur du monde, Seigneur, c'est toi ! Donne-nous de l'eau vive, et nous n'aurons plus soif. **Gloire au Christ, Sagesse éternelle du Dieu vivant. Gloire à toi, Seigneur.**

La lecture des textes entre crochets est facultative.

Évangile de Jésus Christ selon saint Jean

Jésus arrivait à une ville de Samarie appelée Sykar, près du terrain que Jacob avait donné à son fils Joseph, et où se trouve le puits de Jacob. Jésus, fatigué par la route, s'était assis là, au bord du puits. Il était environ midi. Arrive une femme de Samarie, qui venait puiser de l'eau. Jésus lui dit : « Donne-moi à boire. » (En effet, ses disciples étaient partis à la ville pour acheter de quoi manger.) La Samaritaine lui dit : « Comment ! Toi qui es juif, tu me demandes à boire, à moi, une Samaritaine ? » (En effet, les Juifs ne veulent rien avoir en commun avec les Samaritains.) Jésus lui répondit : « Si tu savais le don de Dieu, si tu connaissais celui qui te dit : "Donne-moi à boire", c'est toi qui lui aurais demandé, et il t'aurait donné de l'eau vive. » Elle lui dit : « Seigneur, tu n'as rien pour puiser, et le puits est profond ; avec quoi prendrais-tu l'eau vive ? Serais-tu plus grand que notre père Jacob qui nous a donné ce puits, et qui en a bu lui-même, avec ses fils et ses bêtes ? » Jésus lui répondit : « Tout homme qui boit de cette eau aura encore soif ; mais celui qui boira de l'eau que moi je lui donnerai n'aura plus jamais soif ; et l'eau que je lui donnerai deviendra en lui source jaillissante pour la vie éternelle. » La femme lui dit : « Seigneur, donne-la-moi, cette eau : que je n'aie plus soif, et que je n'aie plus à venir ici pour puiser. » [Jésus lui dit : « Va, appelle ton mari, et reviens. » La femme répliqua : « Je n'ai pas de mari. » Jésus reprit : « Tu as raison de dire que tu n'as pas de mari, car tu en as eu cinq, et celui que tu as

maintenant n'est pas ton mari : là, tu dis vrai. » La femme lui dit : « Seigneur, je le vois, tu es un prophète. Alors,] explique-moi : nos pères ont adoré Dieu sur la montagne qui est là, et vous, les Juifs, vous dites que le lieu où il faut l'adorer est à Jérusalem. » Jésus lui dit : « Femme, crois-moi : l'heure vient où vous n'irez plus ni sur cette montagne ni à Jérusalem pour adorer le Père. Vous adorez ce que vous ne connaissez pas ; nous adorons, nous, celui que nous connaissons, car le salut vient des Juifs. Mais l'heure vient – et c'est maintenant – où les vrais adorateurs adoreront le Père en esprit et vérité : tels sont les adorateurs que recherche le Père. Dieu est esprit, et ceux qui l'adorent, c'est en esprit et vérité qu'ils doivent l'adorer. » La femme lui dit : « Je sais qu'il vient, le Messie, celui qu'on appelle Christ. Quand il viendra, c'est lui qui nous fera connaître toutes choses. » Jésus lui dit : « Moi qui te parle, je le suis. » [Là-dessus, ses disciples arrivèrent ; ils étaient surpris de le voir parler avec une femme. Pourtant, aucun ne lui dit : « Que demandes-tu ? » ou : « Pourquoi parles-tu avec elle ? » La femme, laissant là sa cruche, revint à la ville et dit aux gens : « Venez voir un homme qui m'a dit tout ce que j'ai fait. Ne serait-il pas le Messie ? » Ils sortirent de la ville, et ils se dirigeaient vers Jésus.
Pendant ce temps, les disciples l'appelaient : « Rabbi, viens manger. » Mais il répondit : « Pour moi, j'ai de quoi manger ; c'est une nourriture que vous ne connaissez pas. » Les disciples se demandaient : « Quelqu'un lui aurait-il apporté à manger ? » Jésus leur dit : « Ma nourriture, c'est de faire la volonté de celui qui m'a envoyé et d'accomplir son œuvre. Ne dites-vous pas : "Encore quatre mois et ce sera la moisson" ? Et moi je vous dis : Levez les yeux et regardez les champs qui se dorent pour la moisson. Dès maintenant, le moissonneur reçoit son salaire : il récolte du fruit pour la vie éternelle, si bien que le semeur se réjouit avec le moissonneur. Il est bien vrai, le proverbe : L'un sème, l'autre moissonne. Je vous ai envoyés moissonner là

où vous n'avez pas pris de peine ; d'autres ont pris de la peine, et vous, vous profitez de leurs travaux. »]
Beaucoup de Samaritains de cette ville crurent en Jésus, [à cause des paroles de la femme qui avait rendu ce témoignage : « Il m'a dit tout ce que j'ai fait. »] Lorsqu'ils arrivèrent auprès de lui, ils l'invitèrent à demeurer chez eux. Il y resta deux jours. Ils furent encore beaucoup plus nombreux à croire à cause de ses propres paroles, et ils disaient à la femme : « Ce n'est plus à cause de ce que tu nous as dit que nous croyons maintenant ; nous l'avons entendu par nous-mêmes, et nous savons que c'est vraiment lui le Sauveur du monde. »

PRIÈRE SUR LES OFFRANDES

Que cette eucharistie nous obtienne, Seigneur, à nous qui implorons ton pardon, la grâce de savoir pardonner à nos frères. Par Jésus.

PRÉFACE

Vraiment, il est juste et bon de te rendre gloire, de t'offrir notre action de grâce, toujours et en tout lieu, à toi, Père très saint, Dieu éternel et tout-puissant, par le Christ, notre Seigneur. En demandant à la Samaritaine de lui donner à boire, Jésus faisait à cette femme le don de la foi. Il avait un si grand désir d'éveiller la foi dans son cœur, qu'il fit naître en elle l'amour même de Dieu. Voilà pourquoi le ciel et la terre t'adorent ; ils te chantent leur hymne toujours nouvelle, et nous-mêmes, unissant notre voix à celle des anges, nous t'acclamons ! **Saint !...**

PRIÈRE APRÈS LA COMMUNION

Nous avons reçu de toi, Seigneur, un avant-goût du ciel en mangeant dès ici-bas le pain du Royaume, et nous te supplions encore : fais-nous manifester par toute notre vie ce que le sacrement vient d'accomplir en nous. Par Jésus.

Di 10 **Troisième dimanche de Carême.**
Liturgie des heures : Psautier semaine III.

Bonne fête !

Le 10, Viviane; le 11, Rosine; le 12, Justine, Pol; le 13, Rodrigue; le 14, Mathilde, Maud; le 15, Louise; le 16, Bénédicte.

Jésus, fatigué

«"Fatigué par la route, Jésus s'était assis au bord du puits. C'était environ la sixième heure." Déjà commencent les mystères. Car ce n'est pas sans raison que Jésus est fatigué ; ce n'est pas sans raison qu'est fatiguée la Force de Dieu ; ce n'est pas sans raison qu'est fatigué celui qui refait les forces des fatigués ; ce n'est pas sans raison qu'est fatigué celui dont l'abandon cause nos fatigues, dont la présence nous réconforte. Jésus est donc fatigué, et il est fatigué par la route ; il s'assied, et il s'assied au bord du puits, et c'est à la sixième heure qu'il s'assied, fatigué. Tous ces détails signifient quelque chose, ils veulent indiquer quelque chose ; ils nous rendent attentifs, ils nous exhortent à frapper. Qu'il nous ouvre donc lui-même, et à vous comme à nous, celui qui a daigné nous exhorter en disant : Frappez et l'on vous ouvrira. »

Saint Augustin, *Traité sur saint Jean.*

17 mars 1996

Quatrième dimanche de Carême

Il nous ouvre les yeux Illuminés par le Christ, nous sommes appelés à rayonner et à éclairer ceux qui cherchent à tâtons la vérité et la vie. Telle est notre mission de baptisés. Dans le combat de chaque jour nous avons à rester fidèles à ce que nous sommes devenus par la grâce de Dieu, notre Père.

Chanter

Outre G 184 En quels pays de solitude, *avec son quatrième couplet, on peut suggérer* G 79 Ouvre mes yeux *et* G 128 Lumière des hommes, *ou encore le tropaire* G 242 Je n'ai jamais vu ton visage.
I 89 Sainte Lumière *convient bien pour acclamer l'Évangile.*
Après la Parole : Tu es la vraie lumière (MNA 35.62).
A la communion, par exemple : E 61 Lumière pour l'homme *ou* Partageons le pain du Seigneur (MNA 85.18) *avec son troisième couplet.*

Prier

POUR LA PRÉPARATION PÉNITENTIELLE
Seigneur Jésus, Lumière qui vient dans le monde, **prends pitié de nous.**

Ô Christ, Envoyé du Père en ce monde, **prends pitié de nous**.

Seigneur, Fils de l'Homme venu nous sauver, **prends pitié de nous**.

POUR CE DIMANCHE
Dieu notre Père, tu offres aux hommes la lumière dont ils ont besoin pour diriger leurs pas : fais pénétrer au plus profond de leur esprit cette autre lumière, ton Fils Jésus. Avec lui nous marcherons jusqu'à toi, et nous découvrirons ton visage pour les siècles des siècles.

POUR LA PRIÈRE UNIVERSELLE

Nous prions :

– pour l'Église de Jésus Christ : qu'elle ait à cœur de porter au monde la lumière de Dieu ;

– pour tous les baptisés : que leur vie soit un vivant témoignage rendu à l'Évangile ;

– pour les enfants qui naissent dans des camps de réfugiés : puissent-ils grandir dans la liberté et trouver le bonheur d'un chez-soi.

Célébrer

L'évangile du jour étant fort long, on pourrait être tenté de s'en tenir à la lecture brève. Mais il est possible d'éviter l'impression de longueur en faisant intervenir deux ou plusieurs lecteurs.

Messe du 4e dimanche de Carême

PRIÈRE D'OUVERTURE

Dieu qui as réconcilié avec toi toute l'humanité en lui donnant ton propre Fils, augmente la foi du peuple chrétien pour qu'il se hâte avec amour au-devant des fêtes pascales qui approchent. Par Jésus Christ.

PREMIÈRE LECTURE 1 S 16, 1…13

Le Seigneur regarde le cœur *« Ce qu'il y a de faible dans le monde, voilà ce que Dieu a choisi pour couvrir de confusion ce qui est fort » (1 Co 1,27).*

Lecture du premier livre de Samuel

Le Seigneur dit à Samuel : « J'ai rejeté Saül. Il ne régnera plus sur Israël. Je t'envoie chez Jessé de Bethléem, car j'ai découvert un roi parmi ses fils. Prends une corne que tu rempliras d'huile, et pars ! » En arrivant, Samuel aperçut Éliab, un des fils de Jessé, et il se dit : « Sûrement, c'est celui que le Seigneur a en vue pour lui donner l'onction ! » Mais le Seigneur dit à Samuel : « Ne considère pas son apparence ni sa haute taille, car je l'ai écarté. Dieu ne regarde pas comme les hommes, car les hommes regardent l'apparence, mais le Seigneur regarde le cœur. » Jessé présenta ainsi à Samuel ses sept fils, et Samuel lui dit : « Le Seigneur n'a choisi aucun de ceux-là. N'as-tu pas d'autres garçons ? » Jessé répondit : « Il reste encore le plus jeune, il est en train de garder le troupeau. » Alors Samuel dit à Jessé : « Envoie-le chercher : nous ne nous mettrons pas à table tant qu'il ne sera pas arrivé. » Jessé l'envoya chercher : le garçon était roux, il avait de beaux yeux, il était beau. Le Seigneur dit alors : « C'est lui ! donne-lui l'onction. » Samuel prit la corne pleine d'huile et lui donna l'onction au milieu de ses frères. L'Esprit du Seigneur s'empara de David à partir de ce jour-là.

PSAUME Ps 22

• **Le Seigneur est mon berger :**
rien ne saurait me manquer.

• **Le Seigneur a regardé son serviteur :**
il l'a choisi selon son cœur.

Le Seigneur est mon berger :
je ne manque de rien.
Sur des prés d'herbe fraîche,
il me fait reposer.

Il me mène vers les eaux tranquilles
et me fait revivre ;
il me conduit par le juste chemin
pour l'honneur de son nom.

Si je traverse les ravins de la mort,
je ne crains aucun mal,
car tu es avec moi,
ton bâton me guide et me rassure.

Tu prépares la table pour moi
devant mes ennemis ;

tu répands le parfum sur ma tête,
ma coupe est débordante.

Grâce et bonheur m'accompagnent
tous les jours de ma vie ;
j'habiterai la maison du Seigneur
pour la durée de mes jours.

DEUXIÈME LECTURE Ep 5, 8-14

Vivre en enfants de lumière *Comme les chrétiens d'Éphèse nous sommes appelés à devenir chaque jour davantage ce que nous sommes par la grâce de Dieu.*

Lecture de la lettre de saint Paul Apôtre aux Éphésiens

Frères, autrefois, vous n'étiez que ténèbres ; maintenant, dans le Seigneur, vous êtes devenus lumière ; vivez comme des fils de la lumière, – or la lumière produit tout ce qui est bonté, justice et vérité – et sachez reconnaître ce qui est capable de plaire au Seigneur. Ne prenez aucune part aux activités des ténèbres, elles ne produisent rien de bon ; démasquez-les plutôt. Ce que ces gens-là font en cachette, on a honte d'en parler. Mais quand ces choses-là sont démasquées, leur réalité apparaît grâce à la lumière, et tout ce qui apparaît ainsi devient lumière. C'est pourquoi l'on chante : « Réveille-toi, ô toi qui dors, relève-toi d'entre les morts, et le Christ t'illuminera. »

ÉVANGILE Jn 9, 1-41

De l'aveuglement à la foi *Dans ce récit de guérison, l'aveugle aussi bien que les pharisiens représentent plus qu'eux-mêmes : l'aveugle est plongé dans les ténèbres tant qu'il est laissé à lui-même ; il devient voyant en se laissant illuminer par le Christ. Quant aux pharisiens, ils représentent ceux qui s'obstinent à rester dans les ténèbres en refusant de reconnaître en Jésus l'Envoyé de Dieu. La foi est adhésion radicale à Celui qui est la Lumière du monde.*

Gloire et louange à toi, Seigneur Jésus. Lumière du monde, Jésus Christ, celui qui marche à ta suite aura la lumière de la vie. **Gloire et louange à toi, Seigneur Jésus.**

La lecture des textes entre crochets est facultative.

Évangile de Jésus Christ selon saint Jean

En sortant du Temple, Jésus vit sur son passage un homme qui était aveugle de naissance.
[Ses disciples l'interrogèrent : « Rabbi, pourquoi cet homme est-il né aveugle ? Est-ce lui qui a péché, ou bien ses parents ? » Jésus répondit : « Ni lui, ni ses parents. Mais l'action de Dieu devait se manifester en lui. Il nous faut réaliser l'action de celui qui m'a envoyé, pendant qu'il fait encore jour ; déjà la nuit approche, et personne ne pourra plus agir. Tant que je suis dans le monde, je suis la lumière du monde. » Cela dit,] il cracha sur le sol et avec la salive il fit de la boue qu'il appliqua sur les yeux de l'aveugle, et il lui dit : « Va te laver à la piscine de Siloé » (ce nom signifie « Envoyé »). L'aveugle y alla donc, et il se lava ; quand il revint, il voyait.
Ses voisins, et ceux qui étaient habitués à le rencontrer – car il était mendiant – dirent alors : « N'est-ce pas celui qui se tenait là pour mendier ? » Les uns disaient : « C'est lui. » Les autres disaient : « Pas du tout, c'est quelqu'un qui lui ressemble. » Mais lui affirmait : « C'est bien moi. »
[Et on lui demandait : « Alors comment tes yeux se sont-ils ouverts ? » Il répondit : « L'homme qu'on appelle Jésus a fait de la boue, il m'en a frotté les yeux et il m'a dit : "Va te laver à la piscine de Siloé." J'y suis donc allé et je me suis lavé ; alors, j'ai vu. » Ils lui dirent : « Et lui, où est-il ? » Il répondit : « Je ne sais pas. »]
On amène aux pharisiens cet homme qui avait été aveugle. Or, c'était un jour de sabbat que Jésus avait fait de la boue et lui avait ouvert les yeux. A leur tour, les pharisiens lui demandèrent : « Comment se fait-il que tu voies ? » Il leur répondit : « Il m'a mis de la boue sur les yeux, je me suis lavé, et maintenant je vois. » Certains pharisiens disaient :

« Celui-là ne vient pas de Dieu, puisqu'il n'observe pas le repos du sabbat. » D'autres répliquaient : « Comment un homme pécheur pourrait-il accomplir des signes pareils ? » Ainsi donc ils étaient divisés. Alors ils s'adressent de nouveau à l'aveugle : « Et toi, que dis-tu de lui, puisqu'il t'a ouvert les yeux ? » Il dit : « C'est un prophète. »
[Les Juifs ne voulaient pas croire que cet homme, qui maintenant voyait, avait été aveugle. C'est pourquoi ils convoquèrent ses parents et leur demandèrent : « Cet homme est bien votre fils, et vous dites qu'il est né aveugle ? Comment se fait-il qu'il voie maintenant ? » Les parents répondirent : « Nous savons que c'est bien notre fils et qu'il est né aveugle. Mais comment il peut voir à présent, nous ne le savons pas ; et qui lui a ouvert les yeux, nous ne le savons pas non plus. Interrogez-le, il est assez grand pour s'expliquer. » Ses parents parlaient ainsi parce qu'ils avaient peur des Juifs. En effet les Juifs s'étaient déjà mis d'accord pour exclure de la synagogue tous ceux qui déclareraient que Jésus est le Messie. Voilà pourquoi les parents avaient dit : « Il est assez grand, interrogez-le ! »
Pour la seconde fois, les pharisiens convoquèrent l'homme qui avait été aveugle, et ils lui dirent : « Rends gloire à Dieu ! Nous savons, nous, que cet homme est un pécheur. » Il répondit : « Est-ce un pécheur ? Je n'en sais rien ; mais il y a une chose que je sais : j'étais aveugle, et maintenant je vois. » Ils lui dirent alors : « Comment a-t-il fait pour t'ouvrir les yeux ? » Il leur répondit : « Je vous l'ai déjà dit, et vous n'avez pas écouté. Pourquoi voulez-vous m'entendre encore une fois ? Serait-ce que vous aussi vous voulez devenir ses disciples ? » Ils se mirent à l'injurier : « C'est toi qui es son disciple ; nous, c'est de Moïse que nous sommes les disciples. Moïse, nous savons que Dieu lui a parlé ; quant à celui-là, nous ne savons pas d'où il est. » L'homme leur répondit : « Voilà bien ce qui est étonnant ! Vous ne savez pas d'où il est, et pourtant il m'a ouvert les yeux. Comme chacun sait, Dieu n'exauce pas les pécheurs, mais si quelqu'un l'honore et fait sa volonté, il l'exauce. Jamais encore

on n'avait entendu dire qu'un homme ait ouvert les yeux à un aveugle de naissance. Si cet homme-là ne venait pas de Dieu, il ne pourrait rien faire. »]
Ils répliquèrent : « Tu es tout entier plongé dans le péché depuis ta naissance, et tu nous fais la leçon ? » Et ils le jetèrent dehors.
Jésus apprit qu'ils l'avaient expulsé. Alors il vint le trouver et lui dit : « Crois-tu au Fils de l'homme ? » Il répondit : « Et qui est-il, Seigneur, pour que je croie en lui ? » Jésus lui dit : « Tu le vois, et c'est lui qui te parle. » Il dit : « Je crois, Seigneur », et il se prosterna devant lui.
[Jésus dit alors : « Je suis venu en ce monde pour une remise en question : pour que ceux qui ne voient pas puissent voir, et que ceux qui voient deviennent aveugles. » Des pharisiens qui se trouvaient avec lui entendirent ces paroles et lui dirent : « Serions-nous des aveugles, nous aussi ? » Jésus leur répondit : « Si vous étiez des aveugles, vous n'auriez pas de péché ; mais du moment que vous dites : "Nous voyons !" votre péché demeure. »]

PRIÈRE SUR LES OFFRANDES

Seigneur, nous te présentons dans la joie le sacrifice qui sauve notre vie et nous te prions humblement : accorde-nous de le célébrer avec respect et de savoir l'offrir pour le salut du monde. Par Jésus.

PRÉFACE

Vraiment, il est juste et bon de te rendre gloire, de t'offrir notre action de grâce, toujours et en tout lieu, à toi, Père très saint, Dieu éternel et tout-puissant, par le Christ, notre Seigneur. En prenant la condition humaine, il a guidé vers la lumière de la foi l'humanité qui s'en allait dans les ténèbres ; et par le bain qui fait renaître, il a donné aux hommes, nés dans le péché, de devenir vraiment fils de Dieu.
Voilà pourquoi le ciel et la terre t'adorent ; ils te chantent leur hymne toujours nouvelle, et nous-mêmes, unissant notre voix à celle des anges, nous t'acclamons : **Saint !...**

PRIÈRE APRÈS LA COMMUNION

Dieu qui éclaires tout homme venant dans ce monde, illumine nos cœurs par la clarté de ta grâce : afin que toutes nos pensées soient dignes de toi, et notre amour de plus en plus sincère. Par Jésus.

Di 17	**Quatrième dimanche de Carême.** *Liturgie des heures : Psautier semaine IV.* [St Patrice, évêque, apôtre de l'Irlande, † 461.]
Lu 18	St Cyrille, évêque de Jérusalem, docteur de l'Église, † 386.
Ma 19	**St JOSEPH :** 2 S 7,4...16; Rm 4,13...22; Mt 1,16...24 ou Lc 2,41-51.
Sa 23	St Turibio de Mogrovejo, évêque de Lima, † 1606.

Bonne fête !

Le 17, Patrick, Patrice, Patricia ; le 18, Salvatore, Cyrille ; le 19, Joseph, José, Josette, Josiane ; le 20, Herbert ; le 21, Clémence, Axel ; le 22, Lila, Léa ; le 23, Victoria, Rébecca.

Refléter la bonté de Dieu

« A la différence du soleil qui rayonne sans nous et par-dessus nos têtes, Dieu a voulu que sa bonté passe par le cœur des hommes. C'est là quelque chose de merveilleux et aussi de redoutable. Il dépend de chacun de nous, pour notre part, que les hommes éprouvent ou non la miséricorde de Dieu. Voilà pourquoi la bonté est une si grande chose. »

Eloi Leclerc.

Il y a 50 ans

Le 22 mars 1946, la Jordanie était affranchie du mandat britannique. Elle allait proclamer officiellement son indépendance le 25 mai et s'ériger en royaume.

24 mars 1996

Cinquième dimanche de Carême

Vous vivrez C'est la vie nouvelle que célèbre aujourd'hui la liturgie de la Parole : celle que seul l'Esprit de Dieu peut donner à un peuple anéanti *(première lecture)*, la vie à laquelle le Christ nous appelle après nous avoir libérés de l'emprise du péché *(deuxième lecture)*, la vie promise à quiconque croit que Jésus est, en personne, la Résurrection et la Vie *(évangile)*. Le baptême fait de nous des êtres nouveaux ; à nous de vivre en conséquence.

Chanter

G 184 En quels pays de solitude *rappelle tout le chemin parcouru depuis le début du Carême et est le plus indiqué à l'ouverture. Sinon, on pourrait prendre un des nombreux chants inspirés par la première lecture : par exemple,* G 157 Pour inventer la liberté *ou* G 244 Peuple de l'alliance *(avec son cinquième couplet). Ou encore* K 158 Dieu qui nous appelles à vivre.

Le lectionnaire prévoit aujourd'hui la psalmodie (presque) intégrale d'un psaume, ce qui n'est pas souvent le cas. Il serait bon de ne pas l'escamoter. Plutôt que le refrain Je mets mon espoir dans le Seigneur, *trop usé, on préférera une des deux antiennes proposées ici (on trouvera une mélodie pour la première dans* MNA, *p. 83).*

Après la Parole : G 228 Le grain de blé.

Comme chant de communion, on fera de préférence son choix entre D 284 Pain de Dieu, pain rompu *(qui rappelle la première lecture),* D 163 Tu es le Dieu fidèle *et la litanie* T 146 A ce monde que tu fais.

Prier

POUR LA PRÉPARATION PÉNITENTIELLE (MNA 33.11)

Jésus, ami des hommes, assailli par la tentation, tu nous apprends l'obéissance dans l'amour,
Écoute-nous et sauve-nous.

Jésus, lumière du monde, tu rends la vue aux aveugles et nous te reconnaissons Fils de Dieu.

Jésus, vainqueur de la mort, tu as tiré Lazare du tombeau et tu nous appelles tous à la résurrection.

POUR CE DIMANCHE

Dieu par qui tout existe, tu ne laisses pas mourir en nous la vie que tu nous offres. A l'appel de ton Fils, fais-nous sortir des tombeaux où nous enferme le péché : rends-nous à ta lumière éclatante, Dieu vivant pour les siècles des siècles.

POUR LA PRIÈRE UNIVERSELLE

Nous prions aujourd'hui :

– pour les déportés, les exilés, ceux qui n'ont pas de foyer ;

Regarde notre misère, éclaire nos chemins ! (Y 50)

– pour ceux et celles qui accompagnent les mourants et les soignent ;

– pour les membres de notre communauté qui viennent de perdre un être cher.

Célébrer

L'homélie peut-elle faire l'économie d'une mise au point sur la réincarnation, doctrine qui séduit tant de chrétiens aujourd'hui ?

Pour préparer la liturgie de ce jour, un dossier est édité tous les ans par le CCFD: Comité Catholique contre la Faim et pour le Développement - 4, rue Jean-Lantier - 75001 Paris. Tél. (1) 44 82 80 00. Fax (1) 44 82 81 43.

Messe du 5e dimanche de Carême

PRIÈRE D'OUVERTURE

Que ta grâce nous obtienne, Seigneur, d'imiter avec joie la charité du Christ qui a donné sa vie par amour pour le monde. Lui qui règne.

PREMIÈRE LECTURE Ez 37, 12-14

J'ouvrirai vos tombeaux *Le prophète Ezékiel parle au nom d'un Dieu qui veut la vie de son peuple.*

Lecture du livre d'Ézékiel

Ainsi parle le Seigneur Dieu. Je vais ouvrir vos tombeaux et je vous en ferai sortir, ô mon peuple, et je vous ramènerai sur la terre d'Israël. Vous saurez que je suis le Seigneur, quand j'ouvrirai vos tombeaux et vous en ferai sortir, ô mon peuple ! Je mettrai en vous mon esprit, et vous vivrez ; je vous installerai sur votre terre, et vous saurez que je suis le Seigneur : je l'ai dit, et je le ferai. – Parole du Seigneur.

PSAUME Ps 129

• **Auprès du Seigneur est la grâce,**
la pleine délivrance.

• **Mets en nous ton esprit, Seigneur ;**
fais-nous sortir de nos tombeaux.

Des profondeurs je crie vers toi, Seigneur,
Seigneur, écoute mon appel !
Que ton oreille se fasse attentive
au cri de ma prière !

Si tu retiens les fautes, Seigneur,
Seigneur, qui subsistera ?
Mais près de toi se trouve le pardon
pour que l'homme te craigne.

J'espère le Seigneur de toute mon âme ;
je l'espère, et j'attends sa parole.
Mon âme attend le Seigneur
plus qu'un veilleur ne guette l'aurore.

Oui, près du Seigneur, est l'amour ;
près de lui, abonde le rachat.
C'est lui qui rachètera Israël
de toutes ses fautes.

DEUXIÈME LECTURE Rm 8, 8-11

Sous l'emprise de l'Esprit *La « chair », telle que l'entend saint Paul, c'est l'homme – corps et âme – replié sur lui-même et sur son péché. L'« esprit » est une puissance de vie nouvelle que Dieu accorde au croyant. Ressuscité, Jésus nous donne son Esprit de Vie, qui nous vivifie dès aujourd'hui et un jour nous vivifiera définitivement.*

Lecture de la lettre de saint Paul Apôtre aux Romains

Frères, sous l'emprise de la chair, on ne peut pas plaire à Dieu. Or vous, vous n'êtes pas sous l'emprise de la chair, mais sous l'emprise de l'Esprit, puisque l'Esprit de Dieu habite en vous. Celui qui n'a pas l'Esprit du Christ ne lui appartient pas. Mais si le Christ est en vous, votre corps a beau être voué à la mort à cause du péché, l'Esprit est votre vie, parce que vous êtes devenus des justes. Et si l'Esprit de celui qui a ressuscité Jésus d'entre les morts habite en vous, celui qui a ressuscité Jésus d'entre les morts donnera aussi la vie à vos corps mortels par son Esprit qui habite en vous.

ÉVANGILE Jn 11, 1-45

La Résurrection et la Vie *Ce récit est tendu vers une révélation fondamentale : Jésus est la Résurrection et la Vie ; qui croit en lui, même s'il vient à mourir, aura la vie. Mais cette révélation est assortie d'une question décisive : « Crois-tu cela ? »*

Gloire à toi, Seigneur, gloire à toi. Tu es la Résurrection, tu es la Vie, Seigneur Jésus ! Celui qui croit en toi ne mourra jamais. **Gloire à toi, Seigneur, gloire à toi.**

La lecture des textes entre crochets est facultative.

Évangile de Jésus Christ selon saint Jean

[Un homme était tombé malade. C'était Lazare, de Béthanie, le village de Marie et de sa sœur Marthe. (Marie est celle qui versa du parfum sur le Seigneur et lui essuya les pieds avec ses cheveux. Lazare, le malade, était son frère.) Donc] les deux sœurs envoyèrent dire à Jésus : « Seigneur, celui que tu aimes est malade. » En apprenant cela, Jésus dit : « Cette maladie ne conduit pas à la mort, elle est pour la gloire de Dieu, afin que par elle le Fils de Dieu soit glorifié. » Jésus aimait Marthe et sa sœur, ainsi que Lazare. Quand il apprit que celui-ci était malade, il demeura pourtant deux jours à l'endroit où il se trouvait ; alors seulement il dit aux disciples : « Revenons en Judée. »
[Les disciples lui dirent : « Rabbi, tout récemment les Juifs cherchaient à te lapider, et tu retournes là-bas ? » Jésus répondit : « Ne fait-il pas jour pendant douze heures ? Celui

qui marche pendant le jour ne trébuche pas, parce qu'il voit la lumière de ce monde ; mais celui qui marche pendant la nuit trébuche, parce que la lumière n'est pas en lui. » Après ces paroles, il ajouta : « Lazare, notre ami, s'est endormi ; mais je m'en vais le tirer de ce sommeil. » Les disciples lui dirent alors : « Seigneur, s'il s'est endormi, il sera sauvé. » Car ils pensaient que Jésus voulait parler du sommeil, tandis qu'il parlait de la mort. Alors il leur dit clairement : « Lazare est mort, et je me réjouis de n'avoir pas été là, à cause de vous, pour que vous croyiez. Mais allons auprès de lui ! » Thomas, dont le nom signifie : « Jumeau », dit aux autres disciples : « Allons-y nous aussi, pour mourir avec lui ! »]

Quand Jésus arriva, il trouva Lazare au tombeau depuis quatre jours déjà. [Comme Béthanie était tout près de Jérusalem – à une demi-heure de marche environ –, beaucoup de Juifs étaient venus manifester leur sympathie à Marthe et à Marie, dans leur deuil.] Lorsque Marthe apprit l'arrivée de Jésus, elle partit à sa rencontre, tandis que Marie restait à la maison. Marthe dit à Jésus : « Seigneur, si tu avais été là, mon frère ne serait pas mort. Mais je sais que, maintenant encore, Dieu t'accordera tout ce que tu lui demanderas. » Jésus lui dit : « Ton frère ressuscitera. » Marthe reprit : « Je sais qu'il ressuscitera au dernier jour, à la résurrection. » Jésus lui dit : « Moi, je suis la Résurrection et la Vie. Celui qui croit en moi, même s'il meurt, vivra ; et tout homme qui vit et qui croit en moi ne mourra jamais. Crois-tu cela ? » Elle répondit : « Oui, Seigneur, tu es le Messie, je le crois ; tu es le Fils de Dieu, celui qui vient dans le monde. » [Ayant dit cela, elle s'en alla appeler sa sœur Marie, et lui dit tout bas : « Le maître est là, il t'appelle. » Marie, dès qu'elle l'entendit, se leva aussitôt et partit rejoindre Jésus. Il n'était pas encore entré dans le village ; il se trouvait toujours à l'endroit où Marthe l'avait rencontré. Les Juifs qui étaient à la maison avec Marie, et lui manifestaient leur sympathie, quand ils la virent se lever et sortir si vite, la suivirent, pensant qu'elle allait au tombeau pour y pleurer. Elle arriva à l'endroit où se trouvait Jésus ; dès qu'elle le vit, elle se jeta à ses pieds et lui dit : « Seigneur, si tu avais été là, mon frère ne serait pas mort. » Quand il vit qu'elle pleurait, et que les Juifs venus avec elle pleuraient aussi, Jésus fut bouleversé d'une émotion profonde.] Il demanda : « Où l'avez-vous déposé ? » Ils lui répondirent : « Viens voir, Seigneur. » Alors Jésus pleura. Les Juifs se dirent : « Voyez comme il l'aimait ! » Mais certains d'entre eux disaient : « Lui qui a ouvert les yeux de l'aveugle, ne pouvait-il pas empêcher Lazare de mourir ? » Jésus [repris par l'émotion,] arriva au tombeau. C'était une grotte fermée par une pierre. Jésus dit : « Enlevez la pierre. » Marthe, la sœur du mort, lui dit : « Mais, Seigneur, il sent déjà ; voilà quatre jours qu'il est là. » Alors Jésus dit à Marthe : « Ne te l'ai-je pas dit ? Si tu crois, tu verras la gloire de Dieu. » On enleva donc la pierre. Alors Jésus leva les yeux au ciel et dit : « Père, je te rends grâce parce que tu m'as exaucé. Je savais bien, moi, que tu m'exauces toujours, mais si j'ai parlé, c'est pour cette foule qui est autour de moi, afin qu'ils croient que tu m'as envoyé. » Après cela, il cria d'une voix forte : « Lazare, viens dehors ! » Et le mort sortit, les pieds et les mains attachés, le visage enveloppé d'un suaire. Jésus leur dit : « Déliez-le, et laissez-le aller ». Les nombreux Juifs, qui étaient venus entourer Marie et avaient donc vu ce que faisait Jésus, crurent en lui.

PRIÈRE SUR LES OFFRANDES

Exauce tes serviteurs, Dieu tout-puissant : tu les as initiés à la foi chrétienne, qu'ils soient purifiés par ce sacrifice. Par Jésus.

PRÉFACE

Vraiment, il est juste et bon de te rendre gloire, de t'offrir notre action de grâce, toujours et en tout lieu, à toi, Père très saint, Dieu éternel et tout-puissant, par le Christ, notre Seigneur.

Il est cet homme plein d'humanité qui a pleuré sur son ami Lazare ; il est Dieu, le Dieu éternel qui fit sortir le mort de son tombeau : ainsi, dans sa tendresse pour tous les hommes, il nous conduit, par les mystères de sa Pâque, jusqu'à la vie nouvelle.
C'est par lui que les anges assemblés devant toi adorent ta sainteté ; laisse donc nos voix se joindre à leur louange pour chanter et proclamer : **Saint !...**

PRIÈRE APRÈS LA COMMUNION

Accorde-nous, Dieu tout-puissant, d'être toujours comptés parmi les membres du Christ, nous qui communions à son corps et à son sang. Lui qui règne.

Di 24 **Cinquième dimanche de Carême.**
Liturgie des heures : Psautier semaine I.

En France : quête pour le Comité Catholique contre la Faim et pour le Développement.
En Belgique : quête pour Entraide et Fraternité.

Lu 25 **ANNONCIATION DU SEIGNEUR**, p. 222.

Dimanche prochain, heure d'été.

Bonne fête !

Le 25, Annuntiata ; le 26, Larissa, Lara ; le 27, Habib ; le 28, Gontran ; le 29, Gladys ; le 30, Amédée.

Lundi 25 mars 1996

Annonciation du Seigneur

« De fils, ô mon Dieu, je n'en avais pas.
Vierge que je suis, en cet humble état,
Quelle joie en fleur de moi serait née ?
Mais vous, Tout-Puissant, me l'avez donnée. »

« De chair, ô mon Dieu, Vous n'en aviez pas
Pour rompre avec eux le pain du repas.
Ta chair au printemps de moi façonnée,
Ô mon Fils, c'est moi qui te l'ai donnée. »

Marie Noël, *Berceuse de la Mère-Dieu.*

PRIÈRE D'OUVERTURE Seigneur, tu as voulu que ton Verbe prît chair dans le sein de la Vierge Marie ; puisque nous reconnaissons en lui notre Rédempteur, à la fois homme et Dieu, accorde-nous d'être participants de sa nature divine. Lui qui règne.

LECTURES

Is 7,10-14	La jeune femme enfantera
Ps 39	Que ta volonté soit faite
He 10,4-10	Je viens faire ta volonté
Lc 1,26-38	L'annonce faite à Marie

PRÉFACE Vraiment, il est juste et bon de te rendre gloire, de t'offrir notre action de grâce, toujours et en tout lieu, à toi, Père très saint, Dieu éternel et tout-puissant, par le Christ, notre Seigneur.
C'est lui qui pour sauver les hommes devait naître parmi les hommes ; c'est lui que l'ange annonce à la Vierge Immaculée et qu'à l'ombre de l'Esprit Saint elle accueille par la foi ; lui qu'elle porte avec tendresse dans sa chair. Il venait accomplir les promesses faites à Israël, combler, et même dépasser, l'espérance des nations.
C'est par lui que les anges assemblés devant toi adorent ta gloire...

PRIÈRE APRÈS LA COMMUNION Par cette communion, Seigneur, fortifie en nos cœurs la vraie foi, afin qu'ayant proclamé le fils de la Vierge vrai Dieu et vrai homme, nous parvenions au salut et à la joie éternelle par la puissance de sa résurrection. Lui qui règne.

La Semaine sainte

La Pâque du Fils de l'homme

Que le Messie ait été tué, ce fut pour les Juifs un scandale. Paul nous dit que, pour les autres, même aujourd'hui, c'est « folie » (cf. 1 Co 1,23). Les évangélistes ont été parmi les premiers à faire face à ce fait brutal. Matthieu n'a pas donné d'explication qui rassure. Il a fait comprendre que la Passion n'était pas étrangère au projet de Dieu et que Jésus s'y est soumis : on voit par là qui est le Christ et quel est le destin de ses disciples.

Car le récit de Matthieu a des précédents : une figure d'homme torturé, offrant sa vie pour autrui était déjà esquissée dans l'Ancien Testament (première lecture du Vendredi saint); des innocents supprimés en raison de leur fidélité à Dieu (cf. Dn 9-12) : deux types de martyrs auxquels était promise la résurrection; comme si Dieu se devait de réhabiliter ses amis, injustement supprimés, en leur rendant une vie que la mort ne pourrait plus attaquer.

Certes, dans l'affaire Jésus, des facteurs sociopolitiques ont joué; le récit laisse l'impression générale que le procès, mené par des gens qui ne voyaient pas en ce personnage déconcertant l'Envoyé de Dieu, a été régulier. Mais l'évangile a été écrit par des chrétiens : leur lecteur ne peut plus juger les responsables de la mort de Jésus, sinon d'un point de vue religieux. La vraie sentence est celle de Dieu : par la résurrection, il casse le jugement de l'homme incroyant. Quant au chrétien d'aujourd'hui, il ne peut que se demander dans quel camp de ce gigantesque procès son comportement habituel le place.

Ce qu'il célèbre, cette semaine, démarque le christianisme de toutes les religions : le chrétien fait mémoire d'un homme qui a donné sa vie dans la douleur et fait entrer Dieu dans l'histoire des hommes.

R.M.

31 mars 1996

Dimanche des Rameaux et de la Passion

Le rameau étiolé sur l'arbre de la croix Les rameaux verts accueillent le Christ entrant dans la ville. Le Rameau divin se fane sur la croix avant de refleurir au matin de Pâques et d'entrer dans la vie éternelle.

Ce dimanche marque à la fois le terme du Carême et l'entrée dans la Semaine sainte. On accueille le Roi de gloire qui passe le porche, mais c'est le serviteur qui va mourir *(évangile)*. Il va donner visage à l'homme torturé, mourant pour autrui, esquissé par Isaïe *(première lecture)*, puis il va ressusciter ; car dans l'Eucharistie, comme chaque dimanche, nous célébrons tout le mystère *(deuxième lecture)*, même si l'accent est mis tour à tour sur un aspect.

Chanter

Avec l'assemblée d'aujourd'hui, il ne faut pas trop d'inconnu et de compliqué.

– Pour le rassemblement du début, utiliser AL 179 Hosanna, *en commençant par* « Béni soit celui qui vient » *ou l'*Hosanna *de* C 178, *ou bien* MNA 34.11 Hosanna au fils de David. *Il y a aussi* H 27 Gloire à toi, Sauveur des hommes *et* M 55 Jésus, lumière éternelle.

– Pour la procession qui entre dans l'église, comme le Christ est entré dans Jérusalem : H 96 Voici que s'ouvrent pour le roi *; ou* H 171 Humble sauveur : « Fils de David ». *A défaut, le choral* K 82 Peuple où s'avance.

– Pendant la lecture de la Passion, pour permettre une appropriation des divers épisodes, on peut proposer des refrains : celui de H 171 Fils de David, ouvre nos yeux, *ou des couplets choisis de* NT 8 C'est pour nous que le Christ a souffert. *Le chant* H 127 Les soldats ont enchaîné… *nous insère dans le récit comme si nous étions des coupables. Ou bien* DL 311 Pas de plus grand amour, *ou plus facile* H 38 Pitié, Seigneur.

– *Après la communion :* D 284 Pain de Dieu, pain rompu, *ou* D 290 Qui mange ma chair, *ou bien* H 139 À l'heure où tu choisis.

Prier

POUR LA PRÉPARATION PÉNITENTIELLE

Quand il n'y a pas de célébration des rameaux :

Seigneur Jésus, tourne vers nous ce regard que tu posais sur Pierre, **prends pitié de nous.**

O Christ, pardonne-nous comme tu as pardonné à tes bourreaux, **prends pitié de nous.**

Seigneur, retourne-nous comme tu as retourné le centurion, **prends pitié de nous.**

Reçois-nous dans ton Royaume comme tu as reçu le larron, **prends pitié de nous.**

POUR CE DIMANCHE

Dieu d'amour et de sainteté, en entrant dans la ville comme le roi promis, Jésus se préparait aussi à mourir pour elle. Accorde-nous de reconnaître dans le récit de sa Passion avec quelle violence notre péché te rejette et avec quelle humilité tu ne cesses d'aimer les hommes. Nous célébrerons alors ta gloire par toute notre vie, maintenant et pour les siècles des siècles.

POUR LA PRIÈRE UNIVERSELLE

[inspirée de la Liturgie des heures, au soir du Lundi saint]

– Demandons au Christ, pour ceux qui sont blessés dans leur chair, de se souvenir de ses tortures ;

Seigneur, souviens-toi !

– demandons-lui, pour ceux qui désespèrent de la vie, de se souvenir de son cri vers le Père ;

– pour ceux qui espèrent contre toute espérance, que resplendisse sa résurrection.

POUR LE NOTRE PÈRE

Avec Jésus qui, au jardin, a crié vers son Père, nous disons : Notre Père…

Célébrer

Soignons le geste d'acclamation fait aujourd'hui avec des rameaux ; et faisons, si possible, une vraie procession. A l'arrivée de la procession, le pied de la croix (une grande croix, très visible) sera entouré de laurier, de buis, etc. La participation des pratiquants occasionnels est possible si l'on reprend des chants connus et réservés pour ce jour.
On pourrait ne lire qu'une partie des lectures *; ou même omettre, comme le permet le Lectionnaire, les deux premières lectures. Mais il vaut mieux lire l'évangile en entier, car c'est aujourd'hui le seul dimanche de l'année où l'assemblée peut entendre la Passion.*
Pour la lecture de la Passion, il n'est pas nécessaire de prendre dans les dialogues la forme dramatique de voix différentes ; on peut aussi changer de lecteur au fur et à mesure des épisodes.

Liturgie des Rameaux

PRIÈRE DE BÉNÉDICTION

• Dieu tout-puissant, daigne bénir ces rameaux que nous portons pour fêter le Christ notre Roi : accorde-nous d'entrer avec lui dans la Jérusalem éternelle. Lui qui règne.

• Augmente la foi de ceux qui espèrent en toi, Seigneur, exauce la prière de ceux qui te supplient : nous tenons à la main ces rameaux pour acclamer le triomphe du Christ ; pour que nous portions en lui des fruits qui te rendent gloire, donne-nous de vivre comme lui en faisant le bien. Lui qui règne.

ÉVANGILE Mt 21, 1-11

La joie du peuple *Grandiose événement, que l'accueil de Jésus par ces pèlerins ! Mais quelle modestie ! Il n'a pas de bâton de commandement ; il n'a pas de troupes ; il n'a pas d'armes ; il chevauche un âne. Il annonce la paix. Il vient donner sa vie.*

Évangile de Jésus Christ selon saint Matthieu

Quelques jours avant la fête de la Pâque, Jésus et ses disciples, approchant de Jérusalem, arrivèrent à Bethphagé, sur les pentes du mont des Oliviers. Alors Jésus envoya deux disciples : « Allez au village qui est en face de vous ; vous trouverez aussitôt une ânesse attachée et son petit avec elle. Détachez-la et amenez-les moi. Et si l'on vous dit quelque chose, vous répondrez : "Le Seigneur en a besoin, mais il les renverra aussitôt". » Cela s'est passé pour accomplir la parole transmise par le prophète : « Dites à la fille de Sion : Voici ton roi qui vient vers toi, humble, monté sur une ânesse et un petit âne, le petit d'une bête de somme. » Les disciples partirent et firent ce que Jésus leur avait ordonné. Ils amenèrent l'ânesse et son petit, disposèrent sur eux leurs manteaux, et Jésus s'assit dessus. Dans la foule, la plupart étendirent leurs manteaux sur le chemin ; d'autres coupaient des branches aux arbres et en jonchaient la route. Les foules qui marchaient devant Jésus et celles qui suivaient criaient : « Hosanna au fils de David ! Béni soit celui qui vient au nom du Seigneur ! Hosanna au plus haut des cieux ! » Comme Jésus entrait à Jérusalem, l'agitation gagna toute la ville ; on se demandait : « Qui est cet homme ? » Et les foules répondaient : « C'est le prophète Jésus, de Nazareth en Galilée. »

PROCESSION

Et maintenant, avançons, comme les foules de Jérusalem, heureuses d'acclamer le Messie.

Messe de la Passion

PRIÈRE D'OUVERTURE

Dieu éternel et tout-puissant, pour montrer au genre humain quel abaissement il doit imiter, tu as voulu que notre Sauveur, dans un corps semblable au nôtre, subisse la mort de la croix : accorde-nous cette grâce de retenir les enseignements de sa passion et d'avoir part à sa résurrection. Lui qui.

« Il est permis, compte tenu de chaque assemblée concrète, de proclamer seulement l'une des lectures qui précèdent l'évangile, et même, s'il est nécessaire, de s'en tenir à la seule lecture de la Passion. » (Lectionnaire.)

PREMIÈRE LECTURE Is 50, 4-7

Il ne s'est pas dérobé *Le Serviteur de Dieu a consenti à aller jusqu'au bout de l'obéissance : il a donné ainsi, au péril de sa vie, la preuve de la qualité de son amour. Il ne met pas en doute le résultat de sa mission.*

Lecture du livre d'Isaïe

Parole du Serviteur de Dieu. Dieu mon Seigneur m'a donné le langage d'un homme qui se laisse instruire, pour que je sache à mon tour réconforter celui qui n'en peut plus. La Parole me réveille chaque matin, chaque matin elle me réveille pour que j'écoute comme celui qui se laisse instruire. Le Seigneur Dieu m'a ouvert l'oreille et moi, je ne me suis pas révolté, je ne me suis pas dérobé. J'ai présenté mon dos à ceux qui me frappaient, et mes joues à ceux qui m'arrachaient la barbe. Je n'ai pas protégé mon visage des outrages et des crachats. Le Seigneur Dieu vient à mon secours : c'est pourquoi je ne suis pas atteint par les outrages, c'est pourquoi j'ai rendu mon visage dur comme pierre : je sais que je ne serai pas confondu.

PSAUME Ps 21

• **Par-delà ma détresse,**
fais-moi vivre, Seigneur !

• **Mon Dieu, mon Dieu,**
pourquoi m'as-tu abandonné ?

Tous ceux qui me voient me bafouent,
ils ricanent et hochent la tête :
« Il comptait sur le Seigneur : qu'il le délivre !
Qu'il le sauve, puisqu'il est son ami ! »

Oui, des chiens me cernent,
une bande de vauriens m'entoure ;
ils me percent les mains et les pieds,
je peux compter tous mes os.

Ils partagent entre eux mes habits
et tirent au sort mon vêtement.
Mais toi, Seigneur, ne sois pas loin :
ô ma force, viens vite à mon aide !

Mais tu m'as répondu !
Et je proclame ton nom devant mes frères,
je te loue en pleine assemblée.
Vous qui le craignez, louez le Seigneur.

DEUXIÈME LECTURE Ph 2, 6-11

Il s'est anéanti, Dieu l'a exalté *Au cœur du Christ, le mystère de l'amour de Dieu. Parce qu'il a tout donné, il pourra tout recevoir.*
Cette hymne est célébrée tous les samedis soirs dans la Liturgie des heures.

Lecture de la lettre de saint Paul Apôtre aux Philippiens

Le Christ Jésus, lui qui était dans la condition de Dieu, n'a pas jugé bon de revendiquer son droit d'être traité à l'égal de Dieu ; mais au contraire, il se dépouilla lui-même en prenant la condition de serviteur. Devenu semblable aux hommes et reconnu comme un homme à son comportement, il s'est abaissé lui-même en devenant obéissant jusqu'à mourir, et à mourir sur une croix.
C'est pourquoi Dieu l'a élevé au-dessus de tout ; il lui a conféré le Nom qui surpasse tous les noms, afin qu'au Nom

de Jésus, aux cieux, sur terre et dans l'abîme, tout être vivant tombe à genoux, et que toute langue proclame : « Jésus Christ est le Seigneur », pour la gloire de Dieu le Père.

ÉVANGILE Mt 26, 14–27, 66
ou bien lecture brève 27, 11-54 (nos 8 à 12).

Pour une lecture de la Passion à plusieurs voix : L. = le lecteur, + = Jésus ; D. = les disciples ; F. = la foule ; A. = les autres personnages.

Après un prologue, on suit Jésus sur cinq lieux : 1. quand il fait la Pâque avec les disciples ; 2. à Gethsémani ; 3. chez le grand prêtre pour le procès ; 4. devant Pilate ; 5. au Calvaire.

Gloire et louange à toi, Seigneur Jésus. Pour nous, le Christ s'est fait obéissant, jusqu'à la mort, et la mort sur une croix. Voilà pourquoi Dieu l'a élevé souverainement et lui a donné le Nom qui est au-dessus de tout nom. **Gloire et louange à toi, Seigneur Jésus.**

La Passion de notre Seigneur Jésus Christ
selon saint Matthieu

L. L'un des douze Apôtres de Jésus, nommé Judas Iscariote, alla trouver les chefs des prêtres et leur dit :
D. Que voulez-vous me donner, si je vous le livre ?
L. Ils lui proposèrent trente pièces d'argent. Dès lors, Judas cherchait une occasion favorable pour le livrer.
Le premier jour de la fête des pains sans levain, les disciples vinrent dire à Jésus :
D. Où veux-tu que nous fassions les préparatifs de ton repas pascal ?
L. Il leur dit :
\+ Allez à la ville, chez un tel, et dites-lui : « Le Maître te fait dire : Mon temps est proche ; c'est chez toi que je veux célébrer la Pâque avec mes disciples. »
L. Les disciples firent ce que Jésus leur avait prescrit et ils préparèrent la Pâque.

1. La Pâque avec les disciples

Le soir venu, Jésus se trouvait à table avec les Douze. Pendant le repas, il leur déclara :

\+ Amen, je vous le dis : l'un de vous va me livrer.

L. Profondément attristés, ils se mirent à lui demander, l'un après l'autre :

D. Serait-ce moi, Seigneur ?

L. Il leur répondit :

\+ Celui qui vient de se servir en même temps que moi, celui-là va me livrer. Le Fils de l'homme s'en va, comme il est écrit à son sujet ; mais malheureux l'homme par qui le Fils de l'homme est livré ! Il vaudrait mieux que cet homme-là ne soit pas né !

L. Judas, celui qui le livrait, prit la parole :

D. Rabbi, serait-ce moi ?

L. Jésus lui répond :

\+ C'est toi qui l'as dit !

L. Pendant le repas, Jésus prit du pain, prononça la bénédiction, le rompit et le donna à ses disciples, en disant :

\+ Prenez, mangez : ceci est mon corps.

L. Puis, prenant une coupe et rendant grâce, il la leur donna, en disant :

\+ Buvez-en tous, car ceci est mon sang, le sang de l'Alliance, répandu pour la multitude en rémission des péchés. Je vous le dis, désormais je ne boirai plus de ce fruit de la vigne, jusqu'au jour où je boirai un vin nouveau avec vous dans le Royaume de mon Père.

2. A Gethsémani

L. Après avoir chanté les psaumes, ils partirent pour le mont des Oliviers. Alors Jésus leur dit :

\+ Cette nuit, je serai pour vous tous une occasion de chute ; car il est écrit : « Je frapperai le berger, et les brebis du troupeau seront dispersées. » Mais après que je serai ressuscité, je vous précéderai en Galilée.

L. Pierre lui dit :

D. Si tous viennent à tomber à cause de toi, moi, je ne tomberai jamais.

L. Jésus reprit :
+ Amen, je te le dis : cette nuit même, avant que le coq chante, tu m'auras renié trois fois.
L. Pierre lui dit :
D. Même si je dois mourir avec toi, je ne te renierai pas. Et tous les disciples en dirent autant.
L. Alors Jésus parvient avec eux à un domaine appelé Gethsémani et leur dit :
+ Restez ici, pendant que je m'en vais là-bas pour prier.
L. Il emmena Pierre, ainsi que Jacques et Jean, les deux fils de Zébédée, et il commença à ressentir tristesse et angoisse. Il leur dit alors :
+ Mon âme est triste à en mourir. Demeurez ici et veillez avec moi.
L. Il s'écarta un peu et tomba la face contre terre, en faisant cette prière :
+ Mon Père, s'il est possible, que cette coupe passe loin de moi ! Cependant, non pas comme je veux, mais comme tu veux.
L. Puis il revient vers ses disciples et les trouve endormis ; il dit à Pierre :
+ Ainsi, vous n'avez pas eu la force de veiller une heure avec moi ? Veillez et priez, pour ne pas entrer en tentation : l'esprit est ardent, mais la chair est faible.
L. Il retourna prier une deuxième fois :
+ Mon Père, si cette coupe ne peut passer sans que je la boive, que ta volonté soit faite !
L. Revenu près des disciples, il les trouva endormis, car leurs yeux étaient lourds de sommeil. Il les laissa et retourna prier pour la troisième fois, répétant les mêmes paroles. Alors il revient vers les disciples et leur dit :
+ Désormais, vous pouvez dormir et vous reposer ! La voici toute proche, l'heure où le Fils de l'homme est livré aux mains des pécheurs. Levez-vous ! Allons ! Le voici tout proche, celui qui me livre.
L. Jésus parlait encore, lorsque Judas, l'un des Douze, arriva, avec une grande foule armée d'épées et de bâtons, envoyée par les chefs des prêtres et les anciens du peuple.

Le traître leur avait donné un signe :
D. « Celui que j'embrasserai, c'est lui ; arrêtez-le. »
L. Aussitôt, s'approchant de Jésus, il lui dit :
D. Salut, Rabbi !
L. et il l'embrassa. Jésus lui dit :
\+ Mon ami, fais ta besogne.
L. Alors ils s'avancèrent, mirent la main sur Jésus et l'arrêtèrent. Un de ceux qui étaient avec Jésus, portant la main à son épée, la tira, frappa le serviteur du grand prêtre et lui trancha l'oreille. Jésus lui dit :
\+ Rentre ton épée, car tous ceux qui prennent l'épée périront par l'épée. Crois-tu que je ne puisse pas faire appel à mon Père qui mettrait aussitôt à ma disposition plus de douze légions d'anges ? Mais alors, comment s'accompliraient les Écritures ? D'après elles, c'est ainsi que tout doit se passer.
L. A ce moment-là, Jésus dit aux foules :
\+ Suis-je donc un bandit pour que vous soyez venus m'arrêter avec des épées et des bâtons ? Chaque jour, j'étais assis dans le Temple où j'enseignais, et vous ne m'avez pas arrêté. Mais tout cela est arrivé pour que s'accomplissent les écrits des prophètes.
L. Alors les disciples l'abandonnèrent tous et s'enfuirent.

3. Chez le grand prêtre

L. Ceux qui avaient arrêté Jésus l'amenèrent devant Caïphe, le grand prêtre, chez qui s'étaient réunis les scribes et les anciens. Quant à Pierre, il le suivait de loin, jusqu'au palais du grand prêtre ; il entra dans la cour et s'assit avec les serviteurs pour voir comment cela finirait. Les chefs des prêtres et tout le grand conseil cherchaient un faux témoignage contre Jésus pour le faire condamner à mort. Ils n'en trouvèrent pas ; pourtant beaucoup de faux témoins s'étaient présentés. Finalement il s'en présenta deux qui déclarèrent :
A. Cet homme a dit : « Je peux détruire le Temple de Dieu et, en trois jours, le rebâtir. »
L. Alors le grand prêtre se leva et lui dit :

A. Tu ne réponds rien à tous ces témoignages portés contre toi ?
L. Mais Jésus gardait le silence. Le grand prêtre lui dit :
A. Je t'adjure, par le Dieu Vivant, de nous dire si tu es le Messie, le Fils de Dieu.
L. Jésus lui répond :
+ C'est toi qui l'as dit ; mais en tout cas, je vous le déclare : désormais vous verrez le Fils de l'homme siéger à la droite du Tout-Puissant et venir sur les nuées du ciel.
L. Alors le grand prêtre déchira ses vêtements, en disant :
A. Il a blasphémé !. Pourquoi nous faut-il encore des témoins ? Vous venez d'entendre le blasphème ! Quel est votre avis ?
L. Ils répondirent :
F. Il mérite la mort.
L. Alors ils lui crachèrent au visage et le rouèrent de coups ; d'autres le giflèrent en disant :
F. Fais-nous le prophète, Messie ! qui est-ce qui t'a frappé ?
L. Quant à Pierre, il était assis dehors dans la cour. Une servante s'approcha de lui :
A. Toi aussi, tu étais avec Jésus le Galiléen !
L. Mais il nia devant tout le monde :
D. Je ne sais pas ce que tu veux dire.
L. Comme il se retirait vers le portail, une autre le vit et dit aux gens qui étaient là :
A. Celui-ci était avec Jésus de Nazareth.
L. De nouveau, Pierre le nia :
D. Je jure que je ne connais pas cet homme.
L. Peu après, ceux qui se tenaient là s'approchèrent de Pierre :
A. Sûrement, toi aussi, tu fais partie de ces gens-là ; d'ailleurs ton accent te trahit.
L. Alors, il se mit à protester violemment et à jurer :
D. Je ne connais pas cet homme.
L. Aussitôt un coq chanta. Et Pierre se rappela ce que Jésus lui avait dit : « Avant que le coq chante, tu m'auras renié trois fois. » Il sortit et pleura amèrement.

L. Le matin venu, tous les chefs des prêtres et les anciens du peuple tinrent conseil contre Jésus pour le faire condamner à mort. Après l'avoir ligoté, ils l'emmenèrent pour le livrer à Pilate, le gouverneur. Alors Judas, le traître, fut pris de remords en le voyant condamné ; il rapporta les trente pièces d'argent aux chefs des prêtres et aux anciens. Il leur dit :
D. J'ai péché en livrant à la mort un innocent.
L. Ils répliquèrent :
A. Qu'est-ce que cela nous fait ? Cela te regarde !
L. Jetant alors les pièces d'argent dans le Temple, il se retira et alla se pendre. Les chefs des prêtres ramassèrent l'argent et se dirent :
A. Il n'est pas permis de le verser dans le trésor, puisque c'est le prix du sang.
L. Après délibération, ils achetèrent avec cette somme le Champ-du-Potier pour y enterrer les étrangers. Voilà pourquoi ce champ a été appelé jusqu'à ce jour le Champ-du-Sang. Alors s'est accomplie la parole transmise par le prophète Jérémie : « Ils prirent les trente pièces d'argent, le prix de celui qui fut mis à prix par les enfants d'Israël, et ils les donnèrent pour le champ du potier, comme le Seigneur me l'avait ordonné. »

Début de la lecture brève.

4. Devant Pilate

L. On fit comparaître Jésus devant Pilate, le gouverneur, qui l'interrogea :
A. Es-tu le roi des Juifs ?
L. Jésus déclara :
\+ C'est toi qui le dis.
L. Mais, tandis que les chefs des prêtres et les anciens l'accusaient, il ne répondit rien. Alors Pilate lui dit :
A. Tu n'entends pas tous les témoignages portés contre toi ?
L. Mais Jésus ne lui répondit plus un mot, si bien que le gouverneur était très étonné. Or, à chaque fête, celui-ci avait coutume de relâcher un prisonnier, celui que la foule deman-

dait. Il y avait alors un prisonnier bien connu, nommé Barabbas. La foule s'étant donc rassemblée, Pilate leur dit :

A. Qui voulez-vous que je vous relâche : Barabbas ? ou Jésus qu'on appelle le Messie ?

L. Il savait en effet que c'était par jalousie qu'on l'avait livré. Tandis qu'il siégeait au tribunal, sa femme lui fit dire :

A. Ne te mêle pas de l'affaire de ce juste, car aujourd'hui j'ai beaucoup souffert en songe à cause de lui.

L. Les chefs des prêtres et les anciens poussèrent les foules à réclamer Barabbas et à faire périr Jésus. Le gouverneur reprit :

A. Lequel des deux voulez-vous que je vous relâche ?

L. Ils répondirent :

F. Barabbas !

L. Il reprit :

A. Que ferai-je donc de Jésus, celui qu'on appelle le Messie ?

L. Ils répondirent tous :

F. Qu'on le crucifie !

L. Il poursuivit :

A. Quel mal a-t-il donc fait ?

L. Ils criaient encore plus fort :

F. Qu'on le crucifie !

L. Pilate vit que ses efforts ne servaient à rien, sinon à augmenter le désordre : alors il prit de l'eau et se lava les mains devant la foule, en disant :

A. Je ne suis pas responsable du sang de cet homme : cela vous regarde !

L. Tout le peuple répondit :

F. Son sang, qu'il soit sur nous et sur nos enfants !

L. Il leur relâcha donc Barabbas ; quant à Jésus, il le fit flageller et le leur livra pour qu'il soit crucifié.

L. Alors les soldats du gouverneur emmenèrent Jésus dans le prétoire et rassemblèrent autour de lui toute la garde. Ils lui enlevèrent ses vêtements et le couvrirent d'un manteau rouge. Puis, avec des épines, ils tressèrent une couronne, et la posèrent sur sa tête ; ils lui mirent un roseau dans la main

droite et, pour se moquer de lui, ils s'agenouillaient en lui disant :
F. Salut, roi des Juifs !
L. Et, crachant sur lui, ils prirent le roseau et ils le frappaient à la tête. Quand ils se furent bien moqués de lui, ils lui enlevèrent le manteau, lui remirent ses vêtements, et l'emmenèrent pour le crucifier.

5. *Au Calvaire*

L. En sortant, ils trouvèrent un nommé Simon, originaire de Cyrène, et ils le réquisitionnèrent pour porter la croix. Arrivés à l'endroit appelé Golgotha, c'est-à-dire Lieu-du-Crâne ou Calvaire, ils donnèrent à boire à Jésus du vin mêlé de fiel ; il en goûta, mais ne voulut pas boire. Après l'avoir crucifié, ils se partagèrent ses vêtements en tirant au sort ; et ils restaient là, assis, à le garder. Au-dessus de sa tête on inscrivit le motif de sa condamnation : « Celui-ci est Jésus, le roi des Juifs. » En même temps, on crucifie avec lui deux bandits, l'un à droite et l'autre à gauche. Les passants l'injuriaient en hochant la tête :
F. Toi qui détruis le Temple et le rebâtis en trois jours, sauve-toi toi-même, si tu es le Fils de Dieu, et descends de la croix !
L. De même, les chefs des prêtres se moquaient de lui avec les scribes et les anciens, en disant :
A. Il en a sauvé d'autres, et il ne peut pas se sauver lui-même ! C'est le roi d'Israël : qu'il descende maintenant de la croix et nous croirons en lui ! Il a mis sa confiance en Dieu : que Dieu le délivre maintenant, s'il l'aime ! Car il a dit : « Je suis le Fils de Dieu. »
L. Les bandits crucifiés avec lui l'insultaient de la même manière.
L. A partir de midi, l'obscurité se fit sur toute la terre jusqu'à trois heures. Vers trois heures, Jésus cria d'une voix forte :
\+ Eli, Eli, lama sabactani ?
L. Ce qui veut dire :

+ Mon Dieu, mon Dieu, pourquoi m'as-tu abandonné ?
L. Quelques-uns de ceux qui étaient là disaient en l'entendant :
F. Le voilà qui appelle le prophète Élie !
L. Aussitôt l'un d'eux courut prendre une éponge qu'il trempa dans une boisson vinaigrée ; il la mit au bout d'un roseau, et il lui donnait à boire. Les autres dirent :
F. Attends ! nous verrons bien si Élie va venir le sauver.
L. Mais Jésus, poussant de nouveau un grand cri, rendit l'esprit.

Ici on fléchit le genou et on s'arrête un instant.

L. Et voici que le rideau du Temple se déchira en deux, du haut en bas ; la terre trembla et les rochers se fendirent. Les tombeaux s'ouvrirent ; les corps de nombreux saints qui étaient morts ressuscitèrent et, sortant des tombeaux après la résurrection de Jésus, ils entrèrent dans la ville sainte, et se montrèrent à un grand nombre de gens. A la vue du tremblement de terre et de tous ces événements, le centurion et ceux qui, avec lui, gardaient Jésus, furent saisis d'une grande frayeur et dirent :
A. Vraiment, celui-ci était le Fils de Dieu !

Fin de la lecture brève.

L. Il y avait là plusieurs femmes qui regardaient à distance : elles avaient suivi Jésus depuis la Galilée pour le servir. Parmi elles se trouvaient Marie Madeleine, Marie, mère de Jacques et de Joseph, et la mère des fils de Zébédée.
Le soir venu, arriva un homme riche, originaire d'Arimathie, qui s'appelait Joseph, et qui était devenu lui aussi disciple de Jésus. Il alla trouver Pilate pour demander le corps de Jésus. Alors Pilate ordonna de le lui remettre. Prenant le corps, Joseph l'enveloppa dans un linceul neuf, et le déposa dans le tombeau qu'il venait de se faire tailler dans le roc. Puis il roula une grande pierre à l'entrée du tombeau et s'en alla. Cependant Marie Madeleine et l'autre Marie étaient là, assises en face du tombeau.

L. Quand la journée des préparatifs de la fête fut achevée, les chefs des prêtres et les pharisiens s'assemblèrent chez Pilate, en disant :

A. Seigneur, nous nous sommes rappelé que cet imposteur a dit, de son vivant : « Trois jours après, je ressusciterai. » Donne donc l'ordre que le tombeau soit étroitement surveillé jusqu'au troisième jour, de peur que ses disciples ne viennent voler le corps et ne disent au peuple : « Il est ressuscité d'entre les morts. » Cette dernière imposture serait pire que la première. Pilate leur déclara :

A. Je vous donne une garde ; allez, organisez la surveillance comme vous l'entendez.

L. Ils partirent donc et assurèrent la surveillance du tombeau en mettant les scellés sur la pierre et en y plaçant la garde.

PRIÈRE SUR LES OFFRANDES

Souviens-toi, Seigneur, de la passion de ton Fils, ne tarde pas à nous réconcilier avec toi : il est vrai que nous n'avons pas mérité ton pardon, mais nous comptons sur ta miséricorde et sur la grâce du sacrifice de Jésus. Lui qui règne.

PRÉFACE

Vraiment, il est juste et bon de te rendre gloire, de t'offrir notre action de grâce, toujours et en tout lieu, à toi, Père très saint, Dieu éternel et tout-puissant, par le Christ, notre Seigneur.

Alors qu'il était innocent, il a voulu souffrir pour les coupables, et sans avoir commis le mal il s'est laissé juger comme un criminel ; en mourant, il détruit notre péché ; en ressuscitant, il nous fait vivre et nous sanctifie.

C'est par lui que la terre et le ciel, le peuple de Dieu avec tous les anges, ne cessent de t'acclamer en chantant : **Saint !...**

PRIÈRE APRÈS LA COMMUNION

Tu nous as fortifiés, Seigneur, dans cette communion à tes saints mystères et nous te supplions encore : toi qui nous as donné, dans la mort de ton Fils, l'espérance des biens auxquels nous croyons, donne-nous, dans sa résurrection glorieuse, de parvenir au Royaume que nous attendons. Par Jésus.

Di 31	**DIMANCHE DES RAMEAUX ET DE LA PASSION.** *Liturgie des heures : Psautier semaine II.* Journée mondiale des jeunes.
Ma 2	St François de Paule, ermite italien, † 1507 à Plessis-les-Tours.
Je 4	**Jeudi saint.** St Isidore, évêque de Séville, docteur de l'Église, † 636.
Ve 5	**Vendredi saint.** St Vincent Ferrier, dominicain espagnol, † 1419 à Vannes.
Sa 6	**Samedi saint.** Il n'y a pas de messe, le tabernacle est vide : comme les Apôtres après la Passion, nous connaissons l'absence de Jésus jusqu'à la célébration de sa Résurrection.

Heure d'été.

Cette année, les Juifs célèbrent la Pâque du 4 au 11 avril.

Bonne fête !

Le 31, Benjamin, Balbine ; le 1er avril, Hugues, Valérie ; le 2, Sandra ; le 3, Richard ; le 4, Isidore, Aleth ; le 5, Irène, Ève, Juliana ; le 6, Marcellin.

4 avril 1996

Jeudi saint

Jusqu'au bout La Pâque en mémoire de la sortie d'Égypte et du don de la Loi *(première lecture)* est devenue la Pâque du Christ sortant de la mort et donnant une loi nouvelle : le Jeudi saint présente l'Eucharistie comme présence de la Passion ; nous proclamons la mort *(deuxième lecture)* de Celui qui nous a aimés jusqu'au bout *(évangile)*. « Vous ferez cela en mémoire de moi. » Nous célébrons, année après année, ce que Jésus a fait une fois pour toutes. Messe après messe, ce lien avec la Pâque est rappelé : « Au moment d'être livré et d'entrer librement dans sa Passion. »

Chanter

Le chant du Jeudi saint : H 149 Avec le Christ vivons. *D'autres chants soulignent le rapport avec la Passion :* H 141 Quand vint le dernier jour ; D 304 En mémoire du Seigneur ; D 290 Qui mange ma chair ; D 361 La coupe que nous bénissons.

On peut utiliser un même chant pour unifier toute l'action eucharistique : une strophe pour mettre la table et apporter les dons, une strophe après la préface, etc., par exemple C 121 Qui donc a mis la table, *ou* D 128 Quand vint le jour.

Après l'évangile (ou pour le lavement des pieds) on pourrait chanter : D 111 Où sont amour et charité ; D 183 Aimons-nous les uns les autres ; H 184 La dernière place.

Le geste du lavement des pieds est clair, il suffit de l'accompagner par DL 311 Pas de plus grand amour *ou le refrain du répertoire de Taizé* Ubi Caritas, *ou encore* MNA 34.29 Où sont amour et charité.

Pour la communion, on choisira G 297 Pour que l'homme soit un fils (MNA 33.62) *ou* C 200 En mémoire de toi.

On porte le Pain consacré au reposoir, avec le chant C 3 La nuit qu'il fut livré *ou l'hymne* D 128 Quand vint le jour. *Ou bien, si l'on dispose d'une chorale,* H 119 Ne descends pas dans le jardin.

Prier

SALUTATION

Que Jésus Christ notre Seigneur, qui nous a aimés jusqu'au bout et s'est livré pour nous, vous donne la grâce et la paix.

POUR LA PRÉPARATION PÉNITENTIELLE

Pour accomplir toute justice, Seigneur, tu t'es fait serviteur, **prends pitié de nous !**

Tu as revêtu, ô Christ, nos douleurs, **prends pitié de nous !**

Tu as crié, Seigneur, vers ton Père, **prends pitié de nous !**

POUR LA PRIÈRE UNIVERSELLE

Prions pour tous ceux qui ont été « invités au repas du Seigneur » :

– les chrétiens de toutes les Églises ;

– les malades et tous ceux qui ne peuvent pas venir à l'assemblée ;

– ceux qui ne croient pas en la communion au Christ.

Célébrer

Il est facile de mettre en valeur, aujourd'hui, les éléments habituels de la liturgie : une grande table, la décoration, la procession des offrandes, la communion au calice. On pourrait prendre pour prière eucharistique la 4e, y compris sa préface, qui reprend l'évangile d'aujourd'hui.
Soigner la préparation des éléments propres à ce jour : le lavement des pieds (comme le Christ lava les pieds à ses disciples avant le repas).
La procession au reposoir doit être vécue comme une invitation à continuer notre prière au Christ actuellement présent.

AUTRE CÉLÉBRATION

Cette semaine, les chrétiens de chaque diocèse sont invités à se rassembler autour de leur évêque pour la messe dite « chrismale ». L'évêque bénit le saint chrême et les huiles saintes pour les malades, les catéchumènes, les baptisés, les confirmés, les prêtres, les évêques. Les prêtres renouvellent leurs engagements.

Messe du soir
en mémoire de la Cène du Seigneur

GLOIRE À DIEU
Pendant le chant, les cloches sonnent. Elles se taisent ensuite jusqu'au même chant de la Veillée de Pâques.

PRIÈRE D'OUVERTURE
Tu nous appelles, Dieu notre Père, à célébrer ce soir la très sainte Cène où ton Fils unique, avant de se livrer lui-même à la mort, a voulu remettre à son Église le sacrifice nouveau de l'Alliance éternelle ; fais que nous recevions de ce repas, qui est le sacrement de son amour, la charité et la vie. Par Jésus Christ.

PREMIÈRE LECTURE Ex 12, 1…14

L'Agneau de Pâques vainqueur *Le repas de la Pâque est un événement fondateur pour les Juifs qui se souviennent que Dieu les a libérés. En proclamant la Pâque nouvelle, Jésus atteste que cette libération est à jamais réalisée.*

Lecture du livre de l'Exode

Dans le pays d'Égypte, le Seigneur dit à Moïse et à son frère Aaron : « Ce mois-ci sera pour vous le premier des mois, il marquera pour vous le commencement de l'année. Parlez ainsi à toute la communauté d'Israël :
Le dix de ce mois, que l'on prenne un agneau par famille, un agneau par maison. Si la maisonnée est trop peu nombreuse pour un agneau, elle le prendra avec son voisin le plus proche, selon le nombre des personnes. Vous choisirez l'agneau d'après ce que chacun peut manger. Ce sera un agneau sans défaut, un mâle, âgé d'un an. Vous prendrez un agneau ou un chevreau. Vous le garderez jusqu'au quatorzième jour du mois. Dans toute l'assemblée de la communauté d'Israël, on l'immolera au coucher du soleil. On prendra du sang que l'on mettra sur les deux montants et sur

le linteau des maisons où on le mangera. On mangera sa chair cette nuit-là, on la mangera rôtie au feu, avec des pains sans levain et des herbes amères. Vous mangerez ainsi : la ceinture aux reins, les sandales aux pieds, le bâton à la main. Vous mangerez en toute hâte : c'est la Pâque du Seigneur.
Cette nuit-là, je traverserai le pays d'Égypte, je frapperai tout premier-né au pays d'Égypte, depuis les hommes jusqu'au bétail. Contre tous les dieux de l'Égypte j'exercerai mes jugements : je suis le Seigneur. Le sang sera pour vous un signe, sur les maisons où vous serez. Je verrai le sang, et je passerai : vous ne serez pas atteints par le fléau dont je frapperai le pays d'Égypte.
Ce jour-là sera pour vous un mémorial. Vous en ferez pour le Seigneur une fête de pèlerinage. C'est une loi perpétuelle : d'âge en âge vous la fêterez. »

PSAUME Ps 115

Prière du Christ qui a élevé la coupe du salut.

• **Bénis soient la coupe et le pain**
où ton peuple prend corps.

• **Voici la Pâque du Seigneur**
au milieu de son peuple.

Comment rendrai-je au Seigneur
tout le bien qu'il m'a fait ?
J'élèverai la coupe du salut,
j'invoquerai le nom du Seigneur.

Il en coûte au Seigneur
de voir mourir les siens !
Ne suis-je pas, Seigneur, ton serviteur,
moi, dont tu brisas les chaînes ?

Je t'offrirai le sacrifice d'action de grâce,
j'invoquerai le nom du Seigneur.
Je tiendrai mes promesses au Seigneur,
oui, devant tout son peuple.

DEUXIÈME LECTURE 1 Co 11, 23-26

Jusqu'à ce qu'il vienne *Depuis les premiers chrétiens, nous proclamons, en célébrant l'eucharistie, Jésus mort et ressuscité : le Seigneur se donne à tous.*

Lecture de la première lettre de saint Paul Apôtre aux Corinthiens

Frères, moi, Paul, je vous ai transmis ce que j'ai reçu de la tradition qui vient du Seigneur : la nuit même où il était livré, le Seigneur Jésus prit du pain, puis, ayant rendu grâce, il le rompit, et dit : « Ceci est mon corps, qui est pour vous. Faites cela en mémoire de moi. » Après le repas, il fit de même avec la coupe, en disant : « Cette coupe est la nouvelle Alliance en mon sang. Chaque fois que vous en boirez, faites cela en mémoire de moi. » Ainsi donc, chaque fois que vous mangez ce pain et que vous buvez à cette coupe, vous proclamez la mort du Seigneur, jusqu'à ce qu'il vienne.

ÉVANGILE Jn 13, 1-15

Un amour jusqu'au bout *Jésus se manifeste comme le serviteur de ses disciples. Et nous, en nous faisant les serviteurs les uns des autres, nous donnons un signe du Royaume qui vient.*

Gloire et louange à toi, Seigneur Jésus. Tu nous donnes un commandement nouveau : Aimez-vous les uns les autres, comme je vous ai aimés. **Gloire et louange à toi, Seigneur Jésus.**

Évangile de Jésus Christ selon saint Jean

Avant la fête de la Pâque, sachant que l'heure était venue pour lui de passer de ce monde à son Père, Jésus, ayant aimé les siens qui étaient dans le monde, les aima jusqu'au bout. Au cours du repas, alors que le démon avait déjà inspiré à Judas Iscariote, fils de Simon, l'intention de le livrer, Jésus, sachant que le Père a tout remis entre ses mains, qu'il est venu de Dieu et qu'il retourne à Dieu, se lève de table, quitte son vêtement, et prend un linge qu'il se noue à la ceinture ; puis, il verse de l'eau dans un bassin, il se met à laver les pieds des disciples et à les essuyer avec le linge qu'il avait à la ceinture. Il arrive ainsi devant Simon-Pierre. Et Pierre lui dit : « Toi, Seigneur, tu veux me laver les pieds ! » Jésus lui déclara : « Ce que je veux faire, tu ne le sais pas maintenant ; plus tard tu comprendras. » Pierre lui dit : « Tu ne me laveras pas les pieds ; non, jamais ! » Jésus lui répondit : « Si je ne te lave pas, tu n'auras point de part avec moi. » Simon-Pierre lui dit : « Alors, Seigneur, pas seulement les pieds, mais aussi les mains et la tête ! » Jésus lui dit : « Quand on vient de prendre un bain, on n'a pas besoin de se laver : on est pur tout entier. Vous-mêmes, vous êtes purs, ... mais non pas tous. » Il savait bien qui allait le livrer ; et c'est pourquoi il disait : « Vous n'êtes pas tous purs. »

Après leur avoir lavé les pieds, il reprit son vêtement et se remit à table. Il leur dit alors : « Comprenez-vous ce que je viens de faire ? Vous m'appelez "Maître" et "Seigneur", et vous avez raison, car vraiment je le suis. Si donc moi, le Seigneur et le Maître, je vous ai lavé les pieds, vous aussi vous devez vous laver les pieds les uns aux autres. C'est un exemple que je vous ai donné afin que vous fassiez, vous aussi, comme j'ai fait pour vous. »

LAVEMENT DES PIEDS

Aujourd'hui, on ne dit pas le Credo.

PRIÈRE SUR LES OFFRANDES

Seigneur, accorde-nous la grâce de vraiment participer à cette eucharistie ; car chaque fois qu'est célébré ce sacrifice en mémorial, c'est l'œuvre de notre Rédemption qui s'accomplit. Par Jésus.

PRÉFACE

Vraiment, il est juste et bon de te rendre gloire, de t'offrir notre action de grâce, toujours et en tout lieu, à toi, Père très saint, Dieu éternel et tout-puissant, par le Christ, notre Seigneur.
C'est lui le prêtre éternel et véritable, qui apprit à ses disciples comment perpétuer son sacrifice ; il s'est offert à toi en victime pour notre salut ; il nous a prescrit d'accomplir après lui cette offrande pour célébrer son mémorial.
Quand nous mangeons sa chair immolée pour nous, nous sommes fortifiés ; quand nous buvons le sang qu'il a versé pour nous, nous sommes purifiés.
C'est pourquoi, avec les anges et les archanges, avec les puissances d'en haut et tous les esprits bienheureux, nous chantons l'hymne de ta gloire et sans fin nous proclamons : **Saint !...**

Dans les prières eucharistiques, il y a des textes propres.

PRIÈRE APRÈS LA COMMUNION

Nous avons repris des forces, Dieu tout-puissant, en participant ce soir à la Cène de ton Fils ; accorde-nous d'être un jour rassasiés à la table de son Royaume éternel. Lui qui règne.

Le prêtre porte solennellement au lieu prévu le pain eucharistique pour la communion du lendemain, et pour l'adoration dans la soirée.

5 avril 1996

Vendredi saint

Nous rappelons ta mort A chaque messe, nous faisons l'anamnèse de la mort du Christ. Aujourd'hui, nous ne pensons qu'à ce rappel.
Jésus proclame que son pouvoir vient d'en haut, et qu'il est le témoin ici-bas de la vérité. Sa Passion n'est pas le triomphe de ses ennemis, mais la victoire de son amour. Le récit de l'évangile de Jean met en relief ce caractère royal et victorieux de la Passion.
Même si la liturgie sépare nettement la célébration de la Passion de celle de la Résurrection, notre célébration de la Croix, ce soir, manifeste que le Christ est vainqueur et que nous sommes sauvés.

Chanter

La liturgie de ce jour est plus intérieure que solennelle, elle ne demande pas beaucoup de chants. Un chant évoque la victoire du Christ : H 164 Ô Croix plus noble que les cèdres. *Par ailleurs,* NT 8 C'était nos péchés qu'il portait *aide à unir toutes les lectures. On pourrait chanter le premier verset avant la première lecture.*
Le psaume 30 *a pour centre le dernier mot de Jésus :* « Père, je te remets ma vie. »
On pourrait commencer avec l'acclamation à l'évangile un couplet d'un chant qui jalonnerait la lecture de la Passion, aux principales articulations du texte, par exemple, H 119 Ne descends pas dans le jardin *(ou un chant indiqué dimanche dernier), ou* NT 8. *Ou encore* C 72 Aujourd'hui, nous célébrons Jésus Christ… Mort sur le bois de la Croix.
– Pour la vénération de la croix : H 164 Ô Croix plus noble, *ou* H 67 Par la Croix qui fit mourir *ou encore* S 21 La mort ne peut me garder sur la croix. MNA 34.55 *offre un beau chant d'« impropères ».*
– Pour la prière universelle solennelle d'aujourd'hui, penser

au refrain de B 19 Ô Seigneur, écoute et prends pitié… *La forme donnée par* MNA 34.52 *garde beaucoup de grandeur.*
– La procession de communion (avec ou sans adoration de la croix) serait bien accompagnée par H 103 Pour ton corps qui se livre aux pécheurs *ou par* Y 53 Fais paraître ton jour, *ou l'hymne* H 123 Pour inventer d'autres espaces.

Prier

La liturgie commence par la prière d'ouverture, sans chant d'entrée ni préparation pénitentielle. Pendant ce moment de silence, qui peut être observé dans l'attitude de la grande prostration, on se souvient que nous sommes sauvés par le Christ.

POUR LA PRIÈRE UNIVERSELLE
On peut confier les invitatoires à un diacre en actualisant la forme, et introduire une réponse de l'assemblée à chaque intention. Si l'on fait un choix dans la série des intentions, on veillera à garder l'universalité de la prière (par exemple, les juifs, les incroyants).

Célébrer

La célébration de ce soir comporte trois grands moments :
– une liturgie de la Parole,
– une liturgie de la Croix,
– une liturgie de communion.

La croix, au centre, évoque la victoire. On pourrait la dresser à l'endroit où il y avait, hier, la table eucharistique. Toute messe rappelle que Jésus a donné sa vie comme il a donné le pain. Dans certaines assemblées très nombreuses, on ne fait qu'une seule procession pour la vénération de la croix et la communion.

AUTRE CÉLÉBRATION
Une célébration plus populaire de la Passion est le chemin de Croix, qui peut reprendre, sans faire double emploi avec l'office du jour, des passages de l'évangile et quelques prières du missel et de la liturgie des heures, par exemple :

Dieu qui as voulu sauver le monde par la Passion de ton Christ, fais maintenant de ton peuple une vivante offrande à ta gloire et donne-lui ton Esprit d'amour.

Célébration de la Passion du Seigneur

Après un moment de prière en silence :

PRIÈRE D'OUVERTURE

Seigneur, nous savons que tu aimes sans mesure, toi qui n'as pas refusé ton propre Fils mais qui l'as livré pour sauver tous les hommes ; aujourd'hui encore, montre-nous ton amour : nous voulons suivre le Christ qui marche librement vers sa mort ; soutiens-nous comme tu l'as soutenu, et sanctifie-nous dans le mystère de sa Pâque. Lui qui règne avec toi et le Saint-Esprit, maintenant et pour les siècles des siècles.

ou une autre prière.

PREMIÈRE LECTURE Is 52, 13-53, 12

Homme de douleurs *C'est par ses blessures que nous sommes guéris.*

Lecture du livre d'Isaïe

Mon serviteur réussira, dit le Seigneur ; il montera, il s'élèvera, il sera exalté !

La multitude avait été consternée en le voyant, car il était si défiguré qu'il ne ressemblait plus à un homme ; il n'avait plus l'aspect d'un fils d'Adam. Et voici qu'il consacrera une multitude de nations ; devant lui les rois resteront bouche bée, car ils verront ce qu'on ne leur avait jamais dit, ils découvriront ce dont ils n'avaient jamais entendu parler. Qui aurait cru ce que nous avons entendu ? À qui la puissance du Seigneur a-t-elle ainsi été révélée ? Devant Dieu, le serviteur a poussé comme une plante chétive, enracinée dans une terre aride. Il n'était ni beau ni brillant pour attirer nos regards, son extérieur n'avait rien pour nous plaire. Il était méprisé, abandonné de tous, homme de douleurs, familier de la souffrance, semblable au lépreux dont on se détourne ; et nous l'avons méprisé, compté pour rien. Pourtant, c'étaient nos souffrances qu'il portait, nos douleurs dont il était chargé. Et nous, nous pensions qu'il était châtié, frappé par Dieu, humilié. Or, c'est à cause de nos fautes qu'il a été transpercé, c'est par nos péchés qu'il a été broyé. Le châtiment qui nous obtient la paix est tombé sur lui, et c'est par ses blessures que nous sommes guéris. Nous étions tous errants comme des brebis, chacun suivait son propre chemin. Mais le Seigneur a fait retomber sur lui nos fautes à nous tous. Maltraité, il s'humilie, il n'ouvre pas la bouche ; comme un agneau conduit à l'abattoir, comme une brebis muette devant les tondeurs, il n'ouvre pas la bouche. Arrêté, puis jugé, il a été supprimé. Qui donc s'est soucié de son destin ? Il a été retranché de la terre des vivants, frappé à cause des péchés de son peuple. On l'a enterré avec les mécréants, son tombeau est avec ceux des enrichis ; et pourtant il n'a jamais commis l'injustice, ni proféré le mensonge. Broyé par la souffrance, il a plu au Seigneur. Mais, s'il fait de sa vie un sacrifice d'expiation, il verra sa descendance, il prolongera ses jours ; par lui s'accomplira la volonté du Seigneur. A cause de ses souffrances, il verra la lumière, il sera comblé. Parce qu'il a connu la souffrance, le juste, mon serviteur, justifiera les multitudes, il se chargera de leurs péchés. C'est pourquoi je lui donnerai la multitude en partage, les puissants seront la part qu'il recevra, car il s'est dépouillé lui-même jusqu'à la mort, il a été compté avec les pécheurs, alors qu'il portait le péché des multitudes et qu'il intercédait pour les pécheurs.

PSAUME Ps 30

On peut aussi prendre le psaume 21, p. 231.

La risée du voisinage.

• **Ô Père, dans tes mains je remets mon esprit.**

• **En tes mains, Seigneur, je remets mon esprit.**

En toi, Seigneur, j'ai mon refuge ;
garde-moi d'être humilié pour toujours.
En tes mains, je remets mon esprit ;
tu me rachètes, Seigneur, Dieu de vérité.

Je suis la risée de mes adversaires
et même de mes voisins ;
je fais peur à mes amis,
s'ils me voient dans la rue, ils me fuient.

On m'ignore comme un mort oublié,
comme une chose qu'on jette.
J'entends les calomnies de la foule ;
ils s'accordent pour m'ôter la vie.

Moi, je suis sûr de toi, Seigneur,
je dis : « Tu es mon Dieu ! »
Mes jours sont dans ta main : délivre-moi
des mains hostiles qui s'acharnent.

Sur ton serviteur, que s'illumine ta face ;
sauve-moi par ton amour.
Soyez forts, prenez courage,
vous tous qui espérez le Seigneur !

DEUXIÈME LECTURE He 4, 14…5, 9

Il s'est soumis en tout *Il a connu l'épreuve comme nous. Il est devenu la cause du salut éternel.*

Lecture de la lettre aux Hébreux

Frères, en Jésus, le Fils de Dieu, nous avons le grand prêtre par excellence, celui qui a pénétré au-delà des cieux ; tenons donc ferme l'affirmation de notre foi. En effet, le grand prêtre que nous avons n'est pas incapable, lui, de partager nos faiblesses ; en toutes choses, il a connu l'épreuve comme nous, et il n'a pas péché. Avançons-nous donc avec pleine assurance vers le Dieu tout-puissant qui fait grâce, pour obtenir miséricorde et recevoir, en temps voulu, la grâce de son secours.

Le Christ, pendant les jours de sa vie mortelle, a présenté, avec un grand cri et dans les larmes, sa prière et sa supplication à Dieu qui pouvait le sauver de la mort ; et parce qu'il s'est soumis en tout, il a été exaucé. Bien qu'il soit le Fils, il a pourtant appris l'obéissance par les souffrances de sa passion ; et, ainsi conduit à sa perfection, il est devenu, pour tous ceux qui lui obéissent, la cause du salut éternel.

ÉVANGILE Jn 18, 1-19, 42

Pour une lecture de la Passion à plusieurs voix : L. = le lecteur ; + = Jésus ; D. = les disciples ; F. = la foule ; A. = les autres personnages.

Christ, mort pour nos péchés, Christ, ressuscité pour notre vie !
Pour nous, le Christ s'est fait obéissant jusqu'à la mort, et la mort sur une croix. Voilà pourquoi Dieu l'a élevé souverainement et lui a donné le Nom qui est au-dessus de tout nom.
Christ, mort pour nos péchés, Christ, ressuscité pour notre vie !

La Passion de notre Seigneur Jésus Christ selon saint Jean

1. Jésus est arrêté

L. Après le repas, Jésus sortit avec ses disciples et traversa le torrent du Cédron ; il y avait là un jardin, dans lequel il entra avec ses disciples. Judas, qui le livrait, connaissait l'endroit, lui aussi, car Jésus y avait souvent réuni ses disciples. Judas prit donc avec lui un détachement de soldats, et des gardes envoyés par les chefs des prêtres et les pharisiens. Ils avaient des lanternes, des torches et des armes. Alors Jésus, sachant tout ce qui allait lui arriver, s'avança et leur dit :
\+ Qui cherchez-vous ?
L. Ils lui répondirent :
F. Jésus le Nazaréen.
L. Il leur dit :
\+ C'est moi.

L. Judas, qui le livrait, était au milieu d'eux. Quand Jésus leur répondit : « C'est moi », ils reculèrent, et ils tombèrent par terre. Il leur demanda de nouveau :
+ Qui cherchez-vous ?
L. Ils dirent :
F. Jésus le Nazaréen.
L. Jésus répondit :
+ Je vous l'ai dit : c'est moi. Si c'est bien moi que vous cherchez, ceux-là, laissez-les partir.
L. (Ainsi s'accomplissait la parole qu'il avait dite : « Je n'ai perdu aucun de ceux que tu m'as donnés. ») Alors Simon-Pierre, qui avait une épée, la tira du fourreau ; il frappa le serviteur du grand prêtre et lui coupa l'oreille droite. Le nom de ce serviteur était Malcus. Jésus dit à Pierre :
+ Remets ton épée au fourreau. Est-ce que je vais refuser la coupe que le Père m'a donnée à boire ?
L. Alors les soldats, le commandant et les gardes juifs se saisissent de Jésus et l'enchaînent. Ils l'emmenèrent d'abord chez Anne, beau-père de Caïphe, le grand prêtre de cette année-là. (C'est Caïphe qui avait donné aux Juifs cet avis : « Il vaut mieux qu'un seul homme meure pour tout le peuple. »)

2. Jésus est renié par Pierre

L. Simon-Pierre et un autre disciple suivaient Jésus. Comme ce disciple était connu du grand prêtre, il entra avec Jésus dans la cour de la maison du grand prêtre, mais Pierre était resté dehors, près de la porte. Alors l'autre disciple – celui qui était connu du grand prêtre – sortit, dit un mot à la jeune servante qui gardait la porte et fit entrer Pierre. La servante dit alors à Pierre :
A. N'es-tu pas, toi aussi, un des disciples de cet homme-là ?
L. Il répondit :
D. Non, je n'en suis pas !
L. Les serviteurs et les gardes étaient là ; comme il faisait froid, ils avaient allumé un feu pour se réchauffer. Pierre était avec eux, et se chauffait lui aussi.

3. Jésus est interrogé par le grand prêtre

L. Or, le grand prêtre questionnait Jésus sur ses disciples et sur sa doctrine. Jésus lui répondit :
+ J'ai parlé au monde ouvertement. J'ai toujours enseigné dans les synagogues et dans le Temple, là où tous les Juifs se réunissent, et je n'ai jamais parlé en cachette. Pourquoi me questionnes-tu ? Ce que j'ai dit, demande-le à ceux qui sont venus m'entendre. Eux savent ce que j'ai dit.
L. A cette réponse, un des gardes, qui était à côté de Jésus, lui donna une gifle en disant :
A. C'est ainsi que tu réponds au grand prêtre !
L. Jésus lui répliqua :
+ Si j'ai mal parlé, montre ce que j'ai dit de mal ; mais si j'ai bien parlé, pourquoi me frappes-tu ?
L. Anne l'envoya, toujours enchaîné, au grand prêtre Caïphe.

4. Jésus est renié par Pierre pour la seconde fois

L. Simon-Pierre était donc en train de se chauffer ; on lui dit :
A. N'es-tu pas un de ses disciples, toi aussi ?
L. Il répondit :
D. Non, je n'en suis pas !
L. Un des serviteurs du grand prêtre, parent de celui à qui Pierre avait coupé l'oreille, insista :
A. Est-ce que je ne t'ai pas vu moi-même dans le jardin avec lui ?
L. Encore une fois, Pierre nia. A l'instant le coq chanta.

5. Jésus est emmené chez Pilate

L. Alors on emmène Jésus de chez Caïphe au palais du gouverneur. C'était le matin. Les Juifs n'entrèrent pas eux-mêmes dans le palais, car ils voulaient éviter une souillure qui les aurait empêchés de manger l'agneau pascal. Pilate vint au-dehors pour leur parler :
A. Quelle accusation portez-vous contre cet homme ?
L. Ils lui répondirent :

F. S'il ne s'agissait pas d'un malfaiteur, nous ne te l'aurions pas livré.
L. Pilate leur dit :
A. Reprenez-le, et vous le jugerez vous-mêmes suivant votre loi.
L. Les Juifs lui dirent :
F. Nous n'avons pas le droit de mettre quelqu'un à mort.
L. Ainsi s'accomplissait la parole que Jésus avait dite pour signifier de quel genre de mort il allait mourir.

6. Jésus est interrogé par Pilate

L. Alors Pilate rentra dans son palais, appela Jésus et lui dit :
A. Es-tu le roi des Juifs ?
L. Jésus lui demanda :
\+ Dis-tu cela de toi-même, ou bien parce que d'autres te l'ont dit ?
L. Pilate répondit :
A. Est-ce que je suis Juif, moi ? Ta nation et les chefs des prêtres t'ont livré à moi : qu'as-tu donc fait ?
L. Jésus déclara :
\+ Ma royauté ne vient pas de ce monde ; si ma royauté venait de ce monde, j'aurais des gardes qui se seraient battus pour que je ne sois pas livré aux Juifs. Non, ma royauté ne vient pas d'ici.
L. Pilate lui dit :
A. Alors tu es roi ?
L. Jésus répondit :
\+ C'est toi qui dis que je suis roi. Je suis né, je suis venu dans le monde pour ceci : rendre témoignage à la vérité. Tout homme qui appartient à la vérité écoute ma voix.
L. Pilate lui dit :
A. Qu'est-ce que la vérité ?

7. Jésus est flagellé et couronné d'épines

L. Après cela, il sortit de nouveau pour aller vers les Juifs, et il leur dit :
A. Moi, je ne trouve en lui aucun motif de condamnation.

Mais c'est la coutume chez vous que je relâche quelqu'un pour la Pâque : voulez-vous que je vous relâche le roi des Juifs ?

L. Mais ils se mirent à crier :

F. Pas lui ! Barabbas !

L. (Ce Barabbas était un bandit.)

Alors Pilate ordonna d'emmener Jésus pour le flageller. Les soldats tressèrent une couronne avec des épines, et la lui mirent sur la tête ; puis ils le revêtirent d'un manteau de pourpre. Ils s'avançaient vers lui et ils disaient :

F. Honneur à toi, roi des Juifs !

L. Et ils le giflaient.

8. Jésus est interrogé par Pilate pour la deuxième fois

L. Pilate sortit de nouveau pour dire aux Juifs :

A. Voyez, je vous l'amène dehors pour que vous sachiez que je ne trouve en lui aucun motif de condamnation.

L. Alors Jésus sortit, portant la couronne d'épines et le manteau de pourpre. Et Pilate leur dit :

A. Voici l'homme.

L. Quand ils le virent, les chefs des prêtres et les gardes se mirent à crier :
F. Crucifie-le ! Crucifie-le !
L. Pilate leur dit :
A. Reprenez-le, et crucifiez-le vous-mêmes ; moi, je ne trouve en lui aucun motif de condamnation.
L. Les Juifs lui répondirent :
F. Nous avons une Loi, et suivant la Loi il doit mourir, parce qu'il s'est prétendu Fils de Dieu.
L. Quand Pilate entendit ces paroles, il redoubla de crainte. Il rentra dans son palais, et dit à Jésus :
A. D'où es-tu ?
L. Jésus ne lui fit aucune réponse. Pilate lui dit alors :
A. Tu refuses de me parler, à moi ? Ne sais-tu pas que j'ai le pouvoir de te relâcher, et le pouvoir de te crucifier ?
L. Jésus répondit :
+ Tu n'aurais aucun pouvoir sur moi si tu ne l'avais reçu d'en haut ; ainsi, celui qui m'a livré à toi est chargé d'un péché plus grave.
L. Dès lors, Pilate cherchait à le relâcher ; mais les Juifs se mirent à crier :
F. Si tu le relâches, tu n'es pas ami de l'empereur. Quiconque se fait roi s'oppose à l'empereur.
L. En entendant ces paroles, Pilate amena Jésus au-dehors ; il le fit asseoir sur une estrade à l'endroit qu'on appelle le Dallage (en hébreu : Gabbatha). C'était un vendredi, la veille de la Pâque, vers midi. Pilate dit aux Juifs :
A. Voici votre roi.
L. Alors ils crièrent :
F. A mort ! A mort ! Crucifie-le !
L. Pilate leur dit :
A. Vais-je crucifier votre roi ?
L. Les chefs des prêtres répondirent :
F. Nous n'avons pas d'autre roi que l'empereur.
L. Alors, il leur livra Jésus pour qu'il soit crucifié, et ils se saisirent de lui.

9. Jésus est crucifié

L. Jésus, portant lui-même sa croix, sortit en direction du lieu dit en hébreu Golgotha (nom qui se traduit : « Calvaire », c'est-à-dire « Crâne »). Là, ils le crucifièrent, et avec lui deux autres, un de chaque côté, et Jésus au milieu.

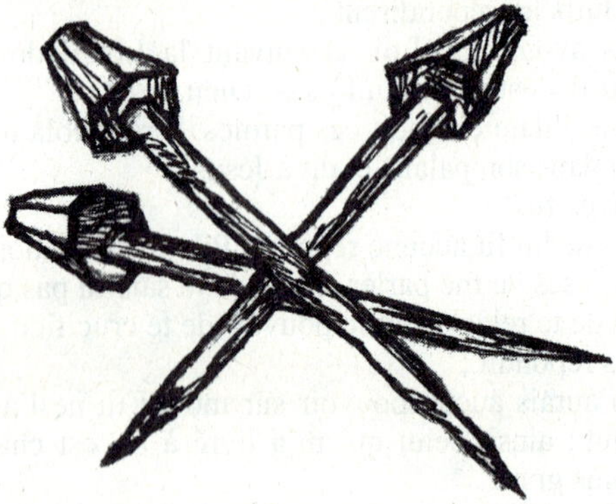

Pilate avait rédigé un écriteau qu'il fit placer sur la croix, avec cette inscription : « Jésus le Nazaréen, roi des Juifs. » Comme on avait crucifié Jésus dans un endroit proche de la ville, beaucoup de Juifs lurent cet écriteau, qui était libellé en hébreu, en latin et en grec. Alors les prêtres des Juifs dirent à Pilate :
F. Il ne fallait pas écrire : « Roi des Juifs » ; il fallait écrire : « Cet homme a dit : Je suis le roi des Juifs. »
L. Pilate répondit :
A. Ce que j'ai écrit, je l'ai écrit.

10. Les vêtements de Jésus sont tirés au sort

L. Quand les soldats eurent crucifié Jésus, ils prirent ses habits ; ils en firent quatre parts, une pour chacun. Restait la tunique ; c'était une tunique sans couture, tissée tout d'une pièce de haut en bas. Alors ils se dirent entre eux :
A. Ne la déchirons pas, tirons au sort celui qui l'aura.

L. Ainsi s'accomplissait la parole de l'Écriture : « Ils se sont partagé mes habits ; ils ont tiré au sort mon vêtement. » C'est bien ce que firent les soldats.

11. La mère de Jésus était là

L. Or, près de la croix de Jésus se tenait sa mère, avec la sœur de sa mère, Marie femme de Cléophas et Marie Madeleine. Jésus, voyant sa mère, et près d'elle le disciple qu'il aimait, dit à sa mère :
\+ Femme, voici ton fils.
L. Puis il dit au disciple :
\+ Voici ta mère.
L. Et à partir de cette heure-là, le disciple la prit chez lui.

12. Jésus meurt sur la croix

L. Après cela, sachant que désormais toutes choses étaient accomplies, et pour que l'Écriture s'accomplisse jusqu'au bout, Jésus dit :
\+ J'ai soif.
L. Il y avait là un récipient plein d'une boisson vinaigrée. On fixa donc une éponge remplie de ce vinaigre à une branche d'hysope, et on l'approcha de sa bouche. Quand il eut pris le vinaigre, Jésus dit :
\+ Tout est accompli.
L. Puis, inclinant la tête, il remit l'esprit.

Ici on se met à genoux, et on prie un instant en silence.

13. Le cœur de Jésus est percé d'un coup de lance

L. Comme c'était le vendredi, il ne fallait pas laisser des corps en croix durant le sabbat (d'autant plus que ce sabbat était le grand jour de la Pâque). Aussi les Juifs demandèrent à Pilate qu'on enlève les corps après leur avoir brisé les jambes. Des soldats allèrent donc briser les jambes du premier puis du deuxième des condamnés que l'on avait crucifiés avec Jésus. Quand ils arrivèrent à celui-ci, voyant qu'il était déjà mort, ils ne lui brisèrent pas les jambes, mais un des soldats avec sa lance lui perça le côté ; et aussitôt, il en sortit du sang et de l'eau. Celui qui a vu rend témoignage, afin que vous croyiez vous aussi. (Son témoignage est véridique et le Seigneur sait qu'il dit vrai.) Tout cela est arrivé afin que cette parole de l'Écriture s'accomplisse : « Aucun de ses os ne sera brisé. » Et un autre passage dit encore : « Ils lèveront les yeux vers celui qu'ils ont transpercé. »

14. Jésus est mis au tombeau

L. Après cela, Joseph d'Arimathie, qui était disciple de Jésus, mais en secret par peur des Juifs, demanda à Pilate de pouvoir enlever le corps de Jésus. Et Pilate le permit. Joseph vint donc enlever le corps de Jésus. Nicodème (celui qui la première fois était venu trouver Jésus pendant la nuit) vint lui aussi ; il apportait un mélange de myrrhe et d'aloès pesant environ cent livres. Ils prirent le corps de Jésus, et ils l'enveloppèrent d'un linceul, en employant les aromates selon la manière juive d'ensevelir les morts. Près du lieu où Jésus avait été crucifié, il y avait un jardin, et dans ce jardin, un tombeau neuf dans lequel on n'avait encore mis personne. Comme le sabbat des Juifs allait commencer, et que ce tombeau était proche, c'est là qu'ils déposèrent Jésus.

PRIÈRE UNIVERSELLE

1. Pour l'Église

Prions, frères bien-aimés, pour la sainte Église de Dieu : que le Père tout-puissant lui donne la paix et l'unité, qu'il la protège dans tout l'univers ; et qu'il nous accorde une vie calme et paisible pour que nous rendions grâce à notre Dieu.

Tous prient en silence. Puis le prêtre dit :

Dieu éternel et tout-puissant, dans le Christ, tu as révélé ta gloire à tous les peuples ; protège l'œuvre de ton amour : afin que ton Église répandue par tout l'univers demeure inébranlable dans la foi pour proclamer ton nom. Par Jésus, le Christ, notre Seigneur. **Amen.**

2. Pour le pape

Prions pour notre saint Père le pape, N., élevé par Dieu notre Seigneur à l'ordre épiscopal : qu'il le garde sain et sauf à son Église pour gouverner le peuple de Dieu.

Dieu éternel et tout-puissant dont la sagesse organise toutes choses, daigne écouter notre prière : protège avec amour le pape que tu as choisi, afin que sous la conduite de ce pasteur, le peuple chrétien que tu gouvernes progresse toujours dans la foi. Par Jésus, le Christ, notre Seigneur. **Amen.**

3. Pour le clergé et le peuple fidèle

Prions pour notre évêque, N., pour tous les évêques, les prêtres, les diacres, pour tous ceux qui remplissent des ministères dans l'Église et pour l'ensemble du peuple des croyants.

Dieu éternel et tout-puissant dont l'Esprit sanctifie et gouverne le corps entier de l'Église, exauce les prières que nous t'adressons pour tous les ordres de fidèles qui la composent : que chacun d'eux, par le don de ta grâce, te serve avec fidélité. Par Jésus, le Christ, notre Seigneur. **Amen.**

4. Pour les catéchumènes

Prions pour les (nos) catéchumènes : que Dieu notre Seigneur ouvre leur intelligence et leur cœur, et les accueille dans sa miséricorde ; après avoir reçu le pardon de tous leurs péchés par le bain de la naissance nouvelle, qu'ils soient incorporés à notre Seigneur Jésus Christ.

Dieu éternel et tout-puissant, toi qui assures toujours la fécondité de ton Église, augmente en nos catéchumènes l'intelligence et la foi : qu'ils renaissent à la source du baptême et prennent place parmi tes enfants d'adoption. Par Jésus, le Christ, notre Seigneur. **Amen.**

5. Pour l'unité des chrétiens

Prions pour tous nos frères qui croient en Jésus Christ et s'efforcent de conformer leur vie à la vérité : demandons au Seigneur notre Dieu de les rassembler et de les garder dans l'unité de son Église.

Dieu éternel et tout-puissant, toi qui rassembles ce qui est dispersé et qui fais l'unité de ce que tu rassembles, regarde avec amour l'Église de ton Fils : nous te prions d'unir dans la totalité de la foi et par le lien de la charité tous les hommes qu'un seul baptême a consacrés. Par Jésus, le Christ, notre Seigneur. **Amen.**

6. Pour les Juifs

Prions pour les Juifs à qui Dieu a parlé en premier : qu'ils progressent dans l'amour de son Nom et la fidélité à son Alliance.

Dieu éternel et tout-puissant, toi qui as choisi Abraham et sa descendance pour en faire les fils de ta promesse, conduis à la plénitude de la rédemption le premier peuple de l'Alliance, comme ton Église t'en supplie. Par Jésus, le Christ, notre Seigneur. **Amen.**

7. Pour les autres croyants

Prions pour ceux qui ne croient pas en Jésus Christ : demandons qu'à la lumière de l'Esprit Saint, ils soient capables eux aussi de s'engager pleinement sur le chemin du salut.

Dieu éternel et tout-puissant, donne à ceux qui ne croient pas au Christ d'aller sous ton regard avec un cœur sincère, afin de parvenir à la connaissance de la vérité ; et donne-nous de mieux nous aimer les uns les autres et d'ouvrir davantage notre vie à la tienne, pour être dans le monde de meilleurs témoins de ton amour. Par Jésus, le Christ, notre Seigneur. **Amen.**

8. Pour les non-croyants

Prions pour ceux qui ne connaissent pas Dieu : demandons qu'en obéissant à leur conscience ils parviennent à le reconnaître.

Dieu éternel et tout-puissant, toi qui as créé les hommes pour qu'ils te cherchent de tout leur cœur et que leur cœur s'apaise en te trouvant, fais qu'au milieu des difficultés de ce monde tous puissent discerner les signes de ta bonté et rencontrer des témoins de ton amour : qu'ils aient le bonheur de te reconnaître, toi, le seul vrai Dieu et le Père de tous les hommes. Par Jésus, le Christ, notre Seigneur. **Amen.**

9. Pour les pouvoirs publics

Prions pour les chefs d'État et tous les responsables des affaires publiques : que le Seigneur notre Dieu dirige leur esprit et leur cœur selon sa volonté pour la paix et la liberté de tous.

Dieu éternel et tout-puissant, toi qui tiens en ta main le cœur des hommes, et garantis les droits des peuples, viens en aide à ceux qui exercent le pouvoir ; que partout sur la terre s'affermissent avec ta grâce la sécurité et la paix, la prospérité des nations et la liberté religieuse. Par Jésus, le Christ, notre Seigneur. **Amen.**

10. Pour nos frères dans l'épreuve

Frères bien-aimés, prions Dieu le Père tout-puissant d'avoir pitié des hommes dans l'épreuve : qu'il débarrasse le monde de toute erreur, qu'il chasse les épidémies et repousse la famine, qu'il vide les prisons et délivre les captifs, qu'il protège ceux qui voyagent, qu'il ramène chez eux les exilés, qu'il donne la force aux malades, et accorde le salut aux mourants.

Dieu éternel et tout-puissant, consolation des affligés, force de ceux qui peinent, entends les prières des hommes qui t'appellent, quelles que soient leurs souffrances : qu'ils aient la joie de trouver dans leurs détresses le secours de ta miséricorde. Par Jésus, le Christ, notre Seigneur. **Amen.**

ADORATION ET VÉNÉRATION DE LA CROIX

Une grande croix est apportée dans l'église, en passant au milieu de l'assemblée, ou bien une croix voilée est découverte peu à peu.

Voici le bois de la Croix,
qui a porté le salut du monde.
Venez, adorons le Seigneur.

Ou une autre acclamation.

Puis chacun vient vénérer la croix.

On apporte sur l'autel le pain consacré à la messe du Jeudi saint.

NOTRE PÈRE…

On omet le rite de paix, le rite de la fraction et le chant de l'Agneau de Dieu.

PRIÈRE APRÈS LA COMMUNION

Dieu de puissance et de miséricorde, toi qui nous as renouvelés par la mort et la résurrection de ton Christ, entretiens en nous l'œuvre de ton amour ; que notre communion à ce mystère consacre notre vie à ton service. Par Jésus, le Christ, notre Seigneur. **Amen.**

BÉNÉDICTION

Le prêtre étend les mains sur l'assemblée et dit :

Que ta bénédiction, Seigneur, descende en abondance sur ton peuple qui a célébré la mort de ton Fils dans l'espérance de sa propre résurrection : accorde-lui pardon et réconfort, augmente sa foi, assure son éternelle rédemption. Par Jésus, le Christ, notre Seigneur. **Amen.**

La célébration se termine dans le silence et le recueillement.

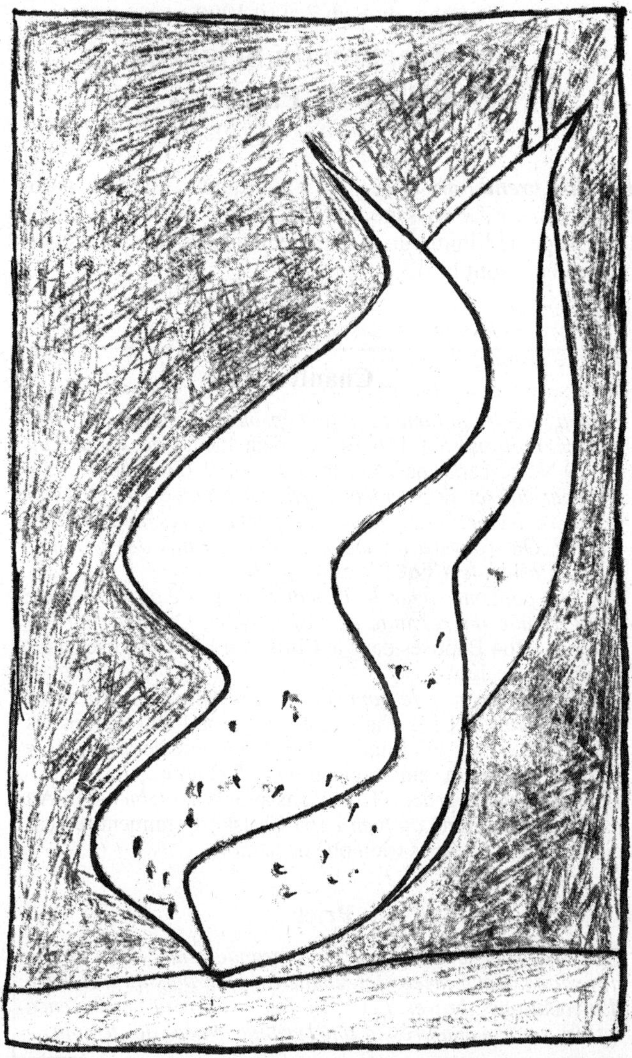

Nuit du 6 au 7 avril 1996

Résurrection du Seigneur
Veillée de Pâques

L'Église prend naissance « Pourquoi chercher parmi les morts… » Le passage du Christ à une vie nouvelle c'est le passage de l'humanité à une vie nouvelle : tous les signes du baptême sont là.

Chanter

Pour apprécier la lumière, il faut éprouver la nuit (église peu éclairée). Prendre I 166 Brillez déjà lueurs de Pâques *ou* H 119 Ne descends pas dans le jardin, *ou* P 156 Voici la nuit.
On peut utiliser la première partie du psaume 135 *après la première lecture et la deuxième partie après la troisième lecture. On trouvera les mélodies des refrains des psaumes dans le fascicule d'*EqC.
S'il y a baptême, pour la bénédiction de l'eau, il y a une petite litanie intéressante en MNA 34.85. *On peut clore le rite par* I 264 Baptisés dans le Christ, *ou* I 297 Baptisés dans la lumière de Jésus.
Quand il n'y a pas de baptêmes, le prêtre asperge l'assemblée au chant de I 132 J'ai vu l'eau vive, *ou* I 100 Sauvés des mêmes eaux *ou* I 297 Baptisés dans la lumière de Jésus, *ou le refrain de* I 46 Un seul Seigneur *ou* I 25 Ô toi qui dors.
Pour l'action de grâce : I 168 Sans avoir vu, *ou bien* I 15 Au matin dans la clarté *ou bien* I 169 Christ est vraiment ressuscité *ou* ILH 165 Tu as triomphé de la mort.

Prier

L'Église propose à l'assemblée la grande prière de la litanie des saints. Cette prière solennelle est bien plus qu'une série d'invocations brèves. Les baptisés prennent conscience qu'ils sont « entourés d'une grande nuée de témoins »

(He 12,1). A la mention des grands saints de l'Église universelle, il convient d'ajouter celle des saints locaux.
Cette prière comprend : une prière pénitentielle : « Délivre-nous, Seigneur »*, et une prière universelle :* « De grâce, écoute-nous »*, qui peut être complétée.*
S'il n'y a pas de baptême, la litanie n'est pas nécessaire. On peut cependant la garder, elle contribue au caractère festif de la veillée.

Célébrer

Les lieux orientent souvent les choix, et offrent la possibilité de faire se déplacer tout ou partie de l'assemblée. (Préparer les lieux, les espaces, si l'on doit processionner ou se déplacer.)
Vérifier la qualité des objets utilisés et leur volume, pour la visibilité : de quoi faire un vrai brasier dans une vraie nuit ; les cierges ; un beau récipient pour l'eau ; de quoi faire une copieuse aspersion, avec de l'eau qui mouille ; lumières pour éclairer successivement les différents lieux.
Si des baptêmes sont prévus, penser à présenter les futurs baptisés au début de la célébration.
Pour le choix des lectures, il est bon de tenir compte de ce qui a été fait dans les années précédentes. Il faut lire au moins, outre l'évangile, la traversée de la mer (troisième lecture) *et la lettre aux Romains* (huitième lecture)*, mais peut-on se contenter de si peu pour célébrer Pâques ?*
Avec le lectionnaire de l'année A, découvrons que la quatrième lecture *(« mon amour pour toi ne changera pas ») rappelle la rencontre, faite au 3ᵉ dimanche de Carême, de Jésus et la Samaritaine ; que la* sixième lecture *(« tous ceux qui observent la loi vivront ») fait penser à la résurrection de Lazare, proclamée au 5ᵉ dimanche de Carême ; que la* septième lecture *(« je me montrerai saint à leurs yeux ») évoque la guérison de l'aveugle-né, lue au 4ᵉ dimanche de Carême.*
Après l'évangile, il serait bien de dire avec le geste de la paix : « Christ est ressuscité ! – Il est vraiment ressuscité ! »*, comme le font les chrétiens orientaux.*

Célébration de la veillée pascale

Frères bien-aimés, en cette nuit très sainte où notre Seigneur Jésus Christ est passé de la mort à la vie, l'Église invite tous ses enfants disséminés de par le monde à se réunir pour veiller et prier.
Nous allons donc commémorer ensemble la Pâque du Seigneur, en écoutant sa parole et en célébrant ses sacrements, dans l'espérance d'avoir part à son triomphe sur la mort et de vivre avec lui pour toujours en Dieu.

BÉNÉDICTION DU FEU

Seigneur notre Dieu, par ton Fils qui est la lumière du monde, tu as donné aux hommes la clarté de ta lumière ; daigne bénir cette flamme qui brille dans la nuit ; accorde-nous, durant ces fêtes pascales, d'être enflammés d'un si grand désir du ciel que nous puissions parvenir, avec un cœur pur, aux fêtes de l'éternelle lumière. Par Jésus, le Christ, notre Seigneur. **Amen.**

PRÉPARATION DU CIERGE PASCAL

Le Christ, hier et aujourd'hui, commencement et fin de toutes choses, Alpha et Oméga ; à lui, le temps et l'éternité, à lui, la gloire et la puissance pour les siècles sans fin. **Amen.**
Par ses saintes plaies, ses plaies glorieuses, que le Christ Seigneur nous garde et nous protège. **Amen.**
Que la lumière du Christ, ressuscitant dans la gloire, dissipe les ténèbres de notre cœur et de notre esprit. **Amen.**

PROCESSION D'ENTRÉE

Lumière du Christ !
Nous rendons grâce à Dieu !

LOUANGE PASCALE

On choisit l'un des deux textes suivants :

Qu'éclate dans le ciel la joie des anges !
Qu'éclate de partout la joie du monde !
Qu'éclate dans l'Église la joie des fils de Dieu !
La lumière éclaire l'Église,
La lumière éclaire la terre,
Peuples, chantez !

• **Nous te louons, splendeur du Père.**
Jésus, Fils de Dieu.

• **Sainte lumière, Splendeur du Père,**
Louange à toi, Jésus Christ !

Voici pour tous les temps l'unique Pâque,
Voici pour Israël le grand passage,
Voici la longue marche vers la terre de liberté !
Ta lumière éclaire la route,
Dans la nuit ton peuple s'avance,
Libre, vainqueur !

Voici maintenant la Victoire,
Voici la liberté pour tous les peuples,
Le Christ ressuscité triomphe de la mort.
Ô nuit qui nous rend la lumière,
Ô nuit qui vit dans sa Gloire
Le Christ Seigneur !

Amour infini de notre Père,
Suprême témoignage de tendresse,
Pour libérer l'esclave, tu as livré le Fils !
Bienheureuse faute de l'homme,
Qui valut au monde en détresse
Le seul Sauveur !

Victoire qui rassemble ciel et terre,
Victoire où Dieu se donne un nouveau peuple,
Victoire de l'Amour, victoire de la Vie !
Ô Père, accueille la flamme,
Qui vers toi s'élève en offrande,
Feu de nos cœurs !

Que brille devant toi cette lumière !
Demain se lèvera l'aube nouvelle
D'un monde rajeuni dans la Pâque de ton Fils !

Et que règnent la Paix, la Justice et l'Amour,
Et que passent tous les hommes
De cette terre à ta grande maison,
Par Jésus Christ ! (I 111)

Tous éteignent leur cierge et s'assoient.

Ou bien :

Exultez de joie, multitude des anges,
exultez, serviteurs de Dieu,
sonnez cette heure triomphale
et la victoire d'un si grand roi.

Sois heureuse aussi, notre terre,
irradiée de tant de feux,
car il t'a prise dans sa clarté
et son règne a chassé ta nuit.

Réjouis-toi, mère Église,
toute parée de sa splendeur,
entends vibrer dans ce lieu saint
l'acclamation de tout un peuple.

Le Seigneur soit avec vous.
Et avec votre esprit.

Élevons notre cœur.
Nous le tournons vers le Seigneur.

Rendons grâce au Seigneur notre Dieu.
Cela est juste et bon.

Vraiment, il est juste et bon de chanter à pleine voix et de tout cœur le Père tout-puissant, Dieu invisible, et son Fils unique, Jésus Christ, notre Seigneur.
C'est lui qui a remis pour nous au Père éternel le prix de la dette encourue par Adam ; c'est lui qui répandit son sang par amour pour effacer la condamnation du premier péché.
Car voici la fête de la Pâque dans laquelle est mis à mort l'Agneau véritable dont le sang consacre les portes des croyants.

Voici la nuit où tu as tiré d'Égypte les enfants d'Israël, nos pères, et leur as fait passer la mer Rouge à pied sec.
C'est la nuit où le feu d'une colonne lumineuse repoussait les ténèbres du péché. C'est maintenant la nuit qui arrache au monde corrompu, aveuglé par le mal, ceux qui, aujourd'hui et dans tout l'univers, ont mis leur foi dans le Christ : nuit qui les rend à la grâce et leur ouvre la communion des saints.
Voici la nuit où le Christ, brisant les liens de la mort, s'est relevé, victorieux, des enfers.
Merveilleuse condescendance de ta grâce ! Imprévisible choix de ton amour : pour racheter l'esclave, tu livres le Fils.
Il fallait le péché d'Adam que la mort du Christ abolit. Heureuse était la faute qui nous valut pareil Rédempteur.
Car le pouvoir sanctifiant de cette nuit chasse les crimes et lave les fautes, rend l'innocence aux coupables et l'allégresse aux affligés.
Ô nuit de vrai bonheur, nuit où le ciel s'unit à la terre, où l'homme rencontre Dieu.
Dans la grâce de cette nuit, accueille, Père saint, en sacrifice du soir, la flamme montant de cette colonne de cire que l'Église t'offre par nos mains. Permets que ce cierge pascal, consacré à ton nom, brûle sans déclin dans cette nuit. Qu'il soit agréable à tes yeux, et joigne sa clarté à celle des étoiles.
Qu'il brûle encore quand se lèvera l'astre du matin, celui qui ne connaît pas de couchant, le Christ, ton Fils ressuscité, revenu des enfers, répandant sur les humains sa lumière et sa paix, lui qui règne avec toi et le Saint-Esprit, maintenant et pour les siècles des siècles. **Amen.**

Tous éteignent leur cierge et s'assoient.

« Écoutons d'un cœur paisible… comment, dans les temps passés, Dieu, notre créateur, a sauvé son peuple, et comment, dans ces temps qui sont les derniers, il nous a envoyé son Fils comme Rédempteur. »

PREMIÈRE LECTURE Gn 1, 1–2, 2

Du néant à la vie.

La lecture du texte entre crochets est facultative.

Lecture du livre de la Genèse

Au commencement, Dieu créa le ciel et la terre.
[La terre était informe et vide, les ténèbres étaient au-dessus de l'abîme, et le souffle de Dieu planait au-dessus des eaux. Dieu dit : « Que la lumière soit. » Et la lumière fut. Dieu vit que la lumière était bonne, et Dieu sépara la lumière des ténèbres. Dieu appela la lumière : « jour » ; il appela les ténèbres : « nuit ». Il y eut un soir, il y eut un matin : ce fut le premier jour.
Et Dieu dit : « Qu'il y ait un firmament au milieu des eaux, et qu'il sépare les eaux. » Dieu fit le firmament, il sépara les eaux qui sont au-dessous du firmament et les eaux qui sont au-dessus. Et ce fut ainsi. Dieu appela le firmament : « ciel ». Il y eut un soir, il y eut un matin : ce fut le deuxième jour.
Et Dieu dit : « Les eaux qui sont au-dessous du ciel, qu'elles se rassemblent en un seul lieu, et que paraisse la terre ferme. » Et ce fut ainsi. Dieu appela la terre ferme : « terre », et il appela la masse des eaux : « mer ». Et Dieu vit que cela était bon. Dieu dit : « Que la terre produise l'herbe, la plante qui porte sa semence, et l'arbre à fruit qui donne, selon son espèce, le fruit qui porte la semence. » Et

ce fut ainsi. La terre produisit l'herbe, la plante qui porte sa semence, selon son espèce, et l'arbre qui donne, selon son espèce, le fruit qui porte sa semence. Et Dieu vit que cela était bon. Il y eut un soir, il y eut un matin : ce fut le troisième jour.

Et Dieu dit : « Qu'il y ait des luminaires au firmament du ciel, pour séparer le jour de la nuit ; qu'ils servent de signes pour marquer les fêtes, les jours et les années ; et qu'ils soient, au firmament du ciel, des luminaires pour éclairer la terre. » Et ce fut ainsi. Dieu fit les deux grands luminaires : le plus grand pour régner sur le jour, le plus petit pour régner sur la nuit. Il fit aussi les étoiles. Dieu les plaça au firmament du ciel pour éclairer la terre, pour régner sur le jour et sur la nuit, pour séparer la lumière des ténèbres. Et Dieu vit que cela était bon. Il y eut un soir, il y eut un matin : ce fut le quatrième jour.

Et Dieu dit : « Que les eaux foisonnent d'une profusion d'êtres vivants, et que les oiseaux volent au-dessus de la terre, sous le firmament du ciel. » Dieu créa, selon leur espèce, les grands monstres marins, tous les êtres vivants qui vont et viennent et qui foisonnent dans les eaux, et aussi, selon leur espèce, tous les oiseaux qui volent. Et Dieu vit que cela était bon. Dieu les bénit par ces paroles : « Soyez féconds et multipliez-vous, remplissez les mers, que les oiseaux se multiplient sur la terre. » Il y eut un soir, il y eut un matin : ce fut le cinquième jour.

Et Dieu dit : « Que la terre produise des êtres vivants selon leur espèce, bestiaux, bestioles et bêtes sauvages selon leur espèce. » Et ce fut ainsi. Dieu fit les bêtes sauvages selon leur espèce, les bestiaux, selon leur espèce, et toutes les bestioles de la terre selon leur espèce. Et Dieu vit que cela était bon.]

Dieu dit : « Faisons l'homme à notre image, selon notre ressemblance. Qu'il soit le maître des poissons de la mer, des oiseaux du ciel, des bestiaux, de toutes les bêtes sauvages, et de toutes les bestioles qui vont et viennent sur la terre. » Dieu créa l'homme à son image, à l'image de

Dieu, il le créa, il les créa homme et femme. Dieu les bénit et leur dit : « Soyez féconds et multipliez-vous, remplissez la terre et soumettez-la. Soyez les maîtres des poissons de la mer, des oiseaux du ciel, et de tous les animaux qui vont et viennent sur la terre. » Dieu dit encore : « Je vous donne toute plante qui porte sa semence sur toute la surface de la terre, et tout arbre dont le fruit porte sa semence : telle sera votre nourriture. Aux bêtes sauvages, aux oiseaux du ciel, à tout ce qui va et vient sur la terre et qui a souffle de vie, je donne comme nourriture toute herbe verte. » Et ce fut ainsi. Et Dieu vit tout ce qu'il avait fait : c'était très bon. Il y eut un soir, il y eut un matin : ce fut le sixième jour.
[Ainsi furent achevés le ciel et la terre, et tout leur déploiement. Le septième jour, Dieu avait achevé l'œuvre qu'il avait faite. Il se reposa, le septième jour, de toute l'œuvre qu'il avait faite.]

PREMIER PSAUME — Ps 103

Merveille ! *Magnifique est l'œuvre de Dieu dans la création ; mais plus merveilleuse son œuvre dans la résurrection.*

• **Ô Seigneur, envoie ton Esprit**
qui renouvelle la face de la terre.

• **Fils de l'homme à l'image de Dieu ;**
Fils de Dieu, qui transfigures l'homme.

Bénis le Seigneur, ô mon âme :
Seigneur mon Dieu, tu es si grand !
Revêtu de magnificence,
tu as pour manteau la lumière !

Tu as donné son assise à la terre :
qu'elle reste inébranlable, au cours des temps.
Tu l'as vêtue de l'abîme des mers,
les eaux couvraient même les montagnes.

Dans les ravins tu fais jaillir des sources
et l'eau chemine aux creux des montagnes ;

les oiseaux séjournent près d'elle :
dans le feuillage on entend leurs cris.

De tes demeures tu abreuves les montagnes,
et la terre se rassasie du fruit de tes œuvres ;
tu fais pousser les prairies pour les troupeaux,
et les champs pour l'homme qui travaille.

Quelle profusion dans tes œuvres, Seigneur !
Tout cela, ta sagesse l'a fait ;
la terre s'emplit de tes biens.
Bénis le Seigneur, ô mon âme !

ou Ps 32

**Toute la terre, Seigneur,
est remplie de ton amour.**

Oui, elle est droite, la parole du Seigneur ;
il est fidèle en tout ce qu'il fait.
Il aime le bon droit et la justice ;
la terre est remplie de son amour.

Le Seigneur a fait les cieux par sa parole,
l'univers, par le souffle de sa bouche.
Il amasse, il retient l'eau des mers ;
les océans, il les garde en réserve.

Heureux le peuple dont le Seigneur est le Dieu,
heureuse la nation qu'il s'est choisie pour domaine !
Du haut des cieux, le Seigneur regarde :
il voit la race des hommes.

Nous attendons notre vie du Seigneur :
il est pour nous un appui, un bouclier.
Que ton amour, Seigneur, soit sur nous,
comme notre espoir est en toi.

PRIÈRE

• Dieu éternel et tout-puissant, toi qui agis toujours avec une sagesse admirable, donne aux hommes que tu as rachetés de comprendre que le sacrifice du Christ, notre Pâque, est une œuvre plus merveilleuse encore que l'acte de la création au commencement du monde. Par Jésus, le Christ, notre Seigneur.

• Seigneur notre Dieu, toi qui as fait merveille en créant l'homme et plus grande merveille encore en le rachetant, donne-nous de résister aux attraits du péché par la sagesse de l'esprit, et de parvenir aux joies éternelles. Par Jésus, le Christ, notre Seigneur.

DEUXIÈME LECTURE Gn 22, 1…18

De l'obéissance à la bénédiction *« Abraham pensait que Dieu est capable de ressusciter les morts ; c'est pour cela qu'il retrouva son fils » (He 11,19). Isaac et Jésus, fils uniques, donnés jusqu'à la mort et rendus à la vie.*

La lecture du texte entre crochets est facultative.

Lecture du livre de la Genèse

Dieu mit Abraham à l'épreuve. Il lui dit : « Abraham ! » Celui-ci répondit : « Me voici ! » Dieu dit : « Prends ton fils, ton fils unique, celui que tu aimes, Isaac, va au pays de Moriah, et là tu l'offriras en sacrifice sur la montagne que je t'indiquerai. »

[Abraham se leva de bon matin, sella son âne, et prit avec lui deux de ses serviteurs et son fils Isaac. Il fendit le bois pour le sacrifice et se mit en route vers l'endroit que Dieu lui avait indiqué. Le troisième jour, Abraham, levant les yeux, vit l'endroit de loin. Abraham dit à ses serviteurs : « Restez ici avec l'âne. Moi et l'enfant nous irons jusque là-bas pour adorer, puis nous reviendrons vers vous. » Abraham prit le bois pour le sacrifice et le chargea sur son fils Isaac ; il prit le feu et le couteau, et tous deux s'en allèrent ensemble. Isaac interrogea son père Abraham : « Mon père » – « Eh bien, mon fils ? » Isaac reprit : « Voilà le feu et le bois, mais où est l'agneau pour l'holocauste ? » Abraham répondit : « Dieu saura bien trouver l'agneau pour l'holocauste, mon fils », et ils s'en allaient tous les deux ensemble.]

Ils arrivèrent à l'endroit que Dieu avait indiqué. Abraham y éleva l'autel et disposa le bois, puis il lia son fils Isaac et le mit sur l'autel, par-dessus le bois. Abraham étendit la main et saisit le couteau pour immoler son fils. Mais l'Ange du Seigneur l'appela du haut du ciel et dit : « Abraham ! Abraham ! » Il répondit : « Me voici ! » L'Ange lui dit : « Ne porte pas la main sur l'enfant ! Ne lui fais aucun mal ! Je sais maintenant que tu crains Dieu : tu ne m'as pas refusé ton fils, ton fils unique. »
Abraham leva les yeux et vit un bélier, qui s'était pris les cornes dans un buisson. Il alla prendre le bélier et l'offrit en holocauste à la place de son fils. Du ciel l'Ange du Seigneur appela une seconde fois Abraham : « Je le jure par moi-même, déclare le Seigneur : parce que tu as fait cela, parce que tu ne m'as pas refusé ton fils, ton fils unique, je te comblerai de bénédictions, je rendrai ta descendance aussi nombreuse que les étoiles du ciel et que le sable au bord de la mer, et ta descendance tiendra les places fortes de ses ennemis. Puisque tu m'as obéi, toutes les nations de la terre s'adresseront l'une à l'autre la bénédiction par le nom de ta descendance. »

DEUXIÈME PSAUME Ps 15

• **Garde-moi, Seigneur mon Dieu,**
toi, mon seul espoir !

• **Tu m'as montré, Seigneur,**
le chemin de la vie.

Seigneur, mon partage et ma coupe :
de toi dépend mon sort.
Je garde le Seigneur devant moi sans relâche ;
il est à ma droite : je suis inébranlable.

Mon cœur exulte, mon âme est en fête,
ma chair elle-même repose en confiance :
tu ne peux m'abandonner à la mort
ni laisser ton ami voir la corruption.

Mon Dieu, j'ai fait de toi mon refuge.
Tu m'apprends le chemin de la vie :
devant ta face, débordement de joie !
À ta droite, éternité de délices !

PRIÈRE

Dieu très saint, Père des croyants, en répandant la grâce de l'adoption, tu multiplies sur toute la terre les fils de ta promesse ; par le mystère pascal, tu fais de ton serviteur Abraham, comme tu l'avais promis, le père de toutes les nations ; accorde à ton peuple de savoir répondre à cet appel. Par Jésus, le Christ, notre Seigneur.

TROISIÈME LECTURE Ex 14, 15–15, 1

De la servitude à la liberté *Texte fondateur du peuple de l'Alliance. Plus fondamental que le poème de la création du monde, il raconte la merveille du salut venant dans l'histoire.*

Lecture du livre de l'Exode

Les fils d'Israël, voyant les Égyptiens lancés à leur poursuite, étaient effrayés. Le Seigneur dit à Moïse : « Pourquoi crier vers moi ? Ordonne aux fils d'Israël de se mettre en route ! Toi, lève ton bâton, étends le bras contre la mer, fends-la en deux, et que les fils d'Israël pénètrent dans la mer à pied sec. Et moi, je vais endurcir le cœur des Égyptiens : ils pénétreront derrière eux dans la mer ; je triompherai, pour ma gloire, de Pharaon et de toute son armée, de ses chars et de ses guerriers. Les Égyptiens sauront que je suis le Seigneur, quand j'aurai triomphé, pour ma gloire, de Pharaon, de ses chars et de ses guerriers. » L'Ange de Dieu, qui marchait en avant d'Israël, changea de place et se porta à l'arrière. La colonne de nuée quitta l'avant-garde et vint se placer à l'arrière, entre le camp des Égyptiens et le camp d'Israël. Cette nuée était à la fois ténèbres et lumière dans la nuit, si bien que, de toute la nuit, ils ne purent se rencontrer. Moïse étendit le bras contre la mer. Le Seigneur chassa la

mer toute la nuit par un fort vent d'est, et il mit la mer à sec. Les eaux se fendirent, et les fils d'Israël pénétrèrent dans la mer à pied sec, les eaux formant une muraille à leur droite et à leur gauche. Les Égyptiens les poursuivirent et pénétrèrent derrière eux – avec tous les chevaux de Pharaon, ses chars et ses guerriers –, jusqu'au milieu de la mer.
Aux dernières heures de la nuit, le Seigneur observa, depuis la colonne de feu et de nuée, l'armée des Égyptiens, et il la mit en déroute. Il faussa les roues de leurs chars, et ils eurent beaucoup de peine à les conduire.
Les Égyptiens s'écrièrent : « Fuyons devant Israël, car c'est le Seigneur qui combat pour eux contre nous ! » Le Seigneur dit à Moïse : « Étends le bras contre la mer : que les eaux reviennent sur les Égyptiens, leurs chars et leurs guerriers ! » Moïse étendit le bras contre la mer. Au point du jour, la mer reprit sa place ; dans leur fuite, les Égyptiens s'y heurtèrent, et le Seigneur les précipita au milieu de la mer. Les eaux refluèrent et recouvrirent toute l'armée de Pharaon, ses chars et ses guerriers, qui avaient pénétré dans la mer à la poursuite d'Israël. Il n'en resta pas un seul. Mais les fils d'Israël avaient marché à pied sec au milieu de la mer, les eaux formant une muraille à leur droite et à leur gauche.
Ce jour-là, le Seigneur sauva Israël de la main de l'Égypte et Israël vit sur le bord de la mer les cadavres des Égyptiens. Israël vit avec quelle main puissante le Seigneur avait agi contre l'Égypte. Le peuple craignit le Seigneur, il mit sa foi dans le Seigneur et dans son serviteur Moïse. Alors Moïse et les fils d'Israël chantèrent ce cantique au Seigneur :

TROISIÈME CHANT Ex 15, 2…17

- **Chantons le Seigneur,**
  car il a fait éclater sa gloire :
  il a jeté à l'eau cheval et cavalier.
- **Chantons le Seigneur, magnifique est sa victoire,**
  cheval et cavalier, il les jette à la mer.

Ma force et mon chant, c'est le Seigneur :
il est pour moi le salut.
Il est mon Dieu, je le célèbre ;
j'exalte le Dieu de mon père.
Le Seigneur est le guerrier des combats :
son nom est « Le Seigneur ».

Les chars du Pharaon et ses armées,
il les lance dans la mer.
L'élite de leurs chefs
a sombré dans la mer Rouge.
L'abîme les recouvre :
ils descendent, comme la pierre,
au fond des eaux.

Ta droite, Seigneur, magnifique en sa force,
ta droite, Seigneur, écrase l'ennemi.
Tu souffles ton haleine : la mer les recouvre.
Qui est comme toi, Seigneur, parmi les dieux ?
Qui est comme toi, magnifique en sainteté,
terrible en ses exploits, auteur de prodiges ?

Tu les amènes, tu les plantes
sur la montagne, ton héritage,
le lieu que tu as fait,
Seigneur, pour l'habiter,
le sanctuaire, Seigneur, fondé par tes mains.

PRIÈRE

• Seigneur notre Dieu, dans la lumière de l'Évangile tu as donné leur sens aux miracles accomplis sous l'Ancien Testament : on reconnaît dans la mer Rouge l'image de la fontaine baptismale ; et le peuple juif, délivré de la servitude d'Égypte, est la figure du peuple chrétien. Fais que tous les hommes, grâce à la foi, participent au privilège d'Israël, et soient régénérés en recevant ton Esprit. Par Jésus, le Christ, notre Seigneur.

• Maintenant encore, Seigneur, nous voyons resplendir tes merveilles d'autrefois : alors que jadis tu manifestais ta puissance en délivrant un seul peuple de la poursuite des

Égyptiens, tu assures désormais le salut de toutes les nations en les faisant renaître à travers les eaux du baptême ; fais que les hommes du monde entier deviennent des fils d'Abraham et accèdent à la dignité de tes enfants. Par Jésus, le Christ notre Seigneur.

QUATRIÈME LECTURE Is 54, 5-14

Du rejet au bonheur *Le prophète présente le Seigneur de l'univers comme Celui qui se lie à son peuple par épousailles.*

Lecture du livre d'Isaïe

Parole du Seigneur adressée à Jérusalem. Ton époux, c'est ton Créateur, « Seigneur de l'univers » est son nom. Ton Rédempteur, c'est le Dieu saint d'Israël, il se nomme « Dieu de toute la terre ». Oui, comme une femme abandonnée et désolée, le Seigneur te rappelle. Est-ce qu'on rejette la femme de sa jeunesse ? dit le Seigneur ton Dieu.

Un moment, je t'avais abandonnée, mais, dans ma grande tendresse, je te rassemblerai. Ma colère avait débordé, et un moment je t'avais caché ma face. Mais dans mon amour éternel j'ai pitié de toi, dit le Seigneur, ton Rédempteur.

C'est ainsi qu'au temps de Noé, j'ai juré que les eaux ne submergeraient plus la terre. De même, je jure de ne plus me mettre en colère contre toi, et de ne plus te menacer.

Quand les montagnes changeraient de place, quand les collines s'ébranleraient, mon amour pour toi ne changera pas, et mon alliance de paix ne sera pas ébranlée, a déclaré le Seigneur, dans sa tendresse pour toi. Jérusalem, malheureuse, battue par la tempête, inconsolée, voici que je vais sertir tes pierres et poser tes fondations sur des saphirs. Je ferai tes créneaux avec des rubis, tes portes en cristal de roche, et tous tes remparts avec des pierres précieuses. Tes fils seront tous instruits par le Seigneur, ils goûteront un bonheur sans limites. Tu seras établie sur la justice, délivrée de l'oppression, que tu ne craindras plus, délivrée de la terreur, qui ne viendra plus jusqu'à toi.

QUATRIÈME PSAUME Ps 29

Les enfants de Dieu célèbrent sa fidélité.

• **Je t'exalte, Seigneur, toi qui me relèves.**

• **Après les larmes de la nuit,**
au matin les cris de joie.

Quand j'ai crié vers toi, Seigneur,
mon Dieu, tu m'as guéri ;
Seigneur, tu m'as fait remonter de l'abîme
et revivre quand je descendais à la fosse.

Fêtez le Seigneur, vous, ses fidèles.
rendez grâce en rappelant son nom très saint.
Sa colère ne dure qu'un instant,
sa bonté, toute la vie.

Avec le soir, viennent les larmes,
mais au matin, les cris de joie !
Tu as changé mon deuil en une danse,
mes habits funèbres en parure de joie !

Que mon cœur ne se taise pas,
qu'il soit en fête pour toi ;
et que sans fin, Seigneur, mon Dieu,
je te rende grâce !

PRIÈRE

Dieu éternel et tout-puissant, pour l'honneur de ton nom, multiplie la postérité promise à nos pères à cause de leur foi, augmente le nombre de tes enfants d'adoption ; que ton Église voie, dès maintenant, se réaliser la promesse dont les patriarches n'ont jamais douté. Par Jésus, le Christ, notre Seigneur.

Ou bien l'une des prières qui suivent les autres lectures, si elles sont omises.

CINQUIÈME LECTURE Is 55, 1-11

De la faim à l'abondance.

Lecture du livre d'Isaïe

Vous tous qui avez soif, venez, voici de l'eau ! Même si vous n'avez pas d'argent, venez acheter et consommer, venez acheter du vin et du lait sans argent et sans rien payer. Pourquoi dépenser votre argent pour ce qui ne nourrit pas, vous fatiguer pour ce qui ne rassasie pas ?
Écoutez-moi donc : mangez de bonnes choses, régalez-vous de viandes savoureuses ! Prêtez l'oreille ! Venez à moi ! Écoutez et vous vivrez. Je ferai avec vous une alliance éternelle, qui confirmera ma bienveillance envers David. Lui, j'en ai fait un témoin pour les nations, un guide et un chef pour les peuples. Et toi, tu appelleras une nation que tu ne connais pas, et une nation qui t'ignore accourra vers toi, à cause du Seigneur ton Dieu, à cause de Dieu, le Saint d'Israël, qui fait ta splendeur.
Cherchez le Seigneur tant qu'il se laisse trouver. Invoquez-le tant qu'il est proche. Que le méchant abandonne son chemin, et l'homme pervers, ses pensées ! Qu'il revienne vers le Seigneur, qui aura pitié de lui, vers notre Dieu, qui est riche en pardon. Car mes pensées ne sont pas vos pensées, et mes chemins ne sont pas vos chemins – déclare le Seigneur. Autant le ciel est élevé au-dessus de la terre, autant mes chemins sont élevés au-dessus des vôtres, mes pensées, au-dessus de vos pensées.
La pluie et la neige qui descendent des cieux n'y retournent pas sans avoir abreuvé la terre, sans l'avoir fécondée et l'avoir fait germer, pour donner la semence au semeur et le pain à celui qui mange ; ainsi ma parole, qui sort de ma bouche, ne me reviendra pas sans résultat, sans avoir fait ce que je veux, sans avoir accompli sa mission.

CINQUIÈME CHANT Is 12

Exultant de joie.

• **Ivres de joie, vous puiserez les eaux aux sources du salut.**

• **Le Seigneur fait des prodiges sur la terre : jubilez !**

Voici le Dieu qui me sauve :
j'ai confiance, je n'ai plus de crainte.
Ma force et mon chant, c'est le Seigneur ;
il est pour moi le salut.

Rendez grâce au Seigneur,
proclamez son nom,
annoncez parmi les peuples ses hauts faits !
Redites-le : « Sublime est son nom ! »

Car il a fait les prodiges
que toute la terre connaît.
Jubilez, criez de joie,
car Dieu est grand au milieu de vous !

PRIÈRE

Dieu éternel et tout-puissant, unique espoir du monde, toi qui annonçais par la voix des prophètes les mystères qui s'accomplissent aujourd'hui, daigne inspirer toi-même les désirs de ton peuple, puisque aucun de tes fidèles ne peut progresser en vertu sans l'inspiration de ta grâce. Par Jésus, le Christ, notre Seigneur.

Ou bien l'une des prières qui suivent les lectures 4, 6 et 7.

SIXIÈME LECTURE Ba 3, 9…4, 4

De l'inquiétude à la sagesse.

Lecture du livre de Baruc

Écoute, Israël, les préceptes de vie, prête l'oreille pour acquérir la connaissance.
Pourquoi donc, Israël, pourquoi es-tu exilé chez tes ennemis, vieillissant sur une terre étrangère, souillé par le contact des cadavres, inscrit parmi les habitants du séjour des morts ? – Parce que tu as abandonné la Source de la

Sagesse ! Si tu avais suivi les chemins de Dieu, tu vivrais dans la paix pour toujours. Apprends où se trouvent et la connaissance, et la force, et l'intelligence, apprends en même temps où se trouvent de longues années de vie, la lumière de tes yeux, et la paix.
Mais qui donc a découvert la demeure de la Sagesse, qui a pénétré jusqu'à ses trésors ? Celui qui sait tout en connaît le chemin, il l'a découvert par son intelligence. Il a pour toujours aménagé la terre, et l'a peuplée de troupeaux. Il lance la lumière, et elle prend sa course ; il la rappelle, et elle obéit en tremblant. Les étoiles brillent, joyeuses, à leur poste de veille ; il les appelle, et elles répondent : nous voici ! Elles brillent avec joie pour celui qui les a faites. C'est lui qui est notre Dieu : aucun autre ne lui est comparable. Il a découvert les chemins de la connaissance, et il les a confiés à Jacob, son serviteur, à Israël, son bien-aimé.
Ainsi la Sagesse est apparue sur la terre, elle a vécu parmi les hommes. Elle est le livre des commandements de Dieu, la Loi qui demeure éternellement : tous ceux qui l'observent vivront, ceux qui l'abandonnent mourront.
Reviens à elle, Jacob, reçois-la ; à sa lumière, marche vers la splendeur : ne laisse pas ta gloire à un autre, tes privilèges à un peuple étranger. Heureux sommes-nous, Israël ! Car ce qui plaît à Dieu, nous le connaissons.

SIXIÈME PSAUME — Ps 18

Dieu se fait une joie d'appeler les hommes qui sont loin ; il souhaite les guider par sa loi.

- **Dieu, tu as les paroles de la vie éternelle.**
- **Tu révèles ta sagesse aux petits,
béni sois-tu, Seigneur !**

La loi du Seigneur est parfaite,
qui redonne vie ;
la charte du Seigneur est sûre,
qui rend sages les simples.

Les préceptes du Seigneur sont droits,
ils réjouissent le cœur ;
le commandement du Seigneur est limpide,
il clarifie le regard.

La crainte qu'il inspire est pure,
elle est là pour toujours ;
les décisions du Seigneur sont justes
et vraiment équitables :

plus désirables que l'or,
qu'une masse d'or fin,
plus savoureuses que le miel
qui coule des rayons.

[Accueille les paroles de ma bouche,
le murmure de mon cœur ;
qu'ils parviennent devant toi,
Seigneur, mon rocher, mon défenseur !]

PRIÈRE

Dieu qui ne cesses de faire grandir ton Église en appelant à elle les hommes qui sont loin de toi, daigne garder sous ta protection ceux que tu purifies dans l'eau du baptême. Par Jésus, le Christ, notre Seigneur.

Ou bien l'une des prières qui suivent les lectures 4, 5 et 7.

SEPTIÈME LECTURE Ez 36, 16…28

De la profanation au changement de cœur.

Lecture du livre d'Ézékiel

La parole du Seigneur me fut adressée : « Fils d'homme, lorsque les gens d'Israël habitaient leur pays, ils le souillaient par leur conduite et par toutes leurs actions. Alors j'ai déversé sur eux ma fureur, à cause du sang qu'ils avaient versé dans le pays, à cause des idoles qui l'avaient profané. Je les ai dispersés parmi les nations païennes, ils ont été disséminés dans les pays étrangers. Je les ai jugés selon leur conduite et selon leurs actions. Dans les nations

où ils sont allés, ils ont profané mon saint nom, et l'on disait : « C'est le peuple du Seigneur, ils sont sortis de son pays. » Mais j'ai voulu préserver la sainteté de mon nom, que les gens d'Israël avaient profanée dans les nations où ils sont allés. Eh bien ! tu diras à la maison d'Israël : Ainsi parle le Seigneur Dieu : Ce n'est pas pour vous que je vais agir, maison d'Israël, mais c'est pour mon saint nom que vous avez profané dans les nations où vous êtes allés.
Je montrerai la sainteté de mon grand nom, qui a été profané dans les nations, mon nom que vous avez profané au milieu d'elles. Les nations apprendront que je suis le Seigneur, déclare le Seigneur Dieu, quand par vous je me montrerai saint à leurs yeux. J'irai vous prendre dans toutes les nations ; je vous rassemblerai de tous les pays, et je vous ramènerai sur votre terre. Je verserai sur vous une eau pure, et vous serez purifiés. De toutes vos souillures, de toutes vos idoles je vous purifierai. Je vous donnerai un cœur nouveau, je mettrai en vous un esprit nouveau. J'enlèverai votre cœur de pierre, et je vous donnerai un cœur de chair. Je mettrai en vous mon Esprit : alors vous suivrez mes lois, vous observerez mes commandements et vous y serez fidèles. Vous habiterez le pays que j'ai donné à vos pères. Vous serez mon peuple, et moi, je serai votre Dieu. »

SEPTIÈME PSAUME — Ps 50

On peut aussi reprendre le cantique d'Isaïe (voir après la 5e lecture) ou encore, s'il n'y a pas de baptême, le psaume 41-42.

Par le baptême le Seigneur relève ce qui était abattu, il « rénove ce qui était vieilli ».

- **Donne-nous, Seigneur, un cœur nouveau ;**
  mets en nous, Seigneur, un esprit nouveau.

- **Dieu nous a donné son esprit :**
  nous sommes son peuple.

Crée en moi un cœur pur, ô mon Dieu,
renouvelle et raffermis au fond de moi mon esprit
Ne me chasse pas loin de ta face,
ne me reprends pas ton esprit saint.

Rends-moi la joie d'être sauvé ;
que l'esprit généreux me soutienne.
Aux pécheurs, j'enseignerai tes chemins ;
vers toi, reviendront les égarés.

Si j'offre un sacrifice, tu n'en veux pas,
tu n'acceptes pas d'holocauste.
Le sacrifice qui plaît à Dieu,
    c'est un esprit brisé ;
tu ne repousses pas, ô mon Dieu,
    un cœur brisé et broyé.

ou Ps 41-42

• **Mon âme a soif du Dieu vivant :**
quand le verrai-je face à face ?

• **Conduis-nous, Seigneur Jésus,**
aux sources de la vie !

Comme un cerf altéré
    cherche l'eau vive,
ainsi mon âme te cherche,
    toi, mon Dieu.

Je conduisais vers la maison de mon Dieu
    la multitude en fête,
parmi les cris de joie
    et les actions de grâce.

Envoie ta lumière et ta vérité :
    qu'elles guident mes pas
et me conduisent à ta montagne sainte,
    jusqu'en ta demeure.

J'avancerai jusqu'à l'autel de Dieu,
    vers Dieu qui est toute ma joie ;
je te rendrai grâce avec ma harpe,
    Dieu, mon Dieu.

PRIÈRE

• Seigneur notre Dieu, puissance inaltérable et lumière sans déclin, regarde avec bonté le sacrement merveilleux de l'Église tout entière. Comme tu l'as prévu de toute éternité, poursuis dans la paix l'œuvre du salut des hommes ; que le monde entier reconnaisse la merveille : ce qui était abattu est relevé, ce qui avait vieilli est rénové, et tout retrouve son intégrité première en celui qui est le principe de tout, Jésus Christ, ton Fils et notre Seigneur. Lui qui règne pour les siècles des siècles.

• Seigneur notre Dieu, tu veux nous former à célébrer le mystère pascal en nous faisant écouter l'Ancien et le Nouveau Testament, ouvre nos cœurs à l'intelligence de ta miséricorde : ainsi la conscience des grâces déjà reçues affermira en nous l'espérance des biens à venir. Par Jésus, le Christ, notre Seigneur.

Ou l'une des prières qui suivent les lectures 4,5 et 6.

GLORIA

Nous retrouvons le chant du Gloire à Dieu. Là où les conditions locales le permettent, les cloches annoncent alors la joie de Pâques.

PRIÈRE

Dieu qui fais resplendir cette nuit très sainte par la gloire de la résurrection du Seigneur, ravive en ton Église l'esprit filial que tu lui as donné, afin que, renouvelés dans notre corps et notre âme, nous soyons tout entiers à ton service. Par Jésus Christ.

ÉPÎTRE Rm 6, 3-11

De la mort à la résurrection avec le Christ *Tout acte d'amour comporte une mort à soi-même et aboutit à un surcroît de vie ; aussi la vie nouvelle à laquelle Paul nous invite, et qui signifie notre communion avec le Ressuscité, consiste à aimer « comme le Christ a aimé ».*

Lecture de la lettre de saint Paul Apôtre aux Romains

Frères, nous tous, qui avons été baptisés en Jésus Christ, c'est dans sa mort que nous avons été baptisés. Si, par le baptême dans sa mort, nous avons été mis au tombeau avec lui, c'est pour que nous menions une vie nouvelle, nous aussi, de même que le Christ, par la toute-puissance du Père, est ressuscité d'entre les morts. Car, si nous sommes déjà en communion avec lui par une mort qui ressemble à la sienne, nous le serons encore par une résurrection qui ressemblera à la sienne.

Nous le savons : l'homme ancien qui est en nous a été fixé à la croix avec lui pour que cet être de péché soit réduit à l'impuissance, et qu'ainsi nous ne soyons plus esclaves du péché. Car celui qui est mort est affranchi du péché.

Et si nous sommes passés par la mort avec le Christ, nous croyons que nous vivrons aussi avec lui. Nous le savons en effet : ressuscité d'entre les morts, le Christ ne meurt plus ; sur lui la mort n'a plus aucun pouvoir. Car lui qui est mort, c'est au péché qu'il est mort une fois pour toutes ; lui qui est vivant, c'est pour Dieu qu'il est vivant. De même vous aussi : pensez que vous êtes morts au péché, et vivants pour Dieu en Jésus Christ.

ALLÉLUIA — Ps 117

Alléluia, alléluia, alléluia !

Rendez grâce au Seigneur : Il est bon !
Éternel est son amour !
Qu'ils le disent, ceux qui craignent le Seigneur :
Éternel est son amour !

Le bras du Seigneur se lève,
le bras du Seigneur est fort !
Non, je ne mourrai pas, je vivrai,
pour annoncer les actions du Seigneur.

La pierre qu'ont rejetée les bâtisseurs
est devenue la pierre d'angle ;
c'est là l'œuvre du Seigneur,
la merveille devant nos yeux.

Alléluia, alléluia, alléluia !

ÉVANGILE Mt 28, 1-10

L'Église se constitue.

Évangile de Jésus Christ selon saint Matthieu

Après le sabbat, à l'heure où commençait le premier jour de la semaine, Marie Madeleine et l'autre Marie vinrent faire leur visite au tombeau de Jésus. Et voilà qu'il y eut un grand tremblement de terre : l'Ange du Seigneur descendit du ciel, vint rouler la pierre et s'assit dessus. Il avait l'aspect de l'éclair et son vêtement était blanc comme la neige. Les gardes, dans la crainte qu'ils éprouvèrent, furent bouleversés et devinrent comme morts. Or l'Ange, s'adressant aux femmes, leur dit : « Vous, soyez sans crainte ! je sais que vous cherchez Jésus le Crucifié. Il n'est pas ici, car il est ressuscité, comme il l'avait dit. Venez voir l'endroit où il reposait. Puis, vite, allez dire à ses disciples : " Il est ressuscité d'entre les morts ; il vous précède en Galilée : là, vous le verrez ! " Voilà ce que j'avais à vous dire. » Vite, elles quittèrent le tombeau, tremblantes et toutes joyeuses, et elles coururent porter la nouvelle aux disciples. Et voici que Jésus vint à leur rencontre et leur dit : « Je vous salue. » Elles s'approchèrent et, lui saisissant les pieds, elles se prosternèrent devant lui. Alors Jésus leur dit : « Soyez sans crainte, allez annoncer à mes frères qu'ils doivent se rendre en Galilée : c'est là qu'ils me verront. »

HOMÉLIE

LITANIES

Seigneur, prends pitié. **Seigneur, prends pitié**
Ô Christ, prends pitié. **Ô Christ, prends pitié**
Seigneur, prends pitié. **Seigneur, prends pitié**
Sainte Marie, Mère de Dieu, **priez pour nous**
Saint Michel, **priez pour nous**
Saints Anges de Dieu, **priez pour nous**
Saint Jean Baptiste, **priez pour nous**
Saint Joseph, **priez pour nous**

Saint Pierre et saint Paul, **priez pour nous**
Saint André, **priez pour nous**
Saint Jean, **priez pour nous**
Sainte Marie Madeleine, **priez pour nous**
Saint Étienne, **priez pour nous**
Saint Ignace d'Antioche, **priez pour nous**
Saint Laurent, **priez pour nous**
Sainte Perpétue et sainte Félicité, **priez pour nous**
Sainte Agnès, **priez pour nous**
Saint Grégoire, **priez pour nous**
Saint Augustin, **priez pour nous**
Saint Athanase, **priez pour nous**
Saint Basile, **priez pour nous**
Saint Martin, **priez pour nous**
Saint Benoît, **priez pour nous**
Saint François et saint Dominique, **priez pour nous**
Saint François Xavier, **priez pour nous**
Saint Jean-Marie Vianney, **priez pour nous**
Sainte Catherine de Sienne, **priez pour nous**
Sainte Thérèse d'Avila, **priez pour nous**

On peut ajouter d'autres noms, en particulier les saints patrons des nouveaux baptisés.

Vous tous, saints et saintes de Dieu, **priez pour nous**
Montre-toi favorable, **délivre-nous, Seigneur**
De tout mal, **délivre-nous, Seigneur**
De tout péché, **délivre-nous, Seigneur**
De la mort éternelle, **délivre-nous, Seigneur**
Par ton incarnation, **délivre-nous, Seigneur**
Par ta mort et ta résurrection, **délivre-nous, Seigneur**
Par le don de l'Esprit Saint, **délivre-nous, Seigneur**
Nous qui sommes pécheurs, **de grâce, écoute-nous**

On peut ajouter ici d'autres intentions.

Pour qu'il te plaise de faire vivre de ta vie
ceux que tu appelles au baptême, **de grâce, écoute-nous**
Jésus, Fils du Dieu vivant, **de grâce, écoute-nous**

Ô Christ, écoute-nous **Ô Christ, écoute-nous**
Ô Christ, exauce-nous **Ô Christ, exauce-nous**

Dieu éternel et tout-puissant, viens agir dans les mystères qui révèlent ton amour, viens agir dans le sacrement du baptême ; envoie ton Esprit pour enfanter les peuples nouveaux qui vont naître pour toi de la fontaine baptismale : fais que les gestes de notre humble ministère deviennent efficaces par ta puissance. Par Jésus, le Christ, notre Seigneur. **Amen.**

BÉNÉDICTION DE L'EAU

Par ta puissance invisible, Seigneur, tu accomplis des merveilles dans tes sacrements, et au cours de l'histoire du salut, tu t'es servi de l'eau, ta créature, pour nous faire connaître la grâce du baptême :

Dès les commencements du monde, c'est ton Esprit qui planait sur les eaux pour qu'elles reçoivent en germe la force qui sanctifie. Par les flots du déluge, tu annonçais le baptême qui fait revivre, puisque l'eau y préfigurait également la mort du péché et la naissance de toute justice. Aux enfants d'Abraham tu as fait passer la mer Rouge à pied sec pour que la race libérée de la servitude préfigure le peuple des baptisés.

Ton Fils bien-aimé, baptisé par Jean dans les eaux du Jourdain, a reçu l'onction de l'Esprit Saint. Lorsqu'il était en croix, de son côté ouvert il laissa couler du sang et de l'eau ; et quand il fut ressuscité, il dit à ses disciples : « Allez, enseignez toutes les nations, et baptisez-les au nom du Père et du Fils et du Saint-Esprit. »

Maintenant, Seigneur, regarde avec amour ton Église et fais jaillir en elle la source du baptême. Que l'Esprit Saint donne, par cette eau, la grâce du Christ afin que l'homme, créé à ta ressemblance, y soit lavé, par le baptême, des souillures qui déforment cette image, et renaisse de l'eau et de l'Esprit pour la vie nouvelle d'enfant de Dieu.

Nous t'en prions, Seigneur : par la grâce de ton Fils, que la puissance de l'Esprit Saint vienne sur cette eau, afin que tout homme qui sera baptisé, enseveli dans la mort avec le Christ, ressuscite avec lui pour la vie. Par Jésus, le Christ, notre Seigneur. **Amen.**

BAPTÊME ET CONFIRMATION

Les catéchumènes expriment leur renonciation au mal et leur profession de foi. Puis le prêtre les baptise en disant :

N., je te baptise au nom du Père, et du Fils, et du Saint-Esprit.

Il peut leur remettre un vêtement blanc.

Vous avez revêtu le Christ…

et il leur donne un cierge allumé :

La lumière du Christ Jésus…

Normalement, l'évêque – ou le prêtre – qui baptise des adultes leur donne aussi la confirmation et l'eucharistie.
Il impose les mains aux nouveaux baptisés :

Dieu très bon… donne-leur en plénitude l'Esprit qui reposait sur ton Fils Jésus…

Puis, avec le saint chrême, il trace le signe de la croix sur le front de chacun des confirmands en disant :

N., sois marqué de l'Esprit Saint, le don de Dieu.

RENONCIATION ET PROFESSION DE FOI

Frères bien-aimés, (nous aussi) par le mystère pascal nous avons été mis au tombeau avec le Christ dans le baptême, afin qu'avec lui nous vivions d'une vie nouvelle. C'est pourquoi, après avoir terminé l'entraînement du Carême, renouvelons la renonciation à Satan que l'on fait lors du baptême, renouvelons notre profession de foi au Dieu vivant et vrai et à son Fils, Jésus Christ, dans la sainte Église catholique.
Ainsi donc :

• Renoncez-vous à Satan, au péché et à tout ce qui conduit au péché ? **Nous y renonçons.**

• Pour vivre dans la liberté des enfants de Dieu,
rejetez-vous le péché ? **Oui, je le rejette.**

Pour échapper au pouvoir du péché,
rejetez-vous ce qui conduit au mal ? **Oui, je le rejette.**

Pour suivre Jésus Christ, rejetez-vous Satan
qui est l'auteur du péché ? **Oui, je le rejette.**

Croyez-vous en Dieu, le Père tout-puissant,
créateur du ciel et de la terre ? **Nous croyons.**

Croyez-vous en Jésus Christ, son Fils unique, notre Seigneur, qui est né de la Vierge Marie, a souffert la passion, a été enseveli, est ressuscité d'entre les morts et qui est assis à la droite du Père ? **Nous croyons.**

Croyez-vous en l'Esprit Saint, à la Sainte Église catholique, à la communion des saints, au pardon des péchés, à la résurrection de la chair, et à la vie éternelle ? **Nous croyons.**

Que Dieu tout-puissant, Père de notre Seigneur Jésus Christ, qui nous a fait renaître par l'eau et l'Esprit Saint, et qui nous a accordé le pardon de tout péché, nous garde encore par sa grâce dans le Christ Jésus notre Seigneur pour la vie éternelle. **Amen.**

Ensuite le prêtre asperge l'assemblée.

PRIÈRE SUR LES OFFRANDES

Avec ces offrandes, Seigneur, reçois les prières de ton peuple ; fais que le sacrifice inauguré dans le mystère pascal nous procure la guérison éternelle. Par Jésus.

PRÉFACE

Vraiment il est juste et bon de te glorifier, Seigneur, en tout temps, mais plus encore en cette nuit où le Christ, notre Pâque, a été immolé :

Car il est l'Agneau véritable qui a enlevé le péché du monde : en mourant, il a détruit notre mort ; en ressuscitant, il nous a rendu la vie.

C'est pourquoi le peuple des baptisés, rayonnant de la joie pascale, exulte par toute la terre, tandis que les anges, dans le ciel, chantent sans fin l'hymne de ta gloire : **Saint !...**

Dans les prières eucharistiques, il y a des textes propres à la fête de Pâques.

PRIÈRE APRÈS LA COMMUNION

Pénètre-nous, Seigneur, de ton esprit de charité, afin que soient unis par ton amour ceux que tu as nourris du sacrement pascal. Par Jésus.

BÉNÉDICTION SOLENNELLE

Que demeure en vous la grâce de Dieu, la grâce pascale qu'il vous offre aujourd'hui : qu'elle vous protège de l'oubli et du doute. **Amen.** (*ou* : **Alléluia, Amen.**)

Par la résurrection de son Fils, il vous a fait déjà renaître : qu'il vous rappelle toujours à cette joie que rien, pas même la mort, ne pourra vous ravir. **Amen.**

Ils sont finis les jours de la passion, suivez maintenant les pas du Ressuscité : suivez-le désormais jusqu'à son Royaume, où vous posséderez enfin la joie parfaite. **Amen.**

Et que Dieu tout-puissant vous bénisse…

Allez dans la paix du Christ, alléluia, alléluia !
Nous rendons grâce à Dieu, alléluia, alléluia !

Saint Jour de Pâques

7 avril 1996

Saint Jour de Pâques

Le Christ, notre espérance ! La liturgie de la Parole débute par une annonce solennelle, celle que saint Pierre, en tant que porte-parole des Apôtres, fit auprès des païens : « Dieu nous a chargés de témoigner qu'Il a ressuscité Jésus et l'a choisi comme Juge des vivants et des morts !… Tout homme qui croit en lui reçoit par lui le pardon de ses péchés. »
C'est ensuite à saint Paul que la parole est donnée, lorsqu'il s'adresse aux premiers chrétiens, ceux de Colosse et de Corinthe : « Vous êtes ressuscités avec le Christ. Recherchez donc les réalités d'en haut… Purifiez-vous des vieux ferments et vous serez une pâte nouvelle. Voici que le Christ, notre agneau pascal, a été immolé. »
Enfin, sous la plume de l'évangéliste Jean, nous lisons le récit bouleversant : « Le linceul est resté là, et le linge qui avait recouvert la tête, non pas posé avec le linceul, mais roulé à part à sa place… il vit et il crut. »

Chanter

Si la composition de l'assemblée n'est pas habituelle, commencer par un chant bien connu, par exemple : I 13 Le Seigneur est ressuscité. *Dans les autres cas :* I 29 Depuis l'aube ; I 123 Le Seigneur a libéré son peuple ; I 165 Quand il disait à ses amis.
K 106 Peuple de baptisés *pourrait accompagner l'aspersion, ou bien* I 132 J'ai vu l'eau vive.
Certains chants semblent plus indiqués pour répondre à l'évangile, par exemple : I 93 Pourquoi chercher parmi les morts ; I 168 Sans avoir vu nous le croyons ; I 262 Nous te chantons, Ressuscité.
A la communion : I 45 Souviens-toi de Jésus Christ ; D 86 Gloire à toi, Jésus Christ ; C 243 Tenons en éveil *; etc.*

Prier

POUR LA PRÉPARATION PÉNITENTIELLE

Le rite pénitentiel peut comporter deux étapes.
D'abord la renonciation au péché :

– Pour vivre dans la liberté des enfants de Dieu, rejetez-vous le péché ?

Oui, je le rejette.

– Pour échapper au pouvoir du péché, rejetez-vous ce qui conduit au mal ?

Oui, je le rejette.

– Pour suivre Jésus Christ, rejetez-vous Satan, l'auteur du péché ?

Oui, je le rejette.

Ensuite, le rite de l'aspersion (liturgie de la Messe, p. 13).

POUR CE DIMANCHE

Dieu vivant, Dieu sauveur, tu as relevé ton Fils de la mort. Plonge-nous dans cette fête pascale pour que nous ressuscitions avec ton Fils, et qu'en nous tout soit neuf, de la nouveauté éternelle de ta vie. Gloire à toi, notre Père, pour les siècles des siècles.

POUR LA PRIÈRE UNIVERSELLE

Nous prions :

– pour l'Église : qu'elle garde l'audace d'annoncer la victoire de la Vie sur la mort ;

– pour les nouveaux baptisés : qu'ils aient le courage de tendre vers les réalités d'en haut ;

– pour tous les peuples : qu'ils connaissent la joie d'être visités par des témoins du Ressuscité ;

– pour ceux qui doutent : que l'Esprit Saint ouvre l'intelligence de leur cœur ;

– pour les défunts : qu'ils paraissent avec le Christ en pleine gloire.

Messe du jour de Pâques

PRIÈRE D'OUVERTURE

Aujourd'hui, Dieu notre Père, tu nous ouvres la vie éternelle par la victoire de ton Fils sur la mort, et nous fêtons sa résurrection. Que ton Esprit fasse de nous des hommes nouveaux pour que nous ressuscitions avec le Christ dans la lumière de la vie. Lui qui règne.

PREMIÈRE LECTURE Ac 10, 34...43

Des témoins dignes de foi *Seuls les Apôtres pouvaient entrer dans le Mystère du Christ, car ils avaient été les témoins non seulement de sa vie publique, mais encore de sa résurrection. Par notre foi, nous rejoignons leur expérience en nous appuyant sur elle.*

Lecture du livre des Actes des Apôtres

Quand Pierre arriva à Césarée chez un centurion de l'armée romaine, il prit la parole :

« Vous savez ce qui s'est passé à travers tout le pays des Juifs, depuis les débuts en Galilée, après le baptême proclamé par Jean : Jésus de Nazareth, Dieu l'a consacré par l'Esprit Saint et rempli de sa force. Là où il passait, il faisait le bien et il guérissait tous ceux qui étaient sous le pouvoir du démon. Car Dieu était avec lui. Et nous, les Apôtres, nous sommes témoins de tout ce qu'il a fait dans le pays des Juifs et à Jérusalem. Ils l'ont fait mourir en le pendant au bois du supplice. Et voici que Dieu l'a ressuscité le troisième jour. Il lui a donné de se montrer non pas à tout le peuple, mais seulement aux témoins que Dieu avait choisis d'avance, à nous qui avons mangé et bu avec lui après sa résurrection d'entre les morts. Il nous a chargés d'annoncer au peuple et de témoigner que Dieu l'a choisi comme Juge des vivants et des morts. C'est à lui que tous les prophètes rendent ce témoignage : Tout homme qui croit en lui reçoit par lui le pardon de ses péchés. »

PSAUME Ps 117

Ce jour que fit le Seigneur
est un jour de joie, alléluia !

Rendez grâce au Seigneur : il est bon !
Éternel est son amour !
Que le peuple de Dieu le proclame :
Éternel est son amour !

Le bras du Seigneur s'est levé,
le bras du Seigneur est prodigieux !
Non, je ne mourrai pas, je vivrai,
pour annoncer les actions du Seigneur.

La pierre qu'ont rejetée les bâtisseurs
est devenue la pierre d'angle :
c'est là l'œuvre du Seigneur,
la merveille devant nos yeux.

DEUXIÈME LECTURE Col 3, 1-4 *ou* 1 Co 5, 6-8

Déjà la vie éternelle *Encore cachée, certes, et vécue dans la foi, la vie nouvelle reçue au baptême est déjà communion à la résurrection du Christ. Elle atteindra, un jour, sa plénitude.*

• Lecture de la lettre de saint Paul Apôtre aux Colossiens

Frères, vous êtes ressuscités avec le Christ. Recherchez donc les réalités d'en haut : c'est là qu'est le Christ, assis à la droite de Dieu. Tendez vers les réalités d'en haut, et non pas vers celles de la terre.
En effet, vous êtes morts avec le Christ, et votre vie reste cachée avec lui en Dieu. Quand paraîtra le Christ, votre vie, alors vous aussi, vous paraîtrez avec lui en pleine gloire.

Pâte nouvelle *A l'abri de tout germe de corruption, le pain pascal, sans levain, symbolise la pureté et la nouveauté de l'existence chrétienne, grâce à l'Agneau de Dieu immolé, le Christ.*

• Lecture de la première lettre de saint Paul Apôtre aux Corinthiens

Frères, vous savez bien qu'un peu de levain suffit pour que toute la pâte fermente. Purifiez-vous donc des vieux ferments, et vous serez une pâte nouvelle, vous qui êtes comme le pain de la Pâque, celui qui n'a pas fermenté. Voici que le Christ, notre agneau pascal, a été immolé. Célébrons donc la Fête non pas avec de vieux ferments : la perversité et le vice ; mais avec du pain non fermenté : la droiture et la vérité.

CANTIQUE

A la Victime pascale,
chrétiens, offrez le sacrifice de louange.

L'Agneau a racheté les brebis ;
le Christ innocent a réconcilié
l'homme pécheur avec le Père.

La mort et la vie s'affrontèrent
en un duel prodigieux.
Le Maître de la vie mourut ; vivant, il règne.

« Dis-nous, Marie Madeleine,
qu'as-tu vu en chemin ? »

« J'ai vu le sépulcre du Christ vivant,
j'ai vu la gloire du Ressuscité.

J'ai vu les anges ses témoins,
le suaire et les vêtements.

Le Christ, mon espérance, est ressuscité !
Il vous précédera en Galilée. »

Nous le savons : le Christ
est vraiment ressuscité des morts.

Roi victorieux,
prends-nous tous en pitié ! Amen.

ÉVANGILE Jn 20, 1-9

Aux messes du matin on lit l'évangile suivant ou l'évangile de la veillée pascale, p. 295.

Aux messes du soir on peut lire Lc 24, 13-35, p. 323.

Il vit et il crut.

Alléluia. Alléluia. Notre Pâque immolée, c'est le Christ ! Rassasions-nous dans la joie au festin du Seigneur ! **Alléluia.**

Évangile de Jésus Christ selon saint Jean

Le premier jour de la semaine, Marie Madeleine se rend au tombeau de grand matin, alors qu'il fait encore sombre. Elle voit que la pierre a été enlevée du tombeau. Elle court donc trouver Simon-Pierre et l'autre disciple, celui que Jésus aimait, et leur dit : « On a enlevé le Seigneur de son tombeau, et nous ne savons pas où on l'a mis. » Pierre partit donc avec l'autre disciple pour se rendre au tombeau. Ils couraient tous les deux ensemble, mais l'autre disciple courut plus vite que Pierre et arriva le premier au tombeau. En se penchant, il voit que le linceul est resté là ; cependant il n'entre pas. Simon-Pierre, qui le suivait, arrive à son tour. Il entre dans le tombeau, et il regarde le linceul resté là, et le linge qui avait recouvert la tête, non pas posé avec le linceul, mais roulé à part à sa place.
C'est alors qu'entra l'autre disciple, lui qui était arrivé le premier au tombeau. Il vit et il crut. Jusque-là, en effet, les disciples n'avaient pas vu que, d'après l'Écriture, il fallait que Jésus ressuscite d'entre les morts.

PRIÈRE SUR LES OFFRANDES

Dans la joie de Pâques, Seigneur, nous t'offrons ce sacrifice : c'est par lui que ton Église, émerveillée de ta puissance, naît à la vie et reçoit sa nourriture. Par Jésus.

PRÉFACE

Vraiment, il est juste et il est bon de te glorifier, Seigneur, en tout temps, mais plus encore aujourd'hui, où le Christ, notre

Pâque, a été immolé : Car il est l'Agneau véritable qui a enlevé le péché du monde : en mourant, il a détruit notre mort ; en ressuscitant, il nous a rendu la vie.
C'est pourquoi le peuple des baptisés, rayonnant de la joie pascale, exulte par toute la terre, tandis que les anges, dans le ciel, chantent sans fin l'hymne de ta gloire : **Saint !...**

Dans les prières eucharistiques, il y a des textes propres à la fête de Pâques.

PRIÈRE APRÈS LA COMMUNION
Dieu de toute bonté, ne cesse pas de veiller sur ton Église : déjà les sacrements de la Pâque nous ont régénérés en nous obtenant ton pardon, en nous faisant communier à ta vie ; donne-nous d'entrer dans la lumière de la résurrection. Par Jésus.

BÉNÉDICTION SOLENNELLE (↗ *p. 300)*

ENVOI
Allez dans la paix du Christ, alléluia, alléluia !
Nous rendons grâce à Dieu, alléluia, alléluia !

Di 7 **PÂQUES, RÉSURRECTION DU SEIGNEUR.**
Liturgie des heures : Psautier propre.
Tous les jours de cette semaine privilégiée ont une messe propre célébrée comme solennité du Seigneur et l'emportant sur toute autre fête.
[St Jean-Baptiste de la Salle, prêtre, fondateur des Frères des écoles chrétiennes, † 1719 à Rouen.]

Je 11 [St Stanislas, évêque de Cracovie, martyr, † 1079.]

Sa 13 [St Martin Ier, pape, martyr en Crimée, † 656.]

Bonne fête !

Le 8, Constance, Julie ; le 9, Gautier, Walter ; le 10, Fulbert ; le 11, Stanislas, Gemma ; le 12, Jules ; le 13, Ida.

Plus de rides sur nos visages

« La vieillesse avait étendu les hommes dans la mort ; Christ les a relevés dans la vigueur de son aujourd'hui. »

Maxime de Turin, *Sermon 36 pour Pâques.*

Il y a 10 ans

Le 13 avril 1986, le pape Jean-Paul II était reçu à la synagogue de Rome par le grand rabbin Elio Toaff. C'est la première fois qu'un souverain pontife se rendait officiellement dans une synagogue.

Nos frères aînés

« L'Église du Christ découvre son “lien” avec le judaïsme “en scrutant son propre mystère”. La religion juive ne nous est pas “extrinsèque”, mais d'une certaine manière elle est “intrinsèque” à notre religion. Nous avons donc envers elle des rapports que nous n'avons avec aucune autre religion. Vous êtes nos frères préférés et, d'une certaine manière, nos frères aînés. »

Jean-Paul II,
Allocution à la synagogue de Rome,
le 13 avril 1986,
Documentation Catholique, 1986, p. 437.

Le temps pascal

Les cinquante jours qui prolongent Pâques en font comme une fête ininterrompue. Ils nous sont donnés pour renouveler notre vie et affermir notre foi en la résurrection du Christ.

Cette cinquantaine pascale s'achève avec la Pentecôte : le Christ glorifié auprès du Père communique son Esprit à l'Église pour la sanctifier et lui donner l'impulsion missionnaire. En ce temps, plus encore que dans le reste de l'année, chaque dimanche est une autre Pâque.

Les *évangiles* évoquent diverses manifestations du Ressuscité (deuxième et troisième dimanches) et son ministère de Bon Pasteur (quatrième dimanche) ; enfin, on lit de larges passages du discours après la Cène (du cinquième au septième dimanche).

Selon d'anciennes traditions, la *première lecture* est, pour chaque dimanche, tirée des Actes des Apôtres. La *deuxième lecture*, en cette année A, est tirée de la Lettre de saint Pierre.

« Béni soit Dieu, le Père de Jésus Christ notre Seigneur : dans sa grande miséricorde, il nous a fait renaître grâce à la résurrection de Jésus Christ pour une vivante espérance » (Première lettre de saint Pierre 1,3).

I. R.-C.

Célébrer le temps pascal

« Il est juste et bon, Seigneur, de te glorifier en tout temps, mais plus encore en ces jours où le Christ, notre Pâque, a été immolé. »
Pendant les sept semaines du temps pascal (les cinquante jours de la Pentecôte), les alléluias retentissent avec l'allégresse et la gravité de la joie pascale. Comme chants d'ouverture et d'action de grâce ou d'envoi, on trouve des hymnes comportant un alléluia en refrain, comme *I 169 Christ est vraiment ressuscité ; ILH 165 Tu as triomphé de la mort*, ou encore *I 298 Ouvert est le tombeau*. A la place des chants proposés dans les formulaires de messe, on pourra choisir l'un de ceux-ci.
Pour la préparation pénitentielle, outre les formules indiquées chaque dimanche, on trouvera des litanies appropriées dans *MNA 35.11,12,13*. On peut aussi faire une aspersion d'eau, pour maintenir vivante la mémoire du baptême. Pour la même raison, on pourra donner plus de relief au Credo avec une profession de foi baptismale à la première personne du pluriel, récitée par toute l'assemblée, ou chantée à l'unisson : *« Nous croyons en Dieu »* (par exemple *MNA 23.31*).
Le cierge pascal, symbole de la résurrection, joue un rôle important comme signe de la présence du Christ dans l'assemblée. On peut le porter en procession au début de la célébration, par exemple pendant le Gloria qui gagnera ainsi une ampleur appropriée au temps liturgique.
Autre signe de la présence du Christ : le crucifix. Le Christ qui parle dans l'évangile est toujours sur la Croix (« le Christ est en agonie jusqu'à la fin des temps », dit Pascal). Pour qu'on n'oublie pas la figure du Crucifié sous les traits resplendissants du Ressuscité, celui qui va lire l'évangile peut faire une halte devant la Croix pendant l'alléluia et s'incliner profondément.
Pour le chant d'anamnèse, on a le choix entre *C 246 Jésus, messie humilié* ou *C 256 Jésus, sauveur*. Pour la fraction du pain, *MNA 28.17* ou *AL 200 c. 5,6 (MNA 28.20)*.
Que dans toutes nos célébrations retentisse le cri du psaume : « Ce jour que fit le Seigneur est un jour de joie, alléluia » *(Ps 117)*.

14 avril 1996

Deuxième dimanche de Pâques

Thomas le croyant Chacun de nous se reconnaît peu ou prou dans l'hésitation de Thomas. Thomas que la tradition a étiqueté comme incrédule, alors qu'il est pour nous le modèle du croyant. La démarche qu'il fait est celle de toute communauté chrétienne et celle de chacun de nous : il reconnaît Jésus ressuscité avec des yeux neufs, capables de lire la gloire de Dieu dans les plaies d'un condamné ; il comprend que l'amour de Dieu est plus fort que la mort *(évangile)*. C'est là ce que, avec Pierre, nous appelons le salut *(deuxième lecture)*. Les premiers chrétiens vivaient de cette foi *(première lecture)*, comme nous en vivons encore aujourd'hui.

Chanter

Comme chant d'entrée, on prendra I 100 Sauvés des mêmes eaux, *qui met l'accent, à l'intérieur du thème pascal, sur la dimension communautaire de la célébration eucharistique.*
Un bel alléluia est proposé dans MNA 35.23. *Après la lecture de l'évangile, prendre par exemple* M 20 Sans te voir, nous t'aimons, *ou bien* MNA 35.79 Il est vivant, tu l'as vu, *dont le couplet 4 est adressé à Thomas.*
En action de grâce, I 168 Sans avoir vu, nous le croyons : *« Christ accomplit la promesse, Christ est vraiment ressuscité, Il est pour nous renaissance. »*

Prier

POUR LA PRÉPARATION PÉNITENTIELLE
Devant l'échec et la mort si profondément inscrits au cœur du monde,
Seigneur, fais grandir en nous la foi.

Pour que dans ton corps blessé nous reconnaissions la gloire du Père,

Seigneur, fais grandir en nous la foi.

Tu nous apprends que l'amour de Dieu est plus fort que la mort,

Seigneur, fais grandir en nous la foi.

POUR CE DIMANCHE

Dieu de Jésus Christ, ne laisse pas les portes de notre cœur se fermer par incrédulité, mais ouvre-les toutes grandes à la présence de ton Fils, pour les siècles des siècles.

POUR LA PRIÈRE UNIVERSELLE

– Pour ceux qui président à la vie des communautés chrétiennes : que l'Esprit les guide pour un meilleur service.

– Pour les Églises : qu'elles aient toujours à cœur de construire l'unité des enfants de Dieu.

– Pour les incrédules et les incroyants : que la rencontre avec le Christ ressuscité leur ouvre les yeux sur la vérité de Dieu.

– Pour ceux qui souffrent dans leur chair et dans leur âme : qu'ils trouvent dans l'Esprit du Ressuscité la force de vivre leur liberté d'homme.

Célébrer

On attachera une importance toute particulière à la place de l'assemblée, à la manière dont elle est groupée autour de l'autel, symbole du Christ ressuscité.

Messe du 2e dimanche de Pâques

PRIÈRE D'OUVERTURE

Dieu de miséricorde infinie, tu ranimes la foi de ton peuple par les célébrations pascales ; augmente en nous ta grâce pour que nous comprenions toujours mieux quel baptême nous a purifiés, quel Esprit nous a fait renaître, et quel sang nous a rachetés. Par Jésus Christ.

PREMIÈRE LECTURE Ac 2, 42-47

Rassemblés autour du Vivant *Voici un modèle de vie communautaire animée par l'Esprit du Ressuscité. Modèle idéal, déjà en partie réalisé, ce qui met sur nos lèvres, avec le psaume, les mots de l'action de grâce.*

Lecture du livre des Actes des Apôtres

Dans les premiers jours de l'Église, les frères étaient fidèles à écouter l'enseignement des Apôtres et à vivre en communion fraternelle, à rompre le pain et à participer aux prières. La crainte de Dieu était dans tous les cœurs ; beaucoup de prodiges et de signes s'accomplissaient par les Apôtres.
Tous ceux qui étaient devenus croyants vivaient ensemble, et ils mettaient tout en commun ; ils vendaient leurs propriétés et leurs biens, pour en partager le prix entre tous selon les besoins de chacun.
Chaque jour, d'un seul cœur, ils allaient fidèlement au Temple, ils rompaient le pain dans leurs maisons, ils prenaient leurs repas avec allégresse et simplicité. Ils louaient Dieu et trouvaient un bon accueil auprès de tout le peuple. Tous les jours, le Seigneur faisait entrer dans la communauté ceux qui étaient appelés au salut.

PSAUME Ps 117

- **Éternel est son amour !**
- **Ce jour que fit le Seigneur est un jour de joie, alléluia.**

Rendez grâce au Seigneur : Il est bon !
Éternel est son amour !
Qu'ils le disent, ceux qui craignent le Seigneur :
Éternel est son amour !

On m'a poussé, bousculé pour m'abattre ;
mais le Seigneur m'a défendu.
Ma force et mon chant, c'est le Seigneur ;
il est pour moi le salut.

Ouvrez-moi les portes de justice :
j'entrerai, je rendrai grâce au Seigneur.
Je te rends grâce car tu m'as exaucé :
tu es pour moi le salut.

La pierre qu'ont rejetée les bâtisseurs
est devenue la pierre d'angle ;
c'est là l'œuvre du Seigneur,
la merveille devant nos yeux.

Voici le jour que fit le Seigneur,
qu'il soit pour nous jour de fête et de joie !
Donne, Seigneur, donne le salut !
Donne, Seigneur, donne la victoire !

DEUXIÈME LECTURE 1 P 1, 3-9

Une communauté de foi *Héritiers d'une promesse que nous gardons dans la foi, écoutons le témoignage de la première communauté chrétienne : il nous apprend à connaître Jésus Christ sans l'avoir vu encore.*

Lecture de la première lettre de saint Pierre Apôtre

Béni soit Dieu, le Père de Jésus Christ notre Seigneur : dans sa grande miséricorde, il nous a fait renaître grâce à la résurrection de Jésus Christ pour une vivante espérance, pour l'héritage qui ne connaîtra ni destruction, ni souillure, ni vieillissement. Cet héritage vous est réservé dans les cieux, à vous que la puissance de Dieu garde par la foi, en vue du salut qui est prêt à se manifester à la fin des temps. Vous en tressaillez de joie, même s'il faut que vous soyez attristés, pour un peu de temps encore, par toutes sortes d'épreuves ; elles vérifieront la qualité de votre foi qui est bien plus précieuse que l'or (cet or, voué pourtant à disparaître, qu'on vérifie par le feu). Tout cela doit donner à Dieu louange, gloire et honneur quand se révélera Jésus Christ, lui que vous aimez sans l'avoir vu, en qui vous croyez sans le voir encore ; et vous tressaillez d'une joie inexprimable qui vous transfigure, car vous allez obtenir votre salut, qui est l'aboutissement de votre foi.

ÉVANGILE Jn 20, 19-31

Un homme de foi *Regardons Thomas : retrouvant Jésus après l'échec de la Passion, il ne l'appelle pas par son nom d'homme, mais il s'écrie : « Mon Seigneur et mon Dieu. » Il a franchi tout l'espace qui sépare le fini de l'infini.*

Alléluia. Alléluia. Thomas a vu le Seigneur : il a cru. Heureux celui qui croit sans avoir vu ! **Alléluia.**

Évangile de Jésus Christ selon saint Jean

C'était après la mort de Jésus, le soir du premier jour de la semaine. Les disciples avaient verrouillé les portes du lieu où ils étaient, car ils avaient peur des Juifs. Jésus vint, et il était là au milieu d'eux. Il leur dit : « La paix soit avec vous ! » Après cette parole, il leur montra ses mains et son côté. Les disciples furent remplis de joie en voyant le Seigneur. Jésus leur dit de nouveau : « La paix soit avec vous ! De même que le Père m'a envoyé, moi aussi, je vous envoie. » Ayant ainsi parlé, il répandit sur eux son souffle et il leur dit : « Recevez l'Esprit Saint. Tout homme à qui vous remettrez ses péchés, ils lui seront remis ; tout homme à qui vous maintiendrez ses péchés, ils lui seront maintenus. »
Or, l'un des Douze, Thomas (dont le nom signifie « jumeau ») n'était pas avec eux, quand Jésus était venu. Les autres disciples lui disaient : « Nous avons vu le Seigneur ! » Mais il leur déclara : « Si je ne vois pas dans ses mains la marque des clous, si je ne mets pas mon doigt à l'endroit des clous, si je ne mets pas la main dans son côté, non, je n'y croirai pas. »
Huit jours plus tard, les disciples se trouvaient de nouveau dans la maison, et Thomas était avec eux. Jésus vient, alors que les portes étaient verrouillées, et il était là au milieu d'eux. Il dit : « La paix soit avec vous ! » Puis il dit à Thomas : « Avance ton doigt ici, et vois mes mains ; avance ta main et mets-la dans mon côté : cesse d'être incrédule, sois croyant. » Thomas lui dit alors : « Mon Seigneur et mon

Dieu ! » Jésus lui dit : « Parce que tu m'as vu, tu crois. Heureux ceux qui croient sans avoir vu ! »
Il y a encore beaucoup d'autres signes que Jésus a faits en présence des disciples et qui ne sont pas mis par écrit dans ce livre. Mais ceux-là y ont été mis afin que vous croyiez que Jésus est le Messie, le Fils de Dieu, et afin que, par votre foi, vous ayez la vie en son nom.

PRIÈRE SUR LES OFFRANDES
Accueille avec bonté, Seigneur, les offrandes de tes fidèles (et de tous ceux qui viennent de renaître dans le Christ) ; renouvelés par la foi et le baptême, qu'ils parviennent au bonheur sans fin. Par Jésus.

Préface de Pâques, p. 307.

Dans les prières eucharistiques, on prend les textes propres à la fête de Pâques.

PRIÈRE APRÈS LA COMMUNION
Nous t'en prions, Dieu tout-puissant : que le mystère pascal accueilli dans cette communion ne cesse jamais d'agir en nos cœurs. Par Jésus.

RENVOI
Allez dans la paix du Christ, alléluia, alléluia.
Nous rendons grâce à Dieu, alléluia, alléluia.

Di 14 **Deuxième dimanche de Pâques.**
Jour de Pâques chez les Orthodoxes.
Liturgie des heures : Psautier semaine II.

Bonne fête !

Le 14, Maxime, Ludivine ; le 15, Paterne ; le 16, Benoît, Joseph ; le 17, Étienne ; le 18, Parfait ; le 19, Emma ; le 20, Odette, Giraud.

Thomas

« Thomas patron de ceux qui doutent
Ta lampe est le cœur du Seigneur
Fais que mon doute soit la route
M'ouvrant la plaie jusqu'à ce cœur »

Pierre Emmanuel, *Évangéliaire.*

Il y a 50 ans

Le 17 avril 1946, la Syrie devenait indépendante.

21 avril 1996

Troisième dimanche de Pâques

Avec nous sur le chemin Jésus vient nous rejoindre sur les routes de nos vies. Il nous explique l'Écriture et nous partage le Pain. Quelle communauté chrétienne n'a pas fait l'expérience de cette présence mystérieuse de Jésus au milieu d'elle ? L'Église se rassemblerait-elle chaque dimanche depuis 2 000 ans s'il n'était là pour éclairer le sens de nos vies dans le projet de Dieu, et partager lui-même son Corps ? Nous sommes appelés à reconnaître le Ressuscité sous les espèces paradoxales du pain et du vin *(évangile)*. Alors, nous pourrons vivre selon l'Esprit (deuxième lecture) et, avec Pierre *(première lecture)*, nous pourrons proclamer haut et fort l'action de grâce du Christ aujourd'hui vivant *(psaume)*.

Chanter

L'hymne I 178 Que cherchez-vous au soir tombant, avec des cœurs aussi brûlants ? *introduit à la célébration de ce troisième dimanche de Pâques où nous fixons nos regards sur le mystérieux contre-jour qui accompagne un certain pèlerin en route vers Emmaüs. On chantera cette hymne avec deux chœurs pour lui garder sa structure de dialogue. On peut prendre aussi* I 97 Regarde où nous risquons d'aller *qui annonce les thèmes de l'évangile. Ces deux hymnes appartiennent à la Liturgie des heures.*
Après l'évangile, I 303 Tout au long du chemin *permet une méditation communautaire de la Parole.*
Comme action de grâce, P 140 Reste avec nous, Seigneur Jésus, toi le convive d'Emmaüs *met en valeur le lien entre la liturgie de la Parole et la liturgie de l'Eucharistie.* D 362 Dans le creux de nos mains *reprend les thèmes de l'évangile.*

Prier

POUR LA PRÉPARATION PÉNITENTIELLE

Seigneur Jésus, tu es Chemin vers le Père.
Béni soit ton Nom et prends pitié de nous.

Ô Christ, tu es Parole de Dieu.
Béni soit ton Nom et prends pitié de nous.

Seigneur, tu es Vie pour le monde.
Béni soit ton Nom et prends pitié de nous.

POUR CE DIMANCHE

Dieu notre Père, ton Fils nous rejoint sur nos chemins ; sa parole nous provoque. Qu'il nous ouvre le sens des Écritures et nous rompe le pain. Dans la joie de l'Esprit, nous pourrons te rendre grâce, aujourd'hui et pour les siècles des siècles.

POUR LA PRIÈRE UNIVERSELLE

– Pour ceux qui cherchent Dieu dans la nuit, et pour ceux qui savent leur révéler sa présence dans leur vie.

– Pour l'Église, rassemblée au nom du Christ ressuscité, qui doit lire les signes des temps à la lumière de la parole de Dieu.

– Pour ceux qui n'ont plus d'espérance et pour ceux qui espèrent malgré tout. Que l'Esprit éclaire leur chemin.

Célébrer

La procession avec l'Évangéliaire, accompagné d'un certain nombre de fidèles, symbolisera la présence de Jésus Parole au milieu de la communauté. Les mêmes fidèles pourront être rassemblés autour de l'autel pour l'eucharistie.

On dira la Prière eucharistique pour des rassemblements *à cause de la mention de l'évangile du jour, p. 60. Choisir l'une des deux premières préfaces et la troisième prière d'intercession.*

Messe du 3e dimanche de Pâques

PRIÈRE D'OUVERTURE

Garde à ton peuple sa joie, Seigneur, toi qui refais ses forces et sa jeunesse ; tu nous as rendu la dignité de fils de Dieu, affermis-nous dans l'espérance de la résurrection. Par Jésus Christ.

PREMIÈRE LECTURE Ac 2, 14…33

Annonce d'un salut accompli *La résurrection du Christ permet à Pierre de comprendre et d'expliquer les Écritures anciennes. Elles trouvent tout leur sens à la lumière de l'Esprit répandu sur l'Église.*

Lecture du livre des Actes des Apôtres

Le jour de la Pentecôte, Pierre, debout avec les onze autres Apôtres, prit la parole ; il dit d'une voix forte : « Habitants de la Judée, et vous tous qui séjournez à Jérusalem, comprenez ce qui se passe aujourd'hui, écoutez bien ce que je vais vous dire. Il s'agit de Jésus le Nazaréen, cet homme dont Dieu avait fait connaître la mission en accomplissant par lui des miracles, des prodiges et des signes au milieu de vous, comme vous le savez bien. Cet homme, livré selon le plan et la volonté de Dieu, vous l'avez fait mourir en le faisant clouer à la croix par la main des païens. Or, Dieu l'a ressuscité en mettant fin aux douleurs de la mort, car il n'était pas possible qu'elle le retienne en son pouvoir. En effet, c'est de lui que parle le psaume de David : "Je regardais le Seigneur sans relâche ; s'il est à mon côté, je ne tombe pas. Oui, mon cœur est dans l'allégresse, ma langue chante de joie ; ma chair elle-même reposera dans l'espérance : tu ne peux pas m'abandonner à la mort ni laisser ton fidèle connaître la corruption. Tu m'as montré le chemin de la vie, tu me rempliras d'allégresse par ta présence."

Frères, au sujet de David notre père, on peut vous dire avec assurance qu'il est mort, qu'il a été enterré, et que son tombeau est encore aujourd'hui chez nous. Mais il était prophète, il savait que Dieu lui avait juré de faire asseoir sur son trône un de ses descendants. Il a vu d'avance la résurrection du Christ, dont il a parlé ainsi : "Il n'a pas été abandonné à la mort, et sa chair n'a pas connu la corruption." Ce Jésus, Dieu l'a ressuscité ; nous tous, nous en sommes témoins. Élevé dans la gloire par la puissance de Dieu, il a reçu de son Père l'Esprit Saint qui était promis, et il l'a répandu sur nous : c'est cela que vous voyez et que vous entendez. »

PSAUME Ps 15

Tu m'as montré, Seigneur, le chemin de la vie.

Garde-moi, mon Dieu : j'ai fait de toi mon refuge.
J'ai dit au Seigneur : « Tu es mon Dieu !
Seigneur, mon partage et ma coupe :
de toi dépend mon sort. »

Je bénis le Seigneur qui me conseille :
même la nuit mon cœur m'avertit.
Je garde le Seigneur devant moi sans relâche ;
il est à ma droite : je suis inébranlable.

Mon cœur exulte, mon âme est en fête,
ma chair elle-même repose en confiance :
tu ne peux m'abandonner à la mort
ni laisser ton ami voir la corruption.

Je n'ai pas d'autre bonheur que toi.
Tu m'apprends le chemin de la vie :
devant ta face, débordement de joie !
à ta droite, éternité de délices !

DEUXIÈME LECTURE 1 P 1, 17-21

Dès avant la création du monde *Le sang du Christ est plus précieux que l'or. C'est lui qui nous sauve de la mort selon le dessein éternel du Père.*

Lecture de la première lettre de saint Pierre Apôtre

Frères, vous invoquez comme votre Père celui qui ne fait pas de différence entre les hommes, mais qui les juge chacun d'après ses actes ; vivez donc, pendant votre séjour sur terre, dans la crainte de Dieu. Vous le savez : ce qui vous a libérés de la vie sans but que vous meniez à la suite de vos pères, ce n'est pas l'or et l'argent, car ils seront détruits, c'est le sang précieux du Christ, l'Agneau sans défaut et sans tache. Dieu l'avait choisi dès avant la création du monde, et il l'a manifesté à cause de vous, en ces temps qui sont les derniers. C'est par lui que vous croyez en Dieu, qui l'a ressuscité d'entre les morts, et lui a donné la gloire ; ainsi vous mettez votre foi et votre espérance en Dieu.

ÉVANGILE Lc 24, 13-35

De la Parole à l'Eucharistie *C'est une belle pédagogie de l'eucharistie que nous donne Luc avec le récit des pèlerins d'Emmaüs. Jésus est cette parole de Dieu qu'il nous explique. Elle se révèle obscurément à l'œuvre dans nos vies depuis si longtemps et y fait naître notre action de grâce.*

Alléluia. Alléluia. Seigneur Jésus, fais-nous comprendre les Écritures. Que notre cœur devienne brûlant tandis que tu nous parles. **Alléluia.**

Évangile de Jésus Christ selon saint Luc

Le troisième jour après la mort de Jésus, deux disciples faisaient route vers un village appelé Emmaüs, à deux heures de marche de Jérusalem, et ils parlaient de tout ce qui s'était passé.

Or, tandis qu'ils parlaient et discutaient, Jésus lui-même s'approcha, et il marchait avec eux. Mais leurs yeux étaient aveuglés, et ils ne le reconnaissaient pas. Jésus leur dit : « De quoi causiez-vous donc, tout en marchant ? » Alors ils s'arrêtèrent, tout tristes. L'un des deux, nommé Cléophas, répondit : « Tu es bien le seul, de tous ceux qui étaient à Jérusalem, à ignorer les événements de ces jours-ci. » Il leur dit : « Quels événements ? » Ils lui répondirent : « Ce qui est arrivé à Jésus de Nazareth : cet homme était un prophète puissant par ses actes et ses paroles devant Dieu et devant

tout le peuple. Les chefs des prêtres et nos dirigeants l'ont livré, ils l'ont fait condamner à mort et ils l'ont crucifié. Et nous qui espérions qu'il serait le libérateur d'Israël ! Avec tout cela, voici déjà le troisième jour qui passe depuis que c'est arrivé. A vrai dire, nous avons été bouleversés par quelques femmes de notre groupe. Elles sont allées au tombeau de très bonne heure, et elles n'ont pas trouvé le corps ; elles sont même venues nous dire qu'elles avaient eu une apparition : des anges, qui disaient qu'il est vivant. Quelques-uns de nos compagnons sont allés au tombeau, et ils ont trouvé les choses comme les femmes l'avaient dit ; mais lui, ils ne l'ont pas vu. » Il leur dit alors : « Vous n'avez donc pas compris ! Comme votre cœur est lent à croire tout ce qu'ont dit les prophètes ! Ne fallait-il pas que le Messie souffrît tout cela pour entrer dans sa gloire ? » Et, en partant de Moïse et de tous les prophètes, il leur expliqua, dans toute l'Écriture, ce qui le concernait. Quand ils approchèrent du village où ils se rendaient, Jésus fit semblant d'aller plus loin. Mais ils s'efforcèrent de le retenir : « Reste avec nous : le soir approche et déjà le jour baisse. » Il entra donc pour rester avec eux.
Quand il fut à table avec eux, il prit le pain, dit la bénédiction, le rompit et le leur donna. Alors leurs yeux s'ouvrirent, et ils le reconnurent, mais il disparut à leurs regards. Alors ils se dirent l'un à l'autre : « Notre cœur n'était-il pas brûlant en nous, tandis qu'il nous parlait sur la route, et qu'il nous faisait comprendre les Écritures ? » A l'instant même, ils se levèrent et retournèrent à Jérusalem. Ils y trouvèrent réunis les onze Apôtres et leurs compagnons, qui leur dirent : « C'est vrai ! le Seigneur est ressuscité : il est apparu à Simon-Pierre. » A leur tour, ils racontaient ce qui s'était passé sur la route, et comment ils l'avaient reconnu quand il avait rompu le pain.

PRIÈRE SUR LES OFFRANDES

Accueille, Seigneur, les dons de ton Église en fête : tu es à l'origine d'un si grand bonheur, qu'il s'épanouisse en joie éternelle. Par Jésus.

Préface du temps pascal : au choix, p. 26.

PRIÈRE APRÈS LA COMMUNION

Regarde avec bonté, Seigneur, le peuple que tu as rénové par tes sacrements : accorde-nous de parvenir à la résurrection bienheureuse, toi qui nous as destinés à connaître ta gloire. Par Jésus.

Di 21	**Troisième dimanche de Pâques.** *Liturgie des heures : Psautier semaine III.* [St Anselme, évêque de Cantorbéry, docteur de l'Église, † 1109.]
Ma 23	St Georges, martyr en Palestine, IIIe-IVe siècle.
Me 24	St Fidèle de Sigmaringen, martyr en Suisse, † 1622.
Je 25	St MARC, ÉVANGÉLISTE : 1 P 5,5-14; Mc 16,15-20.

Bonne fête !

Le 21, Anselme, Selma; le 22, Alexandre; le 23, Georges, Georgina, Youri, Fortunat; le 24, Fidèle, Euphrasie; le 25, Marc; le 26, Alida, Clet; le 27, Zita.

La nuit pascale

« Mais nous, plus obstinés dans la mort que les pierres
Rêvons, esprits vacants, tombeaux inhabités
D'un Dieu qui ne veut être et n'a jamais été
Car nous le poursuivons tel un rêve en un rêve
Lui qui nous fraie le jour et la réalité »

Pierre Emmanuel, *Évangéliaire.*

Il y a 10 ans

Le 25 avril 1986, catastrophe nucléaire de Tchernobyl.

28 avril 1996

Quatrième dimanche de Pâques

Reconnaître sa voix La Bible retentit d'innombrables appels lancés par Dieu aux hommes. Jésus se présente aujourd'hui comme celui qui appelle. Chacun peut le reconnaître à sa voix *(évangile)*. Il est le berger chanté par le psaume. Accueilli dans la foi, il nous donne son Esprit et le pardon de nos péchés *(première lecture)* pour que nous soyons capables de le suivre *(deuxième lecture)*, et de faire retentir à notre tour l'appel de Dieu à nos frères.

Chanter

Le chant d'entrée K 106 Peuple de baptisés, marche vers ta lumière *situe d'emblée la célébration dans la tonalité pascale. Pour introduire le thème de la vocation, on choisira plutôt* T 154 Si le Père vous appelle.
Pour la préparation pénitentielle, si l'on veut donner plus d'ampleur au rite, G 310 Jésus, berger de toute humanité *est une belle méditation sur le Christ-berger.*
Après la communion, on peut mettre l'accent sur le thème eucharistique avec J 15 Tu nous guideras aux sentiers de vie.
Pour mettre l'accent sur le thème pascal, prendre I 123 Le Seigneur a libéré son peuple, *qui fait écho au discours de Pierre dans la première lecture.*

Prier

POUR LA PRÉPARATION PÉNITENTIELLE

Jésus crucifié, Dieu a fait de toi le Seigneur et le Christ ;
sois notre berger, prends pitié de nous.

Jésus crucifié, par toi nos péchés sont pardonnés ;
sois notre berger, prends pitié de nous.

Jésus crucifié, tu nous donnes ton Saint-Esprit ;
sois notre berger, prends pitié de nous.

POUR CE DIMANCHE

Père, tu nous donnes Jésus ton Fils, notre Sauveur, et tu l'établis Pasteur du troupeau. Il a porté le poids des hommes, il a donné sa vie pour instaurer ton Alliance. Nous t'en prions : que ton Esprit nous apprenne à écouter sa voix, que nous suivions celui qui nous guide vers les siècles des siècles.

POUR LA PRIÈRE UNIVERSELLE

Nous portons dans notre prière :

– les hommes et les femmes qui ont la charge de guider leurs frères dans tous les domaines de la vie civile : la politique, l'économie, l'information… ;

– ceux qui offrent une part de leur temps, de leurs ressources et de leurs forces pour subvenir aux nouveaux besoins de l'Église… ;

– ceux qui n'hésitent pas à répondre aux appels de leurs frères, proches ou lointains, pour le service de l'Évangile… ;

– les hommes et les femmes qui voient leur vie amputée par l'injustice, la pauvreté, le chômage, la maladie, la peur, pour tous les déportés… ;

Que le Seigneur réponde à leur appel !

POUR CONCLURE LA CÉLÉBRATION

Dieu notre Père, c'est en passant par ton Fils Jésus que nous sommes entrés dans ta maison : nous avons entendu sa voix et mangé le Pain de ta vie. Que ton Esprit fasse grandir en nous le goût de vivre au cœur du monde et d'y faire retentir ta parole, avec Jésus qui marche à notre tête et nous précède auprès de toi pour les siècles des siècles !

Célébrer

Pourquoi ne pas retrouver, d'une manière ou d'une autre, en ce dimanche de printemps, le signe de la porte, puisque le Christ dit de lui qu'il est la porte. C'est le signe de la traversée de la Pâque accomplie dans le baptême.

On peut aussi, avec les enfants par exemple, faire sentir l'importance du nom de chacun, celui que nous recevons à notre baptême, celui par lequel Jésus nous appelle.

Ce quatrième dimanche de Pâques est aussi la journée des vocations. Pour la préparer, on peut demander une documentation aux centres diocésains ou au Centre national des vocations - 106, rue du Bac - 75341 Paris cedex 07. Tél. (1) 42 22 51 20.

Messe du 4e dimanche de Pâques

PRIÈRE D'OUVERTURE

Dieu éternel et tout-puissant, guide-nous jusqu'au bonheur du ciel ; que le troupeau parvienne, malgré sa faiblesse, là où son Pasteur est entré victorieux. Lui qui règne.

PREMIÈRE LECTURE Ac 2, 14…21

Entendre l'appel de Dieu *La foi se reçoit par l'écoute. L'apôtre a pour mission d'appeler ses frères vers le Père au nom du Christ. Telle est l'action de l'Esprit dans l'Église.*

Lecture du livre des Actes des Apôtres

Le jour de la Pentecôte, Pierre, debout avec les onze autres Apôtres, avait pris la parole ; il disait d'une voix forte : « Que tout le peuple d'Israël en ait la certitude : ce même Jésus que vous avez crucifié, Dieu a fait de lui le Seigneur et le Christ. » Ceux qui l'entendaient furent remués jusqu'au fond d'eux-mêmes : ils dirent à Pierre et aux autres Apôtres : « Frères, que devons-nous faire ? » Pierre leur répondit : « Convertissez-vous, et que chacun de vous se fasse baptiser au nom de Jésus Christ pour obtenir le pardon de ses péchés. Vous recevrez alors le don du Saint-Esprit.
C'est pour vous que Dieu a fait cette promesse, pour vos enfants et pour tous ceux qui sont loin, tous ceux que le Seigneur notre Dieu appellera. » Pierre trouva encore beaucoup d'autres paroles pour les adjurer, et il les exhortait ainsi : « Détournez-vous de cette génération égarée, et vous serez sauvés. »

Alors, ceux qui avaient accueilli la parole de Pierre se firent baptiser. La communauté s'augmenta ce jour-là d'environ trois mille personnes.

PSAUME Ps 22

• **Le Seigneur est mon berger :**
rien ne saurait me manquer.

• **Conduis-nous, Seigneur Jésus,**
aux sources de la vie.

Le Seigneur est mon berger :
je ne manque de rien.
Sur des prés d'herbe fraîche,
il me fait reposer.

Il me mène vers les eaux tranquilles
et me fait revivre ;
il me conduit par le juste chemin
pour l'honneur de son nom.

Si je traverse les ravins de la mort,
je ne crains aucun mal,
car tu es avec moi,
ton bâton me guide et me rassure.

Tu prépares la table pour moi
devant mes ennemis ;
tu répands le parfum sur ma tête,
ma coupe est débordante.

Grâce et bonheur m'accompagnent
tous les jours de ma vie ;
j'habiterai la maison du Seigneur
pour la durée de mes jours.

DEUXIÈME LECTURE 1 P 2, 20-25

Suivre son exemple *Jésus crucifié reste un modèle pour la communauté chrétienne qui reconnaît en lui le Christ glorifié.*

Lecture de la première lettre de saint Pierre Apôtre

Frères, si l'on vous fait souffrir alors que vous avez bien agi, vous rendrez hommage à Dieu en tenant bon. C'est bien à cela que vous avez été appelés, puisque le Christ lui-même a souffert pour vous et vous a laissé son exemple afin que vous suiviez ses traces, lui qui n'a jamais commis de péché ni proféré de mensonge : couvert d'insultes, il n'insultait pas ; accablé de souffrance, il ne menaçait pas, mais il confiait sa cause à Celui qui juge avec justice. Dans son corps, il a porté nos péchés sur le bois de la croix afin que nous puissions mourir à nos péchés et vivre dans la justice : c'est par ses blessures que vous avez été guéris. Vous étiez errants comme des brebis ; mais à présent vous êtes revenus vers le berger qui veille sur vous.

ÉVANGILE Jn 10, 1-10

Le bon Pasteur *Le Christ nous appelle chacun et chacune par notre nom. A sa suite, nous sortons et nous recevons la vie en abondance au banquet du Royaume. Il nous précède et nous guide.*

Alléluia. Alléluia. Jésus, le Bon Pasteur, connaît ses brebis, et ses brebis le connaissent : pour elles il a donné sa vie. **Alléluia.**

Évangile de Jésus Christ selon saint Jean

Jésus parlait ainsi aux pharisiens : « Amen, amen, je vous le dis : celui qui entre dans la bergerie sans passer par la porte, mais qui escalade par un autre endroit, celui-là est un voleur et un bandit.

Celui qui entre par la porte, c'est lui le pasteur, le berger des brebis. Le portier lui ouvre, et les brebis écoutent sa voix. Ses brebis à lui, il les appelle chacune par son nom, et il les fait sortir. Quand il a conduit dehors toutes ses brebis, il marche à leur tête, et elles le suivent, car elles connaissent sa voix. Jamais elles ne suivront un inconnu, elles s'enfui-

ront loin de lui, car elles ne reconnaissent pas la voix des inconnus. »
Jésus employa cette parabole en s'adressant aux pharisiens, mais ils ne comprirent pas ce qu'il voulait leur dire. C'est pourquoi Jésus reprit la parole : « Amen, amen, je vous le dis : je suis la porte des brebis. Ceux qui sont intervenus avant moi sont tous des voleurs et des bandits ; mais les brebis ne les ont pas écoutés. Moi, je suis la porte. Si quelqu'un entre en passant par moi, il sera sauvé ; il pourra aller et venir, et il trouvera un pâturage. Le voleur ne vient que pour voler, égorger et détruire. Moi je suis venu pour que les hommes aient la vie, pour qu'ils l'aient en abondance. »

PRIÈRE SUR LES OFFRANDES

Donne-nous, Seigneur, de te rendre grâce toujours par ces mystères de Pâques : ils continuent en nous ton œuvre de rédemption, qu'ils nous soient une source intarissable de joie. Par Jésus.

Préface du temps pascal, p. 26.

PRIÈRE APRÈS LA COMMUNION

Père tout-puissant et Pasteur plein de bonté, veille sur tes enfants avec tendresse ; tu nous as sauvés par le sang de ton Fils : ouvre-nous une demeure dans le Royaume des cieux. Par Jésus.

Di 28 **Quatrième dimanche de Pâques.**
Liturgie des heures : Psautier semaine IV.
Journée des vocations.
Souvenir des déportés (dernier dimanche d'avril).
[St Pierre Chanel, mariste français, premier martyr d'Océanie, † 1841 à Futuna.]

Lu 29 Ste Catherine de Sienne, vierge, tertiaire dominicaine, docteur de l'Église, † 1380 à Rome.

Ma 30 St Pie V, pape, † 1572.
En Afrique du Nord, Notre-Dame-d'Afrique.

Me 1 St Joseph travailleur : Lecture propre (bien que mémoire facultative) Mt 13,54-58.
Fête du Travail.

Je 2 St Athanase, évêque d'Alexandrie, docteur de l'Église, † 373.

Ve 3 St PHILIPPE ET St JACQUES, APÔTRES: 1 Co 15,1-8 ; Jn 14,6-14.

Le 30 avril, grande fête musulmane Aid el Kebir, où l'on sacrifie un mouton, en souvenir du sacrifice d'Abraham, considéré comme le premier musulman, le premier « soumis à Dieu ».
Voir le récit du sacrifice d'Abraham dans la deuxième lecture de la veillée pascale, p. 280 (mais les musulmans pensent qu'il s'agit d'Ismaël et non d'Isaac).

Bonne fête !

Le 28, Louis-Marie, Vital ; le 29, Catherine ; le 30, Robert, Rosemonde ; le 1er mai, Tamara, Jérémie, Brieuc ; le 2, Athanase, Antonin, Boris, Zoé ; le 3, Jacques, James, Jim, Juvénal, Philippe ; le 4, Florian, Sylvain.

Psaume

« Seigneur, seul Appelant à la vocation d'homme,
aie pitié de ce nom que mes lèvres te forment,
et ne m'appelle plus de mon nom, mais du tien ! »

Patrice de La Tour du Pin.

Prêtre, pour quoi faire ?

Nous passons dans un village de l'Inde. A la croisée des chemins, un petit temple aux couleurs pastel. Devant, un homme torse nu, vêtu seulement d'un pagne blanc. Un jeune couple s'avance avec des offrandes : des colliers de fleurs, des noix de coco. L'homme pénètre dans le temple, il connaît les gestes à accomplir, les paroles à prononcer, les rites prévus pour la circonstance. C'est un « prêtre », le desservant de ce sanctuaire. En France aussi, dans ma paroisse, il y a un « prêtre ». Mais qu'y a-t-il de commun entre les deux ?

Au Nord-Cameroun, dans les monts Mandara, chaque montagne a son grand prêtre. Il habite près du sommet. C'est lui qui accomplit les sacrifices qui marquent les saisons, qui rythment le travail des agriculteurs, qui ponctuent les événements de la vie familiale. Mais qu'a-t-il de commun avec le curé de ma paroisse ?

Il est bon de découvrir que le prêtre chrétien a un visage bien particulier, qu'il ne ressemble à aucun prêtre d'aucune autre tradition religieuse. Seule la pauvreté de notre vocabulaire nous entraîne à user du même mot pour parler de personnages aux fonctions si différentes. La difficulté vient aussi de notre pente naturelle à lire les coutumes des autres à travers le filtre de nos propres coutumes.

Les premiers chrétiens n'ont pas cherché à avoir parmi eux des personnages sacrés, attachés à un sanctuaire pour en assurer les cérémonies et les rites nécessaires à toute vie collective. Ils ont organisé leurs communautés avec un collège d'Anciens : en grec, on disait *presbytres*, d'où vient le mot *prêtres*. L'Ancien n'est pas d'abord l'homme du culte, mais l'homme de la communion à créer entre les membres de la communauté et avec toute l'Église. Il maintient vivant le signe d'une présence. Il est chargé d'une parole, non celle de l'homme vers Dieu, mais celle de Dieu vers l'homme. On l'appelle aussi le *curé* car il *prend soin* (en latin *cura*) de la communauté. Comme *pasteur*, il cherche le chemin de son *troupeau*.

I.R.-C.

5 mai 1996

Cinquième dimanche de Pâques

Peuple de prêtres Ressuscité, Jésus quitte ce monde et nous confie son œuvre *(évangile)*. C'est à nous de la continuer aujourd'hui, pierres vivantes avec lui, peuple de prêtres *(deuxième lecture)* au service de Dieu et de nos frères. L'Esprit que nous laisse Jésus suscite la communion dans une communauté qui apprend ainsi à gérer les inévitables conflits de la vie quotidienne *(première lecture)*.

Chanter

Comme chant d'ouverture, C 49 Peuple de prêtres *(couplets 4, 5, 8) reprend les images des textes de ce dimanche ;* EqC 262 Nous sommes les pierres vivantes *(couplets 1, 2, 11, 12, 13) annonce l'épître de Pierre ;* K 106 Peuple de baptisés *permet une bonne continuité à l'intérieur du temps pascal. L'assemblée s'y reçoit comme corps du Christ.*
Après la lecture de l'évangile : J 16 Seigneur Jésus, tu es vivant. *Pour la fraction du pain,* MNA 28.22 Agneau de Pâques *surtout à cause du couplet 2.*

Prier

POUR LA PRÉPARATION PÉNITENTIELLE

Pitié pour nous, Seigneur,
Tu es la voie d'avenir :
Aide-nous à la prendre.

Pitié pour nous, Seigneur,
Tu es la vérité de toujours :
Donne-nous ta lumière.

Pitié pour nous, Seigneur,
Tu es l'accomplissement de la vie :
Aide-nous à te vivre.

(La Tour du Pin)

POUR CE DIMANCHE

Seigneur notre Dieu, comment irions-nous jusqu'à toi si ton Esprit n'éclairait notre regard ? Déjà tu nous prépares une demeure en ta maison : que ton Fils nous guide vers le Royaume, puisqu'il est le chemin qui mène à la vie. Par lui nous te louons pour les siècles des siècles.

POUR LA PRIÈRE UNIVERSELLE

En communion avec tous les chrétiens vivant dans le monde, nous prions le Père :

– Nous le remercions pour l'unité qu'il construit avec tant d'hommes et de femmes différents qui vivent d'une même foi ;

– Nous lui demandons de rendre son Église accueillante à l'Esprit Saint pour qu'elle invente de nouvelles manières d'exercer sa mission ;

– Nous prions pour ceux qui ne trouvent pas leur place dans les Églises : « Il y a beaucoup de demeures dans la maison du Père », dit Jésus.

Célébrer

Pourquoi ne pas mettre particulièrement en valeur l'autel grâce à un éclairage adapté, puisque, symbole du Christ, il est la pierre angulaire de toute l'Église ? Il serait bon aussi de mettre en évidence le lien entre l'autel et la croix selon la parole de l'Apôtre : « La pierre éliminée par les bâtisseurs est devenue la pierre d'angle. »

La première préface du temps ordinaire *(p. 27) reprend la belle énumération de la deuxième lecture. La* deuxième préface de la prière eucharistique pour des rassemblements *(p. 60) reprend les mots clés de l'évangile (le chemin, la vérité, la vie).*

Messe du 5e dimanche de Pâques

PRIÈRE D'OUVERTURE

Dieu qui as envoyé ton Fils pour nous sauver et pour faire de nous tes enfants d'adoption, regarde avec bonté ceux que tu aimes comme un père ; puisque nous croyons au Christ, accorde-nous la vraie liberté et la vie éternelle. Par Jésus Christ.

PREMIÈRE LECTURE Ac 6, 1-7

Au service des frères *Quand se présente le premier conflit dans l'Église, les Apôtres demandent aux frères de choisir sept d'entre eux à qui ils imposeront les mains, reconnaissant ainsi que l'Esprit Saint habite dans le corps même de la communauté chrétienne.*

Lecture du livre des Actes des Apôtres

En ces jours-là, comme le nombre des disciples augmentait, les frères de langue grecque récriminèrent contre ceux de langue hébraïque ; ils trouvaient que, dans les secours distribués quotidiennement, les veuves de leur groupe étaient désavantagées. Les Douze convoquèrent alors l'assemblée des disciples et ils leur dirent : « Il n'est pas normal que nous délaissions la parole de Dieu pour le service des repas. Cherchez plutôt, frères, sept d'entre vous, qui soient des hommes estimés de tous, remplis d'Esprit Saint et de sagesse, et nous leur confierons cette tâche. Pour notre part, nous resterons fidèles à la prière et au service de la Parole. »
La proposition plut à tout le monde, et l'on choisit : Étienne, homme rempli de foi et d'Esprit Saint, Philippe, Procore, Nicanor, Timon, Parménas et Nicolas, un païen originaire d'Antioche, converti au judaïsme. On les présenta aux Apôtres, et ceux-ci, après avoir prié, leur imposèrent les mains.
La parole de Dieu gagnait du terrain, le nombre des disciples augmentait fortement à Jérusalem, et une grande foule de prêtres juifs accueillaient la foi.

est en moi ! Les paroles que je vous dis, je ne les dis pas de moi-même ; mais c'est le Père qui demeure en moi, et qui accomplit ses propres œuvres. Croyez ce que je vous dis : je suis dans le Père, et le Père est en moi ; si vous ne croyez pas ma parole, croyez au moins à cause des œuvres. Amen, amen, je vous le dis : celui qui croit en moi accomplira les mêmes œuvres que moi. Il en accomplira même de plus grandes, puisque je pars vers le Père. »

PRIÈRE SUR LES OFFRANDES

Seigneur notre Dieu, dans l'admirable échange du sacrifice eucharistique, tu nous fais participer à ta propre nature divine : puisque nous avons la connaissance de ta vérité, accorde-nous de lui être fidèles par toute notre vie. Par Jésus.

Préface du temps pascal, p. 26 ou Préface 1 des dimanches ordinaires, p. 27.

PRIÈRE APRÈS LA COMMUNION

Dieu très bon, reste auprès de ton peuple, car sans toi notre vie tombe en ruine : fais passer à une vie nouvelle ceux que tu as initiés aux sacrements de ton Royaume. Par Jésus.

Di 5 **Cinquième dimanche de Pâques.**
Liturgie des heures : Psautier semaine I.

Bonne fête !

Le 5, Ange, Judith ; le 6, Prudence ; le 7, Flavie ; le 8, Désiré ; le 9, Pacôme, Isaïe, le 10, Solange ; le 11, Mayeul, Estelle, Stella.

Psaume

« Où irions-nous si ce n'est à Jésus,
Puisque sans lui nous n'allons qu'à la mort ?

Mais la vie a reconnu son Seigneur,
Elle trouve son sens à le prier.

A travers nous elle crie au Seigneur,
Elle demande notre voix pour le dire.

C'est pourquoi nous venons l'écouter
Et apprendre de Dieu le vrai sens de la vie.

Nous sommes baptisés sous le nom de Jésus,
Il rassemble les eaux dispersées.

Il nous a disséminés au monde, il nous rappelle :
Nous voici réunis pour lui répondre. »

Patrice de La Tour du Pin.

12 mai 1996

Sixième dimanche de Pâques

Habités par l'Esprit Malgré les difficultés et les persécutions, la première communauté chrétienne fait l'expérience de la vie et de la joie du Christ *(première lecture)*. Il tient la promesse qu'il a faite : « Je prierai le Père qui vous enverra l'Esprit. » Le psaume chante la louange pascale. Dans sa fidélité à la parole de Jésus, l'Église est habitée par la présence du Dieu trinitaire *(évangile)*. C'est ce qui lui donne la force de témoigner devant tous ceux qui lui demandent de « rendre compte de l'espérance » qui est en elle *(deuxième lecture)*.

Chanter

En ouverture, ILH 165 Tu as triomphé de la mort *est une hymne pascale dont le couplet 3 annonce le thème de l'évangile :* « Tu nous as donné l'Esprit, Tu demeures au milieu de nous. » *On peut lui préférer* K 64 Peuple choisi *couplets 3, 4, 5, ou* K 158 Dieu qui nous appelles à vivre *avec son refrain :* Fais jaillir en nous l'Esprit.

La litanie MNA 41.17 Prière dans l'Esprit *est une bonne préparation pénitentielle. Après l'évangile, on peut chanter* Viens, Esprit de Dieu *dans* EqC 261, *ou* K 79 Ouvrez vos cœurs, *plus dynamique avec sa structure dialoguée.*

Pendant la communion, EqC 267 *propose une belle reprise de l'évangile :* Celui qui aime son frère, Dieu demeure en lui et lui en Dieu.

Comme chant d'envoi, prendre ou reprendre K 79 Ouvrez vos cœurs.

Prier

POUR LA PRÉPARATION PÉNITENTIELLE

Seigneur Jésus, dans ta chair tu as été mis à mort ; dans l'Esprit, tu as été rendu à la vie :
béni soit ton Nom et prends pitié de nous.

Christ, toi le juste, mort pour les péchés une fois pour toutes :
béni soit ton Nom et prends pitié de nous.

Seigneur, mort pour les coupables afin de nous introduire près du Père :
béni soit ton Nom et prends pitié de nous.

POUR CE DIMANCHE

Dieu, Père de Jésus, en ton Fils tu nous fais la grâce de reconnaître l'amour dont tu nous as aimés. A sa prière, donne-nous ton Esprit ; qu'il prenne notre défense, qu'il accomplisse ta promesse, et nous t'appartiendrons pour les siècles des siècles.

POUR LA PRIÈRE UNIVERSELLE

Avec Jésus, prions le Père d'envoyer son Esprit :

– sur les chrétiens en butte aux persécutions : qu'ils soient capables de rendre compte de l'espérance qui est en eux ;

– sur les missionnaires de l'Évangile qui acceptent de passer leurs frontières géographiques ou morales pour partager leur foi ;

– sur les nouveaux baptisés et sur les jeunes communautés chrétiennes, pour qu'ils rayonnent de la joie de la foi ;

– sur les malades et les infirmes, qu'ils se sachent aimés.

Célébrer

Essayons de trouver une manière de signifier la présence du Christ au milieu des siens, en prenant par exemple le temps de se saluer les uns les autres au début de la célébration, ou en faisant une procession derrière l'Évangéliaire.
Pour remettre en mémoire le mystère de la Croix en ce temps pascal, le président, après avoir invité à la prière, peut se tourner devant le crucifix pendant qu'on lit la prière pénitentielle.
Il paraît tout indiqué de prendre la première préface : « Tu ne nous laisses jamais seuls ; tu accompagnes l'Église en lui donnant la force de ton Esprit » *de la* prière eucharistique pour des rassemblements : « Dieu, Père plein de tendresse, donne-nous l'Esprit d'amour, l'Esprit de ton Fils », *(p. 60).*

Mettre l'accent sur l'épiclèse en chantant par exemple MNA 26.71.

Messe du 6ᵉ dimanche de Pâques

PRIÈRE D'OUVERTURE

Dieu tout-puissant, accorde-nous, en ces jours de fête, de célébrer avec ferveur le Christ ressuscité : que le mystère de Pâques dont nous faisons mémoire reste présent dans notre vie et la transforme. Par Jésus Christ.

PREMIÈRE LECTURE Ac 8, 5…17

Par-delà les frontières *La Samarie est loin de Jérusalem et détestée des Juifs. Pourtant elle reçoit la parole de Dieu annoncée par Philippe. Poussée par l'Esprit, l'Église n'a pas de frontières.*

Lecture du livre des Actes des Apôtres

Philippe, l'un des Sept, arriva dans une ville de Samarie, et là il proclamait le Christ. Les foules, d'un seul cœur, s'attachaient à ce que disait Philippe, car tous entendaient parler des signes qu'il accomplissait, ou même ils les voyaient. Beaucoup de possédés étaient délivrés des esprits mauvais, qui les quittaient en poussant de grands cris. Beaucoup de paralysés et d'infirmes furent guéris. Et il y eut dans cette ville une grande joie.
Les Apôtres, restés à Jérusalem, apprirent que les gens de Samarie avaient accueilli la parole de Dieu. Alors ils leur envoyèrent Pierre et Jean. A leur arrivée, ceux-ci prièrent pour les Samaritains afin qu'ils reçoivent le Saint-Esprit ; en effet, l'Esprit n'était encore venu sur aucun d'entre eux : ils étaient seulement baptisés au nom du Seigneur Jésus. Alors Pierre et Jean leur imposèrent les mains, et ils recevaient le Saint-Esprit.

PSAUME Ps 65

**Terre entière, acclame Dieu,
chante le Seigneur !**

Acclamez Dieu, toute la terre ;
fêtez la gloire de son nom,
glorifiez-le en célébrant sa louange.
Dites à Dieu : « Que tes actions sont redoutables ! »

Toute la terre se prosterne devant toi,
elle chante pour toi, elle chante pour ton nom.
Venez et voyez les hauts faits de Dieu,
ses exploits redoutables pour les fils des hommes.

Il changea la mer en terre ferme :
ils passèrent le fleuve à pied sec.
De là, cette joie qu'il nous donne.
Il règne à jamais par sa puissance.

Venez, écoutez, vous tous qui craignez Dieu ;
je vous dirai ce qu'il a fait pour mon âme.
Béni soit Dieu, qui n'a pas écarté ma prière,
ni détourné de moi son amour !

DEUXIÈME LECTURE 1 P 3, 15-18

Vous introduire devant Dieu *La Pâque du Christ est au cœur des chrétiens. En elle, ils vivent devant Dieu, et peuvent témoigner de leur espérance devant le monde.*

Lecture de la première lettre de saint Pierre Apôtre

Frères, c'est le Seigneur, le Christ, que vous devez reconnaître dans vos cœurs comme le seul saint. Vous devez toujours être prêts à vous expliquer devant tous ceux qui vous demandent de rendre compte de l'espérance qui est en vous ; mais faites-le avec douceur et respect. Ayez une conscience droite, pour faire honte à vos adversaires au moment même où ils calomnient la vie droite que vous menez dans le Christ. Car il vaudrait mieux souffrir pour avoir fait le bien, si c'était la volonté de Dieu, plutôt que pour avoir fait le mal. C'est ainsi que le Christ est mort pour les péchés, une fois pour toutes : lui, le juste, il est mort pour les coupables afin de vous introduire devant Dieu. Dans sa chair, il a été mis à mort ; dans l'esprit, il a été rendu à la vie.

ÉVANGILE Jn 14, 15-21

L'Esprit pour toujours avec vous *Avant sa mort, Jésus promet l'Esprit qui introduira les croyants à la présence du Dieu trinitaire, par l'amour et la fidélité à la Parole qu'ils ont reçue du Fils.*

Alléluia. Alléluia. Dans l'Esprit Saint, rendez témoignage que Jésus est le Fils de Dieu, car l'Esprit est vérité. **Alléluia.**

Évangile de Jésus Christ selon saint Jean

A l'heure où Jésus passait de ce monde à son Père, il disait à ses disciples : « Si vous m'aimez, vous resterez fidèles à mes commandements. Moi, je prierai le Père, et il vous donnera un autre Défenseur qui sera pour toujours avec vous : c'est l'Esprit de vérité. Le monde est incapable de le recevoir, parce qu'il ne le voit pas et ne le connaît pas ; mais vous, vous le connaissez, parce qu'il demeure auprès de vous, et qu'il est en vous. Je ne vous laisserai pas orphelins, je reviens vers vous. D'ici peu de temps, le monde ne me verra plus, mais vous, vous me verrez vivant, et vous vivrez aussi. En ce jour-là, vous reconnaîtrez que je suis en mon Père, que vous êtes en moi, et moi en vous. Celui qui a reçu mes commandements et y reste fidèle, c'est celui-là qui m'aime ; et celui qui m'aime sera aimé de mon Père ; moi aussi je l'aimerai, et je me manifesterai à lui. »

PRIÈRE SUR LES OFFRANDES

Que nos prières montent vers toi, Seigneur, avec ces offrandes pour le sacrifice ; dans ta bonté purifie-nous, et nous correspondrons davantage aux sacrements de ton amour. Par Jésus.

Préface du temps pascal, p. 26.

PRIÈRE APRÈS LA COMMUNION

Dieu tout-puissant, dans la résurrection du Christ, tu nous recrées pour la vie éternelle ; multiplie en nous les fruits du sacrement pascal : fais-nous prendre des forces neuves à cette nourriture qui apporte le salut. Par Jésus.

Di 12	**Sixième dimanche de Pâques.** *Liturgie des heures : Psautier semaine II.* En Belgique, fête des Mères. [Sts Nérée et Achille, martyrs, † 304-305 à Rome.] [St Pancrace, martyr, † 304-305 à Rome.]
Lu 13	Au Portugal : Notre-Dame de Fatima.
Ma 14	St MATTHIAS, APÔTRE : Ac 1,15…26 ; Jn 15,9-17.
Je 16	**ASCENSION DU SEIGNEUR**, p. 347.
Sa 18	St Jean Ier, pape et martyr, † 526 à Ravenne.

Le 18, 76e anniversaire du pape Jean-Paul II.

Bonne fête !

Le 12, Achille, Nérée, Simon ; le 13, Rolande ; le 14, Matthias ; le 15, Denise, Victorin ; le 16, Honoré ; le 17, Pascal ; le 18, Éric, Corinne, Coralie.

Prière

« Ah ! que viennent ceux-là qui sonderont le monde
De ton amour pour ce qu'ils ne peuvent aimer,
Et transmettront du cœur jusqu'au bout de ses membres,
Le même appel nuptial que tu leur as donné. »

Patrice de La Tour du Pin.

16 mai 1996

Ascension du Seigneur

Une nouvelle présence De dimanche en dimanche depuis Pâques, nous entendons ce qui fait la spécificité de notre foi chrétienne au regard de toutes les autres religions : la communauté croyante est légataire du Christ qui, par son Esprit, fait d'elle le corps dont il est la tête *(deuxième lecture)*. Monté auprès du Père, il fait de nous ses témoins *(première lecture)*. Par le mystère de l'Ascension, il lance l'Église à sa suite sur les routes du monde pour dévoiler aux hommes la présence de Dieu à l'œuvre dans leur vie *(évangile)*.

Chanter

J 35 Le Seigneur monte au ciel *est fait sur mesure pour la fête de l'Ascension. On peut mettre l'accent sur la présence de l'Esprit dans le monde avec* I 238 Au cœur de ce monde ; K 64 Peuple choisi *couplets 3, 4, 5 est plus facile.*
Après une préparation pénitentielle sobre, le Gloria *peut éclater dans la tonalité de l'épître aux Ephésiens.*
En réponse à l'évangile, K 201 Église de toujours *introduit à la dynamique de la prière universelle.*
Comme dimanche dernier, on peut mettre l'accent sur les épiclèses en les chantant (par exemple MNA 26.71).
Pour la fraction du Pain, Voici l'Agneau de Dieu MNA 28.20 (AL 200) *couplet 6.*
En action de grâce, J1 Le Christ est monté près de Dieu ; P 79 Puisqu'il est avec nous ; I 169 Christ est vraiment ressuscité *propose 3 couplets pour l'Ascension.*

Prier

POUR LA PRÉPARATION PÉNITENTIELLE

Seigneur Jésus, ressuscité d'entre les morts,
béni soit ton Nom et prends pitié de nous.

O Christ, élevé au-dessus de tout vivant,
béni soit ton Nom et prends pitié de nous.

Seigneur, assis à la droite du Père,
béni soit ton Nom et prends pitié de nous.

POUR CE DIMANCHE

• Dieu que nos yeux n'ont jamais vu, tu nous as envoyé ton propre Fils… Maintenant que lui aussi échappe à nos regards, que l'Esprit Saint soutienne la foi de l'Église. Qu'il rende lumineux son témoignage pour que les hommes s'avancent vers le jour où ils te verront face à face. Béni sois-tu, toi qui nous appelles à entrer dans ta gloire pour les siècles des siècles.

• Reçois, Dieu notre Père, l'action de grâce de ton peuple en fête. Par l'Ascension du Christ, nos vies se trouvent anoblies et notre espérance stimulée. Donne-nous de réaliser toujours mieux la mission confiée aux Apôtres et qu'ils nous ont léguée. Que ton Esprit nous donne de croire plus fermement, et d'annoncer joyeusement que Jésus est avec nous, tous les jours, jusqu'à la fin des temps.

POUR LA PRIÈRE UNIVERSELLE

« Pourquoi restez-vous là à regarder le ciel ? » Nous confions à Dieu les hommes de notre terre :
– nos frères chrétiens, pour qu'après avoir regardé le ciel ils aient le courage d'engager un vrai combat pour la justice ;

– nos dirigeants, pour qu'ils contribuent à construire le monde dans l'espérance ;

– ceux qui cherchent loin du Christ la vérité : qu'ils s'approchent de lui ;

– les indigents, les malades, les mal-aimés, pour qu'ils trouvent force et espérance dans le Ressuscité.

Célébrer

Pour évoquer la dernière phrase de l'évangile de Matthieu (Je suis avec vous), *on peut mettre en valeur les signes de la présence du Christ au milieu de nous : la croix, le cierge, et surtout les frères, le livre et le pain partagé.*

Messe de l'Ascension du Seigneur

PRIÈRE D'OUVERTURE

Dieu qui élèves le Christ au-dessus de tout, ouvre-nous à la joie et à l'action de grâce, car l'Ascension de ton Fils est déjà notre victoire : nous sommes les membres de son corps, il nous a précédés dans la gloire auprès de toi, et c'est là que nous vivons en espérance. Par Jésus Christ.

PREMIÈRE LECTURE Ac 1, 1-11

Il reviendra *Dans la symbolique biblique, le haut est le lieu de la manifestation de Dieu. C'est pourquoi Jésus s'élève avant de disparaître. Les Actes placent l'Ascension du Christ pendant un repas parce que les chrétiens sont rassemblés pour le repas de l'eucharistie autour du Seigneur, dans l'attente de son retour.*

Commencement du livre des Actes des Apôtres

Mon cher Théophile, dans mon premier livre j'ai parlé de tout ce que Jésus a fait et enseigné depuis le commencement jusqu'au jour où il fut enlevé au ciel après avoir, dans l'Esprit Saint, donné ses instructions aux Apôtres qu'il avait choisis. C'est à eux qu'il s'était montré vivant après sa Passion : il leur en avait donné bien des preuves, puisque pendant quarante jours il leur était apparu, et leur avait parlé du Royaume de Dieu.

Au cours d'un repas qu'il prenait avec eux, il leur donna l'ordre de ne pas quitter Jérusalem mais d'y attendre ce que le Père avait promis. Il leur disait : « C'est la promesse que vous avez entendue de ma bouche. Jean a baptisé avec de l'eau ; mais vous, c'est dans l'Esprit Saint que vous serez baptisés d'ici quelques jours. » Réunis autour de lui, les Apôtres lui demandaient : « Seigneur, est-ce maintenant que tu vas rétablir la royauté en Israël ? » Jésus leur répondit : « Il ne vous appartient pas de connaître les délais et les dates que le Père a fixés dans sa liberté souveraine. Mais vous allez recevoir une force, celle du Saint-Esprit qui vien-

dra sur vous. Alors vous serez mes témoins à Jérusalem, dans toute la Judée et la Samarie, et jusqu'aux extrémités de la terre. »
Après ces paroles, ils le virent s'élever et disparaître à leurs yeux dans une nuée. Et comme ils fixaient encore le ciel où Jésus s'en allait, voici que deux hommes en vêtements blancs se tenaient devant eux et disaient : « Galiléens, pourquoi restez-vous là à regarder vers le ciel ? Jésus, qui a été enlevé du milieu de vous, reviendra de la même manière que vous l'avez vu s'en aller vers le ciel. »

PSAUME Ps 46

• **Dieu monte parmi l'acclamation,**
le Seigneur, aux éclats du cor.

• **Tous les peuples, battez des mains,**
acclamez Dieu en éclats de joie.

Tous les peuples, battez des mains,
acclamez Dieu par vos cris de joie !
Car le Seigneur est le Très-Haut, le redoutable,
le grand roi sur toute la terre.

Dieu s'élève parmi les ovations,
le Seigneur, aux éclats du cor.
Sonnez pour notre Dieu, sonnez,
sonnez pour notre roi, sonnez !

Car Dieu est le roi de la terre :
que vos musiques l'annoncent !
Il règne, Dieu, sur les païens,
Dieu est assis sur son trône sacré.

DEUXIÈME LECTURE Ep 1, 17-23

Il est auprès du Père *Le Christ est entré dans la gloire du Père. La force et la puissance de Dieu qui se sont manifestées en lui nous sont données maintenant par son Esprit. Voilà notre espérance.*

Lecture de la lettre de saint Paul Apôtre aux Éphésiens

Frères, que le Dieu de notre Seigneur Jésus Christ, le Père dans sa gloire, vous donne un esprit de sagesse pour le découvrir et le connaître vraiment. Qu'il ouvre votre cœur à sa lumière, pour vous faire comprendre l'espérance que donne son appel, la gloire sans prix de l'héritage que vous partagez avec les fidèles, et la puissance infinie qu'il déploie pour nous, les croyants. C'est la force même, le pouvoir, la vigueur, qu'il a mis en œuvre dans le Christ quand il l'a ressuscité d'entre les morts et qu'il l'a fait asseoir à sa droite dans les cieux. Il l'a établi au-dessus de toutes les puissances et de tous les êtres qui nous dominent, quel que soit leur nom, aussi bien dans le monde présent que dans le monde à venir. Il lui a tout soumis et, le plaçant plus haut que tout, il a fait de lui la tête de l'Église qui est son corps, et l'Église est l'accomplissement total du Christ, lui que Dieu comble totalement de sa plénitude.

ÉVANGILE Mt 28, 16-20

Il est avec nous *Définitivement vainqueur de la mort, le Christ reste au milieu des siens. Il leur confie la mission de faire participer tous les hommes à la vie de Dieu.*

Alléluia. Alléluia. Le Seigneur s'élève parmi l'acclamation, il s'élève au plus haut des cieux. **Alléluia.**

Évangile de Jésus Christ selon saint Matthieu

Les onze disciples s'en allèrent en Galilée, à la montagne où Jésus leur avait ordonné de se rendre. Quand ils le virent, ils se prosternèrent, mais certains eurent des doutes. Jésus s'approcha d'eux et leur adressa ces paroles : « Tout pouvoir m'a été donné au ciel et sur la terre. Allez donc ! De toutes les nations faites des disciples, baptisez-les au nom du Père, et du Fils, et du Saint-Esprit ; et apprenez-leur à garder tous les commandements que je vous ai donnés. Et moi, je suis avec vous tous les jours jusqu'à la fin du monde. »

PRIÈRE SUR LES OFFRANDES
Seigneur, nous te présentons humblement ce sacrifice pour fêter l'Ascension de ton Fils auprès de toi : que cet échange mystérieux nous fasse vivre avec le Christ ressuscité. Lui qui règne.

PRÉFACE
Vraiment, il est juste et bon de te rendre gloire, de t'offrir notre action de grâce, toujours et en tout lieu, à toi, Père très saint, Dieu éternel et tout-puissant.
Car le Seigneur Jésus, vainqueur du péché et de la mort, est aujourd'hui ce Roi de gloire devant qui s'émerveillent les anges ; il s'élève au plus haut des cieux, pour être le Juge du monde et le Seigneur des seigneurs, seul médiateur entre Dieu et les hommes ; il ne s'évade pas de notre condition humaine : mais en entrant le premier dans le Royaume, il donne aux membres de son corps l'espérance de le rejoindre un jour.
C'est pourquoi le peuple des baptisés, rayonnant de la joie pascale, exulte par toute la terre, tandis que les anges dans le ciel chantent sans fin l'hymne de ta gloire : **Saint !...**

On peut prendre la préface de la p. 358.

Au cours des prières eucharistiques, il y a des textes propres.

PRIÈRE APRÈS LA COMMUNION
Dieu qui nous donnes les biens du ciel alors que nous sommes encore sur la terre, mets en nos cœurs un grand désir de vivre avec le Christ en qui notre nature humaine est déjà près de toi. Lui qui règne.

Prière

« Père céleste, notre Père,
puisqu'Il s'est livré chair et sang
à tous ceux qui se livrent à lui corps et âme,
nous te supplions de lier notre esprit et le tien,
afin que renvoyés dans le monde,
nous puissions être tes témoins. »

P. de La Tour du Pin.

19 mai 1996

Septième dimanche de Pâques

Une Église en prière Le long discours d'adieu de Jésus à ses amis se termine par une prière. Dans le vocabulaire de Jean, glorifier, c'est manifester la grandeur de quelqu'un, connaître, c'est se donner à lui. Le verbe donner revient dix fois dans l'*évangile*, le don allant du Père au Fils et du Fils aux hommes. Jésus prie pour que s'établisse entre les hommes et Dieu une communion sans limites. Le premier acte de l'Église-communion est de se rassembler pour prier *(première lecture)*, comme Jésus priait. Le psaume est un exemple de cette prière qui dit la confiance et l'espérance des croyants, à quoi Pierre engage dans la *deuxième lecture*.

Chanter

Pour l'entrée, K 208 Souffle de vie *appelle l'Esprit Saint ;* C 127 Dieu Très-Haut *est une hymne à deux chœurs propre à constituer une assemblée de louange.*
L'alléluia sous sa forme pascale retentit pour la dernière fois (par exemple MNA 36.16*). En réponse à la Parole, on peut prendre* T 146 A ce monde que tu fais*, de préférence les strophes paires :* « Envoie ton Esprit »*. Pour la fraction du Pain,* AL 200 *couplet 6.* L 211 Chantons à Dieu ce chant nouveau *convient bien comme chant d'action de grâce ;* K 79 Ouvrez vos cœurs *est un bon chant d'envoi.*

Prier

POUR LA PRÉPARATION PÉNITENTIELLE

Seigneur Jésus, envoyé du Père pour nous faire connaître son Nom,
béni sois-tu et prends pitié de nous.

Ô Christ, glorifié par le Père que tu glorifies,
béni sois-tu et prends pitié de nous.

Seigneur, donné aux hommes pour leur donner la vie,
béni sois-tu et prends pitié de nous.

POUR CE DIMANCHE

• Dieu unique et véritable, tu as manifesté ta gloire dans la vie de Celui qui t'a glorifié : Jésus est ressuscité d'entre les morts, tu l'as établi Seigneur des croyants. Puisque tu nous as donné de reconnaître qu'il vient de toi, garde-nous dans sa Parole : que nous vivions dès aujourd'hui de la vie éternelle qui s'épanouira pour les siècles des siècles.

• Dieu notre Père, tu as tout donné à ton Fils, et ton Fils nous a tout donné, lui qui s'est mis au service de l'homme. Fais de nous des serviteurs, et les hommes sauront de quel amour tu les aimes, comme tu as aimé le Fils dans l'Esprit depuis les siècles et pour les siècles.

POUR LA PRIÈRE UNIVERSELLE

L'Église en prière fait monter vers Dieu sa supplication pour tous les hommes :

– pour ceux qui souffrent de la violence et de l'injustice, mais aussi pour les tortionnaires et les bourreaux ;

– pour ceux qu'on insulte à cause de leur foi, mais aussi pour ceux qui sont révoltés contre Dieu ;

– pour tous les chrétiens du monde unis dans la prière, mais aussi pour les croyants des autres religions ;

– pour ceux qui connaissent Dieu et pour ceux qui ne le connaissent pas.

Célébrer

Donner à l'assemblée toutes les chances pour une vraie prière. Pour cela, la justesse de la diction et la qualité des silences sont essentielles. Donner aussi toute leur valeur aux termes d'adresse à Dieu dans l'oraison, et aux dialogues avec l'assemblée. Que chacun entende ce qu'il dit et écoute ce qu'on lui répond.

Messe du 7e dimanche de Pâques

PRIÈRE D'OUVERTURE

Entends notre prière, Seigneur : nous croyons que le Sauveur des hommes est auprès de toi dans la gloire ; fais-nous croire aussi qu'il est encore avec nous jusqu'à la fin des temps, comme il nous l'a promis. Lui qui règne.

PREMIÈRE LECTURE Ac 1, 12-14

Acte de naissance de l'Église *L'Église naît quand Jésus retourne vers le Père. Elle pose pour premier acte le rassemblement de tous ses membres dans une communauté de prière, qui va bientôt accueillir l'Esprit Saint.*

Lecture du livre des Actes des Apôtres

Les Apôtres, après avoir vu Jésus s'en aller vers le ciel, retournèrent du mont des Oliviers à Jérusalem qui n'est pas loin. (La distance ne dépasse pas ce qui est permis le jour du sabbat.) Arrivés dans la ville, ils montèrent à l'étage de la maison; c'est là qu'ils se tenaient tous : Pierre, Jean, Jacques et André, Philippe et Thomas, Barthélemy et Matthieu, Jacques fils d'Alphée, Simon le Zélote, et Jude fils de Jacques. D'un seul cœur, ils participaient fidèlement à la prière, avec quelques femmes dont Marie, mère de Jésus, et avec ses frères.

PSAUME Ps 26

• **Oui, nous verrons la bonté de Dieu**
sur la terre des vivants.

• **Ma lumière et mon salut, c'est le Seigneur,**
alléluia.

Le Seigneur est ma lumière et mon salut,
de qui aurais-je crainte ?
Le Seigneur est le rempart de ma vie,
devant qui tremblerais-je ?

J'ai demandé une chose au Seigneur,
la seule que je cherche :
habiter la maison du Seigneur
tous les jours de ma vie.

Écoute, Seigneur, je t'appelle !
Pitié ! Réponds-moi !
Mon cœur m'a redit ta parole :
« Cherchez ma face. »

DEUXIÈME LECTURE 1 P 4, 13-16

Participer à la vie du Christ *Dans l'épreuve et la persécution, l'Esprit Saint donne joie et allégresse aux chrétiens qui portent le nom du Christ ressuscité.*

Lecture de la première lettre de saint Pierre Apôtre

Mes bien-aimés, puisque vous communiez aux souffrances du Christ, réjouissez-vous, afin d'être dans la joie et l'allégresse quand sa gloire se révélera. Si l'on vous insulte à cause du nom du Christ, heureux êtes-vous, puisque l'Esprit de gloire, l'Esprit de Dieu, repose sur vous. Si l'on fait souffrir l'un de vous, que ce ne soit pas comme meurtrier, voleur, malfaiteur, ou comme dénonciateur. Mais si c'est comme chrétien, qu'il n'ait pas de honte, et qu'il rende gloire à Dieu à cause de ce nom de chrétien.

ÉVANGILE Jn 17, 1-11

Jésus, tourné vers le Père *A travers sa prière, Jésus découvre aux hommes le visage de Dieu. Il nous révèle le Père.*

Alléluia. Alléluia. Le Seigneur ne vous laisse pas orphelins : il reviendra vers vous, alors votre cœur connaîtra la joie. **Alléluia.**

Évangile de Jésus Christ selon saint Jean

A l'heure où Jésus passait de ce monde à son Père, il leva les yeux au ciel et pria ainsi : « Père, l'heure est venue.

Glorifie ton Fils, afin que le Fils te glorifie. Ainsi, comme tu lui as donné autorité sur tout être vivant, il donnera la vie éternelle à tous ceux que tu lui as donnés. Or, la vie éternelle, c'est de te connaître, toi, le seul Dieu, le vrai Dieu, et de connaître celui que tu as envoyé, Jésus Christ. Moi, je t'ai glorifié sur la terre en accomplissant l'œuvre que tu m'avais confiée. Toi, Père, glorifie-moi maintenant auprès de toi : donne-moi la gloire que j'avais auprès de toi avant le commencement du monde. J'ai fait connaître ton nom aux hommes que tu as pris dans le monde pour me les donner. Ils étaient à toi, tu me les as donnés, et ils ont gardé fidèlement ta parole. Maintenant, ils ont reconnu que tout ce que tu m'as donné vient de toi, car je leur ai donné les paroles que tu m'avais données : ils les ont reçues, ils ont vraiment reconnu que je suis venu d'auprès de toi, et ils ont cru que c'était toi qui m'avais envoyé. Je prie pour eux ; ce n'est pas pour le monde que je prie, mais pour ceux que tu m'as donnés : ils sont à toi, et tout ce qui est à moi est à toi, comme tout ce qui est à toi est à moi, et je trouve ma gloire en eux. Désormais, je ne suis plus dans le monde ; eux, ils sont dans le monde, et moi, je viens vers toi. »

PRIÈRE SUR LES OFFRANDES

Avec ces offrandes, Seigneur, reçois les prières de tes fidèles ; que cette liturgie célébrée avec amour nous fasse passer à la gloire du ciel. Par Jésus.

PRÉFACE

Vraiment, il est juste et bon de te rendre gloire, de t'offrir notre action de grâce, toujours et en tout lieu, à toi, Père très saint, Dieu éternel et tout-puissant, par le Christ, notre Seigneur.

Car il s'est manifesté après sa résurrection, en apparaissant à tous ses disciples, et, devant leurs yeux, il est monté au ciel pour nous rendre participants de sa divinité.

C'est pourquoi le peuple des baptisés, rayonnant de la joie pascale, exulte par toute la terre, tandis que les anges dans le ciel chantent sans fin l'hymne de ta gloire : **Saint !...**

On peut prendre la préface de la p. 353.

PRIÈRE APRÈS LA COMMUNION

Exauce-nous, Dieu notre Sauveur : que notre communion au mystère du salut nous confirme dans cette assurance que tu glorifieras tout le corps de l'Église comme tu as glorifié son chef, Jésus, le Christ. Lui qui règne.

Di 19	**Septième dimanche de Pâques.** *Liturgie des heures : Psautier semaine III.* [En France, St Yves, juge puis curé, † 1303 à Tréguier.]
Lu 20	St Bernardin de Sienne, franciscain, † 1444 à L'Aquila.
Sa 25	St Bède le Vénérable, moine, docteur de l'Église, † 735 à Jarrow (Angleterre). St Grégoire VII, pape, † 1085 à Salerne. Ste Marie-Madeleine de Pazzi, carmélite, † 1607 à Florence.

Le 19, nouvel an musulman (année 1417). L'ère musulmane commence avec l'arrivée du prophète à Médine en 622. Les années sont plus courtes que les nôtres, étant faites de mois lunaires.
Le 24-25, fête juive de Chavouot, fête des moissons, mais aussi du don de la Loi à Moïse sur le mont Sinaï.

Bonne fête !

Le 19, Yves, Yvonne, Célestin, Erwin ; le 20, Bernardin ; le 21, Constantin ; le 22, Émile, Rita ; le 23, Didier ; le 24, Donatien, Rogatien ; le 25, Bède, Sophie.

26 mai 1996

Pentecôte

De multiples lectures

Comme pour d'autres fêtes, la liturgie, pour la Pentecôte, a prévu une « messe de la Veille ». Comme pour Noël (p. 98), il y a là un « lot » de textes bibliques mis à notre disposition pour nourrir nos liturgies ou pour inspirer une éventuelle veillée de prière.

Nous regroupons ici toutes les introductions aux textes bibliques de la veille et du jour : l'Ancien Testament, les évangiles, et l'Apôtre. Ils sont interchangeables d'année en année, sauf le récit fondateur de la Pentecôte (Ac 2,1-11) qui doit toujours être lu.

L'Ancien Testament

Genèse 11,1-9 : atteindre Dieu à la force du poignet, dominer les autres par la volonté de puissance, *c'est Babel.*
L'Esprit nous donne l'humilité d'accueillir Dieu, et nous apprend l'amour au service de nos frères.

Exode 19,3…20 : il aura fallu le tonnerre et le feu pour que le peuple du désert mît sa confiance en Dieu, *au Sinaï.*
L'Esprit, silencieuse brûlure au cœur, nous attire au rendez-vous de l'Alliance nouvelle.

Ezékiel 37,1-14 : des ossements desséchés, des cœurs désespérés, des espoirs déçus, des amours trahies, *Vallée de larmes.*
L'Esprit, qui a ressuscité Jésus du tombeau, est pour nous débordement de vie, miracle du pardon, sursaut d'espérance.

Joël 3,1-5 : on croit aux prophéties, on se fie aux songes, on attend des visions, on en appelle aux esprits, *la fin du monde*?
L'Esprit ne fait pas de miracles, il suggère des signes ; il ne condamne personne, il accompagne l'humanité en travail d'enfantement. Il est prodigieux, aux yeux de la foi.

Les évangiles

Jean 7,37-39 : *l'eau* comme symbole de l'Esprit.
A la fête des Tentes (Jn 7,2), pour implorer la fécondité des temps messianiques (Is 12,3), on faisait une aspersion de l'autel du Temple avec de l'eau puisée à la fontaine de Siloé.

Ce rite évoquait l'épisode de l'Horeb, lorsque l'eau vive jaillit du rocher frappé par Moïse (Ex 17,1-7 ; Ps 104,41) ; il préfigurait, de plus, les eaux vivifiantes qui couleront du Temple des derniers temps (Ez 47,2 ; Za 14,8).
Ces deux références éclairent l'affirmation de Jésus : c'est de lui, le nouveau Temple (Jn 2,21 suiv.), le nouveau Rocher d'Horeb (1 Co 10,4), que jaillira l'eau vive de l'Esprit (Jn 19,34) pour tous ceux qui croient en sa résurrection.

Jean 20,19-23 : *le souffle* comme symbole de l'Esprit. Le don de l'Esprit, que Luc place au jour de la Pentecôte, Jean en parle déjà au soir de Pâques. Une création nouvelle est inaugurée : à l'image de son Père insufflant la vie au premier homme, le Christ insuffle sa vie de Ressuscité aux premiers disciples. Dans le prolongement de la mission de Jésus, l'Église exercera, dans l'Esprit, le ministère de la rémission des péchés.

L'Apôtre

Romains 8,22-27 : nous serons sauvés au terme d'une longue attente, à travers un effort laborieux, comme tout enfantement. L'Esprit exprime l'impatience de Dieu lui-même à voir s'accomplir toutes choses dans le Christ ; il nous achemine vers la réalisation de notre Espérance.

1 Corinthiens 12,3…13 : dons intérieurs de l'Esprit, ministères qui structurent l'Église du Christ, mise en œuvre des énergies du Père, la vie divine de la Trinité habite la communauté des baptisés. L'Esprit en assure la cohésion, en vue du bien commun.

Chanter

A l'entrée, on invoquera la venue de l'Esprit par K 99 Esprit de Dieu pour notre terre, *ou* K 109*bis* Viens, Esprit de Dieu, *ou encore* K 31 Souffle de vie, force de Dieu, *ou* K 79 Ouvrez vos cœurs au souffle de Dieu.
Deux formules litaniques pour la préparation pénitentielle : MNA 41.17 Jésus dont l'Esprit vient nous purifier *ou* K 65 Esprit, toi qui guides.

Deux refrains recommandés pour la prière universelle : Y 55-8 Seigneur, donne-nous ton Esprit ; Seigneur, envoie ton Esprit de Lumière (EqC 267, p. 29).
Pour la communion : D 282 Jésus, Seigneur ; K 200 Esprit des aurores.

Prier

POUR LA PRÉPARATION PÉNITENTIELLE

Jésus dont l'Esprit vient nous purifier.

Jésus dont l'Esprit vient nous sanctifier.

Jésus dont l'Esprit vient nous pardonner.

• **Ne nous laisse pas orphelins.**

• **Prends pitié de nous, sauve-nous !** (MNA 41.17)

POUR CE DIMANCHE

Dieu d'amour et de paix, envoie sur nous le souffle de ton Fils et renouvelle ton Église : qu'elle ne cesse de proclamer au milieu des nations les merveilles que tu fais pour les hommes par Jésus Christ. En lui, dans la puissance de l'Esprit, gloire à toi pour les siècles des siècles.

POUR LA PRIÈRE UNIVERSELLE

Nous pouvons prier : (cf. MNA 26.52)
– pour que l'Esprit guide tous les hommes et les conduise vers la foi ;

– pour que l'Esprit unisse tous les peuples sur la route qui mène à la paix ;

– pour que l'Esprit nous donne de combattre la haine, de défendre ceux qui peinent, d'aller vers les pauvres.

Célébrer

Il devient courant que des groupes de prière, des communautés de base, des pèlerins de sanctuaire, souhaitent préparer la fête de Pentecôte par une veillée ou une célébration nocturne. Les six lectures bibliques de la « messe de la Veille » peuvent être utilisées.
Pour cette vigile, nous suggérons trois symboles de l'Esprit : le feu, la lumière et l'eau, pour autant qu'ils soient traités

d'une autre manière qu'à la Vigile pascale. Le feu pourra être un brasier déjà allumé ; la lumière, un buisson de cierges ; et l'on pourra tremper la main dans l'eau plutôt que d'en être aspergé. Ces symboles peuvent également être présents au cœur de la célébration eucharistique du jour de Pentecôte.

Messe de la veille

PRIÈRE D'OUVERTURE

• Dieu éternel et tout-puissant, tu as voulu que la célébration du mystère de Pâques dure cinquante jours et s'achève avec la Pentecôte ; fais que les hommes, en proie aux divisions de toute sorte, soient rassemblés par l'Esprit Saint pour que chacun dans sa langue te rende gloire. Par Jésus Christ.

• Réponds à notre prière, Dieu tout-puissant, et comme au jour de la Pentecôte, que le Christ, lumière de lumière, envoie sur ton Église l'Esprit de feu : qu'il éclaire le cœur de ceux que tu as fait renaître et les confirme dans ta grâce. Par Jésus Christ.

PREMIÈRE LECTURE

Quatre textes au choix : Genèse, Exode, Ézékiel, Joël

1 Gn 11, 1-9

Un peuple divisé et dispersé.

Lecture du livre de la Genèse

Toute la terre avait alors le même langage et les mêmes mots. Au cours de leurs déplacements du côté de l'orient, les hommes découvrirent une plaine en Mésopotamie, et ils s'y installèrent. Ils se dirent l'un à l'autre : « Allons ! fabriquons des briques et mettons-les à cuire ! » Les briques leur servaient de pierres, et le bitume, de mortier. Ils dirent : « Allons ! bâtissons une ville, avec une tour dont le sommet soit dans les cieux. Nous travaillerons à notre renommée, pour n'être pas dispersés sur toute la terre. » Le Seigneur descendit pour voir la ville et la tour que les hommes avaient bâties. Et le Seigneur dit : « Ils sont un seul peuple, ils ont tous le même langage : s'ils commencent ainsi, rien ne les empêchera désormais de faire tout ce qu'ils décideront. Eh bien ! descendons, embrouillons leur langage : qu'ils ne se comprennent plus les uns les autres. » De là, le Seigneur les dispersa sur toute l'étendue de la terre. Ils cessèrent donc de bâtir la ville. C'est pourquoi on l'appela Babel (Babylone), car c'est là que le Seigneur embrouilla le langage des habitants de toute la terre ; et c'est de là qu'il les dispersa sur toute l'étendue de la terre.

PSAUME 32

Bienheureux le peuple de Dieu!

PRIÈRE

Nous t'en prions, Dieu tout-puissant, accorde à ton Église d'être toujours ce peuple saint, qui tient son unité de celle de la Trinité ; qu'elle soit pour le monde le sacrement de ton unité et de ta sainteté, et qu'elle le conduise jusqu'à toi. Par Jésus.

2 Ex 19, 3…20

Un Royaume de prêtres, une nation sainte.

Lecture du livre de l'Exode

Dans le troisième mois qui suivit la sortie d'Égypte, les fils d'Israël arrivèrent au Sinaï. Moïse monta vers Dieu. Le Seigneur l'appela du haut de la montagne : « Tu diras à la maison de Jacob, et tu annonceras aux fils d'Israël : Vous avez vu ce que j'ai fait à l'Égypte, comment je vous ai portés comme sur les ailes d'un aigle pour vous amener jusqu'à moi. Et maintenant, si vous entendez ma voix et gardez mon alliance, vous serez mon domaine particulier parmi tous les peuples – car toute la terre m'appartient – et vous serez pour moi un royaume de prêtres, une nation sainte. Voilà ce que tu diras aux fils d'Israël. » Moïse revint et convoqua les anciens du peuple, il leur communiqua tout ce que le Seigneur avait prescrit. Le peuple tout entier répondit d'une seule voix : « Tout ce qu'a dit le Seigneur, nous le ferons. » Le troisième jour, dès le matin, il y eut des coups de tonnerre, des éclairs, une lourde nuée sur la montagne, et le son d'une trompette puissante ; dans le camp, tout le peuple trembla. Moïse fit sortir le peuple hors du camp, à la rencontre de Dieu, et ils restèrent debout au pied de la montagne. La montagne du Sinaï était toute fumante, car le Seigneur y était descendu dans le feu ; la fumée montait, comme la fumée d'une fournaise, et toute la montagne tremblait violemment. Le son de la trompette était de plus en plus fort. Moïse parlait, et Dieu lui répondait dans le tonnerre. Le Seigneur descendit sur le sommet du Sinaï, il appela Moïse sur le sommet de la montagne, et Moïse monta vers lui.

• CANTIQUE DE DANIEL

A Toi, louange et gloire, éternellement.

• PSAUME 18

Dieu ! tu as les paroles de vie éternelle.

PRIÈRE

Seigneur, notre Dieu, dans les éclairs et le feu, sur la montagne du Sinaï, tu as donné à Moïse l'ancienne loi, et dans le feu de l'Esprit, au jour de la Pentecôte, tu as révélé l'Alliance nouvelle : accorde-nous de toujours brûler de cet Esprit que tu as répandu mystérieusement sur tes Apôtres, et donne à l'Israël nouveau, rassemblé de toutes les nations, d'accueillir avec joie l'éternel commandement de ton amour. Par Jésus.

3 Éz 37, 1-14

Le souffle de résurrection.

Lecture du livre d'Ézékiel

La main du Seigneur se posa sur moi, son esprit m'emporta, et je me trouvai au milieu d'une vallée qui était pleine d'ossements. Il m'en fit faire le tour : le sol de la vallée en était couvert, et ils étaient tout à fait desséchés. Alors le Seigneur me dit : « Fils d'homme, ces ossements peuvent-ils revivre ? » Je lui répondis : « Seigneur Dieu, c'est toi qui le sais ! » Il me dit alors : « Prononce un oracle sur ces ossements. Tu vas leur dire : Ossements desséchés, écoutez la parole du Seigneur. Je vais faire entrer en vous l'esprit, et vous vivrez. Je vais mettre sur vous des nerfs, vous couvrir de chair, et vous revêtir de peau ; je vous donnerai l'esprit, et vous vivrez. Alors vous saurez que je suis le Seigneur. » Je prononçai l'oracle, comme j'en avais reçu l'ordre. Pendant que je prophétisais, il y eut un bruit, puis une violente secousse, et les ossements se rapprochèrent les uns des autres. Je vis qu'ils se couvraient de nerfs, la chair repoussait, la peau les recouvrait, mais il n'y avait pas d'esprit en eux.

Le Seigneur me dit alors : « Adresse un oracle à l'esprit, prophétise, fils d'homme. Tu vas dire à l'esprit : Ainsi parle le Seigneur Dieu : Viens des quatre vents, esprit ! Souffle sur ces morts, et qu'ils vivent ! » Je prophétisai, comme il m'en avait donné l'ordre, et l'esprit entra en eux ; ils revinrent à la vie, et ils se dressèrent sur leurs pieds : c'était une armée immense !

Puis le Seigneur me dit : « Fils d'homme, ces ossements c'est tout le peuple d'Israël. Car ils disent : "Nos ossements sont desséchés, notre espérance est détruite, nous sommes perdus !" Eh bien, adresse-leur cet oracle : Ainsi parle le Seigneur Dieu : Je vais ouvrir vos tombeaux et je vous en ferai sortir, ô mon peuple, et je vous ramènerai sur la terre d'Israël. Vous saurez que je suis le Seigneur, quand j'ouvrirai vos tombeaux et vous en ferai sortir, ô mon peuple ! Je mettrai en vous mon esprit, et vous vivrez : je vous installerai sur votre terre, et vous saurez que je suis le Seigneur : je l'ai dit, et je le ferai. » Parole du Seigneur.

PSAUME 106

Rendons grâce au Seigneur : éternel est son amour.

PRIÈRE

Seigneur, Dieu puissant et fort, toi qui relèves ce qui est déchu, toi qui protèges ce que tu as relevé, fais grandir le peuple de ceux que tu renouvelles en leur donnant de sanctifier ton nom : Que soient toujours guidés par ton souffle ceux que purifie le sacrement de baptême. Par Jésus.

4 Jl 3, 1-5

L'Esprit répandu sur toute créature.

Lecture du livre de Joël

Parole du Seigneur : Je répandrai mon esprit sur toute créature, vos fils et vos filles deviendront prophètes, vos anciens seront instruits par des songes, et vos jeunes gens par des visions. Même sur les serviteurs et sur les servantes je répandrai mon esprit en ces jours-là. Je ferai des prodiges au ciel et sur la terre : du sang, du feu, des colonnes de fumée. Le soleil se changera en ténèbres, et la lune sera couleur de sang, avant que vienne le Jour du Seigneur, grand et redoutable. Alors, tous ceux qui invoqueront le Nom du Seigneur seront sauvés.

PSAUME 103

O Seigneur, envoie ton Esprit
qui renouvelle la face de la terre !

Bénis le Seigneur, ô mon âme ;
Seigneur mon Dieu, tu es si grand !
Revêtu de magnificence,
tu as pour manteau la lumière !

Bénis le Seigneur, ô mon âme !
Quelle profusion dans tes œuvres, Seigneur !
Tout cela, ta sagesse l'a fait ;
la terre s'emplit de tes biens.

Tous les vivants comptent sur toi
pour recevoir leur nourriture au temps voulu.
Tu donnes : eux, ils ramassent ;
tu ouvres la main : ils sont comblés.

Tu reprends leur souffle, ils expirent
et retournent à leur poussière.
Tu envoies ton souffle : ils sont créés ;
tu renouvelles la face de la terre.

PRIÈRE

Ce que tu as promis, Seigneur notre Dieu, nous te prions de l'accomplir pour nous dans ta bonté : que la venue de l'Esprit Saint nous rende, à la face du monde, témoins de l'Évangile de notre Seigneur Jésus, le Christ.

DEUXIÈME LECTURE Rm 8, 22-27

Nous attendons notre délivrance.

Lecture de la lettre de saint Paul Apôtre aux Romains

Frères, nous le savons bien, la création tout entière crie sa souffrance, elle passe par les douleurs d'un enfantement qui dure encore. Et elle n'est pas seule. Nous aussi nous crions en nous-mêmes notre souffrance ; nous avons commencé par recevoir le Saint-Esprit, mais nous attendons notre adoption et la délivrance de notre corps.
Car nous avons été sauvés, mais c'est en espérance : voir ce qu'on espère, ce n'est plus espérer : ce que l'on voit, comment peut-on l'espérer encore ? Mais nous, qui espérons ce que nous ne voyons pas, nous l'attendons avec persévérance. Bien plus, l'Esprit Saint vient au secours de notre faiblesse, car nous ne savons pas prier comme il faut. L'Esprit lui-même intervient pour nous par des cris inexprimables. Et Dieu, qui voit le fond des cœurs, connaît les intentions de l'Esprit : il sait qu'en intervenant pour les fidèles, l'Esprit veut ce que Dieu veut.

ÉVANGILE Jn 7, 37-39

L'Esprit que reçoivent les croyants.

Alléluia. Alléluia. Viens, Esprit Saint ! Pénètre le cœur de tes fidèles ! Qu'ils soient brûlés au feu de ton amour ! **Alléluia.**

Évangile de Jésus Christ selon saint Jean

C'était le jour solennel où se terminait la fête des Tentes. Jésus, debout dans le temple de Jérusalem, s'écria : « Si quelqu'un a soif, qu'il vienne à moi, et qu'il boive, celui qui croit en moi ! Comme dit l'Écriture : "Des fleuves d'eau vive jailliront de son cœur". »
En disant cela, il parlait de l'Esprit Saint, l'Esprit que devaient recevoir ceux qui croiraient en Jésus. En effet, l'Esprit Saint n'avait pas encore été donné, parce que Jésus n'avait pas encore été glorifié par le Père.

PRIÈRE SUR LES OFFRANDES

Sur nos offrandes, Seigneur, répands la bénédiction de l'Esprit : que ton Église en reçoive cette charité qui fera d'elle, au milieu du monde, le signe visible du salut. Par Jésus.

Préface de la Pentecôte, p. 374.

Dans les prières eucharistiques, il y a des textes propres à la fête de la Pentecôte.

PRIÈRE APRÈS LA COMMUNION

Que cette communion, Seigneur, nous donne la ferveur de l'Esprit dont tu as comblé tes Apôtres, dès les premiers jours de l'Église. Par Jésus.

Souffle du Royaume

« Lève-toi, Souffle du Royaume
Viens sur nos terres,
Porte-leur l'espoir et l'amour,
L'écho de l'autre rive,
Et répands comme un feu
La nostalgie du Père. »

Commission francophone cistercienne, KLH 110.

Messe du jour de Pentecôte

PRIÈRE D'OUVERTURE

Aujourd'hui, Seigneur, par le mystère de la Pentecôte, tu sanctifies ton Église chez tous les peuples et dans toutes les nations : répands les dons du Saint-Esprit sur l'immensité du monde, et continue dans les cœurs des croyants l'œuvre d'amour que tu as entreprise au début de la prédication évangélique. Par Jésus Christ.

PREMIÈRE LECTURE — Ac 2, 1-11

Merveilles de Dieu pour tous les peuples *La Pentecôte juive, cinquante jours après la Pâque, commémore le don de la Loi, qui avait scellé la libération d'Israël. Le récit des Actes reprend plusieurs traits de l'événement du Sinaï; il rappelle aussi l'histoire de Babel dont il prend le contre-pied : l'Esprit restaure l'unité mise en péril par la volonté de puissance des hommes. L'Église a la mission, au long des siècles, de rassembler les enfants de Dieu divisés.*

Lecture du livre des Actes des Apôtres

Quand arriva la Pentecôte (le cinquantième jour après Pâques), ils se trouvaient réunis tous ensemble. Soudain il vint du ciel un bruit pareil à celui d'un violent coup de vent : toute la maison où ils se tenaient en fut remplie. Ils virent apparaître comme une sorte de feu qui se partageait en langues et qui se posa sur chacun d'eux. Alors ils furent tous remplis de l'Esprit Saint : ils se mirent à parler en d'autres langues, et chacun s'exprimait selon le don de l'Esprit.

Or, il y avait, séjournant à Jérusalem, des Juifs fervents, issus de toutes les nations qui sont sous le ciel. Lorsque les gens entendirent le bruit, ils se rassemblèrent en foule. Ils étaient dans la stupéfaction parce que chacun d'eux les entendait parler sa propre langue. Déconcertés, émerveillés, ils disaient : « Ces hommes qui parlent ne sont-ils pas tous des Galiléens ? Comment se fait-il que chacun de nous les entende dans sa langue maternelle? Parthes, Mèdes et Élamites, habitants de la Mésopotamie, de la Judée et de la Cappadoce, des bords de la mer Noire, de la province d'Asie, de la Phrygie, de la Pamphylie, de l'Égypte et de la Libye proche de Cyrène, Romains résidant ici, Juifs de naissance et convertis, Crétois et Arabes, tous, nous les entendons proclamer dans nos langues les merveilles de Dieu. »

PSAUME Ps 103

• **O Seigneur, envoie ton Esprit**
qui renouvelle la face de la terre !

• **Proclamons à haute voix les merveilles de Dieu !**

Bénis le Seigneur, ô mon âme ;
Seigneur mon Dieu, tu es si grand !
Quelle profusion dans tes œuvres, Seigneur !
La terre s'emplit de tes biens.

Tu reprends leur souffle, ils expirent
et retournent à leur poussière.
Tu envoies ton souffle : ils sont créés ;
tu renouvelles la face de la terre.

Gloire au Seigneur à tout jamais !
Que Dieu se réjouisse en ses œuvres !
Que mon poème lui soit agréable ;
moi, je me réjouis dans le Seigneur.

DEUXIÈME LECTURE 1 Co 12, 3...13

Un seul corps dans l'unique Esprit.

Lecture de la première lettre de saint Paul Apôtre
aux Corinthiens

Frères, sans le Saint-Esprit, personne n'est capable de dire : « Jésus est le Seigneur. » Les dons de la grâce sont variés, mais c'est toujours le même Esprit. Les fonctions dans l'Église sont variées, mais c'est toujours le même Seigneur. Les activités sont variées, mais c'est toujours le même Dieu

qui agit en tous. Chacun reçoit le don de manifester l'Esprit en vue du bien de tous.
Prenons une comparaison : notre corps forme un tout, il a pourtant plusieurs membres ; et tous les membres, malgré leur nombre, ne forment qu'un seul corps. Il en est ainsi pour le Christ. Tous, Juifs ou païens, esclaves ou hommes libres, nous avons été baptisés dans l'unique Esprit pour former un seul corps. Tous nous avons été désaltérés par l'unique Esprit.

CHANT AU SAINT-ESPRIT

Viens, Esprit Saint, en nos cœurs
et envoie du haut du ciel
un rayon de ta lumière.

Viens en nous, père des pauvres,
viens, dispensateur des dons,
viens, lumière de nos cœurs.

Consolateur souverain,
hôte très doux de nos âmes,
adoucissante fraîcheur.

Dans le labeur, le repos ;
dans la fièvre, la fraîcheur ;
dans les pleurs, le réconfort.

O lumière bienheureuse,
viens remplir jusqu'à l'intime
le cœur de tous tes fidèles.

Sans ta puissance divine,
il n'est rien en aucun homme,
rien qui ne soit perverti.

Lave ce qui est souillé,
baigne ce qui est aride,
guéris ce qui est blessé.

Assouplis ce qui est raide,
réchauffe ce qui est froid,
rends droit ce qui est faussé.

A tous ceux qui ont la foi
et qui en toi se confient
donne tes sept dons sacrés.
Donne mérite et vertu,
donne le salut final,
donne la joie éternelle. **Amen.**

ÉVANGILE Jn 20, 19-23

L'Esprit pour la rémission des péchés.

Alléluia. Alléluia. Viens, Esprit Saint! Pénètre le cœur de tes fidèles! Qu'ils soient brûlés au feu de ton amour! **Alléluia.**

Évangile de Jésus Christ selon saint Jean

C'était après la mort de Jésus, le soir du premier jour de la semaine. Les disciples avaient verrouillé les portes du lieu où ils étaient, car ils avaient peur des Juifs. Jésus vint, et il était là au milieu d'eux. Il leur dit : « La paix soit avec vous! » Après cette parole, il leur montra ses mains et son côté. Les disciples furent remplis de joie en voyant le Seigneur. Jésus leur dit de nouveau : « La paix soit avec vous! De même que le Père m'a envoyé, moi aussi, je vous envoie. » Ayant ainsi parlé, il répandit sur eux son souffle et il leur dit : « Recevez l'Esprit Saint. Tout homme à qui vous remettrez ses péchés, ils lui seront remis; tout homme à qui vous maintiendrez ses péchés, ils lui seront maintenus. »

PRIÈRE SUR LES OFFRANDES

Dieu notre Père, réponds à notre attente, souviens-toi de la promesse de ton Fils : que l'Esprit Saint nous fasse pénétrer plus avant dans l'intelligence du mystère eucharistique et nous ouvre à la vérité tout entière. Par Jésus.

PRÉFACE

Vraiment, il est juste et bon de te rendre gloire, de t'offrir notre action de grâce, toujours et en tout lieu, à toi, Père très saint, Dieu éternel et tout-puissant.

Pour accomplir jusqu'au bout le mystère de la Pâque, tu as répandu aujourd'hui l'Esprit Saint sur ceux dont tu as fait tes fils en les unissant à ton Fils unique. C'est ton Esprit qui a donné à tous les peuples, au commencement de l'Église, la connaissance du vrai Dieu, afin qu'ils confessent, chacun dans sa langue, une seule et même foi.
C'est pourquoi le peuple des baptisés, rayonnant de la joie pascale, exulte par toute la terre, tandis que les anges dans le ciel chantent sans fin l'hymne de ta gloire : **Saint !...**

Dans les prières eucharistiques, il y a des textes propres à la fête de Pentecôte.

PRIÈRE APRÈS LA COMMUNION

Dieu qui accordes les biens du ciel à ton Église, protège la grâce que tu viens de lui donner : que le souffle de la Pentecôte agisse avec toujours plus de force ; que ce repas sanctifié par l'Esprit fasse progresser le monde vers son salut. Par Jésus.

BÉNÉDICTION SOLENNELLE

Aujourd'hui, Dieu le Père de toute lumière a envoyé l'Esprit Saint au cœur des disciples du Christ, il les a illuminés. Que ce même Esprit vous pénètre et sanctifie en vous ses dons. **Amen.**
Que le feu d'en haut venu sur les disciples consume tout mal au fond de vos cœurs et vous fasse porter au monde sa lumière. **Amen.**
C'est l'Esprit qui a rassemblé des hommes de toutes langues dans la profession de la même foi : qu'il vous garde fidèles à cette foi, et dans l'espérance du jour de Dieu. **Amen.**
Et que Dieu tout-puissant vous bénisse...

RENVOI

Allez dans la paix du Christ, alléluia, alléluia !
Nous rendons grâce à Dieu, alléluia, alléluia !

Di 26 **PENTECÔTE** : « cinquantième » jour et fin du temps pascal.
Liturgie des heures : Psautier propre.
[St Philippe Néri, fondateur de l'Oratoire, † 1595 à Rome.]

Lu 27 St Augustin, évêque de Cantorbéry, † 604 ou 605.
A partir de ce lundi après la Pentecôte, on retrouve le temps ordinaire à la 8e semaine.
Liturgie des heures : Psautier semaine IV.

Je 30 En France, Ste Jeanne d'Arc, vierge, † 1431 à Rouen.

Ve 31 VISITATION DE LA VIERGE MARIE : So 3,14-18 ou Rm 12,9-16 ; Lc 1,39-56.

Sa 1 St Justin, philosophe, martyr, † v. 165 à Rome.

Le 29, journée de l'aumône, « Achoura », chez les musulmans.

Bonne fête !

Le 26, Béranger, Bérangère ; le 27, Augustin ; le 28, Germain ; le 29, Aymard, Maximin ; le 30, Ferdinand, Lorraine ; le 31, Pétronille, Perrette, Perrine ; le 1er juin, Justin, Roman.

Une exultation débordante

« Que ne fera la grâce entière de l'Esprit, donnée aux hommes par Dieu ? Lorsque, ressuscités, nous Le verrons face à face, nous ferons jaillir, à flots débordants, une hymne d'exultation pour glorifier Celui qui nous aura gratifiés de la Vie éternelle. »

Saint Irénée de Lyon,
Contre les hérésies.

Il y a 1400 ans

En 596, le pape Grégoire le Grand envoyait en Angleterre les premiers missionnaires chrétiens. Ils avaient à leur tête le moine Augustin, qui deviendra le premier évêque de Cantorbéry.

La rencontre des religions dans l'Espagne médiévale

Du IXe au XIe siècle, la partie de l'Espagne occupée par les musulmans vit fleurir une civilisation qui faisait l'admiration de tout le monde arabe et l'envie de l'Europe chrétienne. Il faut dire que Cordoue, capitale du califat, était après Constantinople la ville la plus peuplée de l'Europe d'alors. Mais surtout, c'est là que la rencontre de l'islam, du judaïsme et de la chrétienté fut la plus réussie, et l'interpénétration de leurs cultures la plus féconde.

Entre les divers groupes qui composaient cette société originale – Espagnols, musulmans et juifs – l'arabe servait de langue de culture, et c'est en traduction arabe qu'une partie importante de l'héritage intellectuel de la Grèce, demeurée inconnue à l'Occident, nous est parvenue. Mais si les autochtones apprirent la langue des conquérants, l'arabe d'Espagne absorba tant de mots d'origine romane qu'il finit par devenir très difficile à comprendre en Orient.

Les chrétiens et les juifs avaient chacun leur organisation juridique propre reconnue par l'autorité musulmane. Si certains d'entre eux poussèrent parfois fort loin l'imitation des mœurs des conquérants, ils surent dans l'ensemble conserver leur unité religieuse.

Les Espagnols restés chrétiens avaient un rite liturgique propre – la liturgie mozarabe – qui est l'un des plus riches de l'Europe occidentale et qui est célébré de nos jours encore à la cathédrale de Tolède.

De leur côté, les juifs de Tolède ouvrirent à la fin du Xe siècle une académie qui devint rapidement le principal centre culturel de la judaïté établie en Europe.

Juifs, chrétiens et musulmans chômaient tous le vendredi, le samedi et le dimanche. Certaines fêtes chrétiennes étaient célébrées ensemble par les mozarabes et les musulmans : c'était le cas pour la Noël et le 24 juin, célébrant Jésus et Jean Baptiste, tous deux honorés par le Coran.

Cet état de fait, très particulier à l'intérieur du monde islamique, a marqué l'Espagne et le Portugal d'une profonde empreinte, qui est encore perceptible de nos jours dans l'actuelle province espagnole d'Andalousie. *J.-M. A.*

2 juin 1996

La Sainte Trinité

La Sainte Trinité n'est pas un mot abstrait, mais le nom du Dieu vivant. La *deuxième lecture* de ce dimanche nous révèle que nous pouvons « vivre » ce Mystère « au quotidien ». En effet, dans les attentions fraternelles que se témoignent mutuellement les membres d'une communauté chrétienne apparaît le triple lien qui les unit : l'amour du Père à l'origine de tout, la grâce acquise par le Christ dans son Mystère pascal, la communion d'amour qui est le Saint-Esprit.

Que Dieu fût un Père, « tendre et miséricordieux, lent à la colère, plein d'amour et de fidélité » (Ex 34,7), les Hébreux, au désert, l'avaient déjà compris, lorsque Moïse eut l'audace d'intercéder pour ce « peuple à la tête dure » qui, pardonné, devint un peuple qui « appartient » amoureusement à son Seigneur *(première lecture)*.

Vint alors la révélation inouïe de l'Évangile : Dieu est allé jusqu'à l'extrême de l'amour, en donnant son Fils, « pour que le monde, par lui, soit sauvé » *(évangile)*.

Baptisés dans l'Esprit Saint, nous pouvons, grâce à lui, confesser notre foi au Fils bien-aimé du Père des cieux : c'est le gage, dès aujourd'hui, de la Vie éternelle !

Chanter

A l'ouverture, on pourra chanter L 80 Louange au Dieu vivant *(surtout les couplets 1, 9, 17) ; ou* K 226 Signes par milliers *(accentuation catéchétique) ; ou encore une version du* Gloire à Dieu.

La préparation pénitentielle peut s'inspirer de la Messe du renouveau (AL 192). *Pour l'Alléluia, voir dans* MNA 22.11 *et* 37.11. *Et pour le refrain de la prière universelle :* G 226 Ô Dieu fort, ô Dieu saint, ô Dieu immortel, prends pitié de nous.

La procession de communion peut être accompagnée de plusieurs chants : L 82 Qui donc est Dieu ; L 124 Pour te nommer, Seigneur ; C 127 Dieu Très-Haut ; X 60 Nous te rendons grâce.

Prier

POUR LA PRÉPARATION PÉNITENTIELLE

Seigneur Jésus, en toi nous sommes appelés à être saints sous le regard du Père : **Kyrie eleison.**

Ô Christ, par toi nous obtenons la rédemption, le pardon de nos fautes : **Christe eleison.**

Seigneur, tu nous as marqués de l'Esprit Saint en vue de notre délivrance finale : **Kyrie eleison.**

POUR CE DIMANCHE

Dieu notre Père, tu as répandu ton amour en nos cœurs par l'Esprit que ton Fils nous a donné. Que l'Esprit nous fasse vivre de la vie même du Christ, et nous porterons en tout lieu la louange de ton nom. Gloire à toi, notre Père, gloire à ton Fils et à l'Esprit pour les siècles des siècles.

POUR LA PRIÈRE UNIVERSELLE

On priera en communion avec tous les croyants :

– les chrétiens des autres confessions, qui sont nos frères en Jésus Christ ;

– les juifs qui reconnaissent Dieu comme Père, et attendent fidèlement le Messie ;

– les musulmans qui se réclament aussi du patriarche Abraham ;

– tous les hommes religieux qui cherchent Dieu fidèlement.

Célébrer

Redonnons toute son ampleur – parfois escamotée – à la formule conclusive de nos oraisons : « Par Jésus Christ, ton Fils, notre Seigneur et notre Dieu, qui règne avec toi, et le Saint-Esprit, maintenant et pour les siècles des siècles. Amen. »

Messe de la Sainte Trinité

PRIÈRE D'OUVERTURE

Dieu notre Père, tu as envoyé dans le monde ta Parole de vérité et ton Esprit de sainteté pour révéler aux hommes ton admirable mystère ; donne-nous de professer la vraie foi en reconnaissant la gloire de l'éternelle Trinité, en adorant son Unité toute-puissante. Par Jésus Christ.

PREMIÈRE LECTURE Ex 34, 4...9

Dieu tendre et miséricordieux.

Lecture du livre de l'Exode

Moïse se leva de bon matin, et il gravit la montagne du Sinaï comme le Seigneur le lui avait ordonné. Le Seigneur descendit dans la nuée et vint se placer auprès de Moïse. Il proclama lui-même son nom ; il passa devant Moïse et proclama : « Yahvé, le Seigneur, Dieu tendre et miséricordieux, lent à la colère, plein d'amour et de fidélité. » Aussitôt Moïse se prosterna jusqu'à terre, et il dit : « S'il est vrai, Seigneur, que j'ai trouvé grâce devant toi, daigne marcher au milieu de nous. Oui, c'est un peuple à la tête dure ; mais tu pardonneras nos fautes et nos péchés, et tu feras de nous un peuple qui t'appartienne. »

CANTIQUE Dn 3

A toi, louange et gloire éternellement !

Béni sois-tu, Seigneur, Dieu de nos pères :
A toi, louange et gloire éternellement !

Béni soit le nom très saint de ta gloire :
A toi, louange et gloire éternellement !

Béni sois-tu dans ton saint temple de gloire :
A toi, louange et gloire éternellement !

Béni sois-tu sur le trône de ton règne :
A toi, louange et gloire éternellement !

Béni sois-tu, toi qui sondes les abîmes :
A toi, louange et gloire éternellement !
Toi qui sièges au-dessus des Kéroubim :
A toi, louange et gloire éternellement !
Béni sois-tu, au firmament dans le ciel :
A toi, louange et gloire éternellement !

DEUXIÈME LECTURE 2 Co 13, 11-13

Le Dieu de paix est avec nous.

Lecture de la seconde lettre de saint Paul Apôtre
aux Corinthiens

Frères, soyez dans la joie, cherchez la perfection, encouragez-vous, soyez d'accord entre vous, vivez en paix, et le Dieu d'amour et de paix sera avec vous. Exprimez votre amitié en échangeant le baiser de paix. Tous les fidèles vous disent leur amitié.
Que la grâce du Seigneur Jésus Christ, l'amour de Dieu et la communion de l'Esprit Saint soient avec vous tous.

ÉVANGILE Jn 3, 16-18

Nous sommes sauvés par le Fils unique.

Alléluia. Alléluia. Gloire au Père, et au Fils, et au Saint-Esprit : Au Dieu qui est, qui était et qui vient ! **Alléluia.**

Évangile de Jésus Christ selon saint Jean

Dieu a tant aimé le monde qu'il a donné son Fils unique : ainsi tout homme qui croit en lui ne périra pas, mais il obtiendra la vie éternelle. Car Dieu a envoyé son Fils dans le monde, non pas pour juger le monde, mais pour que, par lui, le monde soit sauvé. Celui qui croit en lui échappe au jugement, celui qui ne veut pas croire est déjà jugé, parce qu'il n'a pas cru au nom du Fils unique de Dieu.

PRIÈRE SUR LES OFFRANDES

Sanctifie, Seigneur notre Dieu, le sacrifice sur lequel nous invoquons ton nom très saint ; et, par cette eucharistie, fais de nous-mêmes une éternelle offrande à ta gloire. Par Jésus.

PRÉFACE

Vraiment, il est juste et bon de te rendre gloire, de t'offrir notre action de grâce, toujours et en tout lieu, à toi, Père très saint, Dieu éternel et tout-puissant.

Avec ton Fils unique et le Saint-Esprit, tu es un seul Dieu, tu es un seul Seigneur, dans la trinité des personnes et l'unité de leur nature.

Ce que nous croyons de ta gloire, parce que tu l'as révélé, nous le croyons pareillement, et de ton Fils, et du Saint-Esprit ; et quand nous proclamons notre foi au Dieu éternel et véritable, nous adorons en même temps chacune des personnes, leur unique nature, leur égale majesté.

C'est ainsi que les anges et les archanges, et les plus hautes puissances des cieux, ne cessent de chanter d'une même voix : **Saint !…**

PRIÈRE APRÈS LA COMMUNION

Puissions-nous trouver, Seigneur, le salut de l'âme et du corps dans le sacrement que nous avons reçu, tandis que nous affirmons notre foi en la Trinité, éternelle et sainte, comme en son indivisible Unité. Par Jésus.

Di 2 **SAINTE TRINITÉ.**
Liturgie des heures : Psautier semaine I.
Jour de Pentecôte chez les Orthodoxes.
[Sts Marcellin et Pierre, martyrs, † v. 304 à Rome.]
[En France, St Pothin, évêque de Lyon, Ste Blandine, vierge, et leurs compagnons, martyrs, † 177.]

Lu 3 St Charles Lwanga et ses compagnons, martyrs en Ouganda, † 1886.

Ma 4 En France, Ste Clotilde, reine des Francs, † 545 à Tours.

Me 5 St Boniface, évêque de Mayence, martyr, † 754.

Je 6 St Norbert, évêque de Magdebourg, fondateur des Prémontrés, † 1134.

Bonne fête !

Le 2, en France, fête des mères ; Marcellin, Pothin, Blandine, Vital ; le 3, Charles, Kevin ; le 4, Clotilde ; le 5, Boniface, Igor ; le 6, Norbert, Claude ; le 7, Maïté ; le 8, Médard, Armand.

La Trinité, mystère suprême de la foi chrétienne

Lorsque je sais par mon expérience le vécu de la foi, la relation vivante d'un homme avec son Dieu, lorsque je sais ce que c'est pour un chrétien que de rencontrer Dieu dans le Christ, à ce moment-là je peux me demander ce qui se passe entre l'âme du bouddhiste et son Dieu, entre l'âme du musulman, du juif et de l'hindou et le Dieu de l'islam, du judaïsme et de l'hindouisme lorsqu'ils sont arrivés au sommet de leur relation avec Dieu.
Cela pose aussi tout le problème des relations de ces hommes et un Dieu qui n'est pas Trinité. La notion de Trinité est très importante. S'il se trouvait que le Dieu Trinité est indifférent à votre relation à Dieu, ce serait terrible. Le mystère de la Trinité est le mystère suprême d'un Dieu qui n'est qu'amour. Si Dieu n'était pas Trinité je ne pourrais dire qu'il est Amour. Que serait la relation d'un homme avec un Dieu qui serait Législateur ? Je ne suis pas coupable envers ce Dieu-là. Ma seule culpabilité c'est de ne pas aimer Celui qui m'aime, de ne pas l'aimer en acte et en vérité. Je ne pourrais pas croire en Dieu qui ne serait pas Amour, car alors je serais totalement aliéné et ma dignité d'homme m'imposerait d'être athée, ce qui est la conclusion de millions d'hommes autour de moi. [...]
Le chrétien est celui qui prend au sérieux le mot de saint Jean : Dieu est Amour (1 Jean 4, 8.16). Il comprend que, pour Dieu, *exister* et *aimer* c'est tout un... Or l'amour exige unité et pluralité. On ne s'aime pas soi-même ; s'aimer soi-même, ce n'est pas aimer, car ce n'est ni donner ni accueillir. L'amour exige plénitude en soi et jaillissement hors de soi. La véritable unité n'est pas celle du célibataire mais celle de l'homme et de la femme qui s'aiment tellement qu'ils ne sont qu'un. L'amour

humain tend, mais comme à une limite, à la réciprocité, une réciprocité de l'amour qui constituerait une parfaite unité de l'autre et de soi. Mais, ici-bas, le projet de l'amour humain échoue toujours et nous en souffrons : on reste deux, on ne devient pas absolument un. Mais en Dieu cette union va jusqu'à l'Unité, une unité qui est, redisons-le, le fruit de l'amour.
En Dieu ce parfait amour est la Réalité même. Un amour vrai implique une pluralité de personnes. Une personne unique ne peut que se complaire en soi. Mais la complaisance en soi n'est pas l'amour vrai, car elle n'est ni accueil ni don. Accueillir et donner sont les deux pôles de l'amour. Il suppose qu'il y ait soi et un autre : sinon donner à qui et accueillir qui ? Dire que Dieu est Amour et dire qu'il est Trinité, c'est exactement la même chose.

François Varillon,
Un chrétien devant les grandes religions,
Le Centurion.

Fête des mères

« Oh ! l'amour d'une mère ! amour que nul n'oublie !
Pain merveilleux qu'un Dieu partage et multiplie !
Table toujours servie au paternel foyer !
Chacun en a sa part et tous l'ont en entier ! »

Victor Hugo.

9 juin 1996

Le Corps et le Sang du Christ

Jésus s'est livré tout entier : don de soi dans la prédication du Royaume, don de sa vie sur la Croix, don de sa chair en nourriture. Quand nous communions au Corps et au Sang du Ressuscité, à la table eucharistique, nous recevons le gage de notre propre résurrection et les promesses de la Vie éternelle *(évangile)*.
Au désert, en recevant le don de la Manne, Israël avait déjà découvert sa vraie faim, que seule pouvait apaiser la parole de Dieu *(première lecture)*.
Depuis lors, la Parole s'est faite chair : aujourd'hui, c'est son Corps et son Sang que le Fils de Dieu nous partage. Notre communion au sacrifice eucharistique nous rend participants au Mystère pascal du Christ *(deuxième lecture)*. Nous qui mangeons ce Pain, nous vivrons éternellement.

Chanter

Pour le chant d'entrée, on privilégiera l'invitation à la fête et au banquet : A 188 Voici que jaillit une lumière, *ou le tropaire* D 291 Disciples de Jésus, vous êtes invités au banquet.
Après la 2e lecture, le cantique Le Voici, le pain des anges, *peut être remplacé par* Seigneur et saint (Choristes 206).
L'évangile de cette année A (Jn 6,51-58) *trouvera un bon écho, après l'homélie, dans le cantique* D 290 Qui mange ma chair.
MNA 28.17 *propose un* Agneau de Dieu *bien adapté à la fête de ce jour :* « Agneau de Dieu, ton corps livré nous est donné : sois pour nous le pain de la vie. »
Pour le chant de communion, le répertoire est abondant. Par exemple : D 228 Quel est donc ce repas ; D 380 En marchant vers toi ; D 362 Dans le creux de nos mains ; D 284 Pain rompu pour un monde nouveau.

Prier

POUR LA PRÉPARATION PÉNITENTIELLE

Seigneur Jésus, Parole de vie venue du ciel, pardonne nos incrédulités, **prends pitié de nous.**

Ô Christ, Pain de vie offert en partage, pardonne nos refus, **prends pitié de nous.**

Seigneur, Source de vie jaillie de la croix, pardonne nos duretés, **prends pitié de nous.**

POUR CE DIMANCHE

Dieu notre Père, tu rassasies de biens l'affamé, tu ne renvoies pas le pauvre les mains vides : que le pain de ta parole et le corps livré de ton Fils soient la nourriture qui nous permettra de tenir ferme dans la foi. Exauce-nous, Dieu qui nous combles pour les siècles des siècles.

POUR LA PRIÈRE UNIVERSELLE

Confions à Dieu :

– nos frères chrétiens qui ont abandonné la pratique dominicale du Repas du Seigneur ;

– ceux qui, par la prédication ou le témoignage, partagent à leurs frères le pain de la Parole ;

– ceux qui se rendent solidaires des affamés de tous ordres ;

– nos tables familiales, paraboles du Royaume.

Célébrer

Un effort pourra être fait pour prendre le temps de fractionner des grandes hosties et pour offrir aux fidèles la communion au calice. On rappelle aussi qu'« il est très souhaitable que les fidèles reçoivent le Corps du Christ avec des hosties consacrées à cette messe même » (Missel romain, Introd., n° 56h), et non pas avec celles du tabernacle.

Après la communion ou à la fin de la messe, on pourrait porter ostensiblement une parcelle du pain consacré au lieu de la Réserve eucharistique, pour rappeler le lien entre la table de la célébration et le tabernacle. Un cantique d'adoration serait le bienvenu.

Messe du Corps et du Sang du Christ

PRIÈRE D'OUVERTURE

Seigneur Jésus Christ, dans cet admirable sacrement, tu nous as laissé le mémorial de ta passion ; donne-nous de vénérer d'un si grand amour le mystère de ton corps et de ton sang, que nous puissions recueillir sans cesse le fruit de ta rédemption. Toi qui règnes.

PREMIÈRE LECTURE Dt 8, 2…16

Une nourriture nouvelle.

Lecture du livre du Deutéronome

Moïse disait au peuple d'Israël : « Souviens-toi de la longue marche que tu as faite pendant quarante années dans le désert ; le Seigneur ton Dieu te l'a imposée pour te faire connaître la pauvreté ; il voulait t'éprouver et savoir ce que tu as dans le cœur : est-ce que tu allais garder ses commandements, oui ou non ? Il t'a fait connaître la pauvreté, il t'a fait sentir la faim, et il t'a donné à manger la manne (cette nourriture que ni toi ni tes pères n'aviez connue), pour te faire découvrir que l'homme ne vit pas seulement de pain, mais de tout ce qui vient de la bouche du Seigneur. N'oublie pas le Seigneur ton Dieu qui t'a fait sortir du pays d'Égypte, de la maison d'esclavage. C'est lui qui t'a fait traverser ce désert, vaste et terrifiant, pays des serpents brûlants et des scorpions, pays de la sécheresse et de la soif. C'est lui qui, pour toi, a fait jaillir l'eau de la roche la plus dure. C'est lui qui dans le désert t'a donné la manne, cette nourriture inconnue de tes pères. »

PSAUME Ps 147

- **Peuple de Dieu, célèbre ton Seigneur !**
- **Le pain que tu nous donnes**
  rend toute gloire à Dieu.

Glorifie le Seigneur, Jérusalem !
célèbre ton Dieu, ô Sion !
Il a consolidé les barres de tes portes,
dans tes murs il a béni tes enfants.

Il fait régner la paix à tes frontières,
et d'un pain de froment te rassasie.
Il envoie sa parole sur la terre :
rapide, son verbe la parcourt.

Il révèle sa parole à Jacob,
ses volontés et ses lois à Israël.
Pas un peuple qu'il ait ainsi traité ;
nul autre n'a connu ses volontés.

DEUXIÈME LECTURE — 1 Co 10, 16-17

Un seul pain, un seul Corps : le Christ.

Lecture de la première lettre de saint Paul Apôtre aux Corinthiens

Frères, la coupe d'action de grâce que nous bénissons n'est-elle pas communion au sang du Christ ? Le pain que nous rompons n'est-il pas communion au corps du Christ ? Puisqu'il y a un seul pain, la multitude que nous sommes est un seul corps, car nous avons tous part à un seul pain.

CANTIQUE

Le voici, le pain des anges,
il est le pain de l'homme en route,
le vrai pain des enfants de Dieu,
qu'on ne peut jeter aux chiens.

D'avance il fut annoncé
par Isaac en sacrifice,
par l'agneau pascal immolé,
par la manne de nos pères.

O bon Pasteur, notre vrai pain,
ô Jésus, aie pitié de nous,
nourris-nous et protège-nous,
fais-nous voir les biens éternels
dans la terre des vivants.

ÉVANGILE Jn 6, 51-58

Pour que nous ayons la vie.

Alléluia. Alléluia. Tu es le pain vivant venu du ciel, Seigneur Jésus. Qui mange de ce pain vivra pour toujours. **Alléluia.**

Évangile de Jésus Christ selon saint Jean

Après avoir nourri la foule avec cinq pains et deux poissons, Jésus disait : « Moi, je suis le pain vivant, qui est descendu du ciel : si quelqu'un mange de ce pain, il vivra éternellement. Le pain que je donnerai, c'est ma chair, donnée pour que le monde ait la vie. » Les Juifs discutaient entre eux : « Comment cet homme-là peut-il nous donner sa chair à manger ? » Jésus leur dit alors : « Amen, amen, je vous le dis : si vous ne mangez pas la chair du Fils de l'homme, et si vous ne buvez pas son sang, vous n'aurez pas la vie en vous. Celui qui mange ma chair et boit mon sang a la vie éternelle ; et moi, je le ressusciterai au dernier jour. En effet, ma chair est la vraie nourriture, et mon sang est la vraie boisson. Celui qui mange ma chair et boit mon sang demeure en moi, et moi je demeure en lui. De même que le Père, qui est vivant, m'a envoyé, et que moi je vis par le Père, de même aussi celui qui me mangera vivra par moi. Tel est le pain qui descend du ciel : il n'est pas comme celui que vos pères ont mangé. Eux, ils sont morts ; celui qui mange ce pain vivra éternellement. »

PRIÈRE SUR LES OFFRANDES

Accorde, Seigneur, à ton Église les biens de l'unité et de la paix, dont nos offrandes sont le signe dans le mystère eucharistique. Par Jésus.

PRÉFACE

Vraiment, il est juste et bon de te rendre gloire, de t'offrir notre action de grâce, toujours et en tout lieu, à toi, Père très saint, Dieu éternel et tout-puissant, par le Christ, notre Seigneur.
Dans le dernier repas qu'il prit avec ses Apôtres, afin que toutes les générations fassent mémoire du salut par la croix, il s'est offert à toi, comme l'Agneau sans péché, et tu as accueilli son sacrifice de louange.
Quand tes fidèles communient à ce sacrement, tu les sanctifies pour que tous les hommes, habitant le même univers, soient éclairés par la même foi et réunis par la même charité. Nous venons à la table d'un si grand mystère nous imprégner de ta grâce et connaître déjà la vie du Royaume.
Voilà pourquoi le ciel et la terre t'adorent ; ils chantent le cantique de l'Alliance nouvelle, et nous-mêmes, unissant notre voix à celle des anges, nous t'acclamons : **Saint !...**

On peut prendre la préface du Jeudi saint, p. 249.

PRIÈRE APRÈS LA COMMUNION

Fais que nous possédions, Seigneur Jésus, la jouissance éternelle de ta divinité, car nous en avons ici-bas l'avant-goût lorsque nous recevons ton corps et ton sang. Toi qui règnes.

Di 9	**LE CORPS ET LE SANG DU CHRIST.** *Liturgie des heures : Psautier semaine II.* [St Éphrem, diacre, docteur de l'Église, † 373 à Édesse.]
Ma 11	St Barnabé, Apôtre. Lecture propre : Ac 11,21b 26 ; 13,1-3.
Je 13	St Antoine de Padoue, franciscain portugais, docteur de l'Église, † 1231 à Padoue.
Ve 14	**SACRÉ CŒUR**, p. 392.

Bonne fête !

Le 9, Éphrem, Diane, Anne-Marie, Félicien ; le 10, Landry ; le 11, Barnabé, Yolande ; le 12, Guy ; le 13, Antoine.

Tout mon désir est devant toi

« Seigneur,
tu es ma nourriture et mon breuvage :
plus je mange et plus j'ai faim,
plus je bois et plus j'ai soif,
plus je possède et plus je désire.
Toujours demeurent en moi la faim et le désir,
car je ne puis t'épuiser. »

Ruysbroeck l'Admirable,
Les sept degrés d'amour spirituel.

Vendredi 14 juin 1996

Le Cœur du Christ

Une fête pour toute l'Église *A la suite des apparitions à sainte Marguerite Marie, le 16 juin 1675 à Paray-le-Monial, le pape Clément XIII approuva la fête du Sacré-Cœur, et en 1856 Pie IX l'étendit à toute l'Église.*

PRIÈRE D'OUVERTURE Seigneur notre Père, en vénérant le Cœur de ton Fils bien-aimé, nous disons les merveilles de ton amour pour nous ; fais que nous recevions de cette source divine une grâce plus abondante. Par Jésus Christ.

LECTURES

Dt 7,6-11	Le peuple que Dieu aime.
Ps 102	Le Seigneur est tendresse et pitié.
1 Jn 4,7-16	Dieu nous a aimés le premier.
Mt 11,25-30	Jésus doux et humble de cœur, p. 412.

PRIÈRE SUR LES OFFRANDES Regarde, nous t'en prions, Seigneur, l'amour inexprimable du cœur de ton Fils, pour que nos offrandes te soient agréables et servent à la réparation de nos péchés. Par Jésus.

PRÉFACE Vraiment, il est juste et bon de te rendre gloire, de t'offrir notre action de grâce, toujours et en tout lieu, à toi, Père très saint, Dieu éternel et tout-puissant.
Dans son immense amour, quand il fut élevé sur la croix, il s'est offert lui-même pour nous ; et de son côté transpercé, laissant jaillir le sang et l'eau, il fit naître les sacrements de l'Église, pour que tous les hommes, attirés vers son cœur, viennent puiser la joie aux sources vives du salut.
Avec les anges et tous les saints, nous chantons l'hymne de ta gloire et sans fin nous proclamons : **Saint !...**

PRIÈRE APRÈS LA COMMUNION Par ce sacrement de ton amour, Seigneur, brûle-nous d'une charité qui nous attire toujours vers le Christ, et nous apprenne à le reconnaître en nos frères. Lui qui règne.

16 juin 1996

Onzième dimanche

L'ambition de Dieu Dieu n'aime pas que son peuple ressemble à des brebis sans berger *(évangile)*. S'il le faut, il le « porte sur ses ailes » *(première lecture)*, il lui envoie son propre Fils *(deuxième lecture)*.
Bien plus, Dieu a de l'ambition pour nous : faire de son peuple une nation sainte *(première lecture)*, faire de pécheurs un peuple réconcilié *(deuxième lecture)*, faire de ses amis les témoins du Royaume qui vient *(évangile)*.

Chanter

Pour l'entrée, C 49 Peuple de prêtres *rappelle la première lecture. Mais on peut préférer des chants évoquant l'envoi en mission de l'Évangile :* N 3 Venez à ma vigne ; T 90 Un grand champ à moissonner ; T 154 Si le Père vous appelle ; T 74 Sur la route des hommes.
D 339 Jésus Christ, Fils de Dieu *pourrait rappeler la deuxième lecture, et même constituer la préparation pénitentielle.*
Pour la communion : D 218 A l'image de ton amour (« semer l'Évangile », « témoins de ton pardon ») ; D 246 Allez jusqu'à ma vigne ; D 215 Nous qui mangeons le pain ; D 284 Pain rompu.

Prier

POUR LA PRÉPARATION PÉNITENTIELLE *[d'après la deuxième lecture]*
Seigneur Jésus, mort pour nous alors que nous étions encore pécheurs, **prends pitié de nous.**

Ô Christ, qui nous as réconciliés avec Dieu par ta mort,
prends pitié de nous.

Seigneur Jésus, qui nous sauves par ta vie,
prends pitié de nous.

POUR CE DIMANCHE

Dieu notre Père, tu as inauguré ton Royaume parmi nous en envoyant ton Fils annoncer la Bonne Nouvelle et choisir ses disciples. Que sa Parole suscite encore des croyants qui diront à leurs frères la puissance de ton salut.

POUR LA PRIÈRE UNIVERSELLE

Laissons les paroles de l'Évangile nous dicter notre prière :
Prions le Seigneur :
– d'envoyer des ouvriers à sa moisson ;
– de guérir toute maladie et toute infirmité.

Prions-le :
– pour les évêques, successeurs des Apôtres,
– pour les lépreux et tous les malades.

Demandons-lui :
– de savoir proclamer le Royaume qui vient.

Célébrer

Dans la préface des dimanches ordinaires n° 1 (p. 27) on retrouve des expressions de la première lecture : « nation sainte, sacerdoce royal » (que l'on trouve aussi dans la deuxième lecture du cinquième dimanche de Pâques).

Messe du 11e dimanche

PRIÈRE D'OUVERTURE

Dieu tout-puissant, force de ceux qui espèrent en toi, sois favorable à nos appels : puisque l'homme est fragile et que sans toi il ne peut rien, donne-nous toujours le secours de ta grâce : ainsi nous pourrons, en observant tes commandements, vouloir et agir de manière à répondre à ton amour. Par Jésus Christ.

PREMIÈRE LECTURE Ex 19, 2-6

La vocation d'Israël : être une nation sainte, au milieu de tous les peuples. Une condition : écouter la voix de Dieu, et garder son Alliance.

Lecture du livre de l'Exode

Dans le troisième mois qui suivit la sortie d'Égypte, les fils d'Israël, partis de Rephidim, arrivèrent dans le désert du Sinaï et ils y établirent leur camp juste en face de la montagne. Moïse monta vers Dieu. Le Seigneur l'appela du haut de la montagne : « Tu diras à la maison de Jacob, et tu annonceras aux fils d'Israël : Vous avez vu ce que j'ai fait à l'Égypte, comment je vous ai portés comme sur les ailes d'un aigle pour vous amener jusqu'à moi. Et maintenant, si vous entendez ma voix et gardez mon alliance, vous serez mon domaine particulier parmi tous les peuples – car toute la terre m'appartient –, et vous serez pour moi un royaume de prêtres, une nation sainte. »

PSAUME Ps 99

Une invitation à toute la terre.

• **Tu nous guideras aux sentiers de vie,**
Tu nous ouvriras ta maison, Seigneur.

• **Nous sommes pour Dieu**
un royaume de prêtres.

Acclamez le Seigneur, terre entière,
servez le Seigneur dans l'allégresse,
venez à lui avec des chants de joie !

Reconnaissez que le Seigneur est Dieu :
il nous a faits, et nous sommes à lui,
nous, son peuple, son troupeau.

Oui, le Seigneur est bon,
éternel est son amour,
sa fidélité demeure d'âge en âge.

DEUXIÈME LECTURE Rm 5, 6-11

La fierté des chrétiens : au milieu d'un monde pécheur, savoir que l'on est sauvé par la croix et la résurrection du Christ.

Lecture de la lettre de saint Paul Apôtre aux Romains

Frères, alors que nous n'étions encore capables de rien, le Christ, au temps fixé par Dieu, est mort pour les coupables que nous étions. – Accepter de mourir pour un homme juste, c'est déjà difficile ; peut-être donnerait-on sa vie pour un homme de bien. – Or, la preuve que Dieu nous aime, c'est que le Christ est mort pour nous, alors que nous étions encore pécheurs. A plus forte raison, maintenant que le sang du Christ nous a fait devenir des justes, nous serons sauvés par lui de la colère de Dieu. En effet, si Dieu nous a réconciliés avec lui par la mort de son Fils, quand nous étions encore ses ennemis, à plus forte raison, maintenant que nous sommes réconciliés, nous serons sauvés par la vie du Christ ressuscité. Bien plus, nous mettons notre orgueil en Dieu, grâce à Jésus Christ, notre Seigneur, qui nous a réconciliés avec Dieu.

ÉVANGILE Mt 9, 36–10, 8

La première mission des Apôtres : annoncer le Royaume qui vient aux brebis d'Israël. Un jour viendra où ils devront l'annoncer à toute la terre.

Alléluia. Alléluia. Le règne de Dieu est venu jusqu'à vous ; croyez à la Bonne Nouvelle. **Alléluia.**

Évangile de Jésus Christ selon saint Matthieu

Jésus, voyant les foules, eut pitié d'elles parce qu'elles étaient fatiguées et abattues comme des brebis sans berger. Il dit alors à ses disciples : « La moisson est abondante, et les ouvriers sont peu nombreux. Priez donc le maître de la moisson d'envoyer des ouvriers pour sa moisson. » Alors Jésus appela ses douze disciples et leur donna le pouvoir d'expulser les esprits mauvais et de guérir toute maladie et toute infirmité. Voici les noms des douze Apôtres : le premier, Simon, appelé Pierre ; André son frère ; Jacques, fils de Zébédée, et Jean son frère ; Philippe et Barthélemy ; Thomas et Matthieu, le publicain ; Jacques, fils d'Alphée, et

Thaddée ; Simon le Zélote et Judas Iscariote, celui-là même qui le livra. Ces douze, Jésus les envoya en mission avec les instructions suivantes : « N'allez pas chez les païens et n'entrez dans aucune ville des Samaritains. Allez plutôt vers les brebis perdues de la maison d'Israël. Sur votre route, proclamez que le Royaume des cieux est tout proche. Guérissez les malades, ressuscitez les morts, purifiez les lépreux, chassez les démons. Vous avez reçu gratuitement : donnez gratuitement. »

PRIÈRE SUR LES OFFRANDES

Tu as voulu que nous trouvions, Seigneur, dans les biens que nous te présentons les nourritures de cette vie et le sacrement d'une vie nouvelle ; fais que nos corps et nos âmes puissent toujours en bénéficier. Par Jésus.

PRIÈRE APRÈS LA COMMUNION

Cette communion à tes mystères, Seigneur, préfigure l'union des fidèles en toi ; fais qu'elle serve à l'unité dans ton Église. Par Jésus.

Di 16	**Onzième dimanche du temps ordinaire.** *Liturgie des heures : Psautier semaine III.*
Me 19	St Romuald, fondateur des Camaldules, † 1027.
Ve 21	St Louis de Gonzague, jésuite, † 1591 à Rome.
Sa 22	St Paulin (de Bordeaux), évêque de Nole (Italie), † 431. St Jean Fisher, évêque de Rochester, et St Thomas More, chancelier d'Angleterre, martyrs à Londres, † 1535.

Bonne fête !

Le 16, Jean-François, Aurélien, Ferréol ; le 17, Hervé, Rainier ; le 18, Léonce ; le 19, Romuald, Gervais ; le 20, Sylvère ; le 21, Gonzague, Rodolphe, Rudy, Loïs ; le 22, Paulin, Alban.

Des livres saints

Les chrétiens ont un Livre saint : la Bible. Mais ils ne sont pas les seuls à se présenter ainsi avec des Écritures sacrées. Les musulmans ont le Coran ; les israélites ont la Tora, les Écrits et les Prophètes ; les hindouistes ont les Upanishads, le Mahâbhârata et la Bhagavad-Gitâ ; les bouddhistes ont les Sûtra ; le mazdéisme a l'Avesta, et l'on pourrait encore continuer l'énumération, car chacune des grandes religions se réclame d'une tradition écrite contenue dans un ou plusieurs livres vénérables.

On dit parfois que les trois grandes « religions du Livre » sont le judaïsme, le christianisme et l'islam. Ce n'est vraiment qu'une approximation qui vient d'un regard porté de l'extérieur. En fait, même ces trois religions, que l'on appelle abrahamiques en raison de leur lien avec le patriarche Abraham, ont des conceptions assez différentes du rapport de la foi avec les Écritures. La Tora, la Bible et le Coran sont considérés tous trois comme des livres inspirés et pourtant on n'envisage de la même manière ni leur origine, ni leur mode de composition, ni le rôle qu'ils ont à jouer dans la communauté de foi.

L'origine de ces Livres est expliquée différemment : pour un musulman, le Coran est un livre écrit dans les cieux qui fut dicté par Dieu à Mahomet et prit ainsi sa forme terrestre ; pour un israélite, c'est Moïse qui, sur le mont Sinaï, reçut de Dieu la Tora orale qui surpasse la Tora écrite dont elle est l'interprétation.

Et pour nous chrétiens, qu'en est-il ? Plus qu'adeptes d'une religion du Livre, nous nous considérons comme le peuple de la Parole. Cette parole est d'abord incarnée dans un homme, Jésus. En lui les Écritures sont accomplies. Sa vie, son destin et ses actions sont aussi importants que les discours ou les « dits » qu'il a pu prononcer. Jésus n'a rien écrit et le Nouveau Testament est tout à la fois le souvenir de sa vie et de ses enseignements, en même temps que la mémoire de la foi vécue des premiers disciples. En lisant l'Évangile, on retrouve l'écho des communautés de Marc, Luc, Matthieu et Jean. Et aujourd'hui encore la Parole est vivante. La communauté chrétienne transmet une parole pour notre temps, parole qui est fidélité à l'Esprit et à la présence du Seigneur au milieu d'elle. *Ph. B.*

23 juin 1996

Douzième dimanche

Vaincre la peur Nous avons bien des motifs d'avoir peur : nous ne connaissons pas l'avenir, les adversaires de la foi sont puissants *(première lecture)*, le péché nous tient, nous et tous les hommes *(deuxième lecture)*, la mort nous attend…
Mais notre foi nous donne les moyens de vaincre notre peur. Confions à Dieu notre cause *(première lecture)*. En Jésus Christ, il nous a libérés *(deuxième lecture)*, notre avenir est entre ses mains, notre seule crainte est d'être séparé de lui *(évangile)*.

Chanter

G 139 Ne craignez pas *reprend les paroles de l'évangile.*
Autres chants pour l'entrée : H 118 Au cœur de nos détresses ; G 213 Si l'espérance ; N 23 Heureux ceux que Dieu a choisis.
Après la communion : T 72 N'ayons pas peur *ou bien* D 304 En mémoire.

Prier

POUR LA PRÉPARATION PÉNITENTIELLE

Toi qui vois les reins et les cœurs, *[première lecture]*
Seigneur, accorde-nous ton pardon :
Nous avons péché contre toi.

Toi, le don gratuit de Dieu, *[deuxième lecture]*
Montre-nous ta miséricorde :
Et nous serons sauvés.

POUR CE DIMANCHE

Seigneur de l'univers, Dieu notre Père, tu nous connais mieux que nous-mêmes et toi seul peux nous rendre libres :

Délivre-nous de la peur qui réduit au silence, et nous pourrons annoncer la Parole que tu nous as confiée.

POUR LA PRIÈRE UNIVERSELLE

– Pour les croyants persécutés, et aussi pour leurs persécuteurs ;

– pour ceux qui vivent dans le péché et n'arrivent pas à en sortir ;

– pour ceux qui vivent dans la peur et n'ont pas découvert la sérénité de la foi ;

– pour nous-mêmes, que nous sachions « nous prononcer pour Jésus Christ devant les hommes ».

Célébrer

Avant le Credo : La foi de l'Église que nous avons reçue dans nos cœurs, proclamons-la ensemble au grand jour.

Messe du 12e dimanche

PRIÈRE D'OUVERTURE

Fais-nous vivre à tout moment, Seigneur, dans l'amour et le respect de ton saint nom, toi qui ne cesses jamais de guider ceux que tu enracines solidement dans ton amour. Par Jésus Christ.

PREMIÈRE LECTURE Jr 20, 10-13

La prière du prophète persécuté *Jérémie redoute la puissance de ses adversaires. Mais il met sa confiance en la toute-puissance de Dieu.*

Lecture du livre de Jérémie

Moi Jérémie, j'ai entendu les menaces de la foule : « Dénoncez-le ! Allons le dénoncer, l'homme qui voit partout la terreur ! » Mes amis eux-mêmes guettent mes faux pas et ils disent : « Peut-être se laissera-t-il séduire… nous réussirons, et nous prendrons notre revanche ! » Mais le

Seigneur est avec moi, comme un guerrier redoutable ; mes persécuteurs s'écrouleront, impuissants. Leur défaite les couvrira de honte, d'une confusion éternelle, inoubliable.
Seigneur de l'univers, toi qui scrutes l'homme juste, toi qui vois les reins et les cœurs, montre-moi la revanche que tu prendras sur ces gens-là, car c'est à toi que j'ai confié ma cause.
Chantez le Seigneur, alléluia ! Il a délivré le pauvre du pouvoir des méchants.

PSAUME Ps 68

La prière du Christ persécuté.

• **A vous qui cherchez Dieu : vie et bonheur !**

• **A toi, Seigneur de l'univers,**
à toi j'ai remis ma cause.

C'est pour toi que j'endure l'insulte,
que la honte me couvre le visage :
L'amour de ta maison m'a perdu ;
on t'insulte, et l'insulte retombe sur moi.

Et moi, je te prie, Seigneur :
c'est l'heure de ta grâce ;
dans ton grand amour, Dieu, réponds-moi,
par ta vérité sauve-moi.

Et moi, humilié, meurtri,
que ton salut, Dieu, me redresse ;
Et je louerai le nom de Dieu par un cantique,
je vais le magnifier, lui rendre grâce.

Les pauvres l'ont vu, ils sont en fête :
« Vie et joie à vous qui cherchez Dieu ! »
Car le Seigneur écoute les humbles,
il n'oublie pas les siens emprisonnés.

DEUXIÈME LECTURE Rm 5, 12-15

La sainteté du deuxième Adam *Nous pouvons voir, en Adam qui désobéit, le symbole de toute l'humanité, tombée* *dans le péché. Nous devons voir en Jésus, nouvel Adam, l'inauguration d'une humanité nouvelle, délivrée du mal et revenue à Dieu.*

Lecture de la lettre de saint Paul Apôtre aux Romains

Frères, par un seul homme, Adam, le péché est entré dans le monde, et par le péché est venue la mort, et ainsi, la mort a atteint tous les hommes, du fait que tous ont péché. Avant la loi de Moïse, le péché était déjà dans le monde. Certes, on dit que le péché ne peut être sanctionné quand il n'y a pas de loi ; mais pourtant, depuis Adam jusqu'à Moïse, la mort a régné, même sur ceux qui n'avaient pas péché par désobéissance à la manière d'Adam. Or, Adam préfigurait celui qui devait venir. Mais le don gratuit de Dieu et la faute n'ont pas la même mesure. En effet, si la mort a frappé la multitude des hommes par la faute d'un seul, combien plus la grâce de Dieu a-t-elle comblé la multitude, cette grâce qui est donnée en un seul homme, Jésus Christ.

ÉVANGILE Mt 10, 26-33

La confiance du croyant *Malgré tout ce qui peut nous arriver, rien n'empêchera Dieu de nous sauver.*

Alléluia. Alléluia. L'Esprit de vérité témoigne dans vos cœurs ; témoignez, vous aussi, du Christ devant les hommes. **Alléluia.**

Évangile de Jésus Christ selon saint Matthieu

Jésus disait aux douze Apôtres : « Ne craignez pas les hommes ; tout ce qui est voilé sera dévoilé, tout ce qui est caché sera connu. Ce que je vous dis dans l'ombre, dites-le au grand jour ; ce que vous entendez dans le creux de l'oreille, proclamez-le sur les toits. Ne craignez pas ceux qui tuent le corps, mais ne peuvent pas tuer l'âme ; craignez plutôt celui qui peut faire périr dans la géhenne l'âme aussi bien que le corps. Est-ce qu'on ne vend pas deux moineaux pour un sou ? Or, pas un seul ne tombe à terre sans que votre

Père le veuille. Quant à vous, même vos cheveux sont tous comptés. Soyez donc sans crainte : vous valez bien plus que tous les moineaux du monde. Celui qui se prononcera pour moi devant les hommes, moi aussi je me prononcerai pour lui devant mon Père qui est aux cieux. Mais celui qui me reniera devant les hommes, moi aussi je le renierai devant mon Père qui est aux cieux. »

PRIÈRE SUR LES OFFRANDES

Accepte, Seigneur, le sacrifice de louange et de pardon, afin que nos cœurs, purifiés par sa puissance, t'offrent un amour qui réponde à ton amour. Par Jésus.

PRIÈRE APRÈS LA COMMUNION

Renouvelés par le corps et le sang de ton Fils, nous implorons ta bonté, Seigneur : fais qu'à jamais rachetés, nous possédions dans ton Royaume ce que nous célébrons en chaque eucharistie. Par Jésus.

Di 23	**Douzième dimanche.** *Liturgie des heures : Psautier semaine IV.*
Lu 24	**NATIVITÉ DE St JEAN BAPTISTE :** Is 49,1-6 ; Ac 13,22-26 ; Lc 1,57…80.
Je 27	St Cyrille, évêque d'Alexandrie, docteur de l'Église, † 444.
Ve 28	St Irénée, évêque de Lyon, martyr, † v. 202.
Sa 29	**St PIERRE ET St PAUL, APÔTRES :** Ac 3,1-10 ; Ga 1,11-20 ; Jn 21,15-19.

Bonne fête !

Le 23, Audrey ; le 24, Jean-Baptiste, Johnny, Yan, Yannick ; le 25, Léonore, Prosper, Nora, Salomon ; le 26, Anthelme ; le 27, Cyrille, Fernand ; le 28, Irénée ; le 29, Pierre, Paul, Pablo, Peter.

« La foi n'est pas la conclusion d'une démonstration mais au contraire le début d'une confiance. » R.M.

30 juin 1996

Treizième dimanche

Accueillir En ouvrant notre porte, en ouvrant notre cœur, nous pensons accueillir un ami, un homme de Dieu… et c'est Dieu que nous accueillons *(première lecture)*. Nous pensons accueillir un disciple de Jésus… et nous accueillons Jésus lui-même *(évangile)*.
Peut-être avons-nous peur que Jésus vienne avec sa croix *(évangile)*, mais il a vaincu la mort et il vient nous faire partager sa victoire *(deuxième lecture)*.

Chanter

Pour l'entrée : T 42 Prenons la main ; D 92 Les pauvres mangeront ; E 161 Laisserons-nous à notre table ; *ou bien, si on met en valeur la deuxième lecture,* I 297 Baptisés dans la lumière de Jésus.
Si pour rappeler le baptême (deuxième lecture) on fait le rite de l'aspersion, bien des chants peuvent convenir : I 132 J'ai vu l'eau vive ; I 45 Souviens-toi ; EqC 266 Baptisés dans le Christ *(couplets 3 et 6)*.
Pour la communion : D 150 Mendiant du jour ; A 127 Dans la joie de partager ; DLH 126 En accueillant l'amour.

Prier

POUR LA PRÉPARATION PÉNITENTIELLE *[d'après la deuxième lecture]*

• Seigneur Jésus, vainqueur de la mort, fais-nous mourir au péché.

Ô Christ, mort et ressuscité, fais-nous mener une vie nouvelle.

Seigneur, vivant par la toute-puissance du Père, fais-nous vivre pour Dieu.

Seigneur, prends pitié !

• *Ou bien le rite de l'eau bénite*

POUR CE DIMANCHE

Dieu d'amour, généreux dans ton accueil, ouvre nos oreilles et nos cœurs aux prophètes que tu ne cesses de nous envoyer. Ainsi, dans la lumière de l'Esprit, nous accueillerons Jésus, ta Parole, et nous chanterons ta louange pour les siècles des siècles.

POUR LA PRIÈRE UNIVERSELLE

Nous pouvons nommer dans notre prière :

– tous ceux qui assurent un service d'accueil ;

– ceux qui cheminent avec les catéchumènes ;

– les organismes d'assistance et de solidarité ;

– ceux qui partent en vacances.

Célébrer

Pour la décoration de l'église aujourd'hui, on a le choix, comme pour les chants, entre plusieurs orientations : la table de l'accueil (première lecture et évangile), *l'eau du baptême* (deuxième lecture), *la croix de Jésus* (deuxième lecture et évangile).

Une homélie sur « prendre sa croix » (évangile) *pourrait se terminer par un signe de croix fait avec plus d'attention que d'habitude.*

Messe du 13e dimanche

PRIÈRE D'OUVERTURE

Tu as voulu, Seigneur, qu'en recevant ta grâce nous devenions des fils de lumière ; ne permets pas que l'erreur nous plonge dans la nuit, mais accorde-nous d'être toujours rayonnants de ta vérité. Par Jésus Christ.

PREMIÈRE LECTURE 2 R 4, 8…16

La récompense d'un accueil *Une femme riche et généreuse donne ce qu'elle peut donner. Et Dieu ne se laisse pas vaincre en générosité : il la récompense au-delà de toute attente.*

Lecture du second livre des Rois

Un jour, le prophète Élisée passait à Sunam ; une femme riche de ce pays insista pour qu'il vienne manger chez elle. Depuis, chaque fois qu'il passait par là, il allait manger chez elle. Elle dit à son mari : « Écoute ! je sais que celui qui s'arrête toujours chez nous est un saint homme de Dieu. Construisons-lui une petite chambre sur la terrasse ; nous y mettrons un lit, une table, un siège et une lampe, et quand il viendra chez nous, il pourra s'y retirer. »
Le jour où il revint, il se retira dans cette chambre pour y coucher. Puis il dit à son serviteur : « Que peut-on faire pour cette femme ? » Le serviteur répondit : « Hélas ! elle n'a pas de fils, et son mari est âgé. » Élisée lui dit : « Appelle-la. » Le serviteur l'appela et elle vint à la porte. Élisée lui dit : « L'an prochain, à cette même époque, tu tiendras un fils dans tes bras. »

PSAUME Ps 88

Le chant d'un amour.

- **Sans fin, Seigneur, nous chanterons ton amour !**
- **Ton amour, Seigneur, est fidèle**
  pour ceux qui t'accueillent.

L'amour du Seigneur, sans fin je le chante ;
ta fidélité, je l'annonce d'âge en âge.
Je le dis : C'est un amour bâti pour toujours ;
ta fidélité est plus stable que les cieux.

Heureux le peuple qui connaît l'ovation !
Seigneur, il marche à la lumière de ta face ;
tout le jour, à ton nom il danse de joie,
fier de ton juste pouvoir.

Tu es notre force éclatante ;
ta grâce accroît notre vigueur.
Oui, notre roi est au Seigneur ;
notre bouclier, au Dieu saint d'Israël.

DEUXIÈME LECTURE Rm 6, 3…11

La victoire sur la mort *Nos crucifix ne représentent pas un mort, mais celui qui a vaincu la mort et qui, à travers les eaux du baptême, nous entraîne dans sa victoire.*

Lecture de la lettre de saint Paul Apôtre aux Romains

Frères, nous tous, qui avons été baptisés en Jésus Christ, c'est dans sa mort que nous avons été baptisés.
Si, par le baptême dans sa mort, nous avons été mis au tombeau avec lui, c'est pour que nous menions une vie nouvelle, nous aussi, de même que le Christ, par la toute-puissance du Père, est ressuscité d'entre les morts. Et si nous sommes passés par la mort avec le Christ, nous croyons que nous vivrons aussi avec lui. Nous le savons en effet : ressuscité d'entre les morts, le Christ ne meurt plus ; sur lui la mort n'a plus aucun pouvoir. Car lui qui est mort, c'est au péché qu'il est mort une fois pour toutes ; lui qui est vivant, c'est pour Dieu qu'il est vivant. De même vous aussi : pensez que vous êtes morts au péché, et vivants pour Dieu en Jésus Christ.

ÉVANGILE Mt 10, 37-42

A la suite du Christ *Donner un verre d'eau, ou donner sa vie : tous nos gestes de générosité nous mènent à Jésus Christ. C'est de lui seul que nous attendons notre récompense.*

Alléluia. Alléluia. Peuple de Dieu, peuple royal, annoncez les merveilles du Seigneur : il vous a appelés des ténèbres à sa lumière. **Alléluia.**

Évangile de Jésus Christ selon saint Matthieu

Jésus disait aux douze Apôtres : « Celui qui aime son père ou sa mère plus que moi n'est pas digne de moi ; celui qui aime son fils ou sa fille plus que moi n'est pas digne de moi ; celui qui ne prend pas sa croix et ne me suit pas n'est pas digne de moi. Qui veut garder sa vie pour soi la perdra ;

qui perdra sa vie à cause de moi la gardera. Qui vous accueille m'accueille ; et qui m'accueille accueille Celui qui m'a envoyé. Qui accueille un prophète en sa qualité de prophète recevra une récompense de prophète ; qui accueille un homme juste en sa qualité d'homme juste recevra une récompense d'homme juste. Et celui qui donnera à boire, même un simple verre d'eau fraîche, à l'un de ces petits en sa qualité de disciple, amen, je vous le dis : il ne perdra pas sa récompense. »

PRIÈRE SUR LES OFFRANDES

Dieu qui agis avec puissance dans tes sacrements, fais que le peuple assemblé pour te servir soit accordé à la sainteté de tes propres dons. Par Jésus.

PRIÈRE APRÈS LA COMMUNION

Que le corps et le sang de Jésus Christ, offert en sacrifice et reçu en communion, nous donnent la vie, Seigneur : reliés à toi par une charité qui ne passera jamais, nous porterons des fruits qui demeurent. Par Jésus.

Di 30	**Treizième dimanche.** *Liturgie des heures : Psautier semaine I.* [Les premiers martyrs de l'Église de Rome.]
Me 3	St THOMAS, APÔTRE : Ep 2,19-22 ; Jn 20,24-49.
Je 4	Ste Élisabeth, reine du Portugal, † 1336.
Ve 5	St Antoine-Marie Zaccaria, fondateur des Barnabites, † 1539.
Sa 6	Ste Maria Goretti, vierge martyre, † 1902 à Nettuno (Italie).

Bonne fête !

Le 30, Martial, Adolphe ; le 1er juillet, Thierry, Dietrich, Servan, Esther ; le 2, Martinien ; le 3, Thomas ; le 4, Florian, Berthe, Elian, Éliane, Élisabeth ; le 5, Antoine-Marie ; le 6, Mariette.

7 juillet 1996

Quatorzième dimanche

L'humilité de Dieu Dieu, tout-puissant, est au-dessus de tout. Il ne craint pas les chars de guerre *(première lecture)*. Il n'est pas soumis aux sages et aux savants *(évangile)*.
Dieu, tout-aimant, est auprès de tous. Il est proche des plus petits. Il vient à eux dans l'humilité pour les délivrer de ceux qui font la guerre *(première lecture)*, il leur révèle son cœur, il allège leur fardeau *(évangile)*, il leur donne son Esprit pour qu'ils ne se laissent plus asservir *(deuxième lecture)*.

Chanter

Pour chanter la louange des petits, prendre par exemple C 221 Au plus haut du ciel, *qui malgré son refrain n'est pas un Gloria mais un psaume* (Ps 8). *Ou bien* H 73 Tu es le pauvre, *ou encore* E 149 La Bonne Nouvelle est annoncée aux pauvres.
Pour l'acclamation à l'évangile : UL 96 Alléluia, tu es béni, Dieu notre Père.
Pour la procession de communion : MNA 85.18 Partageons le pain (Venez à moi, vous tous qui…) ; D 80 De la table du Seigneur ; A 127 Dans la joie de partager.

Prier

POUR LA PRÉPARATION PÉNITENTIELLE

Seigneur Jésus, doux et humble de cœur, fais-nous venir à toi, **prends pitié de nous.**

Ô Christ, doux et humble de cœur, fais-nous devenir tes disciples, **prends pitié de nous.**

Seigneur Jésus, doux et humble de cœur, fais-nous porter ton fardeau, **prends pitié de nous.**

POUR CE DIMANCHE

Seigneur du ciel et de la terre, toi qui fais des merveilles, tu révèles ton Nom aux tout-petits, pour qu'ils connaissent et chantent ta gloire. Rends-nous doux et humbles : que nous puissions, nous aussi, proclamer ta louange, par Jésus, ton Fils, pour les siècles des siècles.

POUR LA PRIÈRE UNIVERSELLE

Prions pour :

– ceux qui, savants ou non, aiment la douceur et l'humilité ;

– ceux qui portent de lourdes charges et ne connaissent pas le fardeau léger de l'Évangile ;

– ceux qui comptent sur les puissances de guerre et n'ont pas appris à aimer la paix ;

– tous les croyants qui, à travers leurs propres religions, cherchent à vivre selon l'Esprit de Dieu.

Célébrer

La préface des dimanches n° 6 (p. 29) rappelle la deuxième lecture d'aujourd'hui : « L'Esprit qui a ressuscité Jésus d'entre les morts… »

Messe du 14e dimanche

PRIÈRE D'OUVERTURE

Dieu qui as relevé le monde par les abaissements de ton Fils, donne à tes fidèles une joie sainte : tu les as tirés de l'esclavage du péché ; fais-leur connaître le bonheur impérissable. Par Jésus Christ.

PREMIÈRE LECTURE Za 9, 9-10

Un roi humble *Cette lecture est citée dans l'évangile de la liturgie des Rameaux. Dans ce roi qui vient à nous dans l'humilité, nous voyons le Christ qui fera triompher sa puissance de paix.*

Lecture du livre de Zacharie

Exulte de toutes tes forces, fille de Sion ! Pousse des cris de joie, fille de Jérusalem ! Voici ton roi qui vient vers toi : il est juste et victorieux, humble et monté sur un âne, un âne tout jeune. Ce roi fera disparaître d'Éphraïm les chars de guerre, et de Jérusalem les chevaux de combat ; il brisera l'arc de guerre, et il proclamera la paix aux nations. Sa domination s'étendra d'une mer à l'autre, et de l'Euphrate à l'autre bout du pays.

PSAUME Ps 144

Un Dieu tendre et puissant.

• **Béni sois-tu à jamais,**
Seigneur, Dieu de l'univers !

• **Tu es grand, Seigneur, éternellement !**

Je t'exalterai, mon Dieu, mon Roi ;
je bénirai ton nom toujours et à jamais !
Chaque jour je te bénirai,
je louerai ton nom toujours et à jamais.

Le Seigneur est tendresse et pitié,
lent à la colère et plein d'amour.
La bonté du Seigneur est pour tous,
sa tendresse, pour toutes ses œuvres.

Que tes œuvres, Seigneur, te rendent grâce
et que tes fidèles te bénissent !
Ils diront la gloire de ton règne,
ils parleront de tes exploits.

Le Seigneur est vrai en tout ce qu'il dit,
fidèle en tout ce qu'il fait.
Le Seigneur soutient tous ceux qui tombent,
il redresse tous les accablés.

DEUXIÈME LECTURE Rm 8, 9...13

La pesanteur et la grâce *Ne nous laissons pas dominer par notre vie matérielle; puisque nous sommes à la fois « corps et âme, et Esprit Saint » (saint Irénée).*

Lecture de la lettre de saint Paul Apôtre aux Romains

Frères, vous n'êtes pas sous l'emprise de la chair, mais sous l'emprise de l'Esprit, puisque l'Esprit de Dieu habite en vous. Celui qui n'a pas l'Esprit du Christ ne lui appartient pas. Mais si l'Esprit de celui qui a ressuscité Jésus d'entre les morts habite en vous, celui qui a ressuscité Jésus d'entre les morts donnera aussi la vie à vos corps mortels par son Esprit qui habite en vous. Ainsi donc, frères, nous avons une dette, mais ce n'est pas envers la chair : nous n'avons pas à vivre sous l'emprise de la chair. Car si vous vivez sous l'emprise de la chair, vous devez mourir ; mais si, par l'Esprit, vous tuez les désordres de l'homme pécheur, vous vivrez.

ÉVANGILE Mt 11, 25-30

Un Christ doux et humble de cœur *Le Christ est à la fois le premier, lui seul connaît le Père, et le dernier, le modèle de l'humilité.*

Alléluia. Alléluia. Tu es béni, Dieu notre Père, Seigneur de l'univers, toi qui révèles aux petits les mystères du Royaume ! **Alléluia.**

Évangile de Jésus Christ selon saint Matthieu

En ce temps-là, Jésus prit la parole : « Père, Seigneur du ciel et de la terre, je proclame ta louange : ce que tu as caché aux sages et aux savants, tu l'as révélé aux tout-petits. Oui, Père, tu l'as voulu ainsi dans ta bonté. Tout m'a été confié par mon Père ; personne ne connaît le Fils, sinon le Père, et personne ne connaît le Père, sinon le Fils, et celui à qui le Fils veut le révéler. Venez à moi, vous tous qui peinez sous le poids du fardeau, et moi, je vous procurerai le repos. Prenez sur vous mon joug, devenez mes disciples, car je suis doux et humble de cœur, et vous trouverez le repos. Oui, mon joug est facile à porter, et mon fardeau, léger. »

PRIÈRE SUR LES OFFRANDES

Puissions-nous être purifiés, Seigneur, par l'offrande qui

t'est consacrée : qu'elle nous conduise, jour après jour, au Royaume où nous vivrons avec toi. Par Jésus.

PRIÈRE APRÈS LA COMMUNION

Comblés d'un si grand bien, nous te supplions, Seigneur : fais que nous en retirions des fruits pour notre salut, et que jamais nous ne cessions de chanter ta louange. Par Jésus.

Di 7	**Quatorzième dimanche.** *Liturgie des heures : Psautier semaine II.*
Je 11	St BENOÎT, ABBÉ, patron de l'Europe, † 547 au Mont-Cassin : Pr 2,1-2 ; Mt 19,27-29.
Sa 13	St Henri, empereur d'Allemagne, † 1024. Au Luxembourg, St Henri et Ste Cunégonde, son épouse.

Bonne fête !

Le 7, Ralph, Raoul ; le 8, Thibaud, Edgar ; le 9, Amandine, Irma, Marianne, Hermine ; le 10, Ulrich ; le 11, Benoît, Olga ; le 12, Olivier ; le 13, Henri, Harry, Joël, Eugène.

« Les religions sont si riches de valeurs précieuses que leur disparition serait une lourde perte, et pas seulement pour ceux qui les pratiquent. »

Pr Debré.

14 juillet 1996

Quinzième dimanche

Le Dieu de la moisson Dieu ne vient pas à nous les mains vides, il sème abondamment sa Parole, même là où il n'y a aucune chance de succès *(évangile)*, mais il attend que la semence ne revienne pas à lui sans résultat *(première lecture)*, il espère que les moissonneurs ne rentreront pas les mains vides, que le grain rapportera jusqu'à cent fois plus, qu'il n'y aura pas de proportion entre les semailles et la moisson *(évangile)*. De même, il n'y a pas de proportion entre nos peines d'aujourd'hui et notre gloire de demain *(deuxième lecture)*.

Chanter

Le chant de ce dimanche pourrait être U 35 Le semeur est sorti, *ou plus connu* T 90 Un grand champ à moissonner.
On trouve une citation de la deuxième lecture dans E 173 Amour qui nous attend *(1er couplet)*.
Voir aussi MNA 45.20 Ta puissance est cachée ; G 127 Sur les chemins du monde *(le Seigneur a semé le bon grain) ;* A 188 Voici que jaillit *(2e couplet) ;* H 124 Dieu au-delà de tout créé *(couplets 3 et 4)*.
Après la communion : EqC 262 En route avec l'Esprit ; D 304 En mémoire.

Prier

POUR LA PRÉPARATION PÉNITENTIELLE

Devant Dieu, qui a semé sa Parole en nous, reconnaissons que nous ne sommes pas une terre assez bonne pour la faire fructifier pleinement, reconnaissons que nous sommes pécheurs : **Je confesse…**

POUR CE DIMANCHE

Seigneur notre Dieu, ta bonne nouvelle a retenti dans la venue de ton Fils, et elle résonne sans cesse dans ton Église.

Viens renouveler la foi de tes enfants : que ta Parole en nous prenne racine et porte du fruit. A toi la louange pour les siècles des siècles.

POUR LA PRIÈRE UNIVERSELLE

Prions pour tous ceux qui ont reçu la Parole de Dieu :

– ceux qui laissent tomber quand vient la détresse ou la persécution ;

– ceux qui la laissent étouffer par les soucis du monde et les séductions de la richesse ;

– ceux qui continuent de semer la Parole et de la faire comprendre ;

– ceux qui ont reçu l'Évangile avec joie, et s'efforcent de le mettre en pratique.

Que ta Parole, Seigneur, parvienne à tous les hommes et ne revienne pas à toi sans effet. Que notre prière parvienne jusqu'à toi, et revienne vers nous après avoir été exaucée.

Célébrer

En ce jour où nous célébrons le Dieu de la moisson, donnons plus de relief à la prière : « Tu es béni... toi qui nous donnes ce pain, fruit de la terre et du travail des hommes... »

Messe du 15e dimanche

PRIÈRE D'OUVERTURE

Dieu qui montres aux égarés la lumière de ta vérité pour qu'ils puissent reprendre le bon chemin, donne à tous ceux qui se déclarent chrétiens de rejeter ce qui est indigne de ce nom, et de rechercher ce qui lui fait honneur. Par Jésus Christ.

PREMIÈRE LECTURE Is 55, 10-11

Des semailles à la moisson *Dieu donne la pluie mais il attend les fruits de la Parole qu'il a semée en nous.*

Lecture du livre d'Isaïe

Ainsi parle le Seigneur : La pluie et la neige qui descendent des cieux n'y retournent pas sans avoir abreuvé la terre, sans l'avoir fécondée et l'avoir fait germer, pour donner la semence au semeur et le pain à celui qui mange ; ainsi ma parole, qui sort de ma bouche, ne me reviendra pas sans résultat, sans avoir fait ce que je veux, sans avoir accompli sa mission.

PSAUME Ps 64

• **Tu visites la terre, Seigneur,**
tu bénis ses semences.

• **Que ta Parole, Seigneur, fasse germer notre terre.**

Tu visites la terre et tu l'abreuves,
tu la combles de richesses ;
les ruisseaux de Dieu regorgent d'eau,
tu prépares les moissons.

Ainsi, tu prépares la terre,
tu arroses les sillons ;
tu aplanis le sol, tu le détrempes sous les pluies,
tu bénis les semailles.

Tu couronnes une année de bienfaits ;
sur ton passage, ruisselle l'abondance.
Au désert les pâturages ruissellent,
les collines débordent d'allégresse.

Sur ton passage ruisselle l'abondance :
les herbages se parent de troupeaux
et les plaines se couvrent de blé.
Tout exulte et chante !

DEUXIÈME LECTURE Rm 8, 18-23

De la souffrance à la gloire *L'Esprit de Dieu fera renaître un jour toute la création. Nos peines nous paraîtront légères quand nous récolterons la gloire des enfants de Dieu.*

Lecture de la lettre de saint Paul Apôtre aux Romains

Frères, j'estime qu'il n'y a pas de commune mesure entre les souffrances du temps présent et la gloire que Dieu va bientôt révéler en nous. En effet, la création aspire de toutes ses forces à voir cette révélation des fils de Dieu. Car la création a été livrée au pouvoir du néant, non parce qu'elle l'a voulu, mais à cause de celui qui l'a livrée à ce pouvoir. Pourtant, elle a gardé l'espérance d'être, elle aussi, libérée de l'esclavage, de la dégradation inévitable, pour connaître la liberté, la gloire des enfants de Dieu. Nous le savons bien, la création tout entière crie sa souffrance, elle passe par les douleurs d'un enfantement qui dure encore. Et elle n'est pas seule. Nous aussi, nous crions en nous-mêmes notre souffrance ; nous avons commencé par recevoir le Saint-Esprit, mais nous attendons notre adoption et la délivrance de notre corps.

ÉVANGILE Mt 13, 1-23

Une bonne récolte *Jésus lui-même nous a expliqué la parabole du semeur. Il faut une bonne terre pour faire fructifier les semences. A nous d'être le bon terreau pour la Parole que Dieu a semée.*

Alléluia. Alléluia. Le Semeur est sorti pour semer la Bonne Nouvelle. Heureux qui la reçoit et la fait fructifier ! **Alléluia.**

La lecture du texte entre crochets est facultative.

Évangile de Jésus Christ selon saint Matthieu

Ce jour-là, Jésus était sorti de la maison, et il était assis au bord du lac. Une foule immense se rassembla auprès de lui, si bien qu'il monta dans une barque où il s'assit ; toute la foule se tenait sur le rivage. Il leur dit beaucoup de choses en paraboles : « Voici que le semeur est sorti pour semer. Comme il semait, des grains sont tombés au bord du chemin, et les oiseaux sont venus tout manger. D'autres sont

tombés sur le sol pierreux, où ils n'avaient pas beaucoup de terre ; ils ont levé aussitôt, parce que la terre était peu profonde. Le soleil étant levé, ils ont brûlé, et, faute de racines, ils ont séché. D'autres grains sont tombés dans les ronces ; les ronces ont poussé et les ont étouffés. D'autres sont tombés sur la bonne terre et ils ont donné du fruit à raison de cent, ou soixante, ou trente pour un. Celui qui a des oreilles, qu'il entende ! »
[Les disciples s'approchèrent de Jésus et lui dirent : « Pourquoi leur parles-tu en paraboles ? » Il leur répondit : « A vous, il est donné de connaître les mystères du Royaume des cieux, mais à eux ce n'est pas donné. Celui qui a recevra encore, et il sera dans l'abondance ; mais celui qui n'a rien se fera enlever même ce qu'il a. Si je leur parle en paraboles, c'est parce qu'ils regardent sans regarder, qu'ils écoutent sans écouter et sans comprendre. Ainsi s'accomplit pour eux la prophétie d'Isaïe : " Vous aurez beau écouter, vous ne comprendrez pas. Vous aurez beau regarder, vous ne verrez pas. Le cœur de ce peuple s'est alourdi : ils sont devenus durs d'oreille, ils se sont bouché les yeux, pour que leurs yeux ne voient pas, que leurs oreilles n'entendent pas, que leur cœur ne comprenne pas, et qu'ils ne se convertissent pas. Sinon, je les aurais guéris ! " Mais vous, heureux vos yeux parce qu'ils voient et vos oreilles parce qu'elles entendent ! Amen, je vous le dis : beaucoup de prophètes et de justes ont désiré voir ce que vous voyez, et ne l'ont pas vu, entendre ce que vous entendez, et ne l'ont pas entendu.
Vous donc, écoutez ce que veut dire la parabole du semeur. Quand l'homme entend la parole du Royaume sans la comprendre, le Mauvais survient et s'empare de ce qui est semé dans son cœur : cet homme, c'est le terrain ensemencé au bord du chemin.
Celui qui a reçu la semence sur un sol pierreux, c'est l'homme qui entend la Parole et la reçoit aussitôt avec joie ; mais il n'a pas de racines en lui, il est l'homme d'un

moment : quand vient la détresse ou la persécution à cause de la Parole, il tombe aussitôt.
Celui qui a reçu la semence dans les ronces, c'est l'homme qui entend la Parole ; mais les soucis du monde et les séductions de la richesse étouffent la Parole, et il ne donne pas de fruit.
Celui qui a reçu la semence dans la bonne terre, c'est l'homme qui entend la Parole et la comprend ; il porte du fruit à raison de cent, ou soixante, ou trente pour un. »]

PRIÈRE SUR LES OFFRANDES
Regarde, Seigneur, les dons de ton Église en prière : accorde à tes fidèles qui vont les recevoir la grâce d'une sainteté plus grande. Par Jésus.

PRIÈRE APRÈS LA COMMUNION
Nourris de ton eucharistie, nous te supplions, Seigneur : chaque fois que nous célébrons ce mystère, fais grandir en nous ton œuvre de salut. Par Jésus.

Di 14	**Quinzième dimanche.** *Liturgie des heures : Psautier semaine III.* [St Camille de Lellis, fondateur des religieux hospitaliers, † 1614 à Rome.] En France, fête nationale. C'est le même mois qu'ont lieu les fêtes nationales de la Belgique, le 21, et du Canada, le 1er.
Lu 15	St Bonaventure, franciscain, évêque d'Albano, docteur de l'Église, † 1274 à Lyon (pendant le concile).
Ma 16	Notre-Dame du Mont-Carmel.

Bonne fête !

Le 14, Camille ; le 15, Bonaventure, Donald, Vladimir ; le 16, Carmen, Elvire ; le 17, Charlotte, Carole ; le 18, Arnould,

Frédéric, Frida ; le 19, Arsène ; le 20, Marina, Marguerite, Maggy, Élie.

Prière pour la fête nationale

Dieu qui veilles sur notre monde, regarde le pays où tu nous as donné de vivre ; accorde à tous ses habitants de rechercher le bien commun, à ceux qui nous gouvernent de le faire avec sagesse, afin qu'il y ait parmi nous plus de justice et dans le monde entier plus de bonheur et de paix.

Missel romain.

Une terre qui accueille la Parole

« Que passe la charrue
Sur nos landes rebelles
Sur nos terres en friche !
La Parole ira s'y planter,
Promesse pour le pauvre,
Et pauvreté offerte au riche.

Au feu tout le bois mort,
Que la flamme s'étende
Aux chardons, aux épines !
Et leurs cendres pourront servir
A féconder la terre
Où la parole prend racine.

Que tombe sur nos sols
De poussière et de roche
Une pluie généreuse !
On verra les feuilles pointer
Et les bourgeons éclore
De la Parole qui nous creuse.

Advienne le soleil
Et vers lui que s'élance
La poussée de la sève !
La Parole nourrit son fruit
D'amour et de justice
Dans la louange qui l'achève. »

Commission francophone cistercienne.

Les religions en France

Des chiffres difficiles à connaître et à interpréter

Dans une société de plus en plus largement multiculturelle, vouloir présenter une approche statistique des fidèles des différentes religions, relève de la gageure.

Le pourcentage de Français qui se déclarent catholiques est de l'ordre de 80 %, dont 27 % se disent « croyants convaincus », 30 % « croyants par tradition », 13 % « croyants incertains », et 28 % se déclarent « sceptiques et incroyants », soit beaucoup plus que les sans-religion qui atteignent 16 à 18 % (sondage SOFRES, 1991).

Les protestants officiellement recensés sont environ 900 000 ; l'Église Réformée de France est la plus importante des diverses Églises protestantes.

L'Église orthodoxe compte plus de 400 000 membres. Il s'agit le plus souvent de Français d'origine grecque, arménienne ou russe.

La communauté juive, d'environ 555 000 membres, soit 1 % de la population en 1990, est la quatrième du monde après celle des USA, d'Israël et de l'ex-URSS.

L'islam est devenu la seconde religion par le nombre en France : 4 à 5 % de la population comportant surtout des Français d'origine algérienne et des étrangers résidant en France.

Parmi les autres religions ayant une présence structurée en France, on peut nommer le bouddhisme, essentiellement professé par des immigrés du Sud-Est asiatique et des Chinois ; il regroupe environ 500 000 adeptes.

Il est impossible de dénombrer les autres religions, qu'elles soient d'origine orientale, africaine ou extrême-orientale. Celles-ci ne concernent que de très petites minorités, souvent d'origine étrangère.

Ces quelques données disparates par leur origine sont une invitation pour l'Église à s'engager de manière « ferme et irréversible » dans un authentique dialogue interreligieux (Document *Dialogue et Annonce*, mai 1991).

E.G.

21 juillet 1996

Seizième dimanche

La patience de Dieu Nous aimerions parfois que le Dieu tout-puissant intervienne dans le monde pour punir les méchants et nous en délivrer. Mais ce n'est pas la manière de Dieu : il préfère la patience qui donne à chacun le temps de la conversion *(première lecture)*.
Il faut que l'Esprit Saint vienne à notre secours *(deuxième lecture)* pour nous faire vouloir ce que Dieu veut.
Il faut que nous laissions à Dieu seul le soin de juger quand il le voudra *(évangile)*.

Chanter

K 82 Peuple où s'avance, *ou* L 82 Qui donc est Dieu ? ; N 23 Heureux ceux que Dieu a choisis.
Pour la communion : D 228 Quel est donc ce repas ? ; T 42 Prenons la main ; T 47 Joie du Christ ressuscité.
Moins connus : U 118 Le bon grain et l'ivraie ; L 225 Dieu d'amour, viens semer.

Prier

POUR LA PRÉPARATION PÉNITENTIELLE *[d'après la première lecture]*
Seigneur, qui juges avec indulgence,
Seigneur, qui es patient envers toute chose,
Seigneur, qui accordes la conversion aux pécheurs,
ô Christ, prends pitié.

POUR CE DIMANCHE
Dieu fidèle, maître de la moisson, tu es un juge plein de patience. Comment désespérer de nous-mêmes et des autres, alors que tu fais lever parmi nous ta Parole ? Remplis-nous d'espérance dans l'attente du jugement, car ton Fils révélera ta miséricorde pour les siècles des siècles.

POUR LA PRIÈRE UNIVERSELLE

Demandons au Seigneur que germent les bons grains qu'il a semés dans le monde :

– que germe la paix, et que diminuent les épines de la guerre,

– que germe le partage, et que diminuent les ronces de l'injustice ;

– que germe l'espérance, et que diminuent les racines de l'incroyance ;

– que germe notre sainteté, et que diminue l'ivraie qui est en nous.

Célébrer

Dans la partie facultative de l'évangile, il serait dommage d'omettre l'explication par Jésus de la parabole de l'ivraie.

Avant le Notre Père : Nous ne savons pas prier comme il faut. Que l'Esprit Saint nous amène à vouloir ce que Dieu veut, et à prier pour que sa volonté soit faite.

Messe du 16e dimanche

PRIÈRE D'OUVERTURE

Sois favorable à tes fidèles, Seigneur, et multiplie les dons de ta grâce ; entretiens en eux la foi, l'espérance et la charité, pour qu'ils soient attentifs à garder tes commandements. Par Jésus Christ.

PREMIÈRE LECTURE Sg 12, 13…19

Puissance et indulgence *Seul le Dieu tout-puissant qui jugera le monde est à ce point patient et indulgent.*

Lecture du livre de la Sagesse

Il n'y a pas de Dieu en dehors de toi, Seigneur, toi qui prends soin de toute chose, et montres ainsi que tes jugements ne sont pas injustes. Ta force est à l'origine de ta justice, et ta domination sur toute chose te rend patient envers toute chose. Il montre sa force, l'homme dont la puissance est discutée, et ceux qui la bravent sciemment, il les réprime. Tandis que toi, Seigneur, qui disposes de la force, tu juges avec indulgence, tu nous gouvernes avec beaucoup de ménagement, car tu n'as qu'à vouloir pour exercer ta puissance. Par ton exemple tu as enseigné à ton peuple que le juste doit être humain, et tu as pénétré tes fils d'une belle espérance : à ceux qui ont péché tu accordes la conversion.

PSAUME Ps 85

• **Toi qui es bon et qui pardonnes,**
écoute-moi, mon Dieu.

• **Dieu patient, fais lever dans mon cœur**
une belle espérance.

Toi qui es bon et qui pardonnes,
plein d'amour pour tous ceux qui t'appellent,
écoute ma prière, Seigneur,
entends ma voix qui te supplie.

Toutes les nations que tu as faites
viendront se prosterner devant toi,
car tu es grand et tu fais des merveilles,
toi, Dieu, le seul.

Toi, Seigneur, Dieu de tendresse et de pitié,
lent à la colère,
plein d'amour et de vérité,
regarde vers moi, prends pitié de moi.

DEUXIÈME LECTURE Rm 8, 26-27

Prière et Esprit Saint *Seul l'Esprit Saint peut nous inspirer la prière que Dieu veut.*

Lecture de la lettre de saint Paul Apôtre aux Romains

Frères, l'Esprit Saint vient au secours de notre faiblesse, car nous ne savons pas prier comme il faut. L'Esprit lui-même intervient pour nous par des cris inexprimables. Et Dieu, qui voit le fond des cœurs, connaît les intentions de l'Esprit : il sait qu'en intervenant pour les fidèles, l'Esprit veut ce que Dieu veut.

ÉVANGILE Mt 13, 24-43

Bon grain et mauvaises herbes *Nous jugeons vite, nous jugeons mal. Seul Dieu sait quand et comment juger.*

Alléluia. Alléluia. Tu es béni, Dieu notre Père, Seigneur de l'univers, toi qui révèles aux petits les mystères du Royaume ! **Alléluia.**

La lecture du texte entre crochets est facultative.

Évangile de Jésus Christ selon saint Matthieu

Jésus proposa cette parabole à la foule : « Le Royaume des cieux est comparable à un homme qui a semé du bon grain dans son champ. Or, pendant que les gens dormaient, son ennemi survint ; il sema de l'ivraie au milieu du blé et s'en alla. Quand la tige poussa et produisit l'épi, alors l'ivraie apparut aussi. Les serviteurs du maître vinrent lui dire : "Seigneur, n'est-ce pas du bon grain que tu as semé dans ton champ ? D'où vient donc qu'il y a de l'ivraie ?" Il leur dit : "C'est un ennemi qui a fait cela." Les serviteurs lui disent : "Alors, veux-tu que nous allions l'enlever ?" Il répond : "Non, de peur qu'en enlevant l'ivraie, vous n'arrachiez le blé en même temps. Laissez-les pousser ensemble jusqu'à la moisson ; et, au temps de la moisson, je dirai aux moissonneurs : Enlevez d'abord l'ivraie, liez-la en bottes pour la brûler ; quant au blé, rentrez-le dans mon grenier." »

[Il leur proposa une autre parabole : « Le Royaume des cieux est comparable à une graine de moutarde qu'un homme a semée dans son champ. C'est la plus petite de toutes les semences, mais, quand elle a poussé, elle dépasse les autres plantes potagères et devient un arbre, si bien que les oiseaux du ciel font leurs nids dans ses branches. »

Il leur dit une autre parabole : « Le Royaume des cieux est comparable à du levain qu'une femme enfouit dans trois

grandes mesures de farine, jusqu'à ce que toute la pâte ait levé. »
Tout cela, Jésus le dit à la foule en paraboles et il ne leur disait rien sans employer de paraboles, accomplissant ainsi la parole du prophète : « C'est en paraboles que je parlerai, je proclamerai des choses cachées depuis les origines. »
Alors, laissant la foule, il vint à la maison. Ses disciples s'approchèrent et lui dirent : « Explique-nous clairement la parabole de l'ivraie dans le champ. » Il leur répondit : « Celui qui sème le bon grain, c'est le Fils de l'homme ; le champ, c'est le monde ; le bon grain, ce sont les fils du Royaume ; l'ivraie, ce sont les fils du Mauvais. L'ennemi qui l'a semée, c'est le démon ; la moisson, c'est la fin du monde ; les moissonneurs, ce sont les anges. De même que l'on enlève l'ivraie pour la jeter au feu, ainsi en sera-t-il à la fin du monde. Le Fils de l'homme enverra ses anges et ils enlèveront de son Royaume tous ceux qui font tomber les autres et ceux qui commettent le mal, et ils les jetteront dans la fournaise : là il y aura des pleurs et des grincements de dents. Alors les justes resplendiront comme le soleil dans le Royaume de leur Père. Celui qui a des oreilles, qu'il entende ! »]

PRIÈRE SUR LES OFFRANDES

Dans l'unique et parfait sacrifice de la croix, tu as porté à leur achèvement, Seigneur, les sacrifices de l'ancienne loi ; reçois cette offrande des mains de tes fidèles et daigne la sanctifier comme tu as béni les présents d'Abel : que les dons offerts par chacun pour te glorifier servent au salut de tous. Par Jésus.

PRIÈRE APRÈS LA COMMUNION

Dieu très bon, reste auprès de ton peuple, car sans toi notre vie tombe en ruine ; fais passer à une vie nouvelle ceux que tu as initiés aux sacrements de ton Royaume. Par Jésus.

Di 21	**Seizième dimanche.** *Liturgie des heures : Psautier semaine IV.* [St Laurent de Brindisi, prêtre, capucin, docteur de l'Église, † 1619 à Lisbonne.]
Lu 22	Ste Marie Madeleine, disciple du Seigneur. Lecture propre : Jn 20,1.11-18.
Ma 23	Ste Brigitte de Suède, mère de famille puis religieuse, † 1373 à Rome.
Je 25	St JACQUES, APÔTRE : 2 Co 4,7-15 ; Mt 20,20-28.
Ve 26	Ste Anne et St Joachim, parents de la Vierge Marie.

Bonne fête !

Le 21, Victor ; le 22, Madeleine, Marlène, Maddy ; le 23, Brigitte ; le 24, Christine, Ségolène ; le 25, Jacques, Valentine ; le 26, Anne, Annick, Annie, Anaïs, Nancy, Joachim ; le 27, Nathalie.

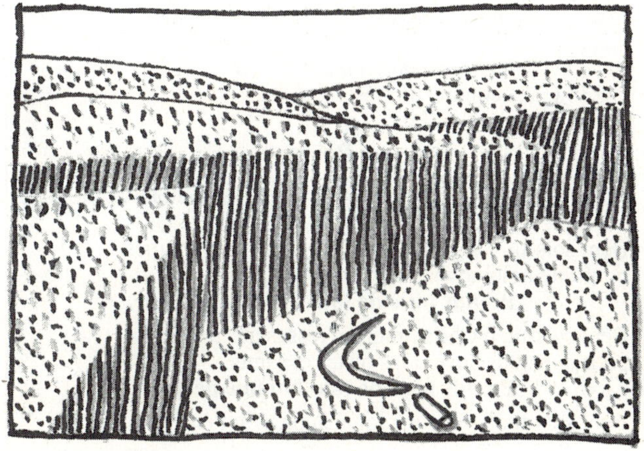

28 juillet 1996

Dix-septième dimanche

La richesse selon l'Évangile Que répondrions-nous si Dieu nous disait : « Demande-moi ce que tu veux, et je te le donnerai » ? *(première lecture)*. Plus d'argent, mais pour quoi faire ? Plus d'honneur et de bonheur, mais pour devenir quoi ? Plus de sagesse et de sainteté : c'est la prière que Dieu préfère. La seule richesse qu'il aime est celle qui ne peut s'entasser que dans notre cœur, qui nous fait semblables à Jésus *(deuxième lecture)*, qui mérite que l'on abandonne tout notre avoir pour l'acquérir *(évangile)*.

Chanter

L 156 Dis-nous à quoi ressemble le Royaume de Dieu; K 128 Église du Seigneur *(couplets 4 et 9) ;* K 180 Peuple de Dieu.
Pour la communion : D 150 Mendiant du jour *ou l'un des nombreux chants de la série D.*
Avec les enfants on pourra utiliser U 78 Un trésor est caché ; U 138 C'est comme un trésor.

Prier

POUR LA PRÉPARATION PÉNITENTIELLE *[en suivant la deuxième lecture]*

Béni sois-tu, Seigneur Jésus, né parmi les hommes
pour que nous soyons tes frères.
Prends pitié de tout homme pécheur.

Béni sois-tu, ô Christ, mort et ressuscité
pour que nous devenions justes et saints.
Prends pitié de tout homme pécheur.

Béni sois-tu, Seigneur, monté auprès du Père
pour nous faire partager ta gloire.
Prends pitié de tout homme pécheur.

POUR CE DIMANCHE
Sans ton Fils, comment pourrions-nous connaître la plénitude de joie que tu nous promets, Dieu notre Père ? Donne-nous l'audace de tout perdre pour acquérir le vrai trésor, et nous découvrirons la liberté de tes enfants, Dieu fidèle, pour les siècles des siècles.

POUR LA PRIÈRE UNIVERSELLE
Prions pour :
– ceux qui gouvernent les peuples ;
– ceux qui doivent gérer de grands biens ;
– ceux qui ont découvert le trésor de l'Évangile ;
– ceux qui sont en train de le découvrir.

Messe du 17e dimanche

PRIÈRE D'OUVERTURE
Tu protèges, Seigneur, ceux qui comptent sur toi ; sans toi rien n'est fort et rien n'est saint ; multiplie pour nous tes gestes de miséricorde afin que, sous ta conduite, en faisant un bon usage des biens qui passent, nous puissions déjà nous attacher à ceux qui demeurent. Par Jésus Christ.

PREMIÈRE LECTURE 1 R 3, 5…12

La prière que Dieu aime *Dieu exauce la prière de Salomon qui a su lui demander la vraie richesse.*

Lecture du premier livre des Rois

A Gabaon pendant la nuit, le Seigneur apparut en songe à Salomon. Il lui dit : « Demande-moi ce que tu veux et je te le donnerai. » Salomon répondit : « Seigneur, mon Dieu, c'est toi qui m'as fait roi à la place de David mon père ; or, je suis un tout jeune homme, incapable de se diriger, et me voilà au centre du peuple que tu as élu ; c'est un peuple nombreux, si nombreux qu'on ne peut ni l'évaluer ni le compter. Donne à ton serviteur un cœur attentif pour qu'il sache gouverner ton

peuple et discerner le bien et le mal ; comment sans cela gouverner ton peuple qui est si important ? »
Cette demande de Salomon plut au Seigneur, qui lui dit : « Puisque c'est cela que tu as demandé, et non pas de longs jours, ni la richesse, ni la mort de tes ennemis, mais puisque tu as demandé le discernement, l'art d'être attentif et de gouverner, je fais ce que tu as demandé : je te donne un cœur intelligent et sage tel que personne n'en a eu avant toi et que personne n'en aura après toi. »

PSAUME Ps 118

Plus précieux que l'or.

- **De quel amour j'aime ta loi, Seigneur.**
- **Ouvre mes yeux à tes merveilles,**
  aux splendeurs de ta loi.

Mon partage, Seigneur, je l'ai dit,
c'est d'observer tes paroles.
Mon bonheur, c'est la loi de ta bouche,
plus qu'un monceau d'or ou d'argent.

Que j'aie pour consolation ton amour
selon tes promesses à ton serviteur !
Que vienne à moi ta tendresse, et je vivrai :
ta loi fait mon plaisir.

Aussi j'aime tes volontés,
plus que l'or le plus précieux.
Je me règle sur chacun de tes préceptes,
je hais tout chemin de mensonge.

Quelle merveille, tes exigences,
aussi mon âme les garde !
Déchiffrer ta parole illumine,
et les simples comprennent.

DEUXIÈME LECTURE Rm 8, 28-30

Ceux que Dieu veut aimer *Dieu veut avoir pour nous autant d'amour qu'il en a pour son Fils Jésus.*

Lecture de la lettre de saint Paul Apôtre aux Romains

Frères, nous le savons, quand les hommes aiment Dieu, lui-même fait tout contribuer à leur bien puisqu'ils sont appelés selon le dessein de son amour. Ceux qu'il connaissait par avance, il les a aussi destinés à être l'image de son Fils, pour faire de ce Fils l'aîné d'une multitude de frères. Ceux qu'il destinait à cette ressemblance, il les a aussi appelés ; ceux qu'il a appelés, il en a fait des justes ; et ceux qu'il a justifiés, il leur a donné sa gloire.

ÉVANGILE Mt 13, 44-52

Le trésor que Dieu donne *Parmi les richesses qui nous attirent, Jésus nous dit quel est le trésor le meilleur, quelle est la perle de plus grande valeur.*

Alléluia. Alléluia. Tu es béni, Dieu notre Père, Seigneur de l'univers, toi qui révèles aux petits les mystères du Royaume ! **Alléluia.**

La lecture du texte entre crochets est facultative.

Évangile de Jésus Christ selon saint Matthieu

Jésus disait à la foule ces paraboles : « Le Royaume des cieux est comparable à un trésor caché dans un champ ; l'homme qui l'a découvert le cache de nouveau. Dans sa joie, il va vendre tout ce qu'il possède et il achète ce champ. Ou encore : le Royaume des cieux est comparable à un négociant qui recherche des perles fines. Ayant trouvé une perle de grande valeur, il va vendre tout ce qu'il possède, et il achète la perle.

[Le Royaume des cieux est encore comparable à un filet qu'on jette dans la mer et qui ramène toutes sortes de poissons. Quand il est plein, on le tire sur le rivage, on s'assied, on ramasse dans des paniers ce qui est bon et on rejette ce qui ne vaut rien. Ainsi en sera-t-il à la fin du monde ; les anges viendront séparer les méchants des justes et les jetteront dans la fournaise : là il y aura des pleurs et des grincements de dents.

Avez-vous compris tout cela ? » – « Oui », lui répondent-ils. Jésus ajouta : « C'est ainsi que tout scribe devenu disciple du Royaume des cieux est comparable à un maître de maison qui tire de son trésor du neuf et de l'ancien. »]

PRIÈRE SUR LES OFFRANDES

Accepte, Seigneur, ces offrandes prélevées pour toi sur tes propres largesses ; que ces mystères très saints, où ta grâce opère avec puissance, sanctifient notre vie de tous les jours et nous conduisent aux joies éternelles. Par Jésus.

PRIÈRE APRÈS LA COMMUNION

Nous avons communié, Seigneur, à ce sacrement, mémorial de la passion de ton Fils ; fais servir à notre salut le don que lui-même nous a légué dans son immense amour. Lui qui règne.

Di 28	**Dix-septième dimanche.** *Liturgie des heures : Psautier semaine I.*
Lu 29	Ste Marthe, hôtesse du Seigneur. Lecture propre : Lc 10,38-42 ou Jn 11,19-17.
Ma 30	St Pierre Chrysologue, évêque de Ravenne, docteur de l'Église, † 451.
Me 31	St Ignace de Loyola, fondateur des Jésuites, † 1556 à Rome.
Je 1	St Alphonse-Marie de Liguori, fondateur des Rédemptoristes, docteur de l'Église, † 1787.
Ve 2	St Eusèbe, évêque de Verceil (Italie), † 371.

Le 29 juillet, pour beaucoup de musulmans, fête de Mouloud, « naissance » du prophète.

Bonne fête !

Le 28, Samson ; le 29, Marthe, Lazare, Loup ; le 30, Juliette ; le 31, Ignace, Germain ; le 1er août, Alphonse, Éléazar, Julien-Eymard ; le 2, Eusèbe ; le 3, Lydie.

Il y a 300 ans

Le 27 septembre 1696, naissait St Alphonse-Marie de Liguori. Après avoir fondé en 1732 la Congrégation du Saint-Rédempteur (Rédemptoristes) pour l'évangélisation des campagnes, il devint évêque de Sainte-Agathe-des-Goths près de Naples. Par sa prédication et ses écrits, il s'efforça de libérer la morale chrétienne du rigorisme janséniste. Il mourut en 1787.

« Un cœur qui écoute »

En face de Dieu, dans nos rapports les plus intimes avec lui, est-ce qu'un cœur qui écoute n'est pas cette meilleure part dont le Seigneur a dit qu'elle ne nous serait point ôtée (Lc 10, 42) ? « Marie, assise aux pieds du Seigneur, écoutait sa parole » (Lc 10, 39). Le mot que le vieil Élie enseigne au petit Samuel : « Parle, Seigneur, ton serviteur écoute » (1 S 3, 9), exprime une attitude fondamentale de l'âme qui sait dans la foi que son Dieu veut entrer en communication directe avec elle. Elle reste ainsi à l'écoute de tous les appels de Dieu, de tous les souffles de l'Esprit. « Heureux qui écoute la Parole et qui la garde » (Lc 11, 28). Mais c'est seulement lorsqu'un profond silence enveloppe toutes choses que la Parole en nous se déclare. Donne-moi, Seigneur, un cœur qui écoute – car la Parole unique ne multiplie pas les paroles (Mt 6, 7). Lorsque le Seigneur, Sagesse incréée, prend possession d'une âme, il ne crie pas, il n'élève pas la voix (Is 42, 2), mais il se tait dans son amour (So 3, 17). Qui l'écoute demeure en paix (Pr 1, 33). Il suffit d'écouter dans son cœur le silence de Dieu jusqu'à ce que notre cœur s'affine dans ce silence et que le Seigneur lui donne la sagesse (Pr 2, 6) – la Sagesse, don qui transforme le silence en saveur et nous fait goûter la saveur incréée, l'Esprit.

Sœur Jeanne d'Arc,
Un cœur qui écoute, Desclée de Brouwer.

4 août 1996

Dix-huitième dimanche

Invités par Dieu Nous pourrions faire la liste de tout ce qui pourrait s'opposer à nous *(deuxième lecture)*. Dieu fait la liste de ses invités : nous tous. Il prépare pour nous des menus savoureux *(première lecture)*. En multipliant abondamment le pain pour la foule *(évangile)*, Jésus annonce un autre festin, un autre pain, une autre foule : toute l'humanité. Rien ne pourra le séparer de son amour pour nous *(deuxième lecture)*, rien ne pourra nous arracher son invitation au banquet.

Chanter

Pour l'ouverture : A 174 Dieu nous accueille *ou* D 380 En marchant vers toi ; A 184 Rude est le chemin.
Pour la communion : D 92 Les pauvres mangeront ; L 198 Le geste qui fait vivre ; *ou bien reprendre l'un des chants d'ouverture.*

Prier

POUR LA PRÉPARATION PÉNITENTIELLE *[d'après le psaume]*

Seigneur Jésus, plein d'amour pour toutes tes œuvres,

Ô Christ, qui rassasies de ta bonté tout ce qui vit,

Seigneur Jésus, proche de tous ceux qui t'invoquent,

Seigneur, prends pitié !

POUR CE DIMANCHE

Dieu de tendresse, d'âge en âge, tu veilles sur nous ; aujourd'hui encore ton Fils nous partage le pain en abondance. Éveille notre attente, avive notre faim, prépare-nous à le recevoir dans la reconnaissance de tout notre être. A toi notre action de grâce, car tu combles tout désir, Dieu vivant, pour les siècles des siècles.

POUR LA PRIÈRE UNIVERSELLE

Prions le Seigneur Jésus, qui fut saisi de pitié devant la foule :

– pour ceux qui travaillent à vaincre la faim dans le monde, et ceux pour lesquels ils travaillent ;

– pour ceux qui construisent un avenir meilleur, et ceux qui sont paralysés par « la détresse, l'angoisse, le danger » ;

– pour ceux qui travaillent au service des vacanciers, et pour ceux qui n'ont pas de vacances ;

– pour « ceux qui invoquent le Seigneur en vérité », et ceux qui n'ont pas découvert le Dieu qui peut les combler.

Seigneur, écoute avec bonté les prières de ton peuple : accorde à tous ce qu'ils te demandent, et à chacun ce qu'il lui faut. Par Jésus, le Christ, notre Seigneur.

Célébrer

Rappeler certaines phrases des lectures au cours des rites de communion. Avant la fraction : « Jésus prononça la bénédiction et rompit le pain » (évangile) ; *avant le rite de paix : « Rien ne pourra nous séparer de l'amour de Dieu »* (deuxième lecture) ; *avant la communion : « Venez à moi et vous vivrez »* (première lecture).

Messe du 18e dimanche

PRIÈRE D'OUVERTURE

Assiste tes enfants, Seigneur, et montre à ceux qui t'implorent ton inépuisable bonté ; c'est leur fierté de t'avoir pour Créateur et Providence : restaure pour eux ta création, et l'ayant renouvelée, protège-la. Par Jésus Christ.

PREMIÈRE LECTURE Is 55, 1-3

Un festin *Dieu invite ses amis à un festin, un festin au-dessus de leurs moyens et qui sera gratuit, un festin comme on n'en fait jamais, et qui sera éternel !*

Lecture du livre d'Isaïe

Vous tous qui avez soif, venez, voici de l'eau! Même si vous n'avez pas d'argent, venez acheter et consommer, venez acheter du vin et du lait sans argent et sans rien payer. Pourquoi dépenser votre argent pour ce qui ne nourrit pas, vous fatiguer pour ce qui ne rassasie pas? Écoutez-moi donc : mangez de bonnes choses, régalez-vous de viandes savoureuses! Prêtez l'oreille! Venez à moi! Écoutez, et vous vivrez. Je ferai avec vous une alliance éternelle, qui confirmera ma bienveillance envers David.

PSAUME Ps 144

• **Tu ouvres la main : nous voici rassasiés.**
• **Seigneur, ouvre tes mains pour nous rassasier.**

Le Seigneur est tendresse et pitié,
lent à la colère et plein d'amour ;
la bonté du Seigneur est pour tous,
sa tendresse, pour toutes ses œuvres.

Les yeux sur toi, tous, ils espèrent :
tu leur donnes la nourriture au temps voulu ;
tu ouvres ta main :
tu rassasies avec bonté tout ce qui vit.

Le Seigneur est juste en toutes ses voies,
fidèle en tout ce qu'il fait.
Il est proche de ceux qui l'invoquent,
de tous ceux qui l'invoquent en vérité.

DEUXIÈME LECTURE Rm 8, 35...39

Une certitude *Saint Paul fait la liste de ce qu'il a souffert, et de tous ceux qui pourraient s'opposer à l'Évangile : ils ne sont rien à côté de Dieu dont l'amour sera toujours vainqueur.*

Lecture de la lettre de saint Paul Apôtre aux Romains

Frères, qui pourra nous séparer de l'amour du Christ? la détresse? l'angoisse? la persécution? la faim? le dénuement? le danger? le supplice? Non, car en tout cela nous sommes les grands vainqueurs grâce à celui qui nous a aimés. J'en ai la certitude : ni la mort ni la vie, ni les esprits ni les puissances, ni le présent ni l'avenir, ni les astres, ni les cieux, ni les abîmes, ni aucune autre créature, rien ne pourra nous séparer de l'amour de Dieu qui est en Jésus Christ notre Seigneur.

ÉVANGILE Mt 14, 13-21

Une abondance *Cinq pains et deux poissons : quantité dérisoire de ce que donnent les hommes. Et pourtant de quoi nourrir des milliers d'auditeurs : quantité surabondante de ce que nous donne le Christ.*

Alléluia. Alléluia. Le Seigneur a nourri son peuple au désert, il l'a rassasié du pain du ciel. **Alléluia.**

Évangile de Jésus Christ selon saint Matthieu

Jésus partit en barque pour un endroit désert, à l'écart. Les foules l'apprirent et, quittant leurs villes, elles suivirent à pied. En débarquant, il vit une grande foule de gens; il fut saisi de pitié envers eux et guérit les infirmes. Le soir venu, les disciples s'approchèrent et lui dirent : « L'endroit est désert et il se fait tard. Renvoie donc la foule : qu'ils aillent dans les villages s'acheter à manger! » Mais Jésus leur dit : « Ils n'ont pas besoin de s'en aller. Donnez-leur vous-mêmes à manger. » Alors ils lui disent : « Nous n'avons là que cinq pains et deux poissons. » Jésus dit : « Apportez-les-moi ici. » Puis, ordonnant à la foule de s'asseoir sur l'herbe, il prit les cinq pains et les deux poissons, et, levant les yeux au ciel, il prononça la bénédiction; il rompit les pains, il les donna aux disciples, et les disciples les donnèrent à la foule. Tous mangèrent à leur faim et, des morceaux qui restaient, on ramassa douze paniers pleins. Ceux qui avaient mangé étaient environ cinq mille, sans compter les femmes et les enfants.

PRIÈRE SUR LES OFFRANDES

Dans ta bonté, Seigneur, sanctifie ces dons ; accepte le sacrifice spirituel de cette eucharistie, et fais de nous-mêmes une éternelle offrande à ta gloire. Par Jésus.

PRIÈRE APRÈS LA COMMUNION

Seigneur, entoure d'une constante protection ceux que tu as renouvelés par le pain du ciel ; puisque tu ne cesses de les réconforter, rends-les dignes de l'éternel salut. Par Jésus.

Di 4	**Dix-huitième dimanche.** *Liturgie des heures : Psautier semaine II.* [St Jean-Marie Vianney, curé d'Ars, † 1859.]
Lu 5	Dédicace de la basilique romaine de Sainte-Marie-Majeure.
Ma 6	TRANSFIGURATION DU SEIGNEUR : Dn 7, 9…14 ; 2 P 1,16-19 ; Mt 17,1-9.
Me 7	St Sixte II, pape, et ses compagnons, martyrs à Rome, † 258. St Gaétan, fondateur des Théatins, † 1547 à Naples. En Belgique, Ste Julienne du Mont-Cornillon, vierge, † 1258.
Je 8	St Dominique, fondateur de l'ordre dominicain, † 1221 à Bologne.
Sa 10	St Laurent, diacre, martyr, † 258 à Rome.

Bonne fête !

Le 4, Jean-Marie ; le 5, Abel, Oswald ; le 6, Octavien ; le 7, Gaétan, Julienne ; le 8, Dominique, Cyriaque ; le 9, Amour ; le 10, Laurent, Laure, Laurence, Dieudonné.

11 août 1996

Dix-neuvième dimanche

Dieu plus fort que nos tempêtes Lorsque le découragement nous tient ou que la peur nous saisit, pouvons-nous croire à la présence de Dieu ?
Élie passe la nuit, seul, dans la montagne. Dans ce haut lieu de l'Horeb où Moïse avait rencontré Dieu, le Seigneur se révèle à lui, après le passage de la tempête, dans la discrétion « d'une brise légère » *(première lecture)*. Jésus, après une nuit d'intime communion avec son Père, vient vers les disciples, tout secoués dans leur barque ; ils ne peuvent le reconnaître qu'après avoir été délivrés de leurs tempêtes *(évangile)*. Telle est la présence indéfectible du Seigneur qui nous invite à avancer.

Chanter

Le chant R 43 Le Seigneur passe *est bien adapté pour constituer l'assemblée et la préparer à entendre la Parole de ce dimanche. Les chants* U 22 Voici venir Dieu *et* T 13-13 Si j'entendais ta voix *font également écho aux lectures du jour.*
P 79 Puisqu'il est avec nous *ou* D 304 En mémoire du Seigneur *ou encore* C 200 En mémoire de toi *peuvent soutenir notre action de grâce après la communion.*

Prier

POUR LA PRÉPARATION PÉNITENTIELLE

Seigneur Jésus, délivre-nous de nos doutes, **Kyrie eleison.**

Ô Christ, viens calmer les tempêtes du monde, **Christe eleison.**

Seigneur, écoute le cri de notre prière, **Kyrie eleison.**

POUR CE DIMANCHE

Dieu notre Père, la discrétion de ta Parole et la douceur de ton Esprit nous emportent vers ton Royaume. Viens au secours de notre peu de foi, pour que nous répondions à l'appel de ton Fils ; sur sa parole, nous nous risquerons alors à marcher derrière lui. Gloire à toi pour les siècles des siècles.

POUR LA PRIÈRE UNIVERSELLE

Prions :

– pour les hommes et les femmes qui ont consacré leur vie à la prière ;

– pour nos frères tellement enfoncés dans le désespoir qu'ils ne savent plus crier vers toi ;

– pour ceux qui crient vers toi et qui doutent que tu les entendes ;

– pour nos communautés que tu rassembles en ta présence.

Célébrer

« Vraiment, il est juste et bon... », ces premiers mots de la préface qui introduisent la prière eucharistique pourraient nous rappeler les mots de l'évangile : « Vraiment, tu es le Fils de Dieu ! »

Messe du 19e dimanche

PRIÈRE D'OUVERTURE

Dieu éternel et tout-puissant, toi que nous pouvons déjà appeler notre Père, fais grandir en nos cœurs l'esprit filial, afin que nous soyons capables d'entrer un jour dans l'héritage qui nous est promis. Par Jésus Christ.

PREMIÈRE LECTURE 1 R 19, 9...13

Le Seigneur passe *Comme « le murmure d'une brise légère », le Seigneur vient à nous, si nous savons attendre la fin de nos tempêtes.*

Lecture du premier livre des Rois

Lorsque le prophète Élie fut arrivé à l'Horeb, la montagne de Dieu, il entra dans une caverne et y passa la nuit. La parole du Seigneur lui fut adressée : « Sors dans la montagne et tiens-toi devant le Seigneur, car il va passer. » A l'approche du Seigneur, il y eut un ouragan, si fort et si violent qu'il fendait les montagnes et brisait les rochers, mais le Seigneur n'était pas dans l'ouragan ; et après l'ouragan, il y eut un tremblement de terre, mais le Seigneur n'était pas dans le tremblement de terre ; et après le tremblement de terre, un feu, mais le Seigneur n'était pas dans ce feu, et après ce feu, le murmure d'une brise légère. Aussitôt qu'il l'entendit, Élie se couvrit le visage avec son manteau, il sortit et se tint à l'entrée de la caverne.

PSAUME Ps 84

• **Fais-nous voir, Seigneur, ton amour,**
et donne-nous ton salut.

• **Le Seigneur notre Dieu est le Dieu de la paix.**

J'écoute : Que dira le Seigneur Dieu ?
Ce qu'il dit, c'est la paix pour son peuple.
Son salut est proche de ceux qui le craignent
et la gloire habitera notre terre.

Amour et vérité se rencontrent,
justice et paix s'embrassent ;
la vérité germera de la terre
et du ciel se penchera la justice.

Le Seigneur donnera ses bienfaits,
et notre terre donnera son fruit.
La justice marchera devant lui,
et ses pas traceront le chemin.

DEUXIÈME LECTURE Rm 9, 1-5

Les privilèges d'Israël *Paul reconnaît en Israël le peuple qui a tant reçu de Dieu et qui pourrait recevoir davantage.*

Lecture de la lettre de saint Paul Apôtre aux Romains

Frères, j'affirme ceci dans le Christ, car c'est la vérité, je ne mens pas, et ma conscience m'en rend témoignage dans l'Esprit Saint : j'ai dans le cœur une grande tristesse, une douleur incessante. Pour les Juifs, mes frères de race, je souhaiterais même être maudit, séparé du Christ : ils sont en effet les fils d'Israël, ayant pour eux l'adoption, la gloire, les alliances, la Loi, le culte, les promesses de Dieu ; ils ont les patriarches, et c'est de leur race que le Christ est né, lui qui est au-dessus de tout, Dieu béni éternellement. Amen.

ÉVANGILE Mt 14, 22-33

N'ayez pas peur ! *Avançons dans la foi : Jésus calme nos angoisses et réduit nos tempêtes au silence.*

Alléluia. Alléluia. Dieu seul est mon rocher, mon salut : d'en haut, il tend la main pour me saisir, il me retire du gouffre des eaux. **Alléluia.**

Évangile de Jésus Christ selon saint Matthieu

Aussitôt après avoir nourri la foule dans le désert, Jésus obligea ses disciples à monter dans la barque et à le précéder sur l'autre rive, pendant qu'il renverrait les foules.
Quand il les eut renvoyées, il se rendit dans la montagne, à l'écart, pour prier. Le soir venu, il était là, seul. La barque était déjà à une bonne distance de la terre, elle était battue par les vagues, car le vent était contraire.
Vers la fin de la nuit, Jésus vint vers eux en marchant sur la mer. En le voyant marcher sur la mer, les disciples furent bouleversés. Ils disaient : « C'est un fantôme », et la peur leur fit pousser des cris. Mais aussitôt Jésus leur parla : « Confiance ! c'est moi ; n'ayez pas peur ! » Pierre prit alors la parole : « Seigneur, si c'est bien toi, ordonne-moi de venir vers toi sur l'eau. » Jésus lui dit : « Viens ! » Pierre descendit de la barque et marcha sur les eaux pour aller vers Jésus. Mais, voyant qu'il y avait du vent, il eut peur ; et, comme il commençait à enfoncer, il cria : « Seigneur, sauve-moi ! » Aussitôt Jésus étendit la main, le saisit et lui dit : « Homme de peu de foi, pourquoi as-tu douté ? » Et quand ils furent montés dans la barque, le vent tomba. Alors ceux qui étaient dans la barque se prosternèrent devant lui, et ils lui dirent : « Vraiment, tu es le Fils de Dieu ! »

PRIÈRE SUR LES OFFRANDES

Seigneur, tu as donné ces présents à ton Église pour qu'elle puisse te les offrir, et tu peux en faire le sacrement de notre salut ; daigne les accueillir favorablement. Par Jésus.

PRIÈRE APRÈS LA COMMUNION

Que cette communion à ton sacrement, Seigneur, soit notre délivrance et nous enracine dans ta vérité. Par Jésus.

Di 11	**Dix-neuvième dimanche.** *Liturgie des heures : Psautier semaine III.* [Ste Claire, fondatrice des Clarisses, † 1253 à Assise.] [Au Luxembourg, Bx Schecelin, ermite, † 1138 ou 1139.]
Ma 13	St Pontien, pape et St Hippolyte, prêtre romain, martyrs en Sardaigne, † v. 235.
Me 14	St Maximilien Kolbe, prêtre et martyr, † 1941 à Auschwitz.
Je 15	**ASSOMPTION DE LA VIERGE MARIE**, p. 448.
Ve 16	St Étienne, roi de Hongrie, † 1038.

Bonne fête !

Le 11, Claire, Géry, Gilberte, Suzanne ; le 12, Clarisse ; le 13, Hippolyte ; le 14, Maximilien, Arnold ; le 15, Marie, Maria, Marlène, Maryse, Muriel, Mireille, Assumpta ; le 16, Alfred, Roch ; le 17, Hyacinthe.

Je connais des bateaux

« Je connais des bateaux qui reviennent d'amour,
quand ils ont navigué jusqu'à leur dernier jour,
sans jamais replier leurs ailes de géants,
parce qu'ils ont le cœur à taille d'océans. »

Marie-Annick Rétif.

Soir du mercredi 14 août 1996

Veille de l'Assomption de la Vierge Marie

La plénitude de la grâce En la fête de l'Assomption que nous célébrons dans la joie, s'accomplit l'itinéraire spirituel de Marie. Comme le suggère la première lecture, Marie, véritable Arche d'Alliance, est le temple sanctifié par la présence du Verbe venu s'incarner en elle. L'évangile rappelle que l'Incarnation est non seulement l'œuvre de Dieu mais aussi l'œuvre de la liberté et de la foi de Marie : « Heureux ceux qui entendent la parole de Dieu et qui la gardent. » Dans l'Assomption, c'est maintenant Marie qui est accueillie en Dieu et demeure dans sa Gloire.

Chanter, prier et célébrer : voir la messe du jour.

Messe de la veille

PRIÈRE D'OUVERTURE

Seigneur, tu t'es penché sur ton humble servante, la bienheureuse Vierge Marie : tu lui as donné la grâce et l'honneur de devenir la mère de ton Fils unique et tu l'as couronnée, en ce jour, d'une gloire sans pareille ; à sa prière, accorde-nous, puisque nous sommes rachetés et sauvés, d'être élevés avec elle dans ta gloire. Par Jésus Christ.

PREMIÈRE LECTURE 1 Ch 15, 3…16, 2

Arche de la Nouvelle Alliance *A l'image d'Israël exultant de joie devant l'Arche, l'Église chante Marie glorifiée corps et âme.*

Lecture du premier livre des Chroniques

Après son sacre, David rassembla tout Israël à Jérusalem pour faire monter l'arche du Seigneur jusqu'à l'emplacement préparé pour elle. Il réunit les descendants d'Aaron, c'est-à-dire les prêtres, et les descendants de Lévi. Puis les lévites transportèrent l'arche de Dieu, au moyen de barres placées sur leurs épaules, comme l'avait ordonné Moïse, selon la parole du Seigneur. David dit aux chefs des lévites de mettre en place leurs frères, les chantres, avec leurs instruments – cithares, lyres, cymbales retentissantes –, pour que leur musique s'élève joyeusement. Ils amenèrent donc l'arche de Dieu et l'installèrent au milieu de la tente que David avait dressée pour elle. Puis on offrit devant Dieu des holocaustes et des sacrifices de communion. Quand David eut achevé d'offrir les holocaustes et les sacrifices de communion, il bénit le peuple au nom du Seigneur.

PSAUME Ps 131

• **Tu accueilles, Seigneur, dans la lumière**
celle qui t'a donné le jour.

• **Je vous salue, Marie, pleine de grâce.**

Entrons dans la demeure de Dieu,
prosternons-nous aux pieds de son trône.
Monte, Seigneur, vers le lieu de ton repos,
toi, et l'arche de ta force !

Que tes prêtres soient vêtus de justice,
que tes fidèles crient de joie !
Pour l'amour de David, ton serviteur,
ne repousse pas la face de ton messie.

Car le Seigneur a fait choix de Sion ;
elle est le séjour qu'il désire :
« Voilà mon repos à tout jamais,
c'est le séjour que j'avais désiré. »

DEUXIÈME LECTURE 1 Co 15, 54-57

La nouvelle créature *L'Assomption de Marie réalise la promesse du Christ pour tous ceux qui font partie de son Corps.*

Lecture de la première lettre de saint Paul Apôtre
aux Corinthiens

Frères, au dernier jour, ce qui est périssable en nous deviendra impérissable ; ce qui est mortel revêtira l'immortalité ; alors se réalisera la parole de l'Écriture : « La mort a été engloutie dans la victoire. O Mort, où est ta victoire ? O Mort, où est ton dard venimeux ? » Le dard de la mort, c'est le péché ; ce qui renforce le péché, c'est la Loi. Rendons grâce à Dieu qui nous donne la victoire par Jésus Christ, notre Seigneur.

ÉVANGILE Lc 11, 27-28

Marie, sainte d'esprit et de corps.

Alléluia. Alléluia. Heureuse la Vierge Marie, la Mère de Dieu : elle accueillit la parole, elle la méditait dans son cœur. **Alléluia.**

Évangile de Jésus Christ selon saint Luc

Comme Jésus était en train de parler, une femme éleva la voix au milieu de la foule pour lui dire : « Heureuse la mère qui t'a porté dans ses entrailles, et qui t'a nourri de son lait ! » Alors Jésus lui déclara : « Heureux plutôt ceux qui entendent la parole de Dieu, et qui la gardent ! »

PRIÈRE SUR LES OFFRANDES

Nous t'en prions, Seigneur, reçois le sacrifice de louange et de paix que nous t'offrons aujourd'hui pour fêter l'Assomption de la sainte Mère de Dieu ; qu'il nous obtienne ton pardon et nous garde toujours dans l'action de grâce. Par Jésus.

PRIÈRE APRÈS LA COMMUNION

Après avoir participé à la table du ciel, nous implorons ta bonté, Seigneur : puisque nous célébrons l'Assomption de la Mère de Dieu, délivre-nous de toute menace du mal. Par Jésus.

Le salut du monde

« La Beauté sauvera le monde, non point n'importe quelle beauté, mais celle de l'Esprit Saint, celle de la Femme habillée de soleil. »

Paul Evdokimov.

Jeudi 15 août 1996

Assomption de la Vierge Marie

Félicitons Marie ! Aujourd'hui, toute l'Église fait sienne l'exultation de Marie. Depuis l'Annonciation, Marie a vécu de foi et sa cousine Élisabeth laisse éclater sa joie lorsqu'elle félicite Marie : « Heureuse celle qui a cru… » *(évangile)*. Comme lors de la Visitation, Marie maintenant élevée dans la gloire de Dieu *(voir messe de la veille)* continue à se faire proche et à partager l'allégresse de sa foi.

Chanter

En cette fête, notre chant d'entrée est louange à Marie, reine du ciel; nous avons le choix : V 289 Comme une aurore; V 24 Béni sois-tu, Seigneur! ; V 136 Vierge sainte, Dieu t'a choisie; V 223 Vierge de lumière *ou tout autre mieux connu de l'assemblée.*
V 180 Une femme dont on n'a rien dit, *chanté par un soliste ou une chorale peut accompagner la procession de communion tandis que* V 193 Mon âme chante le Seigneur *ou* V 153 Toi, notre Dame *ou* V 10 Vous êtes sans pareille *ou encore* V 9 Toute la famille humaine, *exprimerait notre action de grâce.*

Prier

POUR LA PRÉPARATION PÉNITENTIELLE

Seigneur Jésus, incarné dans le sein de la Vierge Marie,
béni sois-tu et prends pitié de nous.

Ô Christ, vivant dans le cœur de Marie,
béni sois-tu et prends pitié de nous.

Seigneur, qui as élevé Marie dans la gloire,
béni sois-tu et prends pitié de nous.

POUR CETTE FÊTE DE L'ASSOMPTION

Béni sois-tu, notre Dieu, en l'honneur de la Vierge Marie ! Par elle, ton Fils est venu au monde ; par lui, elle entre dans le monde nouveau de ta gloire. Viens dès aujourd'hui semer ta vie en nos corps, pour qu'un jour nous entrions, nous aussi, dans ton Royaume. Par Jésus ton Fils et le Fils de Marie, notre frère et notre Dieu, pour les siècles des siècles.

POUR LA PRIÈRE UNIVERSELLE

Par l'intercession de Marie qui nous précède auprès de Dieu, nous prions :

– pour l'Église : qu'elle soit signe en ce monde de l'humanité transfigurée ;

– pour les croyants des diverses religions : qu'ils soient dans le monde des hommes de dialogue ;

– pour nos frères qui connaissent l'épreuve et la souffrance : qu'ils trouvent en Marie, refuge et réconfort ;

– pour toutes les mamans du monde : qu'à l'exemple de Marie, elles sachent accueillir leur enfant.

Célébrer

Cette fête de l'Assomption serait l'occasion de faire participer les enfants : faire avec eux une procession d'entrée en leur donnant quelques fleurs qui viennent composer un bouquet auprès d'une statue ou d'une icône de la Vierge, située à l'un des côtés du chœur.

Pensons également aux absents – les malades, les personnes âgées… – qui seraient heureux de recevoir le corps du Christ ou simplement notre visite.

Messe de l'Assomption de la Vierge Marie

PRIÈRE D'OUVERTURE

Dieu éternel et tout-puissant, toi qui as fait monter jusqu'à la gloire du ciel, avec son âme et son corps, Marie, la Vierge immaculée, mère de ton Fils : fais que nous demeurions attentifs aux choses d'en haut pour obtenir de partager sa gloire. Par Jésus Christ.

PREMIÈRE LECTURE Ap 11, 19...12, 10

Un grand signe dans le ciel.
Femme vêtue par Dieu d'un manteau de lumière
Quand l'ombre de la mort s'étend sur l'univers,
Tu éclaires la voie du Royaume des cieux :
Servante du Seigneur tu règnes dans la Gloire
Avec ton Fils.

Lecture de l'Apocalypse de saint Jean

Le Temple qui est dans le ciel s'ouvrit, et l'arche de l'Alliance du Seigneur apparut dans son Temple.
Un signe grandiose apparut dans le ciel : une Femme, ayant le soleil pour manteau, la lune sous les pieds, et sur la tête une couronne de douze étoiles. Elle était enceinte et elle criait, torturée par les douleurs de l'enfantement. Un autre signe apparut dans le ciel : un énorme dragon, rouge-feu, avec sept têtes et dix cornes, et sur chaque tête un diadème. Sa queue balayait le tiers des étoiles du ciel, et les précipita sur la terre. Le Dragon se tenait devant la femme qui allait enfanter, afin de dévorer l'enfant dès sa naissance. Or, la Femme mit au monde un fils, un enfant mâle, celui qui sera le berger de toutes les nations, les menant avec un sceptre de fer. L'enfant fut enlevé auprès de Dieu et de son trône, et la Femme s'enfuit au désert, où Dieu lui a préparé une place.
Alors j'entendis dans le ciel une voix puissante qui proclamait : « Voici maintenant le salut, la puissance et la royauté de notre Dieu, et le pouvoir de son Christ ! »

PSAUME Ps 44

• **Heureuse es-tu, Vierge Marie,**
dans la gloire de ton Fils.

• **Tu es l'honneur, tu es la gloire**
de notre peuple, Vierge Marie.

Écoute, ma fille, regarde et tends l'oreille ;
oublie ton peuple et la maison de ton père :
le roi sera séduit par ta beauté.

Il est ton Seigneur : prosterne-toi devant lui.
Alors, les plus riches du peuple,
chargés de présents, quêteront ton sourire.

Fille de roi, elle est là, dans sa gloire,
vêtue d'étoffes d'or ;
on la conduit, toute parée, vers le roi.

Des jeunes filles, ses compagnes, lui font cortège ;
on les conduit parmi les chants de fête :
elles entrent au palais du roi.

DEUXIÈME LECTURE 1 Co 15, 20-27

La victoire sur la mort *Première créature ressuscitée, Marie montre le chemin : vivre en Christ pour ressusciter avec lui.*

Lecture de la première lettre de saint Paul Apôtre
aux Corinthiens

Frères, le Christ est ressuscité d'entre les morts, pour être parmi les morts le premier ressuscité. Car, la mort étant venue par un homme, c'est par un homme aussi que vient la résurrection. En effet, c'est en Adam que meurent tous les hommes ; c'est dans le Christ que tous revivront, mais chacun à son rang : en premier, le Christ ; et ensuite, ceux qui seront au Christ lorsqu'il reviendra. Alors, tout sera achevé, quand le Christ remettra son pouvoir royal à Dieu le Père, après avoir détruit toutes les puissances du mal. C'est lui en effet qui doit régner jusqu'au jour où il aura mis sous ses pieds tous ses ennemis. Et le dernier ennemi qu'il détruira, c'est la mort, car il a tout mis sous ses pieds.

ÉVANGILE Lc 1, 39-56

La louange de Marie.

Alléluia. Alléluia. Aujourd'hui s'est ouverte la porte du paradis : Marie est entrée dans la gloire de Dieu ; exultez dans le ciel, tous les anges ! **Alléluia.**

Évangile de Jésus Christ selon saint Luc

En ces jours-là, Marie se mit en route rapidement vers une ville de la montagne de Judée. Elle entra dans la maison de Zacharie et salua Élisabeth. Or, quand Élisabeth entendit la salutation de Marie, l'enfant tressaillit en elle. Alors, Élisabeth fut remplie de l'Esprit Saint, et s'écria d'une voix forte : « Tu es bénie entre toutes les femmes, et le fruit de tes entrailles est béni. Comment ai-je ce bonheur que la mère de mon Seigneur vienne jusqu'à moi ? Car, lorsque j'ai entendu tes paroles de salutation, l'enfant a tressailli d'allégresse au-dedans de moi. Heureuse celle qui a cru à l'accomplissement des paroles qui lui furent dites de la part du Seigneur. » Marie dit alors : « Mon âme exalte le Seigneur, mon esprit exulte en Dieu mon Sauveur. Il s'est penché sur son humble servante ; désormais tous les âges me diront bienheureuse. Le Puissant fit pour moi des merveilles ; Saint est son nom ! Son amour s'étend d'âge en âge sur ceux qui le craignent. Déployant la force de son bras, il disperse les superbes. Il renverse les puissants de leurs trônes, il élève les humbles. Il comble de biens les affamés, renvoie les riches les mains vides. Il relève Israël son serviteur, il se souvient de son amour, de la promesse faite à nos pères, en faveur d'Abraham et de sa race à jamais. » Marie demeura avec Élisabeth environ trois mois, puis elle s'en retourna chez elle.

PRIÈRE SUR LES OFFRANDES

Que s'élève jusqu'à toi, Seigneur, notre fervent sacrifice, et tandis qu'intercède pour nous la très sainte Vierge Marie, emportée au ciel, que nos cœurs, brûlants de charité, aspirent toujours à monter vers toi. Par Jésus.

PRÉFACE

Vraiment, il est juste et bon de te rendre gloire, de t'offrir notre action de grâce, toujours et en tout lieu, à toi, Père très saint, Dieu éternel et tout-puissant, par le Christ, notre Seigneur.

Aujourd'hui la Vierge Marie, la Mère de Dieu, est élevée dans la gloire du ciel : parfaite image de l'Église à venir, aurore de l'Église triomphante, elle guide et soutient l'espérance de ton peuple encore en chemin. Tu as préservé de la dégradation du tombeau le corps qui avait porté ton propre Fils et mis au monde l'auteur de la vie.
C'est pourquoi, avec tous les anges du ciel, pleins de joie, nous chantons (disons) : **Saint !...**

Dans les prières eucharistiques, il y a des textes propres à la fête de l'Assomption.

PRIÈRE APRÈS LA COMMUNION
Après nous avoir donné, Seigneur, le sacrement qui nous sauve, accorde-nous, par l'intercession de Marie, la Vierge bienheureuse élevée au ciel, de parvenir à la gloire de la résurrection. Par Jésus.

Toi, notre espérance

« Accueille les supplications de ton peuple
Ô Vierge, mère de Dieu,
et intercède instamment auprès de ton Fils
pour qu'il nous libère des périls et des difficultés.
Ô toi, notre espérance. »

Litanie orientale.

18 août 1996

Vingtième dimanche

Un peu d'espace à l'étranger Méfiance, crainte, rejet, c'est l'attitude spontanée vis-à-vis de l'étranger, cet autre qui parfois nous dérange et que nous ne comprenons pas toujours. L'attitude de Jésus face à la Cananéenne *(évangile)* vient nous rappeler que Dieu n'appartient à personne : que je sois chrétien ou non, Dieu m'appelle irrévocablement *(deuxième lecture)*. Il se donne librement à tous ceux qui veulent mettre leurs pas sur les chemins de l'amour et de la justice *(première lecture)*. « Laisserons-nous à notre table un peu d'espace à l'étranger ? »

Chanter

Pour l'entrée, E 161 Laisserons-nous à notre table *est bien dans le ton des lectures.*
Après la communion, le chant peut souligner ce rassemblement d'hommes différents dans un même peuple : T 122 Peuple de frères ; M 31 Par les routes de la terre ; EqC 274 Peuple d'un Dieu qui est justice.

Prier

POUR LA PRÉPARATION PÉNITENTIELLE

Seigneur Jésus Christ, tu ouvres à tous les hommes un chemin vers la Foi.
Seigneur, accorde-nous ton pardon,
nous avons péché contre toi.

Ô Christ ressuscité, tu aimes tellement chacun de nous,
Montre-nous ta miséricorde,
et nous serons sauvés.

POUR CE DIMANCHE

Dieu de justice et de partage, tu ne fais pas de différence entre les personnes : chacun est pour toi, unique, chacun a droit à sa part de pain et d'amour. Par ta Parole, rends-nous capables de voir la misère de nos frères, d'écouter leur cri, de nous émerveiller de leur foi. Ainsi, nous vivrons à l'image de Jésus qui a réalisé ta volonté et qui est vivant avec toi pour les siècles des siècles.

POUR LA PRIÈRE UNIVERSELLE
Prions :
– pour ceux qui ne peuvent croire et demeurent pourtant attentifs au prochain ;

– pour les étrangers qui vivent dans nos cités et sont déconcertés par les oppositions qu'ils rencontrent ;

– pour le peuple des baptisés qui trouvent dans l'exemple de ton Fils la force d'accueillir.

Célébrer

L'exemple de la foi de la Cananéenne peut être repris dans l'introduction au Credo.
Une invitation plus large à un geste de Paix entre les membres de l'assemblée est dans la ligne des lectures du jour.

Messe du 20e dimanche

PRIÈRE D'OUVERTURE
Pour ceux qui t'aiment, Seigneur, tu as préparé des biens que l'œil ne peut voir : répands en nos cœurs la ferveur de ta charité, afin que t'aimant en toute chose et par-dessus tout, nous obtenions de toi l'héritage promis qui surpasse tout désir. Par Jésus Christ.

PREMIÈRE LECTURE Is 56, 1.6-7

Le salut pour tous *Tous les peuples, sans distinction, sont appelés à suivre le Seigneur et sont accueillis dans sa maison.*

Lecture du livre d'Isaïe

Parole du Seigneur. Observez le droit, pratiquez la justice. Car mon salut approche, il vient, et ma justice va se révéler.

Les étrangers qui se sont attachés au service du Seigneur pour l'amour de son nom et sont devenus ses serviteurs, tous ceux qui observent le sabbat sans le profaner et s'attachent fermement à mon alliance, je les conduirai à ma montagne sainte. Je les rendrai heureux dans ma maison de prière, je ferai bon accueil, sur mon autel, à leurs holocaustes et à leurs sacrifices, car ma maison s'appellera « Maison de prière pour tous les peuples ».

PSAUME — Ps 66

• **Dieu, que les peuples t'acclament !**
Qu'ils t'acclament, tous ensemble !

• **A toi, la louange des peuples !**

Que ton visage s'illumine pour nous ;
et ton chemin sera connu sur la terre,
ton salut, parmi toutes les nations.

Que les nations chantent leur joie,
car tu gouvernes le monde avec justice ;
sur la terre, tu conduis les nations.

Dieu, notre Dieu, nous bénit.
Que Dieu nous bénisse,
et que la terre tout entière l'adore !

DEUXIÈME LECTURE — Rm 11, 13…32

La miséricorde pour tous *Juifs ou non, tous ont été réconciliés par le Christ avec Dieu. Il fait miséricorde à tous les hommes.*

Lecture de la lettre de saint Paul Apôtre aux Romains

Frères, je vous le dis à vous, qui étiez païens : dans la mesure où je suis apôtre des païens, ce serait la gloire de mon ministère de rendre un jour jaloux mes frères de race, et d'en sauver quelques-uns. Si en effet le monde a été réconcilié avec Dieu quand ils ont été mis à l'écart, qu'arrivera-t-il quand ils seront réintégrés ? Ce sera la vie pour ceux qui étaient morts ! Les dons de Dieu et son appel sont irrévocables. Jadis, en effet, vous avez désobéi à Dieu et maintenant, à cause de la désobéissance des fils d'Israël, vous avez obtenu miséricorde ; de même eux aussi, maintenant ils ont désobéi à cause de la miséricorde que vous avez obtenue, mais c'est pour que maintenant eux aussi, ils obtiennent miséricorde. Dieu, en effet, a enfermé tous les hommes dans la désobéissance pour faire miséricorde à tous les hommes.

ÉVANGILE Mt 15, 21-28

« Ta foi est grande… ! » *Que de fois Jésus laissera déborder son cœur en face de ceux qui épousent la volonté de Dieu aussi bien que cette étrangère.*

Alléluia. Alléluia. Le Seigneur redresse les accablés, le Seigneur protège l'étranger. Heureux qui met en lui son espoir ! **Alléluia.**

Évangile de Jésus Christ selon saint Matthieu

Jésus s'était retiré vers la région de Tyr et de Sidon. Voici qu'une Cananéenne, venue de ces territoires, criait : « Aie pitié de moi, Seigneur, fils de David ! Ma fille est tourmentée par un démon. » Mais il ne lui répondit rien. Les disciples s'approchèrent pour lui demander : « Donne-lui satisfaction, car elle nous poursuit de ses cris ! » Jésus répondit : « Je n'ai été envoyé qu'aux brebis perdues d'Israël. » Mais elle vint se prosterner devant lui : « Seigneur, viens à mon secours ! » Il répondit : « Il n'est pas bien de prendre le pain des enfants pour le donner aux petits chiens. – C'est vrai, Seigneur, reprit-elle ; mais justement, les petits chiens mangent les miettes qui tombent de la table de leurs maîtres. » Jésus répondit : « Femme, ta foi est grande, que tout se fasse pour toi comme tu le veux ! » Et, à l'heure même, sa fille fut guérie.

PRIÈRE SUR LES OFFRANDES

Accepte, Seigneur notre Dieu, ce que nous présentons pour cette eucharistie où s'accomplit un admirable échange : en offrant ce que tu nous as donné, puissions-nous te recevoir toi-même. Par Jésus.

PRIÈRE APRÈS LA COMMUNION

Par cette eucharistie, Seigneur, tu nous as unis davantage au Christ, et nous te supplions encore : accorde-nous de lui ressembler sur la terre et de partager sa gloire dans le ciel. Lui qui règne.

Di 18	**Vingtième dimanche.** *Liturgie des heures : Psautier semaine IV.*
Lu 19	St Jean Eudes, fondateur des Eudistes, † 1680 à Caen.
Ma 20	St Bernard, abbé cistercien de Clairvaux, docteur de l'Église, † 1153.
Me 21	St Pie X, pape, † 1914.
Je 22	La Vierge Marie, reine.
Ve 23	Ste Rose de Lima, vierge, tertiaire dominicaine, † 1617.
Sa 24	St BARTHÉLEMY, APÔTRE : Ap 21,9-14 ; Jn 1,45-51.

Bonne fête !

Le 18, Hélène, Mylène, Laetitia, Nelly ; le 19, Eudes, Guerric ; le 20, Bernard, Philibert, Samuel, Samy ; le 21, Grâce, Graziella, Privat ; le 22, Fabrice, Siegfried, Symphorien ; le 23, Rose, Rosita ; le 24, Barthélemy, Nathanaël.

« Dès que l'Église accepte d'écouter les pauvres, les sans-droit, les étrangers, elle se trouve remise en route, elle redevient nomade comme l'était Jésus de Nazareth. »

Jacques Chauvin.

25 août 1996

Vingt et unième dimanche

Église du Christ, Église de toujours Aujourd'hui comme au temps des apôtres, le Christ bâtit son Église sur la pierre portant le nom de Pierre *(évangile)*. Cette primauté de Pierre, préfigurée par celle du serviteur détenant la clef de la maison de David *(première lecture)*, fait partie de notre foi. Elle est enracinée dans l'évangile de ce jour : Pierre n'a-t-il pas reçu mission de confirmer ses frères dans la foi et de présider à la communion de tous dans l'Église ? C'est aussi la mission de tous les baptisés de devenir, par leur confiance au Christ, des pierres vivantes de son Église.

Chanter

Pour le chant d'entrée, nous proposons K 64 Peuple choisi, *couplets 2, 3, 4, 5 ou* K 201 Église de toujours.
Pour la communion : D 126 Tu es le Christ *ou* A 187 Tu es notre Dieu.

Prier

POUR LA PRÉPARATION PÉNITENTIELLE
Seigneur Jésus, Fils du Dieu vivant, porte du Royaume, **prends pitié de nous.**

Ô Christ, source d'eau vive d'où jaillit la communion dans l'Église, **prends pitié de nous.**

Seigneur, Gloire du Père, Amour infini et Sagesse éternelle, **prends pitié de nous.**

POUR CE DIMANCHE
Dieu qui as choisi ton serviteur le pape Jean-Paul II pour succéder au chef des Apôtres à la tête de ton peuple et représenter le Christ en ce temps, aide-le à soutenir tous ses frères : qu'il assure l'unité, l'amour et la paix, que toute

Église soit en communion avec lui, et tous pourront trouver chez toi, notre Père, la vérité et la vie. Par Jésus Christ.

POUR LA PRIÈRE UNIVERSELLE

Prions :

– pour le pape, successeur de Pierre, et le collège des évêques ;

– pour les Églises chrétiennes qui aspirent à une réconciliation ;

– pour ceux qui n'ont pas eu la possibilité de rencontrer l'Église ;

– pour ceux dont l'attachement à l'Église est fragile.

Célébrer

La prière eucharistique n° 1 (p. 31) rappelle la longue chaîne des Apôtres et des premiers papes de l'Église du Seigneur.

On peut mettre en valeur, s'il y en a une, la statue de saint Pierre.

Messe du 21e dimanche

PRIÈRE D'OUVERTURE

Dieu qui peux mettre au cœur de tes fidèles un unique désir, donne à ton peuple d'aimer ce que tu commandes et d'attendre ce que tu promets ; pour qu'au milieu des changements de ce monde, nos cœurs s'établissent fermement là où se trouvent les vraies joies. Par Jésus Christ.

PREMIÈRE LECTURE Is 22, 19-23

Serviteur et Père *Dieu confie les clefs du Royaume à celui qui a confiance en lui.*

Lecture du livre d'Isaïe

Parole du Seigneur adressée à Shebna le gouverneur. Je vais te chasser de ton poste, t'expulser de ta place. Et, ce jour-là, j'appellerai mon serviteur, Éliakim, fils de Hilkias. Je le revêtirai de ta tunique, je le ceindrai de ton écharpe, je lui remettrai tes pouvoirs : il sera un père pour les habitants de Jérusalem et pour la maison de Juda. Je mettrai sur son épaule la clef de la maison de David : s'il ouvre, personne ne fermera, s'il ferme, personne n'ouvrira. Je le rendrai stable comme un piquet qu'on enfonce dans un sol ferme ; il sera comme un trône de gloire pour la maison de son père.

PSAUME Ps 137

- **Toi, le Dieu fidèle, poursuis ton œuvre d'amour.**
- **Par ton Église, Seigneur, achève ton ouvrage.**

De tout mon cœur, Seigneur, je te rends grâce :
tu as entendu les paroles de ma bouche.
Je te chante en présence des anges,
vers ton temple sacré, je me prosterne.

Je rends grâce à ton nom
pour ton amour et ta vérité,
car tu élèves, au-dessus de tout,
ton nom et ta parole.
Le jour où tu répondis à mon appel,
tu fis grandir en mon âme la force.

Si haut que soit le Seigneur, il voit le plus humble.
Le Seigneur fait tout pour moi.
Seigneur, éternel est ton amour :
n'arrête pas l'œuvre de tes mains.

DEUXIÈME LECTURE Rm 11, 33-36

A Toi, Seigneur, louange et gloire *Éclairés par les mots de l'apôtre Paul, contemplons l'éternel mystère de Dieu.*

Lecture de la lettre de saint Paul Apôtre aux Romains

Quelle profondeur dans la richesse, la sagesse et la science de Dieu ! Ses décisions sont insondables, ses chemins sont impénétrables ! Qui a connu la pensée du Seigneur ? Qui a été son conseiller ? Qui lui a donné en premier et mériterait de recevoir en retour ? Car tout est de lui, et par lui, et pour lui. A lui la gloire pour l'éternité ! Amen.

ÉVANGILE Mt 16, 13-20

Pour vous, qui suis-je ? *Pierre ne reçoit sa mission qu'après avoir proclamé sa foi en Jésus. Il en va de même pour tout baptisé : accueillir une vocation suppose un acte de foi sans limite.*

Alléluia. Alléluia. Sur la foi de Pierre le Seigneur a bâti son Église, et les puissances du mal n'auront sur elle aucun pouvoir. **Alléluia.**

Évangile de Jésus Christ selon saint Matthieu

Jésus était venu dans la région de Césarée-de-Philippe, et il demandait à ses disciples : « Le Fils de l'homme, qui est-il, d'après ce que disent les hommes ? » Ils répondirent : « Pour les uns, il est Jean Baptiste ; pour d'autres, Élie ; pour d'autres encore, Jérémie ou l'un des prophètes. » Jésus leur dit : « Et vous, que dites-vous ? Pour vous, qui suis-je ? » Prenant la parole, Simon-Pierre déclara : « Tu es le Messie, le Fils du Dieu vivant ! » Prenant la parole à son tour, Jésus lui déclara : « Heureux es-tu, Simon fils de Yonas : ce n'est pas la chair et le sang qui t'ont révélé cela, mais mon Père qui est aux cieux. Et moi, je te le déclare : Tu es Pierre, et sur cette pierre je bâtirai mon Église ; et la puissance de la Mort ne l'emportera pas sur elle. Je te donnerai les clefs du Royaume des cieux : tout ce que tu auras lié sur la terre sera lié dans les cieux, et tout ce que tu auras délié sur la terre sera délié dans les cieux. » Alors, il ordonna aux disciples de ne dire à personne qu'il était le Messie.

PRIÈRE SUR LES OFFRANDES

Par l'unique sacrifice de la Croix, tu t'es donné, Père très bon, un peuple de fils ; accorde-nous, dans ton Église, la grâce de l'unité et de la paix. Par Jésus.

PRIÈRE APRÈS LA COMMUNION

Que ta miséricorde, Seigneur, agisse en nous, et nous guérisse entièrement ; transforme-nous, par ta grâce, et rends-nous si généreux que nous puissions te plaire en toute chose. Par Jésus.

Di 25	**Vingt et unième dimanche.** *Liturgie des heures : Psautier semaine I.* [St Louis IX, roi de France, † 1270 à Tunis.] [St Joseph de Calasanz (Espagne), fondateur d'ordre, † 1648 à Rome.]
Lu 26	En France, St Césaire, évêque d'Arles, † 542.
Ma 27	Ste Monique, mère de St Augustin, † v. 387.
Me 28	St Augustin, ordonné évêque d'Hippone (Algérie) en 396, il y a 1 600 ans, docteur de l'Église, † 430.
Je 29	Martyre de St Jean Baptiste. Lecture propre : Mc 6,17-29. Au Luxembourg, dédicace de la cathédrale.
Sa 31	En Belgique, la Vierge Marie Médiatrice.

Bonne fête !

Le 25, Louis, Clovis, Ludwig ; le 26, Césaire, César, Natacha ; le 27, Monique ; le 28, Augustin, Auguste, Hermès, Linda ; le 29, Sabine, Sabrina ; le 30, Fiacre, Sacha ; le 31, Aristide.

« Église de toujours
Aux écoutes du monde
Entends-tu bouillonner
Les forces de l'histoire ?
La terre est travaillée
D'une sourde violence,
Affamée d'unité
En mal de délivrance. »

Commission francophone cistercienne, K 201.

Des ministres de Dieu

Ministres du culte : c'est sous ce nom que le *Code civil* désigne ceux qui exercent des fonctions importantes dans les confessions religieuses reconnues par la loi.
Dans les religions primitives et celles de l'Antiquité (Moyen-Orient, Égypte, Grèce, Rome), le prêtre est celui qui accomplit le culte d'une divinité, en particulier les sacrifices.
L'Ancien Testament connaît de tels prêtres ; la Loi de Moïse décrit minutieusement leurs fonctions qui concernent surtout le culte du Temple, avec son rituel sacrificiel. Par contre, le rabbin n'est pas un prêtre, mais un docteur de la Loi. Depuis la destruction du Temple de Jérusalem en 70, le ministère des prêtres ne s'exerce plus. Ce sont les rabbins qui dirigent la prière dans les synagogues. Dans les liturgies familiales, c'est le père qui exerce un rôle sacerdotal.
Dans l'*hindouisme*, les temples ont des prêtres pour desservants. Certains sont brahmanes, mais la plupart ne le sont pas. Cependant les brahmanes, qui forment la caste la plus élevée, ont un rôle religieux décisif : ils sont les gardiens de la loi védique et, par leur rituel quotidien, assurent l'ordre cosmique.
Dans le *bouddhisme*, il n'existe aucune fonction sacerdotale. Tous les bonzes sont des moines. Certains d'entre eux ont une activité pastorale, bien qu'en rigueur ils ne soient pas prêtres.
Dans l'*islam*, l'imam n'est pas non plus un prêtre, mais le guide de la communauté musulmane. Dans les mosquées, la prière est animée par l'« imam de la prière ».
On peut se demander si, *en christianisme*, le prêtre est bien un prêtre ! Ceci a été contesté par les Réformateurs protestants. Il est vrai que le Nouveau Testament n'applique le vocabulaire sacerdotal qu'au Christ, grand prêtre de l'Alliance nouvelle, et à l'Église, peuple tout entier sacerdotal. Mais il reconnaît aussi l'existence de ministres variés dans les communautés chrétiennes. Ces ministres sont chargés non seulement d'animer les communautés et d'enseigner l'Évangile, mais aussi de présider l'eucharistie, de baptiser, de donner l'onction des malades, etc. Leur rôle est essentiel dans la célébration des sacrements. Dès lors, assez tôt, on leur appliqua la terminologie sacerdotale reprise de l'Ancien Testament. *H. D.*

1er septembre 1996

Vingt-deuxième dimanche

Sur la route du Seigneur Tout chrétien, comme Pierre, proclame son adhésion au Christ. Pour cela, il doit renoncer à soi-même, prendre sa croix et suivre le Christ *(évangile)* : telle est « l'adoration véritable » comme le rappelle saint Paul *(deuxième lecture)*. Ainsi, comme Pierre ou Jérémie *(première lecture)*, laissons-nous séduire par Dieu, brisons l'attachement à notre « moi » pour nous attacher « aux pensées de Dieu ».

Chanter

Pour l'entrée : K 180 Peuple de Dieu, marche joyeux *ou* EqC 274 Peuple d'un Dieu qui est justice *ou* K 64 Dieu fait de nous en Jésus Christ.
Pendant la communion : A 184 Rude est le chemin *ou* DL 265 Pas de plus grand amour.

Prier

POUR LA PRÉPARATION PÉNITENTIELLE

Demandons au Seigneur la grâce de voir notre péché, demandons-lui d'ouvrir notre cœur au feu de son amour. Restons un instant en silence sous le regard de Dieu.
Je confesse à Dieu tout-puissant…

POUR CE DIMANCHE

Tu nous combles de ta vie, Dieu juste et bon. Garde-nous de faire obstacle à ta volonté ; affermis notre courage : en suivant ton Fils sur le chemin de la croix, nous pourrons partager sa gloire dans les siècles des siècles.

POUR LA PRIÈRE UNIVERSELLE

Seigneur, envoie le feu de ton amour :

– au cœur de ceux qui risquent leur vie pour bâtir un monde plus fraternel ;

– au plus profond des êtres soumis à la peur et au découragement ;
– en ceux qui ont consacré leur vie à ton service.

Célébrer

On peut songer à mettre en valeur la Croix du Christ – spot lumineux, bouquet...
Le mot d'accueil au début de la célébration est le moment d'attirer l'attention sur le signe de la croix.

Messe du 22e dimanche

PRIÈRE D'OUVERTURE
Dieu puissant, de qui vient tout don parfait, enracine en nos cœurs l'amour de ton nom ; resserre nos liens avec toi, pour développer ce qui est bon en nous ; veille sur nous avec sollicitude, pour protéger ce que tu as fait grandir. Par Jésus Christ.

PREMIÈRE LECTURE Jr 20, 7-9

Un feu dévorant *A l'image du prophète qui crie la Parole malgré l'incompréhension, nous sommes appelés à laisser faire Dieu « au plus profond de notre être ».*

Lecture du livre de Jérémie

Seigneur, tu as voulu me séduire, et je me suis laissé séduire ; tu m'as fait subir ta puissance, et tu l'as emporté. A longueur de journée je suis en butte à la raillerie, tout le monde se moque de moi. Chaque fois que j'ai à dire la Parole, je dois crier, je dois proclamer : « Violence et pillage ! » A longueur de journée la parole du Seigneur attire sur moi l'injure et la moquerie. Je me disais : « Je ne penserai plus à lui, je ne parlerai plus en son nom. » Mais il y avait en moi comme un feu dévorant, au plus profond de mon être. Je m'épuisais à le maîtriser, sans y réussir.

PSAUME Ps 62

- **Mon âme a soif du Dieu vivant :
quand le verrai-je face à face ?**

- **Tout mon être désire, mon Dieu, vivre de ta vie.**

Dieu, tu es mon Dieu, je te cherche dès l'aube :
mon âme a soif de toi ;
après toi languit ma chair,
terre aride, altérée, sans eau.

Je t'ai contemplé au sanctuaire,
j'ai vu ta force et ta gloire.
Ton amour vaut mieux que la vie :
tu seras la louange de mes lèvres !

Toute ma vie je vais te bénir,
lever les mains en invoquant ton nom.
Comme par un festin je serai rassasié ;
la joie sur les lèvres, je dirai ta louange.

Oui, tu es venu à mon secours :
je crie de joie à l'ombre de tes ailes.
Mon âme s'attache à toi,
ta main droite me soutient.

DEUXIÈME LECTURE Rm 12, 1-2

L'adoration véritable : *Offrir sa vie à Dieu comme le Christ s'est lui-même offert à son Père.*

Lecture de la lettre de saint Paul Apôtre aux Romains

Je vous exhorte, mes frères, par la tendresse de Dieu, à lui offrir votre personne et votre vie en sacrifice saint, capable de plaire à Dieu : c'est là pour vous l'adoration véritable. Ne prenez pas pour modèle le monde présent, mais transformez-vous en renouvelant votre façon de penser pour savoir reconnaître quelle est la volonté de Dieu : ce qui est bon, ce qui est capable de lui plaire, ce qui est parfait.

ÉVANGILE Mt 16, 21-27

Impossible de devenir disciple de Jésus sans renoncer à soi-même. Chemin difficile mais inévitable pour vivre avec le Christ.

Alléluia. Alléluia. Que le Père de notre Seigneur Jésus Christ illumine nos cœurs : qu'il nous fasse voir quelle espérance nous ouvre son appel. **Alléluia.**

Évangile de Jésus Christ selon saint Matthieu

Pierre avait dit à Jésus : « Tu es le Messie, le Fils du Dieu vivant. » A partir de ce moment, Jésus le Christ commença à montrer à ses disciples qu'il lui fallait partir pour Jérusalem, souffrir beaucoup de la part des anciens, des chefs des prêtres et des scribes, être tué, et le troisième jour ressusciter. Pierre, le prenant à part, se mit à lui faire de vifs reproches : « Dieu t'en garde, Seigneur ! cela ne t'arrivera pas. » Mais lui, se retournant, dit à Pierre : « Passe derrière moi, Satan, tu es un obstacle sur ma route, tes pensées ne sont pas celles de Dieu, mais celles des hommes. »
Alors Jésus dit à ses disciples : « Si quelqu'un veut marcher derrière moi, qu'il renonce à lui-même, qu'il prenne sa croix et qu'il me suive. Car celui qui veut sauver sa vie la perdra, mais qui perd sa vie à cause de moi la gardera. Quel avantage en effet un homme aura-t-il à gagner le monde entier, s'il le paye de sa vie ? Et quelle somme pourra-t-il verser en échange de sa vie ? Car le Fils de l'homme va venir avec ses anges dans la gloire de son Père ; alors il rendra à chacun selon sa conduite. »

PRIÈRE SUR LES OFFRANDES

Que l'offrande eucharistique, Seigneur, nous apporte toujours la grâce du salut ; que ta puissance accomplisse elle-même ce que nous célébrons dans cette liturgie. Par Jésus.

PRIÈRE APRÈS LA COMMUNION

Rassasiés par le pain de la vie, nous te prions, Seigneur :

que cette nourriture fortifie l'amour en nos cœurs, et nous incite à te servir dans nos frères. Par Jésus.

Di 1	**Vingt-deuxième dimanche.** *Liturgie des heures : Psautier semaine II.*
Ma 3	St Grégoire le Grand, pape, docteur de l'Église, † 604.

Bonne fête !

Le 1er, Gilles, Josué ; le 2, Ingrid ; le 3, Grégoire, Grégory, Graziella ; le 4, Rosalie, Irma, Marine, Moïse ; le 5, Raïssa ; le 6, Bertrand, Évelyne, Éva ; le 7, Régine, Reine, Réjane.

« Pour tout faire lui-même, Dieu n'attend que notre décision. »

Sainte Thérèse d'Avila.

Dieu n'est pas ce que tu crois

« Dis-leur
que Dieu n'est pas ce qu'ils croient,
qu'il est un vin qu'on boit,
un festin partagé
où chacun donne et reçoit.

Mais dis-leur aussi
qu'il n'est pas ce que tu dis,
et que tu ne sais rien de lui. »

Commission francophone cistercienne,
La nuit, le jour.

8 septembre 1996

Vingt-troisième dimanche

Les épines aussi ont des fleurs Dans l'évangile, le Christ souligne devant ses disciples les exigences de l'amour entre frères, entre membres de cette grande famille qu'est l'Église. Le pardon n'est pas l'oubli de la faute mais le signe d'un amour qui est « l'accomplissement parfait de la Loi » *(deuxième lecture)*. Nos communautés ont reçu pour cela la mission de lier et délier *(évangile)*.
Au seuil de cette nouvelle année scolaire, restons vigilants pour le bien de tous *(première lecture)* et persévérons dans la prière pour obtenir la conversion de ceux qui refusent d'écouter leurs frères.

Chanter

L'un de ces chants D 87 Seigneur, rassemble-nous ; A 187 Tu es notre Dieu ; E 116 Ô Seigneur, je viens vers toi *nous aidera à entrer dans la célébration de ce dimanche.*
K 64 Peuple choisi *ou* L 211 Chantons à Dieu *peuvent soutenir notre action de grâce.*

Prier

POUR LA PRÉPARATION PÉNITENTIELLE
Seigneur Jésus, force inépuisable, tu nous relèves de nos faiblesses, **Kyrie eleison.**

Ô Christ, tendresse infinie, tu guéris nos blessures, **Christe eleison.**

Seigneur, joie éternelle, tu dissipes nos peines, **Kyrie eleison.**

POUR CE DIMANCHE
Dieu d'amour, Père de miséricorde, sans te lasser tu nous offres ton pardon. Accorde-nous la force de nous pardonner les uns aux autres. Nous t'en prions d'une même voix et d'un seul cœur, Par Jésus qui vit au milieu de nous, et nous

rassemble dans la communion de l'Esprit Saint, pour les siècles des siècles.

POUR LA PRIÈRE UNIVERSELLE

Confions au Seigneur :

– ceux qui sentent le poids du péché et invoquent le pardon ;

– ceux qui sont devant les tribunaux et ceux qui ont à juger ;

– ceux qui sont en prison et ceux qui les visitent ;

– ceux qui ont à remplir une fonction d'éducateur.

Célébrer

Au seuil de cette nouvelle année scolaire, il peut être profitable de s'interroger sur la vie de notre communauté : ne soyons pas enlisés dans nos habitudes, ayons la simplicité de proposer des suggestions et de faire des critiques constructives pour entretenir le dynamisme de notre vie fraternelle.

Messe du 23e dimanche

PRIÈRE D'OUVERTURE

Dieu qui as envoyé ton Fils pour nous sauver et pour faire de nous tes enfants d'adoption, regarde avec bonté ceux que tu aimes comme un père ; puisque nous croyons au Christ, accorde-nous la vraie liberté et la vie éternelle. Par Jésus Christ.

PREMIÈRE LECTURE Éz 33, 7-9

Être un guetteur *C'est à tout chrétien d'entendre la parole du Seigneur adressée à Ézékiel.*

Lecture du livre d'Ézékiel

La parole du Seigneur me fut adressée. « Fils d'homme, je fais de toi un guetteur pour la maison d'Israël. Lorsque tu entendras une parole de ma bouche, tu les avertiras de ma part. Si je dis au méchant : "Tu vas mourir", et que tu ne l'avertisses pas, si tu ne lui dis pas d'abandonner sa conduite mauvaise, lui, le méchant, mourra de son péché, mais à toi, je demanderai compte de son sang. Au contraire, si tu avertis le méchant d'abandonner sa conduite, et qu'il ne s'en détourne pas, lui mourra de son péché, mais toi, tu auras sauvé ta vie. »

PSAUME Ps 94

- **Aujourd'hui ne fermons pas notre cœur,**
  mais écoutons la voix du Seigneur.

- **Avant de parler à nos frères,**
  nous écoutons la Parole de Dieu.

Venez, crions de joie pour le Seigneur,
acclamons notre Rocher, notre salut !
Allons jusqu'à lui en rendant grâce,
par nos hymnes de fête acclamons-le !

Entrez, inclinez-vous, prosternez-vous,
adorons le Seigneur qui nous a faits.
Oui, il est notre Dieu ;
nous sommes le peuple qu'il conduit.

Aujourd'hui écouterez-vous sa parole ?
« Ne fermez pas votre cœur comme au désert
où vos pères m'ont tenté et provoqué,
et pourtant ils avaient vu mon exploit. »

DEUXIÈME LECTURE Rm 13, 8-10

L'amour, plénitude de la Loi *Venons au Christ : il nous donne cet Amour qui accomplit tous les commandements.*

Lecture de la lettre de saint Paul Apôtre aux Romains

Frères, ne gardez aucune dette envers personne, sauf la dette de l'amour mutuel, car celui qui aime les autres a parfaitement accompli la Loi. Ce que dit la Loi : « Tu ne commettras pas d'adultère, tu ne commettras pas de meurtre, tu ne commettras pas de vol, tu ne convoiteras rien », ces commandements et tous les autres se résument dans cette parole : « Tu aimeras ton prochain comme toi-même. » L'amour ne fait rien de mal au prochain. Donc, l'accomplissement parfait de la Loi, c'est l'amour.

ÉVANGILE Mt 18, 15-20

Réunis en mon Nom *Ouvrons les yeux sur cette Présence du Seigneur dans la communauté qui nous rend responsables les uns des autres.*

Alléluia. Alléluia. Dans le Christ, Dieu s'est réconcilié avec le monde. Il a déposé sur nos lèvres la parole de réconciliation. **Alléluia.**

Évangile de Jésus Christ selon saint Matthieu

Jésus disait à ses disciples : « Si ton frère a commis un péché, va lui parler seul à seul et montre-lui sa faute. S'il t'écoute, tu auras gagné ton frère. S'il ne t'écoute pas, prends encore avec toi une ou deux personnes, afin que toute l'affaire soit réglée sur la parole de deux ou trois témoins. S'il refuse de les écouter, dis-le à la communauté de l'Église ; s'il refuse encore d'écouter l'Église, considère-le comme un païen et un publicain. Amen, je vous le dis : tout ce que vous aurez lié sur la terre sera lié dans le ciel, et tout ce que vous aurez délié sur la terre sera délié dans le ciel. Encore une fois, je vous le dis : si deux d'entre vous sur la terre se mettent d'accord pour demander quelque chose, ils l'obtiendront de mon Père qui est aux cieux. Quand deux ou trois sont réunis en mon nom, je suis là, au milieu d'eux. »

PRIÈRE SUR LES OFFRANDES

Dieu qui donnes la grâce de te servir avec droiture et de chercher la paix, fais que cette offrande puisse te glorifier, et que notre participation à l'eucharistie renforce les liens de notre unité. Par Jésus.

PRIÈRE APRÈS LA COMMUNION

Par ta parole et ton pain, Seigneur, tu nourris et fortifies tes fidèles : accorde-nous de si bien profiter de ces dons que nous soyons associés pour toujours à la vie de ton Fils. Lui qui règne.

Di 8 **Vingt-troisième dimanche.**
Liturgie des heures : Psautier semaine III.
[Nativité de la Vierge Marie.]

Ve 13 St Jean Chrysostome, évêque de Constantinople, docteur de l'Église, † 407.

Sa 14 LA CROIX GLORIEUSE : Nb 21,4-9 ou Ph 2,6-11 ; Jn 3,13-17.

Le 14-15, Roch Hachana, jour du nouvel an juif (année 5757). L'ère juive commence 3751 ans avant notre ère, date supposée de la création du premier homme. Si ce jour de fête remet le monde au point zéro, il reste pourtant un jour de recueillement, rappelant aussi la faute d'Adam et le jugement de Dieu. Les jours qui suivent sont jours de jeûne et de pénitence.

Bonne fête !

Le 8, Adrien ; le 9, Alain, Omer ; le 10, Aubert, Inès ; le 11, Adelphe, Jean-Gabriel ; le 12, Guy ; le 13, Aimé, Amé ; le 14, Materne.

La colombe

« C'est sous la forme d'une colombe qu'est venu l'Esprit Saint pour verser en nous la charité. Pourquoi cela ? La colombe n'a pas de fiel : pourtant elle lutte à coups de bec et de plumes pour défendre son nid, elle frappe sans amertume. »

Saint Augustin.

15 septembre 1996

Vingt-quatrième dimanche

Savoir pardonner Par sa mort et sa résurrection, le Christ, une fois pour toutes, a manifesté le pardon pour tous les péchés des hommes, devenant ainsi « le Seigneur et des morts et des vivants » *(deuxième lecture)*. Recevoir ce pardon, c'est accepter de mourir à ces sentiments peu humains que sont la vengeance, la colère, la rancune *(première lecture)* et ouvrir nos cœurs à la grâce de celui qui seul peut nous apprendre à pardonner à nos frères « jusqu'à soixante-dix fois sept fois » *(évangile)*.

Chanter

T 42 Prenons la main que Dieu nous tend *peut être chanté à plusieurs moments de la célébration : le premier couplet conviendrait pour l'ouverture ; le troisième couplet,* « Prenons les mots que dit l'Amour », *trouverait sa place après la lecture de l'évangile, tandis que le deuxième couplet,* « Prenons la paix qui vient de Dieu », *accompagnerait notre geste de paix.*
Après la communion, T 47 Joie du Christ ressuscité *demeure bien dans le thème du pardon, au cœur de ce dimanche.*

Prier

POUR LA PRÉPARATION PÉNITENTIELLE

Seigneur Jésus, vainqueur du péché par ta mort sur la croix, **prends pitié de nous.**

Ô Christ, tu ouvres nos cœurs à la miséricorde du Père, **prends pitié de nous.**

Seigneur, tu viens nous enseigner le chemin du pardon, **prends pitié de nous.**

POUR CE DIMANCHE

Ta miséricorde est inépuisable, Seigneur notre Dieu ; prends patience envers nous. Que s'effacent nos rancunes et nos colères, au souffle de ton Esprit d'amour. Nous te le demandons par Jésus, notre frère, le Seigneur du Royaume pour les siècles des siècles.

POUR LA PRIÈRE UNIVERSELLE

Seigneur, accorde la grâce du pardon :

– aux nations en conflit ou en guerre ;

– aux voisins qui s'ignorent ou qui ne se supportent plus ;

– aux époux qui se sont séparés ;

– aux parents et aux enfants qui ont brisé leurs liens.

Célébrer

Ce dimanche, on prendra de préférence l'une des deux prières eucharistiques pour la réconciliation.
De toutes les paroles du Notre Père, la seule que Jésus commente concerne le pardon des offenses (Mt 6,14-15) ; on pourrait le rappeler avant de dire le Notre Père.

Messe du 24e dimanche

PRIÈRE D'OUVERTURE

Dieu créateur et maître de toutes choses, regarde-nous, et pour que nous ressentions l'effet de ton amour, accorde-nous de te servir avec un cœur sans partage. Par Jésus Christ.

PREMIÈRE LECTURE Si 27, 30...28, 7

Pardonne à ton prochain *Deux siècles avant Jésus Christ, le Sage Ben Sirac s'élève déjà audacieusement contre celui qui refuse le pardon à son prochain.*

Lecture du livre de Ben Sirac le Sage

Rancune et colère, voilà des choses abominables où le pécheur s'obstine. L'homme qui se venge éprouvera la vengeance du Seigneur ; celui-ci tiendra un compte rigoureux de ses péchés. Pardonne à ton prochain le tort qu'il t'a fait ; alors, à ta prière, tes péchés seront remis. Si un homme nourrit de la colère contre un autre homme, comment peut-il demander à Dieu la guérison ? S'il n'a pas de pitié pour un homme, son semblable, comment peut-il supplier pour ses propres fautes ? Lui qui est un pauvre mortel, il garde rancune ; qui donc lui pardonnera ses péchés ? Pense à ton sort final et renonce à toute haine, pense à ton déclin et à ta mort, et demeure fidèle aux commandements. Pense aux commandements et ne garde pas de rancune envers le prochain, pense à l'alliance du Très-Haut et oublie l'erreur de ton prochain.

PSAUME Ps 102

• **Le Seigneur est tendresse et pitié.**

• **Tu nous as pardonné, Seigneur ;
nous pardonnons.**

Bénis le Seigneur, ô mon âme,
bénis son nom très saint, tout mon être !
Bénis le Seigneur, ô mon âme,
n'oublie aucun de ses bienfaits !

Car il pardonne toutes tes offenses
et te guérit de toute maladie ;
il réclame ta vie à la tombe
et te couronne d'amour et de tendresse.

Il n'est pas toujours en procès,
ne maintient pas sans fin ses reproches ;
il n'agit pas envers nous selon nos fautes,
ne nous rend pas selon nos offenses.

Comme le ciel domine la terre,
fort est son amour pour qui le craint ;
aussi loin qu'est l'orient de l'occident,
il met loin de nous nos péchés.

DEUXIÈME LECTURE Rm 14, 7-9

Pour le Seigneur *Être baptisé, c'est vivre et mourir par amour du Christ.*

Lecture de la lettre de saint Paul Apôtre aux Romains

Frères, aucun d'entre nous ne vit pour soi-même, et aucun ne meurt pour soi-même : si nous vivons, nous vivons pour le Seigneur ; si nous mourons, nous mourons pour le Seigneur. Dans notre vie comme dans notre mort, nous appartenons au Seigneur. Car, si le Christ a connu la mort, puis la vie, c'est pour devenir le Seigneur et des morts et des vivants.

ÉVANGILE Mt 18, 21-35

Un pardon sans compter *Nous qui recevons le pardon du Seigneur, comment ne pas nous-mêmes pardonner à nos frères de tout notre cœur ?*

Alléluia. Alléluia. Le Seigneur nous a laissé un commandement nouveau : « Aimez-vous les uns les autres, comme je vous ai aimés. » **Alléluia.**

Évangile de Jésus Christ selon saint Matthieu

Pierre s'approcha de Jésus pour lui demander : « Seigneur, quand mon frère commettra des fautes contre moi, combien de fois dois-je lui pardonner ? Jusqu'à sept fois ? » Jésus lui répondit : « Je ne te dis pas jusqu'à sept fois, mais jusqu'à soixante-dix fois sept fois. En effet, le Royaume des cieux est comparable à un roi qui voulut régler ses comptes avec ses serviteurs. Il commençait, quand on lui amena quelqu'un qui lui devait dix mille talents (c'est-à-dire soixante millions de pièces d'argent). Comme cet homme n'avait pas de quoi rembourser, le maître ordonna de le vendre, avec sa femme, ses enfants et tous ses biens, en remboursement de sa dette. Alors, tombant à ses pieds, le serviteur demeurait prosterné et disait : "Prends patience envers moi et je te rembourserai tout." Saisi de pitié, le maître de ce serviteur le laissa partir

et lui remit sa dette. Mais, en sortant, le serviteur trouva un de ses compagnons qui lui devait cent pièces d'argent. Il se jeta sur lui pour l'étrangler, en disant : "Rembourse ta dette." Alors, tombant à ses pieds, son compagnon le suppliait : "Prends patience envers moi, et je te rembourserai." Mais l'autre refusa et le fit jeter en prison jusqu'à ce qu'il ait remboursé. Ses compagnons, en voyant cela, furent profondément attristés et allèrent tout raconter à leur maître. Alors celui-ci le fit appeler et lui dit : "Serviteur mauvais ! je t'avais remis toute cette dette parce que tu m'avais supplié. Ne devais-tu pas, à ton tour, avoir pitié de ton compagnon, comme moi-même j'avais eu pitié de toi ?" Dans sa colère, son maître le livra aux bourreaux jusqu'à ce qu'il eût tout remboursé.
C'est ainsi que mon Père du ciel vous traitera, si chacun de vous ne pardonne pas à son frère de tout son cœur. »

PRIÈRE SUR LES OFFRANDES

Sois favorable à nos prières, Seigneur, et reçois avec bonté nos offrandes : que les dons apportés par chacun à la gloire de ton nom servent au salut de tous. Par Jésus.

PRIÈRE APRÈS LA COMMUNION

Que la grâce de cette communion, Seigneur, saisisse nos esprits et nos corps, afin que son influence, et non pas notre sentiment, domine toujours en nous. Par Jésus.

Di 15 **Vingt-quatrième dimanche.**
Liturgie des heures : Psautier semaine IV.
[Notre-Dame des Douleurs.]

Lu 16 St Corneille, pape, martyr, † 253 et St Cyprien, évêque de Carthage et martyr, † 258.

Ma 17 St Robert Bellarmin, cardinal jésuite, docteur de l'Église, † 1621.

En Belgique, St Lambert, évêque de Maastricht, martyr à Liège, † 705.

Je 19 St Janvier, évêque de Bénévent (Italie), martyr, † v. 304.

Ve 20 St André Kim, prêtre, St Paul Chong et leurs compagnons, martyrs en Corée, † 1839-1866.

Sa 21 St MATTHIEU, APÔTRE ET ÉVANGÉLISTE : Ep 4,1…13 ; Mt 9,9-13.

Bonne fête !

Le 15, Roland, Dolorès, Lola, Lolita ; le 16, Corneille, Cyprien, Édith, Ludmilla ; le 17, Lambert, Renaud, Romuald, Réginald ; le 18, Nadège, Sonia ; le 19, Janvier, Émilie, Amélie ; le 20, Davy ; le 21, Matthieu, Déborah.

« Il n'est pas en notre pouvoir de ne plus sentir et d'oublier l'offense ; mais le cœur qui s'offre à l'Esprit Saint retourne la blessure en compassion et purifie la mémoire en transformant l'offense en intercession. »

Catéchisme de l'Église catholique.

22 septembre 1996

Vingt-cinquième dimanche

Une renversante justice Inouïe, cette bonne nouvelle du Royaume des cieux que Jésus dévoile à travers cette parabole : « Le Royaume des cieux est comparable… » *(évangile)*. Nous connaissons notre incapacité à nous élever vers les pensées du Seigneur *(première lecture)*. Reconnaissons qu'en bons Occidentaux, nous sommes entraînés à manier une justice qui classe chaque homme selon son mérite. Mais pour le maître de la vigne, la justice s'appelle bonté, tendresse et pitié *(psaume)* et l'accueil en son Royaume est le même pour tous. Une seule condition, avoir répondu à son appel.

Chanter

T 154-1 Si le Père vous appelle *fait écho à l'embauche des ouvriers dont parle l'évangile mais on peut privilégier, en lien avec la première lecture, un chant qui invite à la conversion :* G 162 Changez vos cœurs *ou* G 48 Oui, je me lèverai. *Pour la communion :* G 80 T'approcher Seigneur *ou* C 128 Dieu qui nous mets au monde.

Prier

POUR LA PRÉPARATION PÉNITENTIELLE

Deux propositions :

- MNA 41.16 De ton peuple assemblé qui espère ta grâce.

- Seigneur Jésus, si proche de tous ceux qui t'invoquent,
Kyrie eleison

Ô Christ, si grand en amour et en miséricorde,
Christe eleison

Seigneur, si patient pour nous accueillir en ton Royaume,
Kyrie eleison

POUR CE DIMANCHE

Dieu juste et bon, tu appelles tous les hommes à te servir. Garde-nous dans l'humilité : nous saurons alors nous émerveiller du sens que tu donnes à notre vie et des fruits que ta grâce porte en nos frères. Exauce-nous par Jésus, ton Fils, dans l'Esprit d'amour, pour les siècles des siècles.

POUR LA PRIÈRE UNIVERSELLE

Tournés vers le Seigneur, nous pouvons lui présenter :

– les convertis et les nouveaux baptisés qui ont découvert l'invitation de l'Évangile ;

– les croyants des autres religions qui seront accueillis aussi bien que des ouvriers de la première heure ;

– les jeunes et leurs aînés découragés de ne pas trouver de travail ;

– les responsables chargés d'établir le droit et la justice.

Célébrer

L'évangile de ce dimanche peut être l'occasion, en cette période de rentrée paroissiale, de rappeler les différents services et activités proposés par la communauté et surtout d'inviter les nouveaux arrivants à se faire connaître.

Messe du 25e dimanche

PRIÈRE D'OUVERTURE

Seigneur, tu as voulu que toute la loi consiste à t'aimer et à aimer son prochain : donne-nous de garder tes commandements, et de parvenir ainsi à la vie éternelle. Par Jésus Christ.

PREMIÈRE LECTURE Is 55, 6-9

Un Dieu riche en pardon *Un Dieu à la fois si proche et si grand, un Dieu qui pardonne totalement le péché de l'homme, tel est le visage de Dieu que le prophète Isaïe nous invite à accueillir.*

Lecture du livre d'Isaïe

Cherchez le Seigneur tant qu'il se laisse trouver. Invoquez-le tant qu'il est proche. Que le méchant abandonne son chemin, et l'homme pervers, ses pensées ! Qu'il revienne vers le Seigneur, qui aura pitié de lui, vers notre Dieu, qui est riche en pardon. Car mes pensées ne sont pas vos pensées, et mes chemins ne sont pas vos chemins, déclare le Seigneur. Autant le ciel est élevé au-dessus de la terre, autant mes chemins sont élevés au-dessus des vôtres, et mes pensées, au-dessus de vos pensées.

PSAUME Ps 144

- **Proche est le Seigneur de ceux qui l'invoquent.**
- **Ton amour, Seigneur, dépasse nos justices.**

Chaque jour je te bénirai,
je louerai ton nom toujours et à jamais.
Il est grand, le Seigneur, hautement loué ;
à sa grandeur, il n'est pas de limite.

Le Seigneur est tendresse et pitié,
lent à la colère et plein d'amour ;
la bonté du Seigneur est pour tous,
sa tendresse, pour toutes ses œuvres.

Le Seigneur est juste en toutes ses voies,
fidèle en tout ce qu'il fait.
Il est proche de ceux qui l'invoquent,
de tous ceux qui l'invoquent en vérité.

DEUXIÈME LECTURE Ph 1, 20…27

Vivre pour le Seigneur *A l'exemple de Paul, la vie du chrétien, intimement uni au Christ par le baptême et l'eucharistie, manifeste sa gloire.*

Lecture de la lettre de saint Paul Apôtre aux Philippiens

Frères, soit que je vive, soit que je meure, la grandeur du Christ sera manifestée dans mon corps. En effet, pour moi vivre c'est le Christ, et mourir est un avantage. Mais si, en vivant en ce monde, j'arrive à faire un travail utile, je ne sais plus comment choisir. Je me sens pris entre les deux : je voudrais bien partir pour être avec le Christ, car c'est bien cela le meilleur ; mais, à cause de vous, demeurer en ce monde est encore plus nécessaire. Quant à vous, menez une vie digne de l'Évangile du Christ.

ÉVANGILE Mt 20, 1-16

Un Royaume toujours accessible *Jésus vient renverser nos manières de voir : Dieu récompense tous ceux qui viennent travailler pour son Royaume, quelle que soit l'heure de leur décision.*

Alléluia. Alléluia. La bonté du Seigneur est pour tous, sa tendresse, pour toutes ses œuvres : tous acclameront sa justice. **Alléluia.**

Évangile de Jésus Christ selon saint Matthieu

Jésus disait cette parabole : « Le Royaume des cieux est comparable au maître d'un domaine qui sortit au petit jour afin d'embaucher des ouvriers pour sa vigne. Il se mit d'accord avec eux sur un salaire d'une pièce d'argent pour la journée, et il les envoya à sa vigne. Sorti vers neuf heures, il en vit d'autres qui étaient là, sur la place, sans travail. Il leur dit : "Allez, vous aussi, à ma vigne, et je vous donnerai ce qui est juste." Ils y allèrent. Il sortit de nouveau vers midi, puis vers trois heures, et fit de même. Vers cinq heures, il sortit encore, en trouva d'autres qui étaient là, et leur dit : "Pourquoi êtes-vous restés là, toute la journée, sans rien faire ?" Ils lui répondirent : "Parce que personne ne nous a embauchés." Il leur dit : "Allez, vous aussi, à ma vigne."
Le soir venu, le maître de la vigne dit à son intendant : "Appelle les ouvriers et distribue le salaire, en commençant par les derniers pour finir par les premiers." Ceux qui n'avaient commencé qu'à cinq heures s'avancèrent et reçurent chacun une pièce d'argent. Quand vint le tour des premiers, ils pensaient recevoir davantage, mais ils reçurent, eux aussi, chacun une pièce d'argent. En la recevant, ils récriminaient contre le maître du domaine : "Ces derniers venus n'ont fait qu'une heure, et tu les traites comme nous, qui avons enduré le poids du jour et de la chaleur !" Mais le maître répondit à l'un d'entre eux : "Mon ami, je ne te fais aucun tort. N'as-tu pas été d'accord avec moi pour une pièce d'argent ? Prends ce qui te revient et va-t'en. Je veux donner à ce dernier autant qu'à toi : n'ai-je pas le droit de faire ce que je veux de mon bien ? Vas-tu regarder avec un œil mauvais parce que moi, je suis bon ?" Ainsi les derniers seront premiers et les premiers seront derniers. »

PRIÈRE SUR LES OFFRANDES

Reçois favorablement, Seigneur, les offrandes de ton peuple, pour qu'il obtienne dans le mystère eucharistique les biens auxquels il croit de tout son cœur. Par Jésus.

PRIÈRE APRÈS LA COMMUNION

Seigneur, que ton aide accompagne toujours ceux que tu as nourris de tes sacrements, afin qu'ils puissent, dans ces mystères et par toute leur vie, recueillir les fruits de la rédemption. Par Jésus.

Di 22	**Vingt-cinquième dimanche.** *Liturgie des heures : Psautier semaine I.* [En Suisse, St Maurice et ses compagnons, martyrs, † v. 286.]
Me 25	En Suisse, St Nicolas de Flüe, ermite, † 1487.
Je 26	St Côme et St Damien, martyrs, IIIᵉ-IVᵉ siècles.
Ve 27	St Vincent de Paul, fondateur des Lazaristes, † 1660 à Paris.
Sa 28	St Venceslas, duc de Bohême, martyr, † 929.

Dimanche prochain, heure d'hiver.

Le 23, Yom Kippour, jour du pardon chez les juifs : c'est à la fois la grande fête, le « sabbat des sabbats », et le grand jeûne, pour être purifié de tout péché.
Le 28, commence la fête juive de Souccot, des « cabanes », pendant laquelle ils vivent dans des huttes, rappelant ainsi les quarante ans au désert après la sortie d'Égypte.

Bonne fête !

Le 22, Maurice, Morvan ; le 23, Constant ; le 24, Thècle ; le 25, Hermann, Firmin ; le 26, Côme, Damien ; le 27, Vincent ; le 28, Venceslas.

« La gloire de Dieu, c'est l'homme vivant, et la vie de l'homme, c'est la vision de Dieu. »

Saint Irénée.

Il y a un siècle

Le 28 septembre 1896, l'esclavage était aboli à Madagascar, proclamée protectorat français le 6 août de la même année.

29 septembre 1996

Vingt-sixième dimanche

Dire et faire Combien de fois avons-nous dit cette parole du Notre Père : « Que ta volonté soit faite. » Parole que le Christ a enseignée certes, mais surtout accomplie, obéissant jusqu'à la mort *(deuxième lecture)*. Faire la volonté du Père *(évangile)*, c'est, comme le Christ, se laisser inviter à travailler pour son Royaume. Ouvrons les yeux aux réalités de ce Royaume ; recherchons l'unité et pratiquons la justice *(première lecture)*.

Chanter

Pour l'ouverture, I 258 N'allons plus nous dérobant *suggère l'évangile ou* A 187 Tu es notre Dieu *qui évoque la première lecture.*
MNA 34.16 Le Christ s'est fait obéissant pour nous *peut être pris après la deuxième lecture.*
Comme chants d'action de grâce, D 284 Pain rompu pour un monde nouveau *ou* K 38 Nous chanterons pour toi Seigneur *avec les couplets 13, 14 et 15 concernant la mission.*

Prier

POUR LA PRÉPARATION PÉNITENTIELLE

Seigneur Jésus, tu as revêtu notre humanité pour que nous revêtions ta divinité, **Kyrie eleison.**

Ô Christ, mort sur une croix pour sauver tous les pécheurs, **Christe eleison.**

Seigneur, ressuscité dans la Gloire où tu nous accueilleras, **Kyrie eleison.**

POUR CE DIMANCHE

Dieu notre Père, tu mets ta joie en ceux qui écoutent ta Parole dans la foi et l'obéissance. Fais-nous revenir à toi, pour accomplir ta volonté, telle que Jésus nous l'a révélée. Lui qui t'a servi parfaitement et qui te glorifie pour les siècles des siècles.

POUR LA PRIÈRE UNIVERSELLE

Nous pouvons prier pour :

– ceux qui mettent inlassablement leurs forces au service de l'unité dans leur famille et dans la société ;

– ceux qui souffrent injustement et ceux qui les font souffrir ;

– ceux qui s'interrogent sur leur vocation et ceux à qui l'Église a confié une mission.

Célébrer

« Que ta volonté soit faite » : que le Seigneur nous dispose à prononcer en toute vérité cette demande du Notre Père.

Messe du 26e dimanche

PRIÈRE D'OUVERTURE

Dieu qui donnes la preuve suprême de ta puissance, lorsque tu patientes et prends pitié, sans te lasser, accorde-nous ta grâce : en nous hâtant vers les biens que tu promets, nous parviendrons au bonheur du ciel. Par Jésus Christ.

PREMIÈRE LECTURE Éz 18, 25-28

Ouvrir les yeux *Par la bouche du prophète Ézékiel, le Seigneur parle à chacun des fils d'Israël, qu'il soit juste ou méchant. Puissions-nous accueillir cette parole aujourd'hui pour ouvrir les yeux sur le chemin de la vie.*

Lecture du livre d'Ézékiel

Parole du Seigneur tout-puissant. Je ne désire pas la mort du méchant, et pourtant vous dites : « La conduite du Seigneur est étrange. » Écoutez donc, fils d'Israël : est-ce ma conduite qui est étrange ? N'est-ce pas plutôt la vôtre ? Si le juste se détourne de sa justice, se pervertit, et meurt dans cet état, c'est à cause de sa perversité qu'il mourra. Mais si le méchant se détourne de sa méchanceté pour pratiquer le droit et la justice, il sauvera sa vie. Parce qu'il a ouvert les yeux, parce qu'il s'est détourné de ses fautes, il ne mourra pas, il vivra.

PSAUME Ps 24

• **Souviens-toi, Seigneur, de ton amour,**
et viens nous sauver.

• **En nous tournant vers toi, notre Dieu,**
nous trouvons la vie.

Seigneur, enseigne-moi tes voies,
fais-moi connaître ta route.
Dirige-moi par ta vérité, enseigne-moi,
car tu es le Dieu qui me sauve.

Rappelle-toi, Seigneur, ta tendresse,
ton amour qui est de toujours.
Oublie les révoltes, les péchés de ma jeunesse,
dans ton amour, ne m'oublie pas.

Il est droit, il est bon, le Seigneur,
lui qui montre aux pécheurs le chemin.
Sa justice dirige les humbles,
il enseigne aux humbles son chemin.

DEUXIÈME LECTURE Ph 2, 1-11

Vivre en frères *En communion au Christ, serviteur souffrant établi par Dieu Seigneur du monde, les membres de l'Église ont à garder l'unité dans l'humilité et le service.*

La lecture du texte entre crochets est facultative.

Lecture de la lettre de saint Paul Apôtre aux Philippiens

Frères, s'il est vrai que dans le Christ on se réconforte les uns les autres, si l'on s'encourage dans l'amour, si l'on est en communion dans l'Esprit, si l'on a de la tendresse et de la pitié, alors, pour que ma joie soit complète, ayez les mêmes dispositions, le même amour, les mêmes sentiments ; recherchez l'unité. Ne soyez jamais intrigants ni vantards, mais ayez assez d'humilité pour estimer les autres supérieurs à vous-mêmes. Que chacun de vous ne soit pas préoccupé de lui-même, mais aussi des autres. Ayez entre vous les dispositions que l'on doit avoir dans le Christ Jésus : [lui qui était dans la condition de Dieu, il n'a pas jugé bon de revendiquer son droit d'être traité à l'égal de Dieu ; mais au contraire, il se dépouilla lui-même en prenant la condition de serviteur. Devenu semblable aux hommes et reconnu comme un homme à son comportement, il s'est abaissé lui-même en devenant obéissant jusqu'à mourir, et à mourir sur une croix. C'est pourquoi Dieu l'a élevé au-dessus de tout ; il lui a conféré le Nom qui surpasse tous les noms, afin qu'au Nom de Jésus, aux cieux, sur terre et dans l'abîme, tout être vivant tombe à genoux, et que toute langue proclame : « Jésus Christ est le Seigneur », pour la gloire de Dieu le Père.]

ÉVANGILE — Mt 21, 28-32

Croire à sa parole *Dieu ouvre la porte de son Royaume à ceux qui croient en sa parole. Et la parole de Dieu, c'est le Christ, venu accomplir en ce monde la volonté du Père.*

Alléluia. Alléluia. Aujourd'hui, ne fermez pas votre cœur, mais écoutez la voix du Seigneur. **Alléluia.**

Évangile de Jésus Christ selon saint Matthieu

Jésus disait aux chefs des prêtres et aux anciens : « Que pensez-vous de ceci ? Un homme avait deux fils. Il vint trouver le premier et lui dit : "Mon enfant, va travailler aujourd'hui à ma vigne." Il répondit : "Je ne veux pas." Mais ensuite, s'étant repenti, il y alla. Abordant le second, le père lui dit la même chose. Celui-ci répondit : "Oui, Seigneur !" et il n'y alla pas. Lequel des deux a fait la volonté du père ? » Ils lui répondent : « Le premier. » Jésus leur dit : « Amen, je vous le déclare : les publicains et les prostituées vous précèdent dans le Royaume de Dieu. Car Jean Baptiste est venu à vous, vivant selon la justice, et vous n'avez pas cru à sa parole, tandis que les publicains et les prostituées y ont cru. Mais vous, même après avoir vu cela, vous ne vous êtes pas repentis pour croire à sa parole. »

PRIÈRE SUR LES OFFRANDES

Dieu de miséricorde, accepte notre offrande : qu'elle ouvre largement pour nous la source de toute bénédiction. Par Jésus.

PRIÈRE APRÈS LA COMMUNION

Que cette eucharistie, Seigneur, renouvelle nos esprits et nos corps, et nous donne part à l'héritage glorieux de celui qui nous unit à son sacrifice lorsque nous proclamons sa mort. Lui qui règne.

Di 29	**Vingt-sixième dimanche.** *Liturgie des heures : Psautier semaine II.* [Sts Michel, Gabriel et Raphaël, archanges.]
Lu 30	St Jérôme, prêtre, docteur de l'Église, † 420 à Bethléem.
Ma 1	Ste Thérèse de l'Enfant-Jésus, carmélite, † 1897 à Lisieux, patronne des missions.
Me 2	Saints anges gardiens.
Ve 4	St François, fondateur des Frères mineurs, † 1226 à Assise.

Heure d'hiver.

Bonne fête !

Le 29, Michel, Michaël, Gabriel, Gaby, Raphaël ; le 30, Jérôme, Géronimo ; le 1er octobre, Thérèse, Arielle ; le 2, Léger ; le 3, Blanche, Candide ; le 4, François, Hortense, Violaine, Placide.

Louange à toi

« Louange à toi, Seigneur Jésus !
L'humble chemin de ta venue
guide nos pas jusqu'au salut.
Alléluia, alléluia, alléluia.

La mort n'a pu garder sa proie,
L'enfer vaincu s'ouvre à ta voix.
L'amour triomphe par la croix :
Alléluia, alléluia, alléluia.

Voici la tombe descellée,
Et ses témoins, pour l'annoncer,
Sont envoyés au monde entier.
Alléluia, alléluia, alléluia.

Tu es vivant, gloire à ton nom !
Hâte le temps où nous pourrons
Vivre sans fin dans ta maison.
Alléluia, alléluia, alléluia. »

Commission francophone cistercienne, I 260.

Il y a 300 ans

Le 3 octobre 1696, mourait en Chine le missionnaire jésuite Prospero Intorcetta, qui fit connaître en Occident l'œuvre de Confucius. Il est l'auteur d'un traité intitulé *La science politico-morale des Chinois* (1667), écrit en partie en latin et en partie en chinois.

6 octobre 1996

Vingt-septième dimanche

Un héritage pour tous Il est agréable de connaître son héritage, de savoir qui héritera, et de quelle vigne. La vigne du peuple de Dieu est l'objet de soins attentifs *(première lecture)*. Tous nous aurons part à cet héritage si nous reconnaissons celui qui en est le maître *(évangile)*, si nous savons cueillir des fruits qui plaisent à Dieu *(deuxième lecture)*.

Chanter

Le thème de la vigne, signe du peuple de Dieu et de l'Église, invite à choisir des chants dans la série K. *Le chant* K 27 Bénie sois-tu, sainte Église *semble bien adapté, tout comme* K 64 Peuple choisi.
Autres chants possibles :
Préparation pénitentielle : MNA 41.16 Rassemblement des chrétiens ; G 178 Pardonne-nous.
Communion : D 304 En mémoire du Seigneur.

Prier

POUR LA PRÉPARATION PÉNITENTIELLE

Seigneur Jésus, Fils bien-aimé du Père,
prends pitié de nous.

Ô Christ, pierre angulaire de l'Église, **prends pitié de nous.**

Seigneur, qui nous prépares l'héritage promis,
prends pitié de nous.

POUR CE DIMANCHE

Dieu bon et ami des hommes, tu nous confies ton Royaume et sans cesse tu nous rends la confiance. Mets en nous la force d'aimer, et garde-nous fidèles à ton Alliance : ainsi nous produirons le fruit que tu attends. Par Jésus le Vivant aux siècles des siècles.

POUR LA PRIÈRE UNIVERSELLE *[inspirée par la deuxième lecture]*

Dans la paix et l'action de grâce, prions et supplions pour faire connaître à Dieu nos demandes :

– pour les responsables dans l'Église : qu'ils soient de fidèles intendants de la Vigne qui leur a été confiée ;

– pour les responsables politiques : qu'ils gèrent le monde pour le bien de tous ;

– pour ceux qui vivent dans l'angoisse des catastrophes : qu'ils découvrent la bienveillance de Dieu ;

– pour nous-mêmes : que notre vie de communauté, dans la paix et l'action de grâce, soit témoignage de la bienveillance de Dieu pour tous les hommes.

Célébrer

Dans les pays de vignobles, cette période de l'année correspond aux vendanges. L'église pourrait être décorée d'éléments empruntés à la vigne (branches, raisins...). On pourrait même envisager de faire la bénédiction des raisins (voir Livre des bénédictions, *pp. 238-244), ou employer les oraisons de la messe prévue pour la fin des récoltes.*

Messe du 27e dimanche

PRIÈRE D'OUVERTURE

Dans ton amour inépuisable, Dieu éternel et tout-puissant, tu combles ceux qui t'implorent, bien au-delà de leurs mérites et de leurs désirs ; répands sur nous ta miséricorde en délivrant notre conscience de ce qui l'inquiète et en donnant plus que nous n'osons demander. Par Jésus Christ.

PREMIÈRE LECTURE Is 5, 1-7

La vigne bien-aimée *Dans la plupart des pays méditerranéens, la vigne est un bien précieux. La tradition biblique se plaît à utiliser le travail du vigneron pour montrer l'amour de Dieu pour son peuple.*

Lecture du livre d'Isaïe

Je chanterai pour mon ami le chant du bien-aimé à sa vigne. Mon ami avait une vigne sur un coteau plantureux. Il en retourna la terre et en retira les pierres, pour y mettre un plant de qualité. Au milieu, il bâtit une tour de garde et creusa aussi un pressoir. Il en attendait de beaux raisins, mais elle en donna de mauvais.
Et maintenant, habitants de Jérusalem, hommes de Juda, soyez donc juges entre moi et ma vigne ! Pouvais-je faire pour ma vigne plus que je n'ai fait ? J'attendais de beaux raisins, pourquoi en a-t-elle donné de mauvais ? Eh bien, je vais vous apprendre ce que je vais faire de ma vigne : enlever sa clôture pour qu'elle soit dévorée par les animaux, ouvrir une brèche dans son mur pour qu'elle soit piétinée. J'en ferai une pente désolée ; elle ne sera ni taillée ni sarclée, il y poussera des épines et des ronces ; j'interdirai aux nuages d'y faire tomber la pluie.
La vigne du Seigneur de l'univers, c'est la maison d'Israël. Le plant qu'il chérissait, ce sont les hommes de Juda. Il en attendait le droit, et voici l'iniquité ; il en attendait la justice, et voici les cris de détresse.

PSAUME Ps 79

• **Regarde ta vigne, Seigneur ;**
viens sauver ton peuple.

• **Que ton visage s'éclaire et nous serons sauvés.**

La vigne que tu as prise à l'Égypte,
tu la replantes en chassant des nations.
Tu déblaies le sol devant elle,
tu l'enracines pour qu'elle emplisse le pays.

Pourquoi as-tu percé sa clôture ?
Tous les passants y grappillent en chemin ;
le sanglier des forêts la ravage
et les bêtes des champs la broutent.

Dieu de l'univers, reviens !
Du haut des cieux, regarde et vois :

visite cette vigne, protège-la,
celle qu'a plantée ta main puissante.

Jamais plus nous n'irons loin de toi :
fais-nous vivre et invoquer ton nom !
Dieu de l'univers, fais-nous revenir ;
que ton visage s'éclaire, et nous serons sauvés !

DEUXIÈME LECTURE Ph 4, 6-9

Vivre en paix *Des prophètes de malheur se présentent périodiquement et annoncent des cataclysmes, voire la fin du monde : que les chrétiens ne se troublent pas, qu'ils gardent confiance en la prévenance de Dieu et vivent en paix.*

Lecture de la lettre de saint Paul Apôtre aux Philippiens

Frères, ne soyez inquiets de rien, mais, en toute circonstance, dans l'action de grâce priez et suppliez pour faire connaître à Dieu vos demandes. Et la paix de Dieu, qui dépasse tout ce qu'on peut imaginer, gardera votre cœur et votre intelligence dans le Christ Jésus.
Enfin, mes frères, tout ce qui est vrai et noble, tout ce qui est juste et pur, tout ce qui est digne d'être aimé et honoré, tout ce qui s'appelle vertu et qui mérite des éloges, tout cela, prenez-le à votre compte. Ce que vous avez appris et reçu, ce que vous avez vu et entendu de moi, mettez-le en pratique. Et le Dieu de la paix sera avec vous.

ÉVANGILE Mt 21, 33-43

Un héritage convoité *Au-delà de la polémique qui oppose Jésus aux chefs des prêtres et aux pharisiens, il existe une bonne nouvelle : le salut n'est pas réservé à un petit nombre d'élus, il est offert à tous ; les nations païennes sont invitées à recevoir en héritage la vigne du Seigneur, autant que le peuple élu.*

Alléluia. Alléluia. Aujourd'hui, Dieu nous parle en son Fils, lui qu'il a établi héritier de toute chose : c'est là l'œuvre du Seigneur. **Alléluia.**

Évangile de Jésus Christ selon saint Matthieu

Jésus disait aux chefs des prêtres et aux pharisiens : « Écoutez cette parabole : Un homme était propriétaire d'un domaine ; il planta une vigne, l'entoura d'une clôture, y creusa un pressoir et y bâtit une tour de garde. Puis il la donna en fermage à des vignerons, et partit en voyage. Quand arriva le moment de la vendange, il envoya ses serviteurs auprès des vignerons pour se faire remettre le produit de la vigne. Mais les vignerons se saisirent des serviteurs, frappèrent l'un, tuèrent l'autre, lapidèrent le troisième. De nouveau, le propriétaire envoya d'autres serviteurs plus nombreux que les premiers ; mais ils furent traités de la même façon. Finalement, il leur envoya son fils, en se disant : "Ils respecteront mon fils." Mais, voyant le fils, les vignerons se dirent entre eux : "Voici l'héritier : allons-y ! tuons-le, nous aurons l'héritage !" Ils se saisirent de lui, le jetèrent hors de la vigne et le tuèrent. Eh bien, quand le maître de la vigne viendra, que fera-t-il à ces vignerons ? » On lui répond : « Ces misérables, il les fera périr misérablement. Il donnera la vigne en fermage à d'autres vignerons, qui lui remettront le produit en temps voulu. » Jésus leur dit : « N'avez-vous jamais lu dans les Écritures : "La pierre qu'ont rejetée les bâtisseurs est devenue la pierre angulaire. C'est là l'œuvre du Seigneur, une merveille sous nos yeux !" Aussi, je vous le dis : le Royaume de Dieu vous sera enlevé pour être donné à un peuple qui lui fera produire son fruit. »

PRIÈRE SUR LES OFFRANDES

Accepte, Seigneur, le sacrifice que tu nous as donné : dans les mystères que nous célébrons pour te rendre grâce, sanctifie les hommes que tu as sauvés par ton Fils. Lui qui règne.

PRIÈRE APRÈS LA COMMUNION

Accorde-nous, Seigneur notre Dieu, de trouver dans cette communion notre force et notre joie ; afin que nous puissions devenir ce que nous avons reçu : le corps du Christ. Lui qui règne.

Di 6	**Vingt-septième dimanche.** *Liturgie des heures : Psautier semaine III.* [St Bruno, fondateur de la Grande-Chartreuse, † 1101.]
Lu 7	Notre-Dame du Rosaire.
Me 9	St Denis, évêque de Paris, et ses compagnons, martyrs, IIIe siècle.

Bonne fête !

Le 6, Bruno, Foy ; le 7, Gustave, Serge ; le 8, Pélagie ; le 9, Denis, Sara, Sybille ; le 10, Ghislain, Ghislaine, Virgile ; le 11, Firmin, Soledad ; le 12, Séraphin.

Bénédiction des raisins nouveaux

Tu es béni, Seigneur notre Dieu, Créateur du ciel et de la terre, toi qui as fait parvenir à maturité ces raisins en leur donnant la rosée du ciel, l'abondance de la pluie et du soleil dans la régularité des saisons. Tu nous les donnes pour notre bien : permets que nous les prenions avec action de grâce au nom de Jésus, ton Fils, notre Seigneur, qui règne pour les siècles des siècles. Amen.

Livre des Bénédictions.

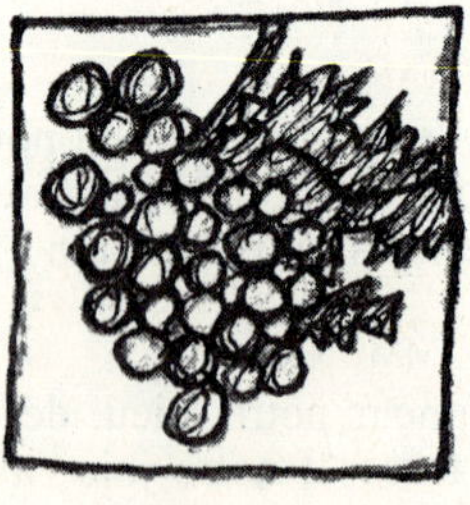

13 octobre 1996

Vingt-huitième dimanche

Tous invités au festin Qui sera sauvé : quelques-uns, ou le plus grand nombre ? La question est posée aujourd'hui comme elle l'a été tout au long de l'histoire. Jésus vient exorciser notre peur et combattre ceux qui voudraient l'utiliser pour asservir leurs frères. L'invitation à participer au salut est plus vaste qu'on ne le pense *(évangile)*.
Dès à présent, l'expérience de la grâce ne nous fait pas défaut, comme Paul en a fait l'expérience *(deuxième lecture)* ; Dieu nous réserve des biens que nous ne saurions imaginer *(première lecture)*.

Chanter

D 291 Disciples de Jésus *souligne l'invitation qui nous est faite.* D 228 Quel est donc ce repas *exprime la joie du chrétien.* U 132 Allez dire *convient particulièrement pour la fin de la célébration.*
Le psaume de ce jour est l'un des plus utilisés par la liturgie : il en existe de nombreuses versions musicales adaptées aux diverses capacités des assemblées.
Autres chants possibles : A 174 Dieu nous accueille ; D 380 En marchant vers toi Seigneur ; A 188 Voici que jaillit.

Prier

POUR LA PRÉPARATION PÉNITENTIELLE
Seigneur Jésus, tu nous invites au festin du Royaume, **prends pitié de nous.**

Ô Christ, tu nous donnes dans l'eucharistie les prémices du festin éternel, **prends pitié de nous.**

Seigneur, tu apprêtes pour nous la table du festin du Royaume, **prends pitié de nous.**

POUR CE DIMANCHE

Béni sois-tu, Dieu notre Père, tu nous invites à célébrer les noces de ton Fils ! Rends-nous dignes d'entrer dans la fête et capables de répondre par l'action de grâce à la joie que tu nous offres en Jésus Christ, ton Fils, dès maintenant et pour les siècles des siècles.

POUR LA PRIÈRE UNIVERSELLE

En ce jour, pensons plus particulièrement :

– à ceux qui consolent et réconfortent leurs frères ;

– à ceux qui ont le souci de nourrir leurs frères ;

– aux membres des équipes liturgiques qui ont à cœur la vérité de nos célébrations.

Célébrer

On pourrait prendre la préface 1 des dimanches : Nous pouvons annoncer au monde les merveilles que tu as accomplies *(p. 27).*
Avant la communion, l'invitation pourrait être amplifiée : Heureux les invités au festin des noces de l'Agneau, heureux les invités au repas du Seigneur.
Soyons attentifs à la beauté du cadre de la célébration de l'eucharistie qui préfigure le festin que prépare le Seigneur. L'autel, signe de la présence du Christ, ne saurait être une sorte de table encombrée.

Messe du 28e dimanche

PRIÈRE D'OUVERTURE

Nous t'en prions, Seigneur, que ta grâce nous devance et qu'elle nous accompagne toujours, pour nous rendre attentifs à faire le bien sans relâche. Par Jésus Christ.

PREMIÈRE LECTURE Is 25, 6-9

La surabondance des dons de Dieu *Quand Dieu invite, il ne fait pas les choses à moitié. Son invitation ne se limite pas à une nation choisie, mais elle est universelle : les biens* *qu'il prépare vont au-delà de ce que l'homme peut espérer, voire imaginer.*

Lecture du livre d'Isaïe

Ce jour-là, le Seigneur, Dieu de l'univers, préparera pour tous les peuples, sur sa montagne, un festin de viandes grasses et de vins capiteux, un festin de viandes succulentes et de vins décantés. Il enlèvera le voile de deuil qui enveloppait tous les peuples et le linceul qui couvrait toutes les nations. Il détruira la mort pour toujours. Le Seigneur essuiera les larmes sur tous les visages, et par toute la terre il effacera l'humiliation de son peuple ; c'est lui qui l'a promis. Et ce jour-là, on dira : « Voici notre Dieu, en lui nous espérions, et il nous a sauvés ; c'est lui le Seigneur, en lui nous espérions ; exultons, réjouissons-nous : il nous a sauvés ! »

PSAUME Ps 22

- **Près de toi, Seigneur, sans fin nous vivrons.**
- **Nous espérons, Seigneur,**
  demeurer chez toi à jamais.

Le Seigneur est mon berger :
je ne manque de rien.
Sur des prés d'herbe fraîche,
il me fait reposer.

Il me mène vers les eaux tranquilles
et me fait revivre ;
il me conduit par le juste chemin
pour l'honneur de son nom.

Si je traverse les ravins de la mort,
je ne crains aucun mal,
car tu es avec moi,
ton bâton me guide et me rassure.

Tu prépares la table pour moi
devant mes ennemis ;
tu répands le parfum sur ma tête,
ma coupe est débordante.

Grâce et bonheur m'accompagnent
tous les jours de ma vie ;
j'habiterai la maison du Seigneur
pour la durée de mes jours.

DEUXIÈME LECTURE Ph 4, 12…20

Un apôtre comblé *Paul est en prison. Lorsqu'il fait le bilan de son ministère, il reconnaît la surabondance des grâces qu'ils ont reçues, lui et les Églises qu'il a fondées.*

Lecture de la lettre de saint Paul Apôtre aux Philippiens

Frères, je sais vivre de peu, je sais aussi avoir tout ce qu'il me faut. Être rassasié et avoir faim, avoir tout ce qu'il me faut et manquer de tout, j'ai appris cela de toutes les façons. Je peux tout supporter avec celui qui me donne la force. Cependant, vous avez bien fait de m'aider tous ensemble quand j'étais dans la gêne. Et mon Dieu subviendra magnifiquement à tous vos besoins selon sa richesse dans le Christ Jésus. Gloire à Dieu notre Père pour les siècles des siècles. Amen.

ÉVANGILE Mt 22, 1-14

Une invitation pour tous *Cette parabole, comme celle lue dimanche dernier, se situe dans le contexte de polémique entre Jésus et les chefs des prêtres ou les pharisiens. Jésus en profite pour souligner le caractère universel et exigeant du salut qu'il annonce.*

Alléluia. Alléluia. Voici la Pâque du Seigneur au milieu de son peuple. Heureux les invités au festin du Royaume ! **Alléluia.**

La lecture du texte entre crochets est facultative.

Évangile de Jésus Christ selon saint Matthieu

Jésus disait en paraboles : « Le Royaume des cieux est comparable à un roi qui célébrait les noces de son fils. Il envoya ses serviteurs pour appeler à la noce les invités, mais ceux-ci ne voulaient pas venir. Il envoya encore d'autres serviteurs dire aux invités : "Voilà : mon repas est prêt, mes bœufs et mes bêtes grasses sont égorgés; tout est prêt : venez au repas de noce." Mais ils n'en tinrent aucun compte et s'en allèrent, l'un à son champ, l'autre à son commerce; les autres empoignèrent les serviteurs, les maltraitèrent et les tuèrent. Le roi se mit en colère, il envoya ses troupes, fit périr les meurtriers et brûla leur ville. Alors il dit à ses serviteurs : "Le repas de noce est prêt, mais les invités n'en étaient pas dignes. Allez donc aux croisées des chemins : tous ceux que vous rencontrerez, invitez-les au repas de noce." Les serviteurs allèrent sur les chemins, rassemblèrent tous ceux qu'ils rencontrèrent, les mauvais comme les bons, et la salle de noce fut remplie de convives.

[Le roi entra pour voir les convives. Il vit un homme qui ne portait pas le vêtement de noce, et lui dit : "Mon ami, comment es-tu entré ici, sans avoir le vêtement de noce?" L'autre garda le silence. Alors le roi dit aux serviteurs : "Jetez-le, pieds et poings liés, dehors dans les ténèbres ; là, il y aura des pleurs et des grincements de dents." Certes, la multitude des hommes est appelée, mais les élus sont peu nombreux. »]

PRIÈRE SUR LES OFFRANDES

Avec ces offrandes, Seigneur, reçois les prières de tes fidèles; que cette liturgie célébrée avec amour nous fasse passer à la gloire du ciel. Par Jésus.

PRIÈRE APRÈS LA COMMUNION

Dieu souverain, nous te le demandons humblement : rends-nous participants de la nature divine, puisque tu nous as fait communier au corps et au sang du Christ. Lui qui règne.

Di 13	**Vingt-huitième dimanche.** *Liturgie des heures : Psautier semaine IV.*
Lu 14	St Calliste Ier, pape, martyr, † 222.
Ma 15	Ste Thérèse d'Avila, réformatrice du Carmel, docteur de l'Église, † 1582.
Me 16	Ste Edwige, mère de famille puis religieuse, † 1243 en Silésie. Ste Marguerite-Marie Alacoque, visitandine, † 1690 à Paray-le-Monial. Au Canada, Bse Marie-Marguerite d'Youville, mère de famille puis religieuse, † 1771 à Montréal.
Je 17	St Ignace, évêque d'Antioche, martyr, † v. 107 à Rome.
Ve 18	St LUC, ÉVANGÉLISTE : 2 Tm 4,9-17 ; Lc 10,1-9.
Sa 19	Les martyrs jésuites du Canada, de 1642 à 1649 : St Jean de Brébeuf, St Isaac Jogues, prêtres, St René Goupil et leurs autres compagnons. St Paul de la Croix, fondateur des Passionistes, † 1575 à Rome.

Bonne fête !

Le 13, Géraud ; le 14, Calliste, Céleste, Gwendoline ; le 15, Thérèse, Térésa, Aurèle, Aurélie ; le 16, Edwige, Marguerite-Marie, Bertrand ; le 17, Ignace, Baudouin ; le 18, Luc, Aimable, Guénolé ; le 19, René.

« L'élan mystique n'est pas un luxe. Sans lui, la vie morale risque de n'être qu'un refoulement, l'ascèse une sécheresse, la docilité un sommeil, la pratique religieuse une routine. »

Cardinal de Lubac.

20 octobre 1996

Vingt-neuvième dimanche

L'universalité de la mission Aujourd'hui, l'Église nous invite à prier pour l'évangélisation des peuples. Cette mission s'accomplit de multiples façons. Il peut même arriver qu'un païen joue un rôle décisif dans l'annonce du Royaume *(première lecture)*. Elle ne s'accomplit pas contre César *(évangile)*. Cette mission nous émerveille, même si parfois les jeunes Églises nous déconcertent : comme Paul et ses compagnons, rendons grâce aujourd'hui pour leur foi et leur persévérance *(deuxième lecture)*.

Chanter

Le chant K 64 Peuple choisi, *en particulier dans les couplets 2, 3 et 4, signifie bien la dimension missionnaire du peuple de Dieu.*
Pour le psaume, on peut prendre U 132 Allez dire *dont le refrain est éminemment missionnaire.*
Autres chants possibles : A 187 Tu es notre Dieu ; D 80 Jésus Christ, Seigneur ; N 23 Heureux ceux que Dieu a choisis.

Prier

POUR LA PRÉPARATION PÉNITENTIELLE

Seigneur Jésus, venu dans le monde pour nous sauver, **prends pitié de nous.**

Ô Christ, mort et ressuscité pour le salut de tous, **prends pitié de nous.**

Seigneur, élevé dans la gloire pour nous ouvrir un monde nouveau, **prends pitié de nous.**

POUR CE DIMANCHE

Béni sois-tu, Dieu créateur du ciel et de la terre : par la résurrection de ton Fils, l'univers entier est promis à une nouvelle vie dans l'Esprit. Accorde-nous de recevoir ce monde où nous vivons comme un don de ta grâce, et de l'aimer à cause de l'avenir que tu lui prépares pour les siècles des siècles.

POUR LA PRIÈRE UNIVERSELLE

En ce dimanche de la mission universelle de l'Église, prions pour :

– les peuples qui n'ont pas encore reçu l'annonce de l'Évangile ;

– les missionnaires : qu'ils annoncent l'Évangile dans le respect des cultures ;

– les hommes politiques : qu'ils évitent d'utiliser Dieu pour assurer leur pouvoir ;

– nous-mêmes : que nous soyons préoccupés du salut de tous les peuples.

Célébrer

Pour l'introduction à la célébration, la seconde lecture nous invite à prendre la formule 3 : Que Dieu notre Père et Jésus Christ notre Seigneur vous donnent la grâce et la paix.

La prière eucharistique pour la réconciliation 2 semble bien adaptée : Daigne rassembler un jour les hommes de tous pays et de toute langue, de toute race et de toute culture *(p. 50).*

Dans les assemblées liturgiques dont les membres sont d'origines linguistiques diverses, on peut inviter chacun à dire le Notre Père dans sa propre langue.

Pour célébrer la journée de la Mission universelle de l'Église (avant-dernier dimanche d'octobre), un livret d'animation et plusieurs documents sont édités tous les ans par la Commission épiscopale de la coopération missionnaire - 5, rue Monsieur - 75007 Paris. Tél. (1) 47 83 67 95. Fax (1) 47 34 26 63.

Messe du 29e dimanche

PRIÈRE D'OUVERTURE

Dieu éternel et tout-puissant, fais-nous toujours vouloir ce que tu veux et servir ta gloire d'un cœur sans partage. Par Jésus Christ.

PREMIÈRE LECTURE Is 45, 1…6

Un païen sauve le peuple d'Israël *Le peuple de Dieu est en exil. A la faveur d'un changement politique, la prise de pouvoir à Babylone par le roi Cyrus, les Israélites vont retrouver la terre promise. Le plan de Dieu se réalise par des moyens qui peuvent surprendre.*

Lecture du livre d'Isaïe

Parole du Seigneur au roi Cyrus, qu'il a consacré, qu'il a pris par la main, pour lui soumettre les nations et désarmer les rois, pour lui ouvrir les portes à deux battants, car aucune porte ne restera fermée : « A cause de mon serviteur Jacob et d'Israël mon élu, je t'ai appelé par ton nom, je t'ai décerné un titre, alors que tu ne me connaissais pas.
Je suis le Seigneur, il n'y en a pas d'autre : en dehors de moi, il n'y a pas de Dieu. Je t'ai rendu puissant, alors que tu ne me connaissais pas, pour que l'on sache, de l'Orient à l'Occident, qu'il n'y a rien en dehors de moi. »

PSAUME Ps 95

• **Au Seigneur notre Dieu,**
tout honneur et toute gloire.

• **Amen ! Pas d'autre Dieu que toi !**

Chantez au Seigneur un chant nouveau,
racontez à tous les peuples sa gloire,
à toutes les nations, ses merveilles !

Il est grand, le Seigneur, hautement loué,
redoutable au-dessus de tous les dieux ;
lui, le Seigneur, a fait les cieux.

Rendez au Seigneur, familles des peuples,
rendez au Seigneur la gloire et la puissance,
rendez au Seigneur la gloire de son nom.

Adorez le Seigneur, éblouissant de sainteté.
Allez dire aux nations : « Le Seigneur est roi ! »
Il gouverne les peuples avec droiture.

DEUXIÈME LECTURE 1 Th 1, 1-5

Des païens choisis par Dieu *Dans les épreuves, Paul et ses compagnons rendent grâce pour les progrès des Églises qu'ils ont fondées.*

Commencement de la première lettre de saint Paul Apôtre aux Thessaloniciens

Nous, Paul, Silvain et Timothée, nous nous adressons à vous, l'Église de Thessalonique qui est en Dieu le Père et en Jésus Christ le Seigneur : que la grâce et la paix soient avec vous. A tout instant, nous rendons grâce à Dieu à cause de vous tous, en faisant mention de vous dans nos prières. Sans cesse nous nous souvenons que votre foi est active, que votre charité se donne de la peine, que votre espérance tient bon en notre Seigneur Jésus Christ, en présence de Dieu notre Père. Nous le savons, frères bien-aimés de Dieu, vous avez été choisis par lui. En effet, notre annonce de l'Évangile chez vous n'a pas été simple parole, mais puissance, action de l'Esprit Saint, certitude absolue.

ÉVANGILE Mt 22, 15-21

Dieu et César *L'évangile de ce jour est à replacer dans un contexte de polémique entre Jésus et les pharisiens. Jérusalem est occupée et la question des rapports avec les Romains est importante. La réponse de Jésus est toujours d'actualité. En distinguant le politique et le spirituel, il nous invite à ne pas utiliser l'un au profit de l'autre.*

Alléluia. Alléluia. Rendez au Seigneur, vous, les dieux, rendez au Seigneur gloire et puissance, rendez au Seigneur la gloire de son nom. **Alléluia.**

Évangile de Jésus Christ selon saint Matthieu

Les pharisiens se concertèrent pour voir comment prendre en faute Jésus en le faisant parler. Ils lui envoient leurs disciples, accompagnés des partisans d'Hérode : « Maître, lui disent-ils, nous le savons : tu es toujours vrai et tu enseignes le vrai chemin de Dieu ; tu ne te laisses influencer par personne, car tu ne fais pas de différence entre les gens. Donne-nous ton avis : Est-il permis, oui ou non, de payer l'impôt à l'empereur ? » Mais Jésus, connaissant leur perversité, riposta : « Hypocrites ! pourquoi voulez-vous me mettre à l'épreuve ? Montrez-moi la monnaie de l'impôt. » Ils lui présentèrent une pièce d'argent. Il leur dit : « Cette effigie et cette légende, de qui sont-elles ? – De l'empereur César », répondirent-ils. Alors il leur dit : « Rendez donc à César ce qui est à César, et à Dieu ce qui est à Dieu. »

PRIÈRE SUR LES OFFRANDES

Accorde-nous, Seigneur, de te servir à cet autel en toute liberté d'esprit ; ainsi ta grâce pourra nous purifier dans le mystère que nous célébrons. Par Jésus.

PRIÈRE APRÈS LA COMMUNION

Seigneur, fais-nous trouver des forces neuves dans cette communion aux réalités du ciel : assure-nous tes bienfaits ici-bas et instruis-nous des richesses de ton Royaume. Par Jésus.

Di 20 **Vingt-neuvième dimanche.**
Liturgie des heures : Psautier semaine I.
Dimanche de la mission universelle de l'Église.

Me 23 St Jean de Capistran, franciscain, † 1456 en Croatie.

Je 24 St Antoine-Marie Claret, évêque de Santiago de Cuba, fondateur, † 1870 à Fontfroide (Aude).

Ve 25 ou le dernier dimanche d'octobre : Dédicace des églises dont on ignore la date de consécration.

Bonne fête !

Le 20, Line, Adeline ; le 21, Ursule, Céline ; le 22, Élodie, Salomé ; le 24, Florentin, Magloire ; le 25, Enguerrand, Doria.

Pour l'évangélisation des peuples

Seigneur, pour que l'œuvre du Christ se poursuive jusqu'à la fin des temps, tu as fait de ton Église le signe du salut que tu offres à tous les hommes ; ouvre l'intelligence de tes fidèles : fais-leur comprendre que tu les as choisis pour l'évangélisation du monde, de sorte que naisse et grandisse de tous les peuples de la terre, le peuple de tes enfants.

Missel romain.

Il y a 400 ans

Le 20 octobre 1596, après un an d'efforts, les jésuites parvenaient à réunir les Églises catholique-romaine et orthodoxe d'Ukraine. Cette unification, ratifiée par le synode de Brest-Litovsk, donnait naissance à l'Église ruthène uniate de rite oriental, qui existe encore de nos jours.

27 octobre 1996

Trentième dimanche

L'universelle loi d'amour Aimer les autres comme soi-même, tout le monde est invité à le faire pour créer un monde vivable pour tous. Pour le chrétien, cet amour du prochain trouve sa source dans l'amour de Dieu, et inversement l'amour vrai de Dieu ne peut exister sans l'amour du prochain *(première lecture et évangile)*. Si notre accueil de l'Évangile a pour effet de provoquer notre charité, nous serons, comme l'a été la communauté de Thessalonique *(deuxième lecture)*, les témoins du salut en Jésus Christ.

Chanter

Pour chanter l'amour de Dieu : DL 265 Pas de plus grand amour. *Pour chanter l'Alliance :* T 42 Prenons la main. *Autres chants possibles :* D 341 Que soit parfaite votre unité ; K 106 Peuple de baptisés.

Prier

POUR LA PRÉPARATION PÉNITENTIELLE

Seigneur Jésus, venu aimer les plus pauvres,
prends pitié de nous.

Ô Christ, venu défendre les plus faibles,
prends pitié de nous.

Seigneur, venu donner ta vie pour les hommes tes frères,
prends pitié de nous.

POUR CE DIMANCHE

Dieu fidèle, en Jésus, ton Fils bien-aimé, tu nous as élus et créés comme partenaires de ton Alliance. Par ton Esprit Saint, ranime en nous ton amour, et que notre vie se tourne vers toi en une réponse d'action de grâce, maintenant et pour les siècles des siècles.

POUR LA PRIÈRE UNIVERSELLE

Nous pouvons prier pour :

– les immigrés et ceux qui favorisent leur intégration ;

– les orp helins et ceux qui leur cherchent des familles d'accueil ;

– les veuves et ceux qui défendent leurs droits ;

– les pauvres, plus particulièrement les sans-domicile fixe, et ceux qui leur procurent un abri.

Célébrer

En ce dimanche, nos frères protestants célèbrent la fête de la Réformation. Ce peut être l'occasion d'une prière commune.

Messe du 30e dimanche

PRIÈRE D'OUVERTURE

Dieu éternel et tout-puissant, augmente en nous la foi, l'espérance et la charité ; et pour que nous puissions obtenir ce que tu promets, fais-nous aimer ce que tu commandes. Par Jésus Christ.

PREMIÈRE LECTURE — Ex 22, 20-26

Dieu, défenseur du plus pauvre *Dieu entend la prière de ceux qui sont dans le besoin : il ne saurait rester indifférent.*

Lecture du livre de l'Exode

Quand Moïse transmettait au peuple les lois du Seigneur, il disait : « Tu ne maltraiteras point l'immigré qui réside chez toi, tu ne l'opprimeras point, car vous étiez vous-mêmes des immigrés en Égypte. Vous n'accablerez pas la veuve et l'orphelin. Si tu les accables et qu'ils crient vers moi, j'écouterai leur cri. Ma colère s'enflammera et je vous ferai périr par l'épée : vos femmes deviendront veuves, et vos fils, orphelins.

Si tu prêtes de l'argent à quelqu'un de mon peuple, à un pauvre parmi tes frères, tu n'agiras pas envers lui comme un usurier : tu ne lui imposeras pas d'intérêts. Si tu prends en gage le manteau de ton prochain, tu le lui rendras avant le coucher du soleil. C'est tout ce qu'il a pour se couvrir ; c'est le manteau dont il s'enveloppe, la seule couverture qu'il ait pour dormir. S'il crie vers moi, je l'écouterai, car moi, je suis compatissant ! »

PSAUME Ps 17

• **Je t'aime, Seigneur, Dieu qui me rends fort !**

• **Dieu qui es l'amour, donne-moi d'aimer.**

Je t'aime, Seigneur, ma force :
Seigneur, mon roc, ma forteresse,
Dieu mon libérateur, le rocher qui m'abrite,
mon bouclier, mon fort, mon arme de victoire !

Louange à Dieu ! Quand je fais appel au Seigneur,
je suis sauvé de tous mes ennemis.
Lui qui m'a dégagé, mis au large,
il m'a libéré, car il m'aime.

Vive le Seigneur ! Béni soit mon Rocher !
Qu'il triomphe, le Dieu de ma victoire.
Il donne à son roi de grandes victoires,
il se montre fidèle à son messie pour toujours.

DEUXIÈME LECTURE 1 Th 1, 5-10

Une communauté exemplaire *Les Apôtres ont prêché l'Évangile en paroles et en actes. La communauté a accueilli leur enseignement et a suivi leur exemple ; elle est ainsi devenue un modèle pour les autres communautés.*

Lecture de la première lettre de saint Paul Apôtre
aux Thessaloniciens

Frères, vous savez comment nous nous sommes comportés chez vous pour votre bien. Et vous, vous avez commencé à nous imiter, nous et le Seigneur, en accueillant la Parole au milieu de bien des épreuves avec la joie de l'Esprit Saint. Ainsi vous êtes devenus un modèle pour tous les croyants de Macédoine et de toute la Grèce. Et ce n'est pas seulement en Macédoine et dans toute la Grèce qu'à partir de chez vous la parole du Seigneur a retenti, mais la nouvelle de votre foi en Dieu s'est si bien répandue partout que nous n'avons plus rien à en dire. En effet, quand les gens parlent de nous, ils racontent l'accueil que vous nous avez fait ; ils disent comment vous vous êtes convertis à Dieu en vous détournant des idoles, afin de servir le Dieu vivant et véritable, et afin d'attendre des cieux son Fils qu'il a ressuscité d'entre les morts, Jésus, qui nous délivre de la colère qui vient.

ÉVANGILE Mt 22, 34-40

Aimer Dieu et le prochain.

Alléluia. Alléluia. Dieu est amour. Celui qui aime est né de Dieu : il connaît Dieu. **Alléluia.**

Évangile de Jésus Christ selon saint Matthieu

Les pharisiens, apprenant que Jésus avait fermé la bouche aux sadducéens, se réunirent, et l'un d'eux, un docteur de la Loi, lui posa une question pour le mettre à l'épreuve : « Maître, dans la Loi, quel est le grand commandement ? » Jésus lui répondit : « Tu aimeras le Seigneur ton Dieu de tout ton cœur, de toute ton âme et de tout ton esprit. Voilà le grand, le premier commandement. Et voici le second, qui lui est semblable : tu aimeras ton prochain comme toi-même. Tout ce qu'il y a dans l'Écriture – dans la Loi et les Prophètes – dépend de ces deux commandements. »

PRIÈRE SUR LES OFFRANDES

Regarde les présents déposés devant toi, Seigneur notre Dieu : permets que notre célébration contribue d'abord à ta gloire. Par Jésus.

PRIÈRE APRÈS LA COMMUNION

Que tes sacrements, Seigneur, achèvent de produire en nous ce qu'ils signifient, afin que nous entrions un jour en pleine possession du mystère que nous célébrons dans ces rites. Par Jésus.

Di 27	**Trentième dimanche.** *Liturgie des heures : Psautier semaine II.* Les Églises protestantes célèbrent aujourd'hui (dernier dimanche d'octobre) la fête de la Réformation.
Lu 28	St SIMON et St JUDE, APÔTRES : Ep 2,19-22 ; Lc 6,12-19.
Ve 1	**TOUS LES SAINTS**, p. 517.
Sa 2	Journée de prière pour les défunts, p. 523.

Bonne fête !

Le 27, Émeline ; le 28, Thaddée, Teddy, Simon, Simone ; le 29, Narcisse ; le 30, Bienvenue ; le 31, Quentin, Wolfgang ; le 1er novembre, Mathurin.

Il y a 10 ans

Le 27 octobre 1986, des responsables des principales religions se réunissaient à Assise, en réponse à l'invitation du pape Jean-Paul II, pour une journée de prière pour la paix dans le monde. La trêve mondiale demandée par le pape pour ce jour-là est respectée dans plusieurs pays *(voir page suivante)*.

La rencontre d'Assise

Que s'est-il passé à Assise, le 27 octobre 1986 ? Pour la première fois que le monde existe, plus de cent trente responsables religieux appartenant à toutes les grandes religions du monde se sont retrouvés pour jeûner et prier pour la paix.

La rencontre a eu lieu à l'invitation du pape Jean-Paul II. Il ne s'agissait pas d'une prière commune, puisque tant de choses séparent ces traditions religieuses, mais d'un temps commun de prière silencieuse.

Le 22 décembre 1986, lors d'une allocution aux cardinaux et aux membres des différents services du Vatican, le pape expliquait : « Durant cette journée, et dans la prière qui en était le motif et l'unique contenu, semblait un instant s'exprimer, de façon visible aussi, l'unité cachée mais radicale que le Verbe divin [...] a établie entre les hommes et les femmes de ce monde : ceux qui à présent partagent ensemble les anxiétés et les joies de la fin du XXe siècle, mais aussi ceux qui nous ont précédés dans l'histoire et ceux qui prendront notre place "jusqu'à ce que vienne le Seigneur". »

Et le pape ajoutait : « Le fait de s'être réuni à Assise pour prier, jeûner et marcher en silence [...] a été comme un signe limpide de l'unité profonde de ceux qui cherchent dans la religion des valeurs spirituelles et transcendantes en réponse aux grandes interrogations du cœur humain, malgré les divisions concrètes. »

Dans l'esprit de la rencontre d'Assise, et pour mieux en tirer les conséquences pour la mission de l'Église et des chrétiens, deux documents majeurs ont vu le jour. Le premier est l'encyclique de Jean-Paul II sur la « Mission » du 7 décembre 1990, *Redemptoris Missio*, et le second, publié le 19 mai 1991, est intitulé *Dialogue et Annonce*. C'est un document du Conseil pontifical pour le Dialogue interreligieux et de la Congrégation pour l'Évangélisation des peuples.

Ces deux documents ont été publiés en français par la revue *Mission de l'Église*, n° 91 (mars 1991) et n°s 96-97 (juin 1992), 5, rue Monsieur, 75007 Paris.

Ph. B.

Vendredi 1er novembre 1996

Tous les Saints

Un appel universel Les saints du ciel semblent bien loin de nous. Pourtant, dès à présent, nous partageons la vie de Dieu, le seul saint, puisque nous sommes ses enfants *(deuxième lecture)*. Les paroles de Jésus dans les Béatitudes *(évangile)* préparent à la vie future, telle que la vision de Jean nous la laisse entrevoir *(première lecture)*. La sainteté est un appel adressé à toutes les nations.

Chanter

Deux chants sont particulièrement indiqués : la litanie des saints W 73 *ou* W 12 *(au début de la célébration, par exemple) et le chant des Béatitudes (*Y 7 *ou* HL 2 *pour la communion).*

Pour la litanie des saints en chant d'entrée, on pourra utiliser uniquement la première partie, l'énumération des saints, en particulier les patrons de l'église du lieu, du diocèse ou de la région, les saints représentés sur les vitraux ou en statues... Pour la préparation pénitentielle, on peut prendre dans la litanie des saints l'énumération des mystères du Seigneur avec le refrain : Délivre-nous, Seigneur !

Plusieurs chants font écho aux Béatitudes, à l'appel au bonheur que Dieu nous adresse (N 23 Heureux ceux que Dieu a choisis ; W 72 Ils sont nombreux les bienheureux ; T 154 Si le Père vous appelle *ou* T 126 Heureux qui vient au jour).

Autres chants possibles :

Entrée : W 1 Dieu, nous te louons ; *Agneau de Dieu :* A 221 Agneau de Dieu, agneau vainqueur.

Prier

POUR LA PRÉPARATION PÉNITENTIELLE

Si la suggestion proposée pour le chant n'est pas retenue, on peut aussi prendre A 96 *ou :*

Seigneur Jésus, venu nous appeler à la sainteté,
prends pitié de nous.

Ô Christ ressuscité, tu nous révèles notre vie à venir,
prends pitié de nous.

Seigneur, élevé dans la gloire où tu nous accueilleras,
prends pitié de nous.

POUR CETTE FÊTE

Heureux pour toi, Seigneur Dieu, heureux par toi, les pauvres de cœur, les artisans de paix, tous les saints qui peuplent ton Royaume. Que leur fidélité éclaire notre chemin, et que l'Évangile de ton Fils porte son fruit de sainteté en notre temps. Exauce-nous par Jésus et dans l'Esprit, Dieu béni pour les siècles des siècles.

POUR LA PRIÈRE UNIVERSELLE

Si la litanie des saints n'a pas été utilisée comme chant d'entrée, la prière universelle peut prendre la forme litanique suivante, ponctuée par un refrain bref (comme **Nous te prions, Seigneur***) :*

Avec saints… et les saints Apôtres, prions pour les missionnaires.

Avec saints… et les saints martyrs, prions pour ceux qui souffrent la persécution.

Avec saints… et les saints papes et évêques, prions pour tous ceux qui exercent des responsabilités dans l'Église.

Avec saints… et tous les saints religieux, prions pour les religieux et religieuses.

Pour chaque catégorie de saints, on peut citer des saints locaux ou connus. On terminera par l'invocation suivante :
Avec les saints patrons de notre paroisse…, prions pour notre communauté.

Célébrer

Cette messe rassemble souvent des personnes qui participent peu aux liturgies dominicales ou qui sont de passage : l'accueil peut être un témoignage important de charité. Il faudra en tenir compte aussi dans le choix des chants, pour favoriser une participation du plus grand nombre.

Messe de Toussaint

PRIÈRE D'OUVERTURE

Dieu éternel et tout-puissant, tu nous donnes de célébrer dans une même fête la sainteté de tous les élus ; puisqu'une telle multitude intercède pour nous, réponds à nos désirs, accorde-nous largement tes grâces. Par Jésus Christ.

PREMIÈRE LECTURE Ap 7, 2...14

Une foule immense *La vision de Jean est celle des tribus d'Israël, mais aussi celle d'une foule immense que nul ne peut dénombrer. Toutes les nations sont appelées au salut.*

Lecture de l'Apocalypse de saint Jean

Moi, Jean, j'ai vu un ange qui montait du côté où le soleil se lève, avec le sceau qui imprime la marque du Dieu vivant ; d'une voix forte, il cria aux quatre anges qui avaient reçu le pouvoir de dévaster la terre et la mer : « Ne dévastez pas la terre, ni la mer, ni les arbres, avant que nous ayons marqué du sceau le front des serviteurs de notre Dieu. » Et j'entendis le nombre de ceux qui étaient marqués du sceau : ils étaient cent quarante-quatre mille, douze mille de chacune des douze tribus d'Israël.

Après cela, j'ai vu une foule immense, que nul ne pouvait dénombrer, une foule de toutes nations, races, peuples et langues. Ils se tenaient debout devant le Trône et devant l'Agneau, en vêtements blancs, avec des palmes à la main. Et ils proclamaient d'une voix forte : « Le salut est donné par notre Dieu, lui qui siège sur le Trône, et par l'Agneau ! » Tous les anges qui se tenaient en cercle autour du Trône, autour des Anciens et des quatre Vivants, se prosternèrent devant le Trône, la face contre terre, pour adorer Dieu. Et ils disaient : « Amen ! Louange, gloire, sagesse et action de grâce, honneur, puissance et force à notre Dieu, pour les siècles des siècles ! Amen ! » L'un des Anciens prit alors la parole et me dit : « Tous ces gens vêtus de blanc, qui sont-ils, et d'où viennent-ils ? » Je lui répondis : « C'est toi qui le sais, mon Seigneur. » Il reprit : « Ils viennent de la grande épreuve ; ils ont lavé leurs vêtements, ils les ont purifiés dans le sang de l'Agneau. »

PSAUME Ps 23

Voici le peuple immense de ceux qui t'ont cherché.

Au Seigneur, le monde et sa richesse,
la terre et tous ses habitants :
c'est lui qui l'a fondée sur les mers
et la garde inébranlable sur les flots.

Qui peut gravir la montagne du Seigneur
et se tenir dans le lieu saint ?
L'homme au cœur pur, aux mains innocentes,
qui ne livre pas son âme aux idoles.

Il obtient du Seigneur la bénédiction
et de Dieu, son sauveur, la justice.
Voici le peuple de ceux qui le cherchent,
qui recherchent la face de Dieu.

DEUXIÈME LECTURE 1 Jn 3, 1-3

Enfants de Dieu *La vocation de tout homme est de participer à la vie de Dieu, vie qu'il nous donne par son Fils. Dès à présent nous sommes enfants de Dieu, nous participons à sa sainteté.*

Lecture de la première lettre de saint Jean

Mes bien-aimés, voyez comme il est grand, l'amour dont le Père nous a comblés : il a voulu que nous soyons appelés enfants de Dieu – et nous le sommes. Voilà pourquoi le monde ne peut pas nous connaître : puisqu'il n'a pas découvert Dieu. Bien-aimés, dès maintenant, nous sommes enfants de Dieu, mais ce que nous serons ne paraît pas encore clairement. Nous le savons : lorsque le Fils de Dieu paraîtra, nous serons semblables à lui parce que nous le verrons tel qu'il est. Et tout homme qui fonde sur lui une telle espérance se rend pur comme lui-même est pur.

ÉVANGILE Mt 5, 1-12

La foule suivait Jésus *Jésus s'adresse à une foule importante et diverse. Bien plus qu'une règle de conduite, la proclamation des Béatitudes est un message d'espérance pour ceux qui suivent Jésus : leur situation présente ne doit pas les accabler, le Royaume des cieux leur est promis.*

Alléluia. Alléluia. Venez au Seigneur, vous tous qui peinez sous le poids du fardeau, il vous donnera le repos. **Alléluia.**

Évangile de Jésus Christ selon saint Matthieu

Quand Jésus vit toute la foule qui le suivait, il gravit la montagne. Il s'assit, et ses disciples s'approchèrent. Alors, ouvrant la bouche, il se mit à les instruire. Il disait :
« Heureux les pauvres de cœur : le Royaume des cieux est à eux ! Heureux les doux : ils obtiendront la terre promise ! Heureux ceux qui pleurent : ils seront consolés ! Heureux ceux qui ont faim et soif de la justice : ils seront rassasiés ! Heureux les miséricordieux : ils obtiendront miséricorde ! Heureux les cœurs purs : ils verront Dieu ! Heureux les artisans de paix : ils seront appelés fils de Dieu ! Heureux ceux qui sont persécutés pour la justice : le Royaume des cieux est à eux ! Heureux serez-vous si l'on vous insulte, si l'on vous persécute et si l'on dit faussement toute sorte de mal contre vous, à cause de moi. Réjouissez-vous, soyez dans l'allégresse, car votre récompense sera grande dans les cieux ! »

PRIÈRE SUR LES OFFRANDES

Daigne accepter, Seigneur, l'offrande que nous te présentons en l'honneur de tous les Saints : nous croyons qu'ils vivent désormais près de toi : accorde-nous de sentir aussi qu'ils interviennent pour notre salut. Par Jésus.

PRÉFACE

Vraiment, il est juste et bon de te rendre gloire, de t'offrir notre action de grâce, toujours et en tout lieu, à toi, Père très saint, Dieu éternel et tout-puissant.

Car nous fêtons aujourd'hui la cité du ciel, notre mère la Jérusalem d'en haut : c'est là que nos frères les saints, déjà rassemblés, chantent sans fin ta louange. Et nous qui marchons vers elle par le chemin de la foi, nous hâtons le pas, joyeux de savoir dans la lumière ces enfants de notre Église que tu donnes en exemple.
C'est pourquoi, avec cette foule immense que nul ne peut dénombrer, avec tous les anges du ciel, nous voulons te bénir en chantant (disant) : **Saint !...**

Dans les prières eucharistiques, il y a des textes propres à la fête de Toussaint.

PRIÈRE APRÈS LA COMMUNION

Dieu qui seul es saint, toi que nous admirons et adorons en célébrant la fête de tous les Saints, nous implorons ta grâce : quand tu nous auras sanctifiés dans la plénitude de ton amour, fais-nous passer de cette table, où tu nous as reçus en pèlerins, au banquet préparé dans ta maison. Par Jésus.

Samedi 2 novembre 1996

Journée de prière pour les défunts

Seigneur, souvenez-vous de nos frères,
de ceux que nous aimions sur la terre ;
accordez-leur enfin la lumière
et la vivante paix de votre amour !

Ayez pitié des pauvres qui meurent
sans un ami près d'eux qui les pleure ;
qu'ils soient admis dans cette demeure
où vous rassemblerez tous vos enfants ! (S 5)

PRIÈRE D'OUVERTURE

• Écoute nos prières avec bonté, Seigneur : fais grandir notre foi en ton Fils qui est ressuscité des morts, pour que soit plus vive aussi notre espérance en la résurrection de tous nos frères défunts. Par Jésus Christ.

• *ou une autre prière.*

LECTURES

Les lectures de ce jour sont à choisir dans le rituel des funérailles. Il existe un nombre important de textes bibliques au choix. La liste donnée ci-dessous reprend des textes qui sont utilisés à l'occasion de tel ou tel dimanche ou fête de cette année.

Is 25,6a.7-9	Le monde à venir (28e dimanche)	p. 500
Ac 10,34-43	Le Christ reviendra dans la gloire (Pâques)	p. 304
Rm 6,3-9	Baptisés dans la mort de Jésus (Veillée pascale)	p. 293
Rm 8,18-23	J'attends la vie du monde à venir (15e dimanche)	p. 416
Rm 8,35…39	Rien ne peut nous séparer du Christ (18e dimanche)	p. 436
Rm 14,7-9	Vivants ou morts, nous sommes à lui (24e dimanche)	p. 478
1 Co 15,20-27	Le Christ reviendra dans la gloire (Assomption)	p. 451
Col 3,1-4	Le Christ à la droite du Père (Pâques)	p. 305
1 Th 4,13-18	Avec le Christ pour toujours (32e dimanche)	p. 534
2 Tm 1,8-10	Le Christ a détruit la mort (2e de Carême)	p. 193
Ps 15	Le chemin de la vie (3e de Pâques)	p. 322
Ps 22	Le Seigneur est mon berger (4e de Pâques)	p. 329

Ps 26	La terre des vivants (7e de Pâques)	p. 356
Ps 102	Il pardonne toutes tes offenses (7e dimanche)	p. 168
Ps 129	J'espère le Seigneur (5e de Carême)	p. 217
Mt 25,31-46	Le Christ reviendra juger (Christ Roi)	p. 547
Mt 27,45-60	La mort de Jésus (Rameaux)	p. 239
Lc 24, 13-35	Emmaüs (3e de Pâques)	p. 323
Jn 6,51-58	Le pain de vie (Saint-Sacrement)	p. 389
Jn 14,1-6	Je vous prépare une place (5e de Pâques)	p. 338

PRIÈRE SUR LES OFFRANDES

• Sois favorable à nos offrandes, Seigneur : que tous les fidèles défunts soient admis dans le Royaume avec ton Fils qui nous unit les uns aux autres par le mystère de son amour. Lui qui règne.

• *ou une autre prière.*

PRÉFACE

• Vraiment, il est juste et bon de te rendre gloire, de t'offrir notre action de grâce, toujours et en tout lieu, à toi, Père très saint, Dieu éternel et tout-puissant, par le Christ, notre Seigneur.

C'est en lui qu'a resplendi pour nous l'espérance de la résurrection bienheureuse ; et si la loi de la mort nous afflige, la promesse de l'immortalité nous apporte la consolation.

Car pour tous ceux qui croient en toi, Seigneur, la vie n'est pas détruite, elle est transformée ; et lorsque prend fin leur séjour sur la terre, ils ont déjà une demeure éternelle dans les cieux. C'est pourquoi, avec les anges et tous les saints, nous proclamons ta gloire, en chantant (disant) d'une seule voix : **Saint !…**

• *ou une autre préface.*

PRIÈRE APRÈS LA COMMUNION

• Ouvre, Seigneur, à nos frères défunts ta maison de lumière et de paix, car c'est pour eux que nous avons célébré le sacrement de la Pâque. Par Jésus.

• *ou une autre prière.*

3 novembre 1996

Trente et unième dimanche

L'universelle paternité de Dieu « Père » et « maître », des titres souvent employés pour assurer un pouvoir sur une personne ou un groupe. Des prêtres juifs, serviteurs de Dieu et de leurs frères, employaient leur responsabilité pour assurer une certaine domination sur le peuple *(première lecture)* ; les scribes et pharisiens agissaient de même à l'époque de Jésus *(évangile)*. La véritable paternité spirituelle est un amour, une attention permanente, comme Paul envers l'Église de Thessalonique *(deuxième lecture)*.

Chanter

Les chants G 297 Pour que l'homme soit un fils ; T 122 Peuples de frères *ou* T 76 Enfants du même Père *font tous trois allusion à notre fraternité commune qui trouve sa source en Dieu.*
Autre chant possible : I 46 Un seul Seigneur.

Prier

POUR LA PRÉPARATION PÉNITENTIELLE

Seigneur Jésus, Fils bien-aimé du Père, tu veux faire de nous ses fils, **prends pitié de nous.**

Ô Christ, Maître unique, tu veux nous révéler le Père, **prends pitié de nous.**

Seigneur, tu veux rassembler dans la gloire tous les enfants de Dieu dispersés, **prends pitié de nous.**

POUR CE DIMANCHE

Tu nous fais cet honneur, Seigneur notre Dieu, d'attendre de nous le témoignage de notre foi à la louange de ton nom. Dans la puissance de l'Esprit viens à notre aide : que notre vie s'accorde avec nos paroles et la profession de notre foi. Par Jésus, le Christ, notre Seigneur, en qui tu nous aimes pour les siècles des siècles.

POUR LA PRIÈRE UNIVERSELLE
– Pour ceux qui ont une responsabilité dans l'Église : qu'ils fassent preuve d'attention et de sollicitude ;

– pour ceux qui enseignent : que leur enseignement soit un véritable service ;

– pour tous les hommes : qu'ils découvrent leur fraternité.

Célébrer

Pour le Notre Père : Nous n'avons qu'un seul Père, voilà pourquoi nous pouvons dire avec confiance la prière que le Seigneur nous a enseignée.
Pour le geste de paix : Pour manifester notre volonté de nous reconnaître frères les uns des autres, échangeons un geste de paix.

Messe du 31e dimanche

PRIÈRE D'OUVERTURE
Dieu de puissance et de miséricorde, c'est ta grâce qui donne à tes fidèles de pouvoir dignement te servir ; accorde-nous de progresser sans que rien ne nous arrête vers les biens que tu promets. Par Jésus Christ.

PREMIÈRE LECTURE Ml 1, 14…2, 10

La Loi, une occasion de chute ? *Des prêtres, infidèles à l'alliance, ont entraîné le peuple dans l'infidélité. Le prophète les avertit de revenir à Dieu, Père de tous.*

Lecture du livre de Malachie

Je suis le Grand Roi, dit le Seigneur de l'univers, et mon Nom inspire la crainte parmi les nations.

Maintenant, prêtres, à vous cet avertissement : Si vous n'écoutez pas, si vous ne prenez pas à cœur de glorifier mon Nom – déclare le Seigneur de l'univers –, j'enverrai sur vous la malédiction, je maudirai les bénédictions que vous prononcerez. Vous vous êtes écartés de la route, vous avez fait de la Loi une occasion de chute pour la multitude, vous avez perverti mon alliance avec vous, déclare le Seigneur de l'univers. A mon tour je vous ai déconsidérés, abaissés devant tout le peuple, puisque vous n'avez pas suivi mes chemins, mais agi avec partialité en accommodant la Loi. Et nous, le peuple de Dieu, n'avons-nous pas tous un seul Père ? N'est-ce pas un seul Dieu qui nous a créés? Pourquoi nous trahir les uns les autres, profanant ainsi l'alliance de nos pères ?

PSAUME Ps 130

• **Garde mon âme dans la paix**
près de toi, Seigneur.

• **Toi seul, Dieu qui nous as créés, tu es notre Père.**

Seigneur, je n'ai pas le cœur fier
ni le regard ambitieux ;
je ne poursuis ni grands desseins,
ni merveilles qui me dépassent.

Non, mais je tiens mon âme
égale et silencieuse ;
mon âme est en moi comme un enfant,
comme un petit enfant contre sa mère.

Attends le Seigneur, Israël,
maintenant et à jamais.

DEUXIÈME LECTURE 1 Th 2, 7...13

La parenté spirituelle *En apportant l'Évangile aux Thessaloniciens, Paul les a enfantés dans la foi. Il poursuit son œuvre en veillant sur eux comme une mère veille sur son enfant.*

Lecture de la première lettre de saint Paul Apôtre aux Thessaloniciens

Frères, avec vous nous avons été pleins de douceur comme une mère qui entoure de soins ses nourrissons. Ayant pour vous une telle affection, nous voudrions vous donner non seulement l'Évangile de Dieu, mais tout ce que nous sommes, car vous nous êtes devenus très chers. Vous vous rappelez, frères, nos peines et nos fatigues : c'est en travaillant nuit et jour, pour n'être à la charge d'aucun d'entre vous, que nous vous avons annoncé l'Évangile de Dieu. Et voici pourquoi nous ne cessons de rendre grâce à Dieu. Quand vous avez reçu de notre bouche la parole de Dieu, vous l'avez accueillie pour ce qu'elle est réellement : non pas une parole d'hommes, mais la parole de Dieu qui est à l'œuvre en vous, les croyants.

ÉVANGILE Mt 23, 1-12

Un seul Père *Le véritable enseignement et la paternité spirituelle renvoient au Christ, maître unique, et à son Père, notre Père.*

Alléluia. Alléluia. Vous n'avez qu'un seul Père, votre Père du ciel ; vous n'avez qu'un seul maître, c'est le Christ. **Alléluia.**

Évangile de Jésus Christ selon saint Matthieu

Jésus déclara à la foule et à ses disciples : « Les scribes et les pharisiens enseignent dans la chaire de Moïse. Pratiquez donc et observez tout ce qu'ils peuvent vous dire. Mais n'agissez pas d'après leurs actes, car ils disent et ne font pas. Ils lient de pesants fardeaux et en chargent les épaules des gens ; mais eux-mêmes ne veulent pas les remuer du doigt. Ils agissent toujours pour être remarqués des hommes : ils portent sur eux des phylactères très larges et des franges très longues ; ils aiment les places d'honneur dans les repas, les premiers rangs dans les synagogues, les salutations sur les places publiques, ils aiment recevoir des gens le titre de Rabbi. Pour vous, ne vous faites pas donner le titre de Rabbi, car vous n'avez qu'un seul enseignant, et vous êtes tous frères. Ne donnez à personne sur terre le nom de Père, car vous n'avez qu'un seul Père, celui qui est aux cieux. Ne vous faites pas non plus appeler maîtres, car vous n'avez qu'un seul maître, le Christ. Le plus grand parmi vous sera votre serviteur. Qui s'élèvera sera abaissé, qui s'abaissera sera élevé. »

PRIÈRE SUR LES OFFRANDES

Seigneur, que cette eucharistie soit pour toi une offrande pure, et pour nous, le don généreux de ta miséricorde. Par Jésus.

PRIÈRE APRÈS LA COMMUNION

De plus en plus, Seigneur, exerce en nous ta puissance : afin que, fortifiés par tes sacrements, nous devenions capables, avec ta grâce, d'entrer en possession des biens qu'ils promettent. Par Jésus.

Di 3	**Trente et unième dimanche.** *Liturgie des heures : Psautier semaine III.* [St Martin de Porrès, frère dominicain, † 1639 à Lima.] [En Belgique et au Luxembourg, St Hubert, évêque de Liège, † 727.]
Lu 4	St Charles Borromée, cardinal, archevêque de Milan, † 1584.
Je 7	Au Luxembourg, St Willibrord, évêque d'Utrecht, fondateur de l'abbaye d'Echternach, † 739.
Sa 9	DÉDICACE DE LA BASILIQUE DU LATRAN, cathédrale de Rome : Ez 47,1…12 ou 1 Co 3, 9…17 ; Jn 2,13-22.

Bonne fête !

Le 3, Hubert, Gwenaël ; le 4, Amance, Émeric, Charles, Carl, Charlie, Jessé, Jessy ; le 5, Sylvie, Zacharie ; le 6, Bertille, Léonard, Winnoc ; le 7, Willy, Carine, Ernest ; le 8, Geoffroy ; le 9, Théodora, Dora, Dorine.

Il y a 5 ans

Le 9 novembre 1991, était fondée à Paris « l'école laïque des religions » au service de ceux qui veulent connaître et comprendre le christianisme, l'islam, le judaïsme et les religions de l'Orient en dehors de tout prosélytisme et de tout syncrétisme.
Le secrétariat se trouve aujourd'hui : 40, rue des Bas-Clayaux - 94500 Champigny. Tél. (1) 48 80 64 94. Fax (1) 48 80 64 66.

Dieu Père

« Notre Père qui es aux cieux,
que ton Nom soit sanctifié,
Toi pour qui mille ans sont comme hier,
un jour qui s'en va, une heure dans la nuit,
apprends-nous la vraie mesure du temps qui fuit
et des choses qui passent...
Garde-nous de galvauder Ton Nom trois fois Saint !
Toi, l'Au-delà de tout,
garde-nous de te confondre avec nos mots,
nos idées, nos solutions, nos inventions.
Que ton Esprit brise et ouvre nos cœurs
pour qu'il dessille nos yeux pour qu'ils contemplent,
dans la grisaille du temps qui s'écoule sans pitié
la trace de l'amour qui ne passe pas,
de la vie filiale et fraternelle
née pour toujours de ta miséricorde ! »

Cardinal Decourtray.

10 novembre 1996

Trente-deuxième dimanche

L'attente de la venue du Seigneur Ces deux dimanches forment comme un prélude à la fête du Christ, Roi de l'univers, à la fin de l'année liturgique : ils nous invitent à attendre le Seigneur.
Nous faisons tous la rencontre de la mort : ne sombrons pas dans l'angoisse ou le désespoir *(deuxième lecture)*, sans pour autant devenir insouciants *(évangile)*.

Chanter

Attendons le Christ T 58 Comme un ami : *gardons nos lampes toujours prêtes pour accueillir le visiteur. En lien avec l'évangile du jour, on peut retenir aussi le chant* E 121 Un cri retentira.
Autres chants pour ce dimanche : K 82 Peuple où s'avance le Seigneur ; D 18 Ceci est mon corps *(dernière partie).*

Prier

POUR LA PRÉPARATION PÉNITENTIELLE

La formule pénitentielle 2 (Seigneur, accorde-nous ton pardon…) *peut être présentée comme un cri vers le Christ qui reviendra.*

POUR CE DIMANCHE

Dieu d'amour et de sainteté, si proche et si grand, tu ne cesses de nous surprendre par les initiatives de ta fidélité. Que ton Esprit Saint veille en nous, pour que nous soyons prêts à t'accueillir et à reconnaître ton visage en Jésus, ton Fils, qui règne avec toi dans les siècles des siècles.

POUR LA PRIÈRE UNIVERSELLE

Prions pour :

– les moines et les moniales, témoins de l'attente du Seigneur ;

– ceux qui ont perdu un proche et risquent de désespérer ;

– les victimes de toutes les guerres *[nous sommes à la veille du 11 novembre].*

Célébrer

Gardez vos lampes allumées : interrogeons-nous sur la place de la lumière dans nos lieux de célébration.
L'organiste pourrait interpréter le choral du veilleur *de J.-S. Bach.*

Messe du 32e dimanche

PRIÈRE D'OUVERTURE

Dieu qui es bon et tout-puissant, éloigne de nous tout ce qui nous arrête, afin que sans aucune entrave, ni d'esprit ni de corps, nous soyons libres pour accomplir ta volonté. Par Jésus Christ.

PREMIÈRE LECTURE Sg 6, 12-16

Une attente joyeuse *La sagesse que nous donne le Seigneur nous permet de l'attendre dans la joie et la sérénité.*

Lecture du livre de la Sagesse

La Sagesse est resplendissante, elle est inaltérable. Elle se laisse aisément contempler par ceux qui l'aiment, elle se laisse trouver par ceux qui la cherchent. Elle devance leurs désirs en se montrant à eux la première. Celui qui la cherche dès l'aurore ne se fatiguera pas : il la trouvera assise à sa porte. Ne plus penser qu'à elle prouve un parfait jugement, et celui qui veille en son honneur sera bientôt délivré du souci. Elle va et vient pour rechercher ceux qui sont dignes d'elle ; au détour des sentiers, elle leur apparaît avec un visage souriant ; chaque fois qu'ils pensent à elle, elle vient à leur rencontre.

PSAUME Ps 62

- **Mon âme a soif de toi, Seigneur, mon Dieu.**
- **Mon âme s'attache à toi,
ta main droite me soutient.**

Dieu, tu es mon Dieu, je te cherche dès l'aube :
mon âme a soif de toi ;
après toi languit ma chair,
terre aride, altérée, sans eau.

Je t'ai contemplé au sanctuaire,
j'ai vu ta force et ta gloire.
Ton amour vaut mieux que la vie :
tu seras la louange de mes lèvres !

Toute ma vie je vais te bénir,
lever les mains en invoquant ton nom.
Comme par un festin je serai rassasié :
la joie sur les lèvres, je dirai ta louange.

Dans la nuit, je me souviens de toi
et je reste des heures à te parler.
Oui, tu es venu à mon secours :
je crie de joie à l'ombre de tes ailes.

DEUXIÈME LECTURE 1 Th 4, 13-18

Une attente confiante *Notre espérance n'est pas détruite par la mort de ceux qui nous ont précédés : au jour de la venue du Seigneur, nous les retrouverons pour une vie nouvelle.*

La lecture du texte entre crochets est facultative.

Lecture de la première lettre de saint Paul Apôtre
aux Thessaloniciens

Frères, nous ne voulons pas vous laisser dans l'ignorance au sujet de ceux qui se sont endormis dans la mort ; il ne faut pas que vous soyez abattus comme les autres, qui n'ont pas d'espérance. Jésus, nous le croyons, est mort et ressuscité ; de même, nous le croyons, ceux qui se sont endormis, Dieu, à cause de Jésus, les emmènera avec son Fils.
[Car, sur la parole du Seigneur, nous vous déclarons ceci : nous les vivants, nous qui sommes encore là pour attendre le retour du Seigneur, nous ne devancerons pas ceux qui se sont endormis. Au signal donné par la voix de l'archange, à l'appel de Dieu, le Seigneur lui-même descendra du ciel, et les morts unis au Christ ressusciteront d'abord. Ensuite, nous les vivants, nous qui sommes encore là, nous serons emportés sur les nuées du ciel, en même temps qu'eux, à la rencontre du Seigneur. Ainsi, nous serons pour toujours avec le Seigneur. Retenez ce que je viens de dire, et réconfortez-vous les uns les autres.]

ÉVANGILE Mt 25, 1-13

Une flamme qui ne s'éteint pas *Nous préparons-nous vraiment à la venue du Seigneur ? Que l'espérance de son retour nous stimule.*

Alléluia. Alléluia. Soyez vigilants et demeurez prêts : vous ne connaissez pas l'heure où le Fils de l'homme viendra. **Alléluia.**

Évangile de Jésus Christ selon saint Matthieu

Jésus parlait à ses disciples de sa venue ; il disait cette parabole : « Le Royaume des cieux sera comparable à dix jeunes filles invitées à des noces, qui prirent leur lampe et s'en allèrent à la rencontre de l'époux. Cinq d'entre elles étaient insensées, et cinq étaient prévoyantes : les insensées avaient pris leur lampe sans emporter d'huile, tandis que les prévoyantes avaient pris, avec leur lampe, de l'huile en réserve. Comme l'époux tardait, elles s'assoupirent toutes et s'endormirent. Au milieu de la nuit, un cri se fit entendre : "Voici l'époux ! Sortez à sa rencontre." Alors toutes ces jeunes filles se réveillèrent et préparèrent leur lampe. Les insensées demandèrent aux prévoyantes : "Donnez-nous de votre huile, car nos lampes s'éteignent." Les prévoyantes leur répondirent : "Jamais cela ne suffira pour nous et pour vous ; allez plutôt vous en procurer chez les marchands." Pendant qu'elles allaient en acheter, l'époux arriva. Celles qui étaient prêtes entrèrent avec lui dans la salle des noces, et l'on ferma la porte. Plus tard, les autres jeunes filles arrivent à leur tour et disent : "Seigneur, Seigneur, ouvre-nous !" Il leur répondit : "Amen, je vous le dis : je ne vous connais pas." Veillez donc, car vous ne savez ni le jour ni l'heure. »

PRIÈRE SUR LES OFFRANDES

Sur les offrandes que nous présentons, Seigneur, jette un regard de pardon et de paix : qu'en célébrant la passion de ton Fils, nous entrions de tout cœur dans son mystère. Lui qui règne.

PRIÈRE APRÈS LA COMMUNION

Fortifiés par cette nourriture sainte, nous t'adressons, Seigneur, nos actions de grâce et nous implorons ta miséricorde : que l'Esprit Saint fasse persévérer dans la droiture ceux qui ont reçu la force d'en haut. Par Jésus.

Di 10	**Trente-deuxième dimanche.** *Liturgie des heures : Psautier semaine IV.* [St Léon le Grand, pape, docteur de l'Église, † 461.]
Lu 11	St Martin, évêque de Tours, † 397. Anniversaire de l'armistice de 1918 et journée de prière pour les morts de la guerre.
Ma 12	St Josaphat, évêque de Polock (Lituanie), † 1623.
Ve 15	St Albert le Grand, dominicain, évêque de Ratisbonne, docteur de l'Église, † 1280.
Sa 16	Ste Marguerite, reine d'Écosse, † 1093. Ste Gertrude, moniale, † v. 1302 à Helfta (Allemagne).

Bonne fête !

Le 10, Léon, Lionel, Noé ; le 11, Martin, Véran ; le 12, Christian, Émilien ; le 13, Brice, Diégo ; le 14, Sidoine, Sidonie ; le 15, Albert, Léopold, Malo ; le 16, Gertrude, Marguerite, Daisy.

Pour la paix

Dieu qui as envoyé ton Fils dans ce monde pour qu'il le réconcilie avec toi, suscite en notre humanité divisée des artisans de paix ouverts à ton Esprit : que les hommes s'appuient sur Lui pour retrouver confiance en eux, et renoncer à régler par la violence les conflits qui les opposent.

Missel romain.

Il y a 1 700 ans

En 296, en Égypte, décapitation de saint Ménas. Son tombeau à Bumma (près d'Alexandrie) fut un des lieux de pèlerinage les plus renommés de l'Antiquité jusqu'à l'invasion arabe et reste encore aujourd'hui un des sanctuaires principaux de l'Égypte chrétienne. A la suite de la bataille d'El Alamein en 1943, le patriarche d'Alexandrie l'a proclamé patron du désert libyque. Il est fêté le 11 novembre.

17 novembre 1996

Trente-troisième dimanche

Travailler au retour du Seigneur Notre travail prépare la venue du Seigneur. Il s'agit de faire fructifier les talents que Dieu nous a confiés *(évangile)*. La venue du Seigneur n'est pas source de craintes *(deuxième lecture)*, mais but vers lequel doivent tendre nos actions *(première lecture)*.

Chanter

Choisir des chants comme T 72 N'ayons pas peur de vivre au monde *ou* G 139 Ne craignez pas. *Notre action doit être conforme au projet de Dieu car* Dieu est à l'œuvre en cet âge T 50.
Autres chants possibles : K 82 Peuple où s'avance ; DLH 110 Le Seigneur passe ; E 117 Quand le Seigneur se montrera.

Prier

POUR LA PRÉPARATION PÉNITENTIELLE

Seigneur Jésus, Sagesse du Père,
prends pitié de nous.

Ô Christ, Maître qui nous convies,
prends pitié de nous.

Seigneur, Juge miséricordieux,
prends pitié de nous.

POUR CE DIMANCHE

A toi notre louange, Seigneur Dieu ! Sans cesse tu nous renouvelles ta confiance, tu nous remets la terre, et notre vie, et nos frères les hommes. Jusque dans nos actes les plus humbles, garde-nous émerveillés de participer à ton œuvre d'amour. Par Jésus, le Christ, notre Seigneur : avec lui nous te rendons grâce pour les siècles des siècles.

POUR LA PRIÈRE UNIVERSELLE

En ce dimanche du Secours catholique, nous pouvons prier :

– pour ceux qui sont dans le besoin et qui craignent le lendemain ;

– pour ceux qui mettent leur intelligence au service de la charité ;

– pour toutes les personnes qui travaillent dans les organismes humanitaires.

Célébrer

Pour célébrer la journée du Secours catholique (troisième dimanche de novembre) on trouvera des documents utiles auprès des délégations diocésaines ou des équipes locales. Secours catholique - 106, rue du Bac - 75341 Paris cedex 07. Tél. (1) 43 20 14 14 - Fax (1) 45 49 94 50.

Messe du 33e dimanche

PRIÈRE D'OUVERTURE

Accorde-nous, Seigneur, de trouver notre joie dans notre fidélité : car c'est un bonheur durable et profond de servir constamment le Créateur de tout bien. Par Jésus Christ.

PREMIÈRE LECTURE Pr 31, 10…31

La femme digne de louange.

Lecture du livre des Proverbes

La femme vaillante, qui donc peut la trouver ? Elle est infiniment plus précieuse que les perles. Son mari peut avoir confiance en elle : au lieu de lui coûter, elle l'enrichira. Tous les jours de sa vie, elle lui épargne le malheur et lui donne le bonheur. Elle a fait provision de laine et de lin, et ses mains travaillent avec entrain. Sa main saisit la quenouille, ses doigts dirigent le fuseau. Ses doigts s'ouvrent en faveur du pauvre, elle tend la main au malheureux.

Décevante est la grâce, et vaine la beauté ; la femme qui

craint le Seigneur est seule digne de louange. Reconnaissez les fruits de son travail : sur la place publique, on fera l'éloge de son activité.

PSAUME Ps 127

• **Heureux le serviteur fidèle :**
Dieu lui confie sa maison !

• **Heureux es-tu, à toi le bonheur.**

Heureux qui craint le Seigneur
et marche selon ses voies !
Tu te nourriras du travail de tes mains :
Heureux es-tu ! A toi, le bonheur !

Ta femme sera dans ta maison
comme une vigne généreuse,
et tes fils, autour de la table,
comme des plants d'olivier.

Voilà comment sera béni
l'homme qui craint le Seigneur.
Que le Seigneur te bénisse tous les jours de ta vie,
et tu verras les fils de tes fils.

DEUXIÈME LECTURE 1 Th 5, 1-6

Ne craignez pas *Après avoir rassuré les chrétiens de Thessalonique sur le sort de leurs défunts* (voir dimanche précédent), *Paul poursuit son enseignement en abordant la question de la fin du monde.*

Lecture de la première lettre de saint Paul Apôtre aux Thessaloniciens

Frères, au sujet de la venue du Seigneur, il n'est pas nécessaire qu'on vous parle de délais ou de dates. Vous savez très bien que le jour du Seigneur viendra comme un voleur dans la nuit. Quand les gens diront : « Quelle paix! quelle tranquillité! » c'est alors que, tout à coup, la catastrophe s'abattra sur eux, comme les douleurs sur la femme enceinte : ils ne pourront pas y échapper. Mais vous, frères, comme vous n'êtes pas dans les ténèbres, ce jour ne vous surprendra pas comme un voleur. En effet, vous êtes tous des fils de la lumière, des fils du jour ; nous n'appartenons pas à la nuit et aux ténèbres. Alors, ne restons pas endormis comme les autres, mais soyons vigilants et restons sobres.

ÉVANGILE Mt 25, 14-30

Les serviteurs actifs *Dieu ne craint pas de mettre en nous de grandes espérances.*

Alléluia. Alléluia. Voici qu'il vient sans tarder, le Seigneur : il apporte avec lui le salaire, pour donner à chacun selon ce qu'il aura fait. **Alléluia.**

Évangile de Jésus Christ selon saint Matthieu

Jésus parlait à ses disciples de sa venue ; il disait cette parabole : « Un homme, qui partait en voyage, appela ses serviteurs et leur confia ses biens. A l'un il donna une somme de cinq talents, à un autre deux talents, au troisième un seul, à chacun selon ses capacités. Puis il partit. Aussitôt, celui qui avait reçu cinq talents s'occupa de les faire valoir et en gagna cinq autres. De même, celui qui avait reçu deux talents en gagna deux autres. Mais celui qui n'en avait reçu qu'un creusa la terre et enfouit l'argent de son maître.
Longtemps après, leur maître revient et il leur demande des comptes. Celui qui avait reçu les cinq talents s'avança en apportant cinq autres talents et dit : "Seigneur, tu m'as confié cinq talents ; voilà, j'en ai gagné cinq autres. – Très bien, serviteur bon et fidèle, tu as été fidèle pour peu de choses, je t'en confierai beaucoup ; entre dans la joie de ton maître."
Celui qui avait reçu deux talents s'avança ensuite et dit : "Seigneur, tu m'as confié deux talents ; voilà, j'en ai gagné deux autres. – Très bien, serviteur bon et fidèle, tu as été fidèle pour peu de choses, je t'en confierai beaucoup ; entre dans la joie de ton maître."
Celui qui avait reçu un seul talent s'avança ensuite et dit :

“Seigneur, je savais que tu es un homme dur ; tu moissonnes là où tu n’as pas semé, tu ramasses là où tu n’as pas répandu le grain. J’ai eu peur, et je suis allé enfouir ton talent dans la terre. Le voici. Tu as ce qui t’appartient.” Son maître lui répliqua : “Serviteur mauvais et paresseux, tu savais que je moissonne là où je n’ai pas semé, que je ramasse le grain là où je ne l’ai pas répandu. Alors, il fallait placer mon argent à la banque ; et, à mon retour, je l’aurais retrouvé avec les intérêts. Enlevez-lui donc son talent et donnez-le à celui qui en a dix. Car celui qui a recevra encore, et il sera dans l’abondance. Mais celui qui n’a rien, se fera enlever même ce qu’il a. Quant à ce serviteur bon à rien, jetez-le dehors dans les ténèbres ; là il y aura des pleurs et des grincements de dents !”»

PRIÈRE SUR LES OFFRANDES

Permets, Seigneur notre Dieu, que l’offrande placée sous ton regard, nous obtienne la grâce de vivre pour toi, et nous donne l’éternité bienheureuse. Par Jésus.

PRIÈRE APRÈS LA COMMUNION

Nous venons de communier, Seigneur, au don sacré du corps et du sang de ton Fils, et nous te prions humblement : que cette eucharistie offerte en mémoire de lui, comme il nous a dit de le faire, augmente en nous la charité. Par Jésus.

Di 17 **Trente-troisième dimanche.**
Liturgie des heures : Psautier semaine I.
Dimanche du Secours catholique.
[Ste Élisabeth de Hongrie, duchesse de Thuringe, † 1231.]

Lu 18 Dédicace des basiliques romaines de Saint-Pierre et de Saint-Paul.

Je 21 Présentation de la Vierge Marie.

Ve 22 Ste Cécile, vierge, martyre à Rome, Ier siècle.

Sa 23 St Clément Ier, pape, martyr, † v. 97.
St Colomban, abbé de Luxeuil (Vosges), † 615 à Bobbio (Italie).

Bonne fête !

Le 17, Élisabeth, Élise, Betina, Babette, Hilda ; le 18, Aude ; le 19, Mechtilde, Tanguy ; le 20, Edmond, Edma, Octave ; le 22, Cécile, Shéla, Célia ; le 23, Clément, Rachilde, Clémentine, Colomban.

Pour toute détresse

Dieu tout-puissant, Dieu qui es l'amour, prends pitié de tes enfants : allège leur épreuve, renforce leur foi, afin qu'ils ne puissent pas douter que tu les aimes comme un père.

Missel romain.

Il y a 1 500 ans

Le 19 novembre 496, mourait à Rome le pape Gélase, qui fut un des papes les plus importants du Ve siècle. Il dirigea l'Église de Rome de 492 à 496. Sous le nom de *Sacramentaire gélasien* on désigne un livre liturgique qui était destiné à l'usage des prêtres des paroisses de Rome pour la célébration des sacrements. Il date en fait du VIIe siècle et est un des ancêtres du Missel romain.

Il y a 1 900 ans

Vers les années 96, c'est-à-dire au lendemain de la persécution des chrétiens par Dioclétien, saint Clément, troisième successeur de Pierre à Rome, envoie une lettre à la communauté de Corinthe pour l'exhorter à revenir aux valeurs chrétiennes « de paix et d'harmonie de pensée ». Ce document manifeste que l'Église de Rome se sentait dès cette époque une responsabilité à l'égard des autres communautés.

Les quatre niveaux du dialogue interreligieux

Un dialogue entre les religions ! Pouvons-nous y croire, à la vue de ce qui s'est encore passé en 1994 au Moyen-Orient, en Europe de l'Est, et en bien d'autres lieux de la planète ?
Et pourtant il existe. Sans doute pas ou peu sur le terrain quotidien des masses. Mais il existe, discret, patient, confiant, entre les représentants « officiels » des religions. Deux points communs les unissent : une curiosité sympathique, et la promesse sacrée de n'exercer aucun prosélytisme.
Les religions non chrétiennes n'ont pas facilement saisi l'intérêt de ce dialogue : elles estiment chacune avoir le Dieu « Véritable », bien inculturé. Qu'apprendre alors aux autres et des autres ? La cohabitation pacifique suffit.
Les chrétiens qui ont pris l'initiative de ces rencontres sont tourmentés par deux préoccupations. La première : être fidèles au commandement de leur Seigneur : « Évangélisez toutes les nations et baptisez-les ! » ; la seconde : dans quel sens peuvent-ils confesser que le Christ est l'unique sauveur des hommes ?
Pour répondre à ces deux questions, les chrétiens estiment qu'ils ont besoin des autres religions ; le dialogue s'annonce long parce que respectueux. Il s'approfondira à travers quatre niveaux :

- un dialogue fondamental par *le vivre ensemble* ;
- une collaboration pour la sauvegarde et le développement des *valeurs humaines et humanitaires* ;
- le partage des *expériences spirituelles, voire mystiques* ;
- l'échange et la confrontation théologiques des *langages sur Dieu.*

Le concile Vatican II a proclamé que les autres religions étaient des « semences du Verbe » ; et Jean-Paul II, dans une expression prophétique, a proclamé : « Quand un homme prie, c'est l'Esprit qui le fait prier. »

D. D.

24 novembre 1996

Le Christ, Roi de l'univers

Il viendra pour juger Les rois ont souvent été juges. Le Christ viendra dans la gloire pour juger les vivants et les morts *(évangile)*. Mais son jugement n'est pas celui des hommes : il rend justice aux plus faibles, comme son Père l'a toujours promis *(première lecture)*. La fin des temps est un commencement, inauguré par le Christ, source de la vie nouvelle *(deuxième lecture)*.

Chanter

M 35 Christ, roi du monde *chante la proximité du Seigneur. Le chant* A 187 Tu es notre Dieu *chante la prévenance de Dieu.*
On peut aussi choisir des chants qui insistent sur les derniers temps et sur l'œuvre que Dieu accomplit dans notre monde : T 50 Dieu est à l'œuvre en cet âge *ou* PLH 168 Encore un peu de temps.

Prier

POUR LA PRÉPARATION PÉNITENTIELLE

Seigneur Jésus, venu rassembler les brebis égarées,
prends pitié de nous.

Ô Christ, premier ressuscité, source de la vie nouvelle,
prends pitié de nous.

Seigneur, juge miséricordieux,
prends pitié de nous.

Le chant G 310 Jésus berger de toute humanité *convient bien pour ce dimanche.*

POUR CE DIMANCHE

Père du ciel, ton Fils n'est pas venu condamner, mais sauver et délivrer. Accorde-nous de reconnaître son visage jusque dans les plus méprisés de nos frères. Nous aurons alors la surprise et la joie de partager sa royauté, dès maintenant et pour les siècles des siècles.

POUR LA PRIÈRE UNIVERSELLE

Dans notre prière, soyons attentifs :

– à tous ceux qui ont faim et à ceux qui les nourrissent ;

– aux étrangers et à ceux qui les accueillent ;

– à ceux qui sont nus et à ceux qui les habillent ;

– à ceux qui sont malades et à ceux qui les soignent ;

– à ceux qui sont en prison et à ceux qui les visitent ;

– à tous ceux qui viennent en aide à leur prochain dans l'anonymat.

Célébrer

Pour la prière eucharistique, on pourrait prendre la version B de la prière eucharistique pour des rassemblements : Donne-nous le courage du geste fraternel quand nos frères sont démunis ou opprimés *(p. 60).*

Messe du Christ Roi de l'univers

PRIÈRE D'OUVERTURE

Dieu éternel, tu as voulu fonder toutes choses en ton Fils bien-aimé, le Roi de l'univers ; fais que toute la création, libérée de la servitude, reconnaisse ta puissance et te glorifie sans fin. Par Jésus Christ.

PREMIÈRE LECTURE Ez 34, 11…17

Dieu est proche *Alors que le peuple de Dieu se trouve en exil et se croit abandonné de Dieu, le prophète le réconforte et lui redonne espoir.*

Lecture du livre d'Ézékiel

Parole du Seigneur Dieu. Maintenant, j'irai moi-même à la recherche de mes brebis, et je veillerai sur elles. Comme un berger veille sur les brebis de son troupeau quand elles sont dispersées, ainsi je veillerai sur mes brebis, et j'irai les délivrer dans tous les endroits où elles ont été dispersées un jour de brouillard et d'obscurité. C'est moi qui ferai paître mon troupeau, c'est moi qui le ferai reposer, déclare le Seigneur Dieu ! La brebis perdue, je la chercherai ; l'égarée, je la ramènerai. Celle qui est blessée, je la soignerai. Celle qui est faible, je lui rendrai des forces. Celle qui est grasse et vigoureuse, je la garderai, je la ferai paître avec justice. Et toi, mon troupeau, déclare le Seigneur Dieu, apprends que je vais juger entre brebis et brebis, entre les béliers et les boucs.

PSAUME Ps 22

• **Le Seigneur est mon berger ;**
rien ne saurait me manquer.

• **Roi de l'univers, Berger de l'humanité,**
toi seul es notre juge.

Le Seigneur est mon berger :
je ne manque de rien.
Sur des prés d'herbe fraîche,
il me fait reposer.

Il me mène vers les eaux tranquilles
et me fait revivre ;
il me conduit par le juste chemin
pour l'honneur de son nom.
Si je traverse les ravins de la mort,
je ne crains aucun mal,
car tu es avec moi,
ton bâton me guide et me rassure.

Tu prépares la table pour moi
devant mes ennemis ;
tu répands le parfum sur ma tête,
ma coupe est débordante.

Grâce et bonheur m'accompagnent
tous les jours de ma vie ;
j'habiterai la maison du Seigneur
pour la durée de mes jours.

DEUXIÈME LECTURE 1 Co 15, 20…28

Le Christ, nouvel Adam *Le Christ ressuscité est présenté comme le nouvel Adam. C'est par Adam que viennent la vie et la mort, c'est par le nouvel Adam que nous sont données la vie nouvelle et la résurrection.*

Lecture de la première lettre de saint Paul Apôtre aux Corinthiens

Le Christ est ressuscité d'entre les morts pour être parmi les morts le premier ressuscité. Car, la mort étant venue par un homme, c'est par un homme aussi que vient la résurrection. En effet, c'est en Adam que meurent tous les hommes ; c'est dans le Christ que tous revivront, mais chacun à son rang : en premier, le Christ ; et ensuite, ceux qui seront au Christ lorsqu'il reviendra. Alors, tout sera achevé, quand le Christ remettra son pouvoir royal à Dieu le Père, après avoir détruit toutes les puissances du mal. C'est lui en effet qui doit régner jusqu'au jour où il aura mis sous ses pieds tous ses ennemis. Et le dernier ennemi qu'il détruira, c'est la mort. Alors, quand tout sera sous le pouvoir du Fils, il se mettra lui-même sous le pouvoir du Père qui lui aura tout soumis, et ainsi, Dieu sera tout en tous.

ÉVANGILE Mt 25, 31-46

Le jugement universel *Lors de la venue du Christ dans la gloire, son jugement nous surprendra. Lui, le plus grand, s'identifie aux plus petits.*

Alléluia. Alléluia. Béni soit le règne de David notre Père, le Royaume des temps nouveaux ! Béni soit au nom du Seigneur celui qui vient ! **Alléluia.**

Évangile de Jésus Christ selon saint Matthieu

Jésus parlait à ses disciples de sa venue : « Quand le Fils de l'homme viendra dans sa gloire, et tous les anges avec lui, alors il siégera sur son trône de gloire. Toutes les nations seront rassemblées devant lui ; il séparera les hommes les uns

des autres, comme le berger sépare les brebis des chèvres : il placera les brebis à sa droite, et les chèvres à sa gauche.
Alors le Roi dira à ceux qui seront à sa droite : "Venez, les bénis de mon Père, recevez en héritage le Royaume préparé pour vous depuis la création du monde. Car j'avais faim, et vous m'avez donné à manger ; j'avais soif, et vous m'avez donné à boire ; j'étais un étranger, et vous m'avez accueilli ; j'étais nu, et vous m'avez habillé ; j'étais malade, et vous m'avez visité ; j'étais en prison, et vous êtes venus jusqu'à moi !"
Alors les justes lui répondront : "Seigneur, quand est-ce que nous t'avons vu... ? tu avais donc faim, et nous t'avons nourri ? tu avais soif, et nous t'avons donné à boire ? tu étais un étranger, et nous t'avons accueilli ? tu étais nu, et nous t'avons habillé ? tu étais malade ou en prison... Quand sommes-nous venus jusqu'à toi ?"
Et le Roi leur répondra : "Amen, je vous le dis, chaque fois que vous l'avez fait à l'un de ces petits qui sont mes frères, c'est à moi que vous l'avez fait."
Alors il dira à ceux qui seront à sa gauche : "Allez-vous-en loin de moi, maudits, dans le feu éternel préparé pour le démon et ses anges. Car j'avais faim, et vous ne m'avez pas donné à manger ; j'avais soif, et vous ne m'avez pas donné à boire ; j'étais un étranger, et vous ne m'avez pas accueilli ; j'étais nu et vous ne m'avez pas habillé ; j'étais malade et en prison, et vous ne m'avez pas visité."
Alors ils répondront, eux aussi : "Seigneur, quand est-ce que nous t'avons vu avoir faim et soif, être nu, étranger, malade ou en prison, sans nous mettre à ton service ?"
Il leur répondra : "Amen, je vous le dis, chaque fois que vous ne l'avez pas fait à l'un de ces petits, à moi non plus vous ne l'avez pas fait."
Et ils s'en iront, ceux-ci au châtiment éternel, et les justes, à la vie éternelle. »

PRIÈRE SUR LES OFFRANDES

En offrant le sacrifice qui te réconcilie les hommes, Seigneur, nous te prions : que ton Fils lui-même accorde à tous les peuples les biens de l'unité et de la paix. Lui qui règne.

PRÉFACE

Vraiment, il est juste et bon de te rendre gloire, de t'offrir notre action de grâce, toujours et en tout lieu, à toi, Père très saint, Dieu éternel et tout-puissant.

Tu as consacré Prêtre éternel et Roi de l'univers ton Fils unique, Jésus Christ, notre Seigneur, afin qu'il s'offre lui-même sur l'autel de la Croix en victime pure et pacifique, pour accomplir les mystères de notre rédemption, et qu'après avoir soumis à son pouvoir toutes les créatures, il remette aux mains de ta souveraine puissance un règne sans limite et sans fin : règne de vie et de vérité, règne de grâce et de sainteté, règne de justice, d'amour et de paix.

C'est pourquoi, avec les anges et tous les saints, nous proclamons ta gloire, en chantant (disant) d'une seule voix : **Saint !…**

PRIÈRE APRÈS LA COMMUNION

Après avoir partagé le pain de l'immortalité, nous te supplions, Seigneur : nous mettons notre gloire à obéir au Christ Roi de l'univers, fais que nous puissions vivre avec lui, éternellement, dans la demeure du ciel. Lui qui règne.

Di 24	**LE CHRIST, ROI DE L'UNIVERS.** *Liturgie des heures : Psautier semaine II.*
Ma 26	En Belgique, St Jean Berchmans, jésuite, † 1621 à Rome.
Sa 30	St ANDRÉ, APÔTRE : Rm 10,9-18 ; Mt 4,18-22.

Bonne fête !

Le 24, Flora ; le 25, Catherine, Katia, Ketty, Katel ; le 26, Delphine, Conrad, Kurt ; le 27, Astrid, Séverin, Séverine ; le 29, Saturnin ; le 30, André.

Table des lectures bibliques

** Possibilité d'une lecture abrégée.*

LUC

Le dimanche 1er décembre 1996
est le premier dimanche de l'Avent (année B).
Une nouvelle année liturgique commence.

Voir le Missel des Dimanches 1997

Table

Composé par Graphe à Quintin (22)
Achevé d'imprimer le 15 juillet 1995
dans les ateliers de Normandie Roto Impression s.a. - 61250 Lonrai
N° d'imprimeur : I5-0082
Dépôt légal : septembre 1995